Wolfgang Karrer

Parodie, Travestie, Pastiche

Wilhelm Fink Verlag München

ISBN 3-7705-1373-8

Satz und Druck: Alpha Druck, München
Buchbindearbeiten: Großbuchbinderei Sigloch, Stuttgart
Einbandgestaltung: Alfred Krugmann, Stuttgart

INHALT

Vorwort der Herausgeber 7
1. EINLEITUNG 9
2. AUTOR 15
2.1. *Gesellschaft und Autor* 15
2.1.1 Parodie 16
2.1.2 Travestie 19
2.1.3 Pastiche 20
2.1.4 Hypothesen 20
2.2 *Kompetenz* 21
2.2.1 Parodie 21
2.2.2 Travestie 25
2.2.3 Pastiche 26
2.2.4 Hypothesen 26
2.3. *Einstellung* 27
2.3.1 Parodie 27
2.3.2 Travestie 31
2.3.3 Pastiche 32
2.3.4 Hypothesen 33
2.4. *Zielsetzung* 34
2.4.1 Parodie 34
2.4.2 Travestie 46
2.4.3 Pastiche 47
2.4.4 Hypothesen 50
3. TEXT 52
3.1. *Textmodelle* 52
3.1.1 Das „res-verba“ Modell 52
3.1.2. Das aristotelische Modell 55
3.1.3 Die „aptum“ Vorschrift 55
3.2. *Syntax* 57
3.2.1 Parodie 58
3.2.2 Travestie 70
3.2.3 Pastiche 73
3.2.4 Hypothesen 75
3.3. *Semantik* 79
3.3.1 Parodie 81
3.3.2 Travestie 113

3.3.3 Pastiche 117
3.3.4 Hypothesen 119
3.4. *Text und Gesellschaft* 124
4. MEDIUM 129
4.1. *Medium und Text* 130
4.2. *Medium und Gesellschaft* 137
5. REZIPIENT 141
5.1. *Gesellschaft und Rezipient* 141
5.1.1 Parodie 142
5.1.2 Travestie 150
5.1.3 Pastiche 150
5.1.4 Hypothesen 150
5.2. *Kompetenz* 152
5.2.1 Parodie 152
5.2.2 Travestie 159
5.2.3 Pastiche 159
5.2.4 Hypothesen 160
5.3. *Einstellung* 161
5.3.1. Parodie 161
5.3.2 Travestie 164
5.3.3 Pastiche 164
5.3.4 Hypothesen 164
5.4. *Rezeption* 165
5.4.1 Parodie 165
5.4.2 Travestie 176
5.4.3 Pastiche 176
5.4.4 Hypothesen 176
6. PARODIE, TRAVESTIE, PASTICHE ALS KOMMUNIKATIONSPROZESSE 179
6.1. *Ergebnisse* 179
6.2. *Perspektiven* 191
ANMERKUNGEN 205
BIBLIOGRAPHIE 241
ANHANG I: ÜBERSETZUNGEN DER NICHTENGLISCHEN FREMDSPRACHLICHEN ZITATE 266
ANHANG II: KONTROLLFRAGEN . . . .
INDEX . . . .

VORWORT DER HERAUSGEBER

Ziel der Reihe „Information und Synthese" ist eine umfassende und systematische Orientierung über zentrale Gegenstandsbereiche der Literaturwissenschaft. Geplant sind ca. 40 Bände, die über allgemeine Grundlagenfragen (Gattungstheorie, Theorie der Epochenbegriffe, usw.), einzelne Grundbegriffe (Drama, Comics, Hörspiel, Renaissance, Aufklärung, usw.) und zentrale Problemkomplexe (Literatursoziologie, Literatur und Psychologie, Trivialliteratur, usw.) unterrichten. Dabei soll neben der Bestandsaufnahme der vorliegenden Forschung sowie deren synthetisierenden Zusammenschau und gegebenenfalls Weiterführung auch der Aspekt der praktischen Anwendbarkeit der theoretischen Konzepte angemessen berücksichtigt werden.

Selbstverständlich kann sich ein solches Unternehmen nicht auf die Forschungslage in einer der Philologien beschränken, sondern es soll der Versuch unternommen werden, die bereits weit fortgeschrittene und unfruchtbare Abkapselung der Einzeldisziplinen zu überwinden. Vorrangig werden die Ergebnisse der germanistischen, anglistischen und romanistischen Forschung berücksichtigt; nach Möglichkeit soll jedoch auch die slavistische Literaturwissenschaft einbezogen werden.

Die Herausgeber sind der Meinung, daß sich in der heutigen Situation der Literaturwissenschaft Forschungssynthesen nicht in einem weitgehend kritiklosen Aneinanderreihen heterogener Positionen erschöpfen dürfen, sondern daß die verschiedenen Ansätze, Methoden und Ergebnisse auf ihre wissenschaftstheoretischen und methodologischen Prämissen hin untersucht werden müssen, da nur auf diese Weise zu einem systematischen Bezugsrahmen zu gelangen ist, der sowohl eine angemessene Beurteilung der bisher erzielten Einzelergebnisse erlaubt als auch eine Basis für weitere Arbeiten abgeben kann. Eingehender berücksichtigt wird im allgemeinen die Forschung seit der Jahrhundertwende. Die weiter zurückliegende Diskussion wird einbezogen, soweit dies vom Thema her nötig erscheint. In die jedem Band beigegebene Bibliographie werden auch solche Titel aufgenommen, auf die im Text selbst nicht eingegangen wird. Anhänge und Indices sollen die Benutzbarkeit der Bände als Arbeitsbücher und Nachschlagewerke erleichtern.

Die Reihe richtet sich sowohl an den Fachmann, der sich einen zuverläßigen Überblick über die theoretische Arbeit auf einem Teilgebiet seines Faches verschaffen will, als auch an den Studierenden, der sich in der Fülle der verschiedenen Auffassungen, Standpunkte und Richtungen, mit denen er im Laufe seines Studiums konfrontiert wird, zu orientieren versucht.

Klaus W. Hempfer (München) Wolfgang Weiß (München)

1. EINLEITUNG

Das vorliegende Buch versteht sich als ein Beitrag zur Literaturtheorie, vor allem einer solchen literatursoziologischer und kommunikationstheoretischer Prägung. Die Theorie über Parodie, Travestie und Pastiche wird nicht so sehr als Teiltheorie, sondern als spezielle Interpretation einer allgemeinen Theorie von Literatur oder von Kommunikation verstanden.

Das Ziel dieser Untersuchung bildet insbesondere, generelle Aussagen der Parodieforschung verfügbar zu machen, diese mit der literaturtheoretischen Diskussion und mit der zeitgenössischen linguistischen, soziologischen und psychologischen Forschung zu vermitteln und schließlich diese zu systematisieren. Die Arbeit ist also weder ein Forschungsbericht noch eine Theorie über Parodie, Travestie und Pastiche. Sie bereitet vielmehr eine solche vor, indem sie die bisherige Parodieforschung systematisch in Frage stellt.

Die vorliegende Untersuchung versteht sich weiter als ein Beitrag zu den Gesellschaftswissenschaften. Nach diesem Verständnis hat literaturwissenschaftliche Forschung nicht nur den Zusammenhang von Literatur und Gesellschaft zu analysieren, sondern auch ihre eigenen gesellschaftlichen Interessen zu reflektieren. „Sofern die Soziologie die Literatur als phénomènes sociaux totaux" (Totalphänomen) begreift, wird sie, auch wenn dies nur eine ihrer Ebenen ist, zwangsläufig sozialkritisch."[1] Das gesellschaftskritische Interesse dieser Untersuchung besteht darin, mittels der Parodieforschung gewisse literaturwissenschaftliche Voraussetzungen offenzulegen, die sich als gesellschaftliche Wertungen, Normen, Verbote oder Unterdrückungen niederschlagen. Diese regelnden Eingriffe in die Kommunikationsprozesse von Parodierung, Travestierung und Pastichierung müssen auf historisch und gesellschaftlich bedingte Interessen zurückgeführt werden, um einerseits die Reflektierung dieser Normen voranzutreiben und andererseits zur Emanzipierung der Rezipienten von diesen Normen beizutragen. Parodie, Travestie und Pastiche sind wirksame Verfahren der Rezipienten sich den Texten zu widersetzen, mit denen sie täglich konfrontiert werden. Statt diese Tätigkeiten durch Normen einzuschränken, hat die Parodieforschung die Aufgabe, ihren Möglichkeiten zur vollen Freiheit zu verhelfen. Denn: „Die Einheit von Erkenntnis und Interesse bewährt sich in einer Dialektik, die aus den geschichtlichen Spuren des unterdrückten Dialogs das Unterdrückte rekonstruiert."[2]

Als Korpus der Untersuchung dienen ca. 450 Texte über Parodie, Travestie, Pastiche und verwandte Gegenstände. Die meisten der Texte sind in deutscher, englischer und französischer Sprache verfaßt.[3] Außer Monographien, Artikeln und Essays, die den größten Teil ausmachen, wurden auch Wörterbucheinträge, Einleitungen zu Anthologien, Briefstellen, Gerichtsurteile u. a. hinzugezogen, um ein möglichst breites Bild von der Forschungsgeschichte zu gewinnen. Das einzige Auswahlkriterium für Texte war deren Brauchbarkeit für eine Theoriekonstruktion, i. a. das Vorhandensein von generellen Aussagen über Parodie, Travestie oder Pastiche. Der größte Teil der Parodieforschung — und hierunter wird in dieser Arbeit immer die Forschung über Parodie, Travestie und Pastiche verstanden — erschien nach 1945. Es wird aber notwendig sein, zu einzelnen Aussagen bis auf das 18. und 19. Jahrhundert zurückzugehen.[4]

Die Probleme, die die heutige Parodieforschung und deren Geschichte[5] aufwerfen, sind im wesentlichen die folgenden:

1. Die Parodieforschung ist bis heute bei einer weitgehend sammelnden und beschreibenden Tätigkeit stehengeblieben. Mangels einer wissenschaftstheoretischen Grundlegung beschränken sich ihre wissenschaftlichen Bemühungen fast ausschließlich auf das Definieren und Klassifizieren von Begriffen sowie auf beiläufig eingeflochtene Verallgemeinerungen. Wegen eines derartig eingeengten und unzureichenden Wissenschaftsverständnisses ist bis heute keine umfassende Theoriekonstruktion über Parodie, Travestie und Pastiche versucht worden.[6]

2. Die fehlende wissenschaftstheoretische Reflexion hat dazu geführt, daß die Parodieforschung — wie im einzelnen noch zu zeigen sein wird — heute mit impliziten theoretischen Voraussetzungen arbeitet, die explizit meist im 18. und 19. Jahrhundert entwickelt worden sind. Dies ist vor allem deshalb problematisch, weil diese stillschweigenden Voraussetzungen der Diskussion entzogen werden.

3. Theoretische Voraussetzungen sind in der gegenwärtigen Parodieforschung nicht nur implizit, sondern die Herkunft dieser Voraussetzungen ist auch häufig unbekannt. Das Anwachsen von spezialisierten Einzeluntersuchungen droht nicht nur den Zusammenhang mit der vergangenen Forschung abreißen zu lassen, auch die Verbindung der Parodieforschung zur gegenwärtigen Diskussion über Soziologie, Psychologie, Mathematik, Linguistik oder Semiotik in der Literaturwis-

senschaft fehlt fast völlig.[7] Ähnliches gilt vom Zusammenhang terminologischer Art in der internationalen Forschung.[8]
4. Die Parodieforschung hat bis heute keine befriedigende Vermittlung von Varianten und Invarianten ihres Gegenstandes, von Theorie und Geschichte gefunden. Entweder werden theoretische Fragen als Definitionen verkürzt in die Einleitung verbannt und dort isoliert oder – seltener – theoretische Überlegungen werden aufgrund eines zu engen Korpus angestellt und führen zu Resultaten, die historisch Variantes für Invariantes ausgeben.
5. Die Parodieforschung wird in zunehmendem Maße der zeitgenössischen Praxis von Parodisten, Travestisten und Pasticheuren nicht mehr gerecht.[9] Die formelhaften Definitionen, die auf wissenschaftsgeschichtlich veraltete Voraussetzungen zurückgehen, haben nur noch einen geringen Beschreibungswert, wenn man sie auf moderne Schriftsteller und deren komplexe Verfahren anwendet.

Kurz, so könnte man mit Chomskys[10] Begriffen zusammenfassen, den Aussagen der Parodieforschung fehlt es an Beschreibungs- und Erklärungsadäquanz. Mangels eines systematischen Zusammenhangs ihrer Aussagen (einer Theorie) kann die Parodieforschung heute nicht in hinreichend genauer Weise über die syntaktischen, semantischen und pragmatischen Verhältnisse ihres Gegenstandes Auskunft geben, noch ihre Aussagen erklärend mit generellen Theorien in Verbindung setzen.

Um den eingangs formulierten Problemlösungen oder Zielen näherzukommen, legen wir unserer Untersuchung der Parodieforschung eine Systematisierung zugrunde, die auf folgendes Kommunikations- und Zeichenmodell zurückgeht:

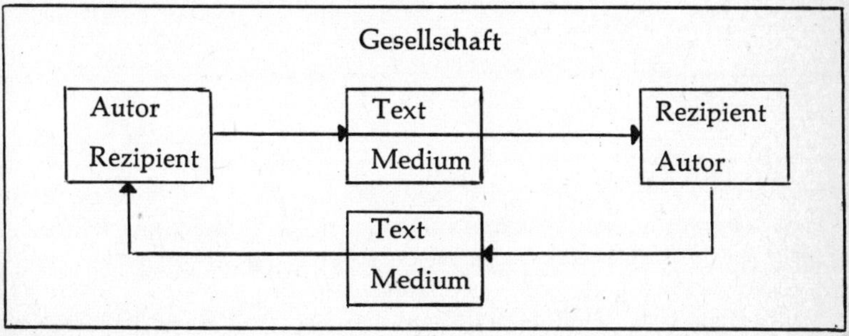

Das Kommunikationsmodell, das wir hier nicht ausführlich begründen können[11], setzt den systematischen Zusammenhang der fünf Komponenten Gesellschaft, Autor, Text, Medium und Rezipient sowie die grundsätzliche Gegenseitigkeit des Kommunikationsprozesses oder die Reversibilität der Kommunikator-Rollen voraus. In einem Parodierungsvorgang z. B. wird der Rezipient eines von Autor A verfaßten Textes selbst zum Autor B, indem er eine Parodie verfaßt, zu dessen Rezipient unter Umständen auch Autor A werden kann.

Als zweite Voraussetzung zur Systematisierung legen wir das semiotische Zeichenmodell von Klaus (1972a)[12] zugrunde:

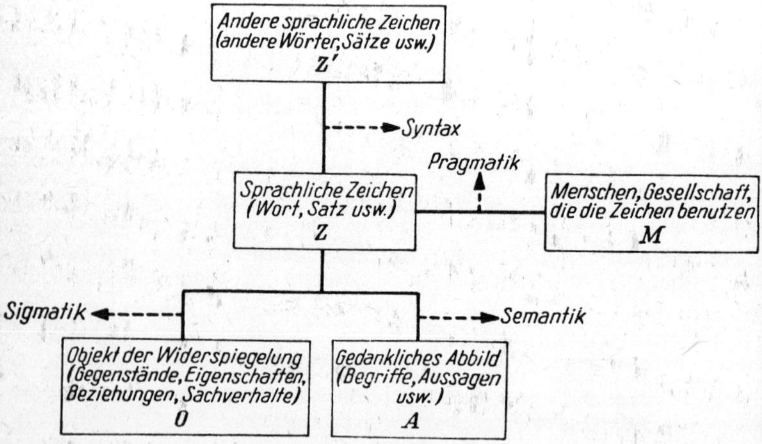

Unterscheidet man wie Klaus Zeichenbenutzer, materielles Zeichen[13], gedankliche Abbilder und deren Gegenstände, dann ergeben sich folgende Relationen, denen jeweils entsprechende Disziplinen der Semiotik zugeordnet sind: Relation (Z,Z') und Syntax, Relation (Z,A) und Semantik, Relation (Z,O) und Sigmatik, Relation (Z,M) und Pragmatik. Die Disziplinen sind jeweils Abstraktionsstufen eines komplexen Sachverhalts: Syntax abstrahiert von semantischen und pragmatischen, Semantik von pragmatischen Relationen, und lediglich die Pragmatik schließt die anderen Relationen mit ein. Auf das Kommunikationsmodell abgebildet bedeutet das: die inner- oder intertextuellen Relationen sind syntaktisch und semantisch zu bestimmen und dann in die pragmatischen Relationen zu Autor, Rezipient, Medium und Gesellschaft einzusetzen.

Das Vorgehen unserer Untersuchung gliederte sich in drei Hauptschritte.[14] Erstens waren generelle Aussagen über Parodie, Travestie oder Pastiche in der Forschung festzustellen und da, wo sie nicht in einem systematischen Zusammenhang stehen, zu isolieren. Zweitens wurden diese Aussagen oder Aussagenkomplexe den einzelnen Relationen und Elementen des Kommunikations- und Zeichenmodells zugeordnet und miteinander verglichen. Drittens galt es, diese einzelnen Aussagen in den systematischen Zusammenhang zu stellen, der vom Kommunikationsmodell postuliert wird, und daraus neue Forschungsperspektiven abzuleiten. Die wenigen zusammenhängenden Theorieansätze werden entweder an verschiedenen Stellen der Systematisierung oder an der Stelle behandelt, wo sie ihre größte Erklärungskraft entfalten.

Die Untersuchung gliedert sich in fünf Teile. Teil zwei, vier und fünf behandeln Autoren, Medien bzw. Rezipienten unter vorwiegend pragmatischen Aspekten. Psychologische und soziologische Fragestellungen stehen im Vordergrund. Teil drei behandelt syntaktische, semantische und sigmatische Fragen des Texts, und Teil sechs bildet eine Zusammenfassung und Weiterführung der vorausgehenden Teilergebnisse. Jeder Teil behandelt Parodie, Travestie und Pastiche getrennt und kombiniert synchrone und diachrone Fragestellungen. D. h., in Teil fünf z. B. werden nicht nur psychologische oder soziologische Aussagen zum Rezipienten abgehandelt, sondern auch Aussagen zur Rezeptionsgeschichte, in Teil drei nicht nur Aussagen zur Semantik einer Parodie, sondern auch Aussagen zur Geschichte von Parodie, soweit sich diese auf vorwiegend semantische Kriterien beziehen, usw. Am Ende eines jeden Teils steht eine zusammenfassende Liste von Aussagen, die nicht etwa als gesicherte Ergebnisse der Parodieforschung verstanden werden dürfen, sondern als häufig geäusserte und überprüfbare Hypothesen. Inwieweit diese Bestandteile zu einer zukünftigen Theorie über Parodie, Travestie oder Pastiche werden können, muß bei dem gegenwärtigen Stand der Forschung zunächst offen bleiben.

Schließlich noch einige technische Hinweise. Zitiert wird nach Jahr (Band) und Seitenzahl, volle Angaben finden sich in der Bibliographie. Der Index ermöglicht die z. T. verstreuten Diskussionen einzelner Texte in Verbindung zu setzen. Die Fragen im Anhang eröffnen die Überprüfung der in der Untersuchung diskutierten Aussagen und

Aussagenkomplexe. In einem Buch über Texte über Texte (über Texte) konfrontieren sie Aussagen mit dem, was sie zu erfassen suchen: konkreten Kommunikationsprozessen wie Parodierung, Travestierung und Pastichierung. Danken möchte ich den Herausgebern dieser Reihe, meinen Freunden Clarence Miller, Ulrich Schneider, Jochen Schulte-Sasse und meiner Frau für Kritik, Hinweise, Fragen oder Diskussionen.

2. AUTOR

Trotz einer Vielzahl von Aussagen, die die Forschung über die Autoren von Parodien, Travestien oder Pastiches im einzelnen gemacht hat, liegt bis heute keine zusammenhängende Theorie der Produktion solcher Texte vor. In seiner ersten Annäherung lassen sich Aussagen soziologischer und psychologischer Art unterscheiden, d. h. solche, die sich auf die Relation „Autor" — „Gesellschaft" beziehen, und solche, die sich auf das Innenleben des „Autors" beziehen. Die Aussagen zum zweiten Punkt sind weitaus häufiger als zum ersten. Hier lassen sich weiter Aussagen zur Kompetenz (Kenntnisse, Fähigkeiten, Bildung usw.), Einstellung (Haltung, Meinung, Überzeugung usw.) und Zielsetzung (Intention, Absicht, Wille usw.) unterscheiden. Alle vier Faktoren, Gesellschaft, Kompetenz, Einstellung und Zielsetzung des Autors werden in unterschiedlichem Umfang von der Parodieforschung als relevant für das Produzieren von Parodien, Travestien oder Pastiches erachtet. In einer ganzen Reihe von Aussagen wird nicht nur ein Einfluß dieser vier Faktoren auf die Produktion, sondern auch eine Beziehung der vier Faktoren untereinander angenommen, d. h. z. B. ein Einfluß der Gesellschaft auf die Einstellung, dieser auf die Zielsetzung usw. Wir können also vorläufig diesen Teil des Kommunikationsmodell wie folgt interpretieren:

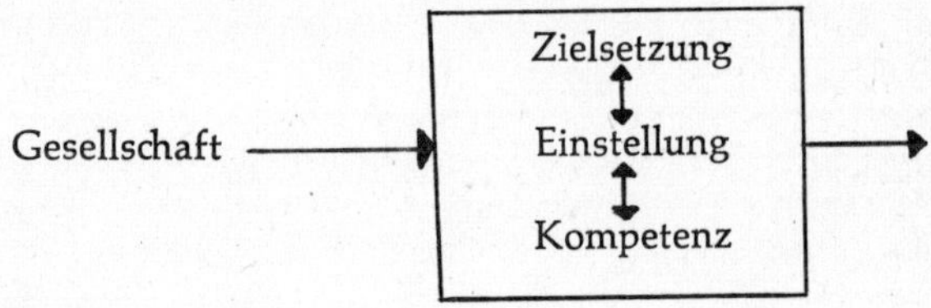

Im folgenden werden wir diese Faktoren nacheinander und wie in allen anderen Kapiteln getrennt nach Parodie, Travestie und Pastiche abhandeln.

2.1 *Gesellschaft und Autor*

Die nicht gerade häufigen Aussagen zum Verhältnis zwischen Autor und Gesellschaft und dessen direkten oder indirekten Einfluß auf das Produzieren von Parodien, Travestien oder Pastiches entstammen meist der gegenwärtigen Forschung. Diese Aussagen reichen von empirischen Generalisierungen über das Alter, die Zugehörigkeit zu Gruppen oder Organisationen, den Einfluß der Situation bis zur Klassenzugehörigkeit der Autoren. Vereinzelt werden auch Vergleiche zwischen diesen und den Originalautoren[1] angestellt.

2.1.1 Parodie ist ein Spezialität der Jugend: „... most men practise it in youth ...“[2]. Ähnliche Generalisierungen sind spezieller auch für Kinder, Schüler und Studenten[3] gemacht worden. Während für Beerbohm (1970)[4] das Alter schon allein hinreichender Grund für das Parodieren zu sein scheint, führen Röhrich (1967), Rühmkorf (1969), Schenda (1970) und Sengle (1972) zusätzliche gesellschaftliche Bedingungen ein.[5]

Einen Übergang von der reinen Altersbezogenheit zu einer soziologischen Einordnung bildet die Verwendung der Generationstheorie durch Meyer (1913).[6] Wenn er verallgemeinert, die Parodierung der neuen Generation durch die ältere sei immer defensiv und im umgekehrten Fall offensiv, wird ein Zusammenhang zwischen Gruppenzugehörigkeit und Einstellung angenommen, der dem historischen Wandel unterliegt, ohne daß dabei klar würde, ob der Begriff „Generation“ hier eher soziologisch oder biologisch zu verstehen ist. Eine weitere Kritik führt Ischreyt (1961) an: Meyers Formulierung ist zu eng. Die reine Zugehörigkeit zu einer Generation reicht nicht hin, um die Einstellung des Parodisten zu bestimmen.[7]

Einen Anschluß an den soziologischen Begriff der „Gruppe“, wie er auch heute in der Literatursoziologie verschiedener Prägungen üblich ist[8], versucht Rühmkorf (1969) in der allgemeinen Hypothese:[9] „Sie [die Parodie] ist in ganz besonderer Weise an das Vorhandensein einer Gruppe und ihre Wertungs- und Bildungsvoraussetzungen gebunden.“ Diese Annahme, die sich wie zu zeigen sein wird mit neueren Theorien des Humors deckt,[10] wird auch von anderen Forschern geteilt.[11] Manchmal erscheint die Bindung an die Gruppennormen als Negation, eine Möglichkeit, die Rühmkorfs Hypothese durchaus einschließt.[12]

Noch deutlicher wird diese Negation der Normen da, wo die Gruppenzugehörigkeit nicht freiwillig, sondern durch gesellschaftliche Organisation erzwungen ist. Hier liegt auch der Erklärungsansatz für die Häufigkeit des Parodierens bei Kindern, Schülern und Studenten. „Parodien aus der Schülersprache sind besonders häufig, und der Grund ist leicht einzusehen, weil gerade in der Schule unter Umständen bis zum Überdruß wiederholt wird und es hier besonders naheliegt, die Langeweile zu unterbinden, indem man dem Altbekannten einen neuen Text unterschiebt."[13] Oder noch deutlicher formuliert Rühmkorf „die auffällige Korrespondenz zwischen Erziehungsdruck und Subversivtätigkeit": „Der Institution, das heißt besonders dem Lehrpersonal gegenüber machtlos, konzentriert sich das polemische Interesse nun auf den Lehrstoff, der dient an Stelle der schlecht faßbaren Erziehungskräfte als Zielscheibe des Spottes . . ."[14] Die Hypothese, die kritische Zielsetzung des Parodisten gehe auf gesellschaftliche Zwänge zurück, liegt auch Äußerungen anderer Forscher in Bezug auf die Universität und die Kirche zugrunde.[15]

Als ein weiterer wichtiger Faktor, der häufig aus der frei- oder unfreiwilligen Gruppenzugehörigkeit resultiert, wird die Situation, ein gesellschaftliches Ereignis, genannt. So verweisen Ilvonen (1914) und Bakhtin (1968) auf die enge Verbindung von Karneval und Parodieren,[16] Ischreyt und Grellmann (1926 ff.) erwähnen die Unentbehrlichkeit von Parodien für Vereine und deren „bunte Abende",[17] und Flögel (1887), Schaller (1959) u. a. zeigen den Zusammenhang zwischen Festen aller Art und Parodieren.[18] Alle diese Beobachtungen bleiben singulär, generelle Hypothesen hierüber wären noch abzuleiten.

Auch die Klassen- oder Schichtzugehörigkeit der Autoren wird von der Parodieforschung immer wieder als ein entscheidender Faktor hervorgehoben. Da ist zunächst der Versuch, das Parodieren mit dem Begriff „Volk" zu erfassen. Parodie spielt eine entscheidende Rolle in der volkläufigen Poesie,[19] sie ist Ausdruck des Volksgeistes,[20] des karnevalistischen volkstümlichen Geistes, des volkstümlichen Humors usw.[21] Gegenüber diesen etwas unpräzisen, die sozialen Verhältnisse eher verdeckenden als enthüllenden Aussagen präzisiert Röhrich (1967): Sicher sind Neigung und Fähigkeit zur parodistischen Umformung nicht in allen Volksschichten gleich stark. Die Folklore ländlicher Bevölkerung tritt dabei deutlich in den Hintergrund gegenüber der der Städter, insbesondere der der Studenten und Schüler . . . So ist es nicht das ‚Volk' in seiner Gesamtheit, das Parodien hervorbringt, sondern bestimmte Schichten, die dazu imstande sind, und in ihnen wiederum nur bestimmte, eigens dafür begabte Einzelpersönlichkeiten."[22] Soziologische Untersuchungen, welcher Schicht denn nun zu einer gegebenen Zeit die Parodisten angehören, fehlen allerdings fast ganz.[23] Auffällig ist immerhin, wie häufig in der Parodieforschung die „volkstümliche" Parodie von der sogenannten „literarischen Parodie" abgesetzt wird: „Es hat soziologische Gründe, daß in die volkstümlichen Parodien eine andere Art von Humor, eine andere Art von Kritik und

Ironie einfloß als in die literarischen Travestien und Parodien. Reichte die Skala hier vom einfachen Scherz bis zur Gesellschafts- und Zeitkritik ... so war die literarische Parodie das Feld der literarischen Anspielungen."[24] Und: „Geltungsbereich und Funktion von Parodien der Volksdichtung können sehr unterschiedlich sein. Es gibt ebenso die volkstümliche Parodie literarischer Stoffe wie die literarische Parodie volkstümlicher Stoffe. Die gegenseitigen Abhängigkeitsverhältnisse sind oft sehr kompliziert. Literarische Parodien sind zum Teil volkstümlich geworden, volkstümliche Formen literarisch."[25] Etwas deutlicher darüber, welche soziologischen Gründe dieser Trennung von volkstümlicher und literarischer Parodie unterliegen, sprechen sich Schenda (1970) und Rühmkorf (1969) aus: „Sie [die populäre Parodie] ist das Sprachrohr einer unterdrückten Minderheit gegen alle Arten von Oppression. Gerade deswegen ist sie immer wieder von Seiten der Behörden supprimiert worden." Und: „Parodie wie keine andere Form der literarischen Subversion ist abhängig von der Allbekanntheit, ja von der drückenden Übermacht sogenannter Kulturgüter. Übersehen wir bitte nicht, daß jede Herrschaft, jedes Regime versucht, Gemeinschaft in seinem Sinne zu bilden und daß auch Poesie ... nur Teil einer bestimmten pädagogischen Strategie ist, das institutionell geförderte Liedgut also schon seine Rolle spielt im Sinne bürgerlichen Bewußtseinspolitik."[26] Auf der anderen Seite finden sich Aussagen wie „Daß die gelehrten Dichter dieses ‚Gut von der Straße' nur parodistisch gestalten konnten, versteht sich."[27] Und: „Schon im vergangenen Jahrhundert wurde es zum Spaß der Gebildeten, die Poesie der weniger Gebildeten zu parodieren."[28] Eine diese einseitigen Aussagen vermittelnde generelle Hypothese, die auch die von Röhrich angedeutete Geschichtlichkeit dieser sozialen Zusammenhänge berücksichtigt, hat die Parodieforschung nicht entwickelt. In Bezug auf diese Situation ist Verweyens (1973) Klage symptomatisch: „Die Bestimmung eines Textes als Resultat und Mittel schicht/gruppenspezifischer Sozialisation bedingt die Beteiligung sozialwissenschaftlicher Disziplinen bei Parodie-Interpretationen. Der Verfasser weiß sich durch sie zur Zeit noch am wenigsten beraten."[29] Die Parodieforschung hat versäumt, sich bei der Soziologie Hilfe zu holen, denn Modelle zur Gruppen- und Schichtenspezifik von Humor stehen, z. T. schon seit einiger Zeit, bereit. Hier sei nur so viel vorweggenommen, daß Humor eine wichtige Funktion der Gruppen- und Schichtensolidarität innerhalb der Gruppe sowie als Kampfmittel zwischen verschiedenen Gruppen oder Schichten hat.

Akzeptiert man die oben zitierten Aussagen zur „volkstümlichen" und „literarischen" Parodie sowie die allgemeine Hypothese von der Funktion von Humor in Konflikten zwischen Gruppen oder Klassen, folgt daraus die Wichtigkeit von Vergleichen zwischen Parodist und Originalautor, vor allem, wenn sie der gleichen Gesellschaft und Zeit angehören. Hier hat die Parodieforschung bis auf wenige, meist singuläre Aussagen, keine Hypothesen entwickelt. Neben der Generationshypothese von Meyer, finden sich einzelne Hinweise auf den Gegensatz von Amateuren und professionellen Rhapsoden bei den griechischen Sängerwettstreits, von Goliarden und Klerus im Mittelalter, auf die Rolle der Parodie im Konflikt zwischen Katholiken und Protestanten während der Reformation und auf den Gegensatz von Journalisten und Literaten im 19. Jahrhundert.[30] Am generellsten und umfassendsten bestimmt Delepierre (1870) die hier im einzelnen vorgetragenen gesellschaftlichen Bedingungen des Parodierens unter besonderer Hervorhebung der Konflikthypothese: „La Parodie . . . prend son caractère des circonstances morales et politiques de l'époque et du pays où elle se développe . . . Elle se modifie en conséquence et trouve le plus d'encouragement au milieu de la turbulence des dissensions civiles et religieuses."[31] In beiden Aspekten, dem historischen Wandel und dem gleichbleibenden gesellschaftlichen Konflikt, stimmt Delepierre mit den meisten der zitierten Forscher wie auch mit den modernen soziologischen Theorien des Humors überein.

2.1.2 Zu den Autoren von Travestien und ihren Beziehungen zur Gesellschaft liegen ähnliche Aussagen vor. Während die Diskussion von Alter und Generation als Bedingungen völlig fehlen, konzentrieren sich hier die allgemeinen Aussagen ganz auf die Gruppen- und Klassenzugehörigkeit der Autoren. Hinzu kommt die Diskussion des Nationalcharakters des Travestierens, die auch in der gegenwärtigen Form auf entsprechende Theorien des 18. Jahrhunderts zurückgeht. Wir behandeln hier wie in allen folgenden Kapiteln Aussagen zu „Travestie" und „Burleske" zusammen, soweit letztere sich auf Texte wie Scarrons *Virgile travesti* beziehen.

Die meisten Aussagen der Travestieforschung gelten wertend der Klassenzugehörigkeit der Travestieautoren.[32] Die moderne Travestieforschung stellt für das 17. Jahrhundert die vorwiegend bürgerliche Herkunft der Autoren fest,[33] und Schlötke-Schröer (1942) nennt für Scarron auch den unterliegenden sozialen Konflikt beim Namen: „Die Gegensätzlichkeiten der soziologischen Sphäre liegen . . . zwischen den Polaritäten eines funktionslos werdenden Adels und des emporstrebenden bürgerlichen Geistes."[34] Eine Generalisierung der Konflikthypothese für andere Jahrhunderte, die den Wandel der sozialen Verhältnisse berücksichtigte, fehlt.

Auch neuere Arbeiten über die Travestie halten an deren Nationalcharakter fest, meist allerdings ohne sich über die zugrundeliegende Völkerpsychologie Rechenschaft abzulegen. So werden Travestie und z. T. auch Parodie auf den skeptisch-realistischen Zug der Italiener oder auch auf den *esprit gaulois* zurückgeführt.[35]

2.1.3 Damit sind die generellen Aussagen der Parodieforschung über die Beziehung von Gesellschaft und Autoren erschöpft. Zu den Autoren von Pastiches liegt in dieser Hinsicht fast gar nichts vor, und viele singuläre Aussagen zur Zensur, Verfolgung des Autors, seinen Einkünften, zum Copyright usw. sind nie in den Rang von empirischen Generalisierungen erhoben worden.[36]

2.1.4 Wir können hier die Ergebnisse der Parodieforschung verallgemeinernd wie folgt zusammenfassen: Die Beziehung zwischen Gesellschaft und Autor kann unter bestimmten Umständen die Kompetenz, Einstellung und vor allem Zielsetzung desselben beeinflussen. Insbesondere:

1. Das Alter des Autors kann seine Kompetenz zu parodieren beeinflussen (Beerbohm).
2. Die Gruppen- bzw. Klassenzugehörigkeit kann die Zielsetzung und Kompetenz von Parodisten beeinflussen (Röhrich, Rühmkorf, Schenda).
3. Die Gruppenzugehörigkeit oder das Alter kann die Einstellung von Parodisten beeinflussen (Meyer, Ischreyt).
4. Gesellschaftliche Zwänge oder Konflikte zwischen Gruppen können die Einstellung von Parodisten beeinflussen (Rühmkorf, Schenda, Delepierre).
5. Die Gruppen- oder Klassenzugehörigkeit kann direkt oder indirekt bestimmte Techniken des Parodierens beeinflussen (Röhrich).

Zu diesen Hypothesen ist festzuhalten, daß keiner der Forscher bei seinen Aussagen auf soziologische Theorien oder Modelle zurückgreift, obwohl solche seit geraumer Zeit zur Verfügung stehen. Wir werden diese in 5 und 6 einführen und versuchen, eine Verbindung zwischen diesen Hypothesen und der soziologischen Forschung herzustellen.

2.2 *Kompetenz*

Wendet man sich den Aussagen der Parodieforschung über die psychischen Vorgänge in Autoren von Parodien, Travestien oder Pastiches zu, fällt sofort deren große Anzahl auf. Das ist umso bemerkenswerter, als diese Vorgänge — ganz im Gegensatz zu den gesellschaftlichen Beziehungen eines Autors — der direkten Beobachtung nicht zugänglich sind. Alle Aussagen arbeiten hier mit theoretischen Konstrukten wie „Fähigkeit", „Intention" oder „Haltung", die indirekt aus dem Produkt des Autors, der Parodie, Travestie oder dem Pastiche, erschlossen werden. Mit anderen Worten, man arbeitet hier meist mit einer einfachen Black-box Methode, wo nach dem Output eines Systems auf dessen innere Struktur geschlossen wird.[37] Mit wenigen Ausnahmen wird dabei kein Versuch gemacht, die für das Innere des Autoren angenommenen Variablen in einen systematischen Zusammenhang zu bringen. Die Erklärungsadäquanz solcher Aussagen im Rahmen von psychologischen Theorien ist dementsprechend gering.

Die hier unter dem Begriff „Kompetenz" zusammengefaßten Faktoren werden von der Parodieforschung meist mit „Kenntnisse", „Fähigkeit" und „Tradition" oder ähnlichen Begriffen bezeichnet. Wir handeln die Faktoren nacheinander und für Autoren von Parodie, Travestie und Pastiche getrennt ab.

2.2.1 Die Kenntnisse von Parodisten können sich nach dem Kommunikationsmodell auf das Original, aber auch auf dessen Autor, dessen Rezipienten, dessen Medium sowie auf Rezipienten und Medium der Parodie und schließlich auf die Gesellschaft beziehen. Das Interesse der Parodieforschung hat allerdings bisher hauptsächlich den Kenntnissen des Originals gegolten. Die Aussage „Der Parodist muß das parodierte Original kennen" scheint so banal und selbstverständlich, daß sie in dieser Form von der Parodieforschung nie gemacht worden ist. Meist sind solche Aussagen mit dem Grad der Kenntnis verknüpft: „. . . it [parody] demands the closest possible intimacy with the resources of a given style;".[38] In dieser allgemeinen Form ist diese Aussage jedoch nicht zu halten. Stone (1914) unterscheidet demnach verschiedene Kenntnisgrade je nach Typ der Parodie: „Verbal parody [die Parodie eines einzelnen Textes mit Substitution] is an excellent practice for young wits . . . but it postulates no great knowledge of the author parodied . . .".[39] Die Parodie mehrerer Werke eines Autors — so impliziert Stone — verlangt umfangreichere Kenntnisse des Parodisten. Die naheliegende Generalisierung, „Der Parodist kennt zumindest soviele Originale wie er parodiert", fehlt in der Parodieforschung. Neben den Kenntnissen von Originalen gehen auch Kenntnisse von anderen Texten[40] und von gesellschaftlichen Verhältnissen in das Parodieren ein. Parodien enthalten neben der Imitation der Originale „Lebensspiegelung", Bezug auf die „reale Wirklichkeit", auf „Dinge, die unter der Würde des Originalautors" stehen.[41] Verweyen (1973) faßt generalisierend zusammen: „‚Parodieren' bezieht sich auf einen vorgegebenen ‚Gegenstand' ... einen vorausliegenden Moment der Aktualisierung von Kunst ... auf etablierte Normvorstellungen ... schließlich bezieht sich ‚parodieren' auf der Grundlage eines innovativen Wirklichkeitsbegriffs."[42] Was es denn mit diesen „Normvorstellungen" und diesem „Wirklichkeitsbegriff" auf sich hat, bleibt allerdings noch zu spezifizieren. Zumindest zu den Normvorstellungen und ihrer Geschichtlichkeit hat die Parodieforschung speziellere Aussagen gemacht. Kenntnisse von Texten beruhen auf deren Rezeption, d. h. bevor ein Parodist Autor werden kann, muß er zunächst Rezipient gewesen sein.[43] Bei der Rezeption von Originalen unterliegt der Parodist — wie andere Rezipienten — vor allem zwei Bedingungen: einer institutionellen und einer medialen. Das Rezipieren von Originalen geschieht nicht immer freiwillig, sondern wird, wie die bereits zitierten Aussagen von Röhrich, Rühmkorf und Schenda zeigen, häufig erzwungen. Die „Diktatur des überlieferten Wortes und der traditionellen Institutionen"[44] wie Kindergarten, Schule und Universität oder generell des „Restauratoriums", wie Rühmkorf es nennt,[45] steuert die Kenntnisse von Originalen und beeinflußt auch indirekt die Einstellung der Parodisten. Neben diesen Zwängen, die im allgemeinen auf das gesellschaftliche System der Zeit zurückgeführt werden können,[46] lassen sich auch Zwänge anderer Art nennen: „When working on a translation, writers often have a strong desire to assert their own independence by satirizing their author [through parody] ..."[47] Zum zweiten spielt die Verfügbarkeit, d. h. aber doch die Speicherung in einem Medium, von Originalen eine Rolle. In ihrer einfachsten Form lautet diese Aussage so: [Modern authors] „have a far greater variety of authors to allude to, in the way of parody and burlesque, than the ancients had; for we have both ancient authors and modern."[48] Was bei Beattie (1779) noch eindeutig als Vorteil formuliert wird, klingt bei Nietzsche und Dürrenmatt zunehmend düsterer: „Wir sind das erste studierte Zeitalter in puncto der ‚Kostüme', ich meine der Moralen, Glaubensartikel, Kunstgeschmäcker und Religionen, vorbereitet, wie noch keine Zeit es war, zum Karneval großen Stils ... Vielleicht, daß wir hier gerade das Reich unsrer *Erfindung* noch entdecken, jenes Reich, wo auch wir noch original sein können, etwa als Parodisten der Weltgeschichte und Hanswurste Gottes, – vielleicht daß, wenn auch nichts von heute sonst Zukunft hat, doch gerade unser *Lachen* noch Zukunft hat!"[49] Und: „... der Künstler [ist] nicht nur von den Meinungen über Kunst umstellt ... und von Forderungen, die man nicht aus ihm, sondern aus etwas Historischem, Vorhandenen folgerte, sondern auch von Stoffen, die nicht mehr Stoff, das heißt Möglichkeiten, sondern schon Gestalten, das heißt Geformtes sind ... Er parodiert sie, das heißt er stellt sie im bewußten Gegensatz zu dem dar, was sie geworden sind."[50] Die Verfügbarkeit von Texten nimmt offensichtlich mit der geschichtlichen Entwicklung zu und kann nicht nur die Kenntnisse des Parodisten, sondern auch wie an Dürrenmatts Aussagen deutlich wird, dessen Einstellung zu diesen Texten beeinflussen. Wie, wird im einzelnen noch zu zeigen sein.[51]

Bei der Fähigkeit des Parodisten, die dem Parodieren zugrundeliegt, unterscheidet die Parodieforschung im allgemeinen verschiedene Grade. Aussagen, die die Fähigkeiten des Parodisten generell geringer als die des Originalautors veranschlagen,[52] sind meist nichts als verschleierte Abwertungen der Parodie, denen Bond (1932) entgegenhält: „The artistic completion of a work done under self-imposed conditions and with a definite purpose finds the admiration due any exhibition of skill."[53] Aufschlußreicher sind solche Aussagen, die die Fähigkeiten des Parodisten mit seinem Alter oder der Art der gewählten Originale in Verbindung bringen. Beerbohm (1970) nimmt wie viele andere eine angeborene Fähigkeit zur Nachahmung und Parodie an, die vor allem in der Kindheit und Jugend ausgeprägt ist. Er fährt fort: „Now the power of mimicry deserts the average man at the same time, and for the same reason, as the power of parody. Before he is twenty the average youth can catch, more or less, recognizably, the tone of voice and the tone of mind of his friends. Later, his own mind acquires so distinct a tone, and he becomes so accustomed to the sound of his own voice, that his efforts at mimicry (if he make any) are dire failures."[54] Diese Hypothese ist in dieser allgemeinen Form nicht haltbar – sie wird durch Beerbohms eigene Parodien widerlegt – aber der hier hergestellte Zusammenhang von Alter, Persönlichkeit und Fähigkeit zur Nachahmung ist sicherlich der psychologischen Untersuchung wert.[55] Eine weniger problematische Beziehung von Kompetenzgrad und gewähltem Original herzustellen ist verschiedentlich versucht worden.[56] Generell meint Highet feststellen zu können: „Lyric poetry is easy to parody, if the parodist has a good ear."[57] Eine andere Unterscheidung trifft Stone (1914), wenn er Parodie eines Textes, des Stils verschiedener Texte und der Gedanken eines Autors einen steigenden Schwierigkeitsgrad zuordnet.[58]

Versucht man sich Klarheit darüber zu verschaffen, worin denn die in diesen Aussagen unterstellte besondere Kompetenz des Parodisten besteht, findet man neben vagen Angaben über das Gehör oder die Wendigkeit des Autors vor allem solche, die sich auf die Fähigkeit zur Imitation, Kritik und Erfindung beziehen. Der Parodist muß den Stil oder die Form des Originals beherrschen.[59] Die Kompetenz muß bewußt sein.[60] Die wenigen Aussagen über „unbewußte Parodie" beziehen sich alle wie der Kontext klarmacht, auf Plagiate.[61] Aber „craftsmanship" ist nicht genug. Der Parodist muß eine Fähigkeit zur Kritik haben, die sich in spezifischer Weise von der des Literaturkritikers unterscheidet.[62]

Zur kritischen und imitativen Kompetenz tritt schließlich noch die der Erfindung, die geradezu die Bewußtheit des Parodierens garantiert: „Opposed to parody are precisely those — consciously or unconsciously perpetrated — modes of imitation which lack even the slightest degree of originality, such as must be present in all genuine parody."[63] Wie bei der kritischen und imitativen Kompetenz fehlen auch hier weitere Annahmen,[64] wie denn diese schöpferische Kompetenz beschaffen sei und wie sie mit den anderen beiden Komponenten zusammenhänge. Die Parodieforschung ist weit davon entfernt, eine Theorie der parodischen Kompetenz entwickelt zu haben. Die wenigen Annahmen zeigen zu deutlich eine einfache Übertragung von Textbeobachtungen — einige Teile des Originals sind beibehalten, andere durch neue ersetzt, die Funktion vieler Parodien ist kritisch — auf den Bereich des Autors. Eine Fundierung auf psychologische oder linguistische Theorien ist nirgends versucht worden.

Abschließend waren noch einige Aussagen zur Einschränkung der parodischen Fähigkeit durch gesellschaftliche Zwänge und Normvorstellungen zu erwähnen. So berichtet die Parodieforschung von staatlicher Verfolgung, Verboten des Produzierens, gerichtlicher Verfolgung mit Hilfe von Urheberrechten u. a.[65] Offen bleibt, wie solche historisch sich wandelnden gesellschaftlichen Verhältnisse und deren Kenntnisse sich auf das Parodieren auswirken.[66] Träger der Normvorstellungen, die die Umsetzung von Fähigkeiten ins Parodieren eingrenzen sollen, ist — darauf hat Dürrenmatt bereits hingewiesen[67] — die Parodieforschung selbst. Nach einer groben Schätzung besteht ein viertel der Aussagen der Parodieforschung aus Regeln, Normen, Wertungen, Vorschriften usw., deren größter Teil versteckt oder offen an die Adresse der Parodisten gerichtet sind. Diese gelten vor allem der Wahl des Originals und der Art der Erfindung, des „Wirklichkeitsbegriffs." Sieht man hier einmal von den allgemeinen Forderungen, das Original müsse bekannt sein, und den aus der zu engen Definition der Parodie folgenden Einschränkungen ab (das Original muß ein Gedicht, in Versen, gereimt usw. sein[68]), bleiben vor allem die Aussagen übrig, die versuchen, bestimmte Originale vor der Parodierung zu schützen. Diese Aussagen sind weit verbreitet, und an ihnen läßt sich die immer wieder gemachte Parallele zwischen religiösen und literarischen Texten sowie deren allmähliche Säkularisierung ablesen.[69]

Neben der Forderung, bestimmte Originale von der Parodierung zu verschonen, versucht die Parodieforschung, die Erfindung des Parodisten einzuschränken. Der Kampf gilt vor allem der Darstellung des „Gemeinen", „Niedrigen" und „Obszönen".[70] Trotz der im 18. und 19. Jahrhundert immer wieder aufgegriffenen Warnungen sind das „Niedrige" und „Obszöne" feste Bestandteile des Parodierens geblieben, und bis auf gelegentliche Klagen über „Geschmacklosigkeit" oder „philiströs Unterhaltsames"[71] akzeptiert die Parodieforschung heute im allgemeinen diesen Sachverhalt.[72] Statt diese Normvorstellungen einfach zu ignorieren wird es jedoch darauf ankommen, ihre Funktion im Produktions- und Rezeptionsvorgang und deren gesellschaftlichen Ursachen zu bestimmen.

2.2.2 Zur Kompetenz der Autoren von Travestien sind die Aussagen spärlicher, decken sich aber im allgemeinen mit denen zur Parodie. Ein kurzer Überblick wird hier genügen. Die Kenntnisse und Fähigkeiten der Autoren gelten meist als gering,[73] ein höherer Anteil der Erfindung am Travestieren wird angenommen, ohne daß näher analysiert würde, worin denn die Kenntnisse oder Fähigkeiten der Autoren im einzelnen bestehen.[74] Wie bei der Parodie weist man vereinzelt auf gesellschaftliche Zwänge hin und versucht, mit den Warnungen vor dem „Niedrigen" und „Obszönen" das Travestieren einzugrenzen oder ganz abzuschaffen.[75] Auch die Forderung, bestimmte Originale nicht zu travestieren, fehlt nicht. Heiss (1905) schließt seinen Katalog von Forderungen an den Travestie-Autoren wie folgt: „Endlich wird der burleske Dichter Themen vermeiden, die uns zwar vertraut sind, die aber aus anderen Gründen keine Assimilierung stattfinden lassen. Erhabenheiten, die uns als so vollkommen und heilig gelten, daß uns ihre Verhöhnung beleidigt."[76]

2.2.3 Mit den Aussagen zur Kompetenz von Pastiche-Autoren steht es ähnlich. Das Pastichieren beruht auf genauen Kenntnissen des Originals, setzt eine bestimmte Fähigkeit voraus, die oft unbewußt und vor allem in der Jugend entwickelt wird.[77] Bestimmte Texte – solche „origineller" Autoren – sind leichter zu pastichieren als andere.[78] Zu den gesellschaftlichen Zwängen wie zu den Normvorstellungen liegen keine Aussagen vor.

2.2.4 Die Parodieforschung hat – so kann man zusammenfassend feststellen – keine Theorie der Kompetenz für das Parodieren, Travestieren oder Pastichieren entwickelt. Dennoch lassen die vorliegenden Hypothesen einige Generalisierungen zu, die Bestandteile einer solchen Theorie werden könnten:

1. Das Parodieren, Travestieren und Pastichieren setzt bestimmte Kenntnisse beim Autor voraus, zumindest die des benutzten Originals (Poirier, Stone).
2. Der Umfang der Kenntnisse wächst mit der Zahl der gewählten Originale (Stone).
3. Parodieren, Travestieren und Pastichieren setzt eine bestimmte Fähigkeit beim Autor voraus (Weisstein, Richardson).
4. Diese Fähigkeit setzt sich aus einer oder mehreren der folgenden Komponenten zusammen: Fähigkeit zur Imitation, Erfindung und Kritik (Riewald, Richardson, Nietzsche, Rotermund).
5. Der Grad der Fähigkeit variiert mit der Art der gewählten Originale (Mathews, Highet).
6. Der Umfang der Kenntnisse unterliegt gewissen pragmatischen Bedingungen, vor allem der sich historisch verändernden Verfügbarkeit von Texten und der institutionellen Steuerung ihrer Rezeption (Beattie, Rotermund, Nietzsche, Dürrenmatt; Röhrich, Schenda, Rühmkorf).
7. Die Umsetzung der Fähigkeit ins Parodieren, Travestieren unterliegt gewissen pragmatischen Einschränkungen, vor allem gesellschaftlichen Zwängen und historisch sich wandelnden Normvorstellungen (Schenda, Lehmann, Stackelberg; Verweyen).
8. Die Fähigkeit ist im allgemeinen bewußt (Dürrenmatt, Weisstein; Hempel, Albertsen).
9. Die Fähigkeit hängt mit Alter, Reifungsgrad und Persönlichkeit des Autors zusammen (Beerbohm, Malraux, Albertsen).

Wie diese Annahmen mit Hilfe von psychologischen und linguistischen Theorien fruchtbar gemacht werden können, soll in 6 gezeigt werden.

2.3 *Einstellung*

Umfangreicher und z. T. ergiebiger sind die Aussagen der Parodieforschung zur Einstellung der Autoren. Während die Terminologie schwankt („Haltung", „Weltanschauung", „attitude" usw.), unterliegt allen diesen Aussagen die Voraussetzung, die Yunck (1963) explizit so formuliert: „Parody naturally reflects the attitudes of those who produce and read it".[79] D. h., statt auf direkte Aussagen der Autoren über ihre Einstellung zurückzugreifen, wird im allgemeinen aus den Parodien, Travestien und Pastiches indirekt auf diese Einstellungen geschlossen. Systematisieren lassen sich diese Aussagen im Kommunikationsmodell als solche über die Einstellung zum Original-Autor, zum Original, zur Parodie, zu den Medien und Rezipienten. Parodie, Travestie und Pastiche werden wie vorher nacheinander abgehandelt.
2.3.1 Dem Parodieren von Originalen unterliegt nach den meisten Aussagen der Parodieforschung eine negative Einstellung zum Original-Autor. Seit Sallier (1733) ist die Annahme einer negativen Einstellung zum Original-Autor vorwiegend normativ gefaßt worden.[80] Diese normative Funktion hat die Parodieforschung bis heute nicht aufgegeben: „Wo der Haß anfängt, hört die Parodie auf . . . somit wird ein Parodist seiner Tätigkeit als Hassender ebenso gerecht werden wie ein Kritiker. Was beiden am nötigsten ist, ist der überhöhte Standpunkt; es muß immer um die Sache an sich, nie um die Person, nie um persönliche Aggression dem Objekt der Untersuchung gegenüber gehen."[81] Setzen diese Normierungen jeweils das zu normierende – die negative Einstellung des Parodisten – voraus, versuchen andere Aussagen, auch der positiven Einstellung zum Original-Autor einen Platz einzuräumen: Parodie schließt die „liebevolle Verehrung" des Parodierten nicht aus[82], oder genauer, ein Typ des Parodierens läßt diese Möglichkeit zu. Wird der Original-Text zur satirischen Behandlung von gesellschaftlichen Verhältnissen benutzt, kann das eine „echte Ehrung" für den Autor des Originals bedeuten.[83] Eine Formulierung, die potentiell beide Möglichkeiten einschließt, aber dann wieder auf die negative Einstellung verengt, findet Lausberg (1960): „Die Parodie kann als ‚parteiische' Imitatio zwecks evidenter Bloßstel-

lung des literarischen Gegners, also als ‚Ironie' aufgefaßt werden."[84] Diese Parteilichkeit des Parodisten müßte noch deutlicher herausgearbeitet werden.

Auch für die Einstellung der Parodisten zum Original wurde immer wieder die Forderung erhoben, der Parodist habe das Original zu lieben, zu verehren oder zu bewundern.[85] Dem hält Röhrich (1967) entgegen: „Die weitverbreitete Meinung, man könne nur parodieren, was man liebe, gilt doch wohl nur sehr bedingt. Viel häufiger ist Parodie das Zeichen eines Überdrusses. Parodien werden bestimmt durch eine negative Tendenz gegenüber dem Hergebrachten, gegenüber der Überlieferung."[86] Zweierlei ist an dieser Aussage bemerkenswert: die Einschränkung der positiven Einstellung auf bestimmte Bedingungen und die Ausweitung der Einstellung vom Original auf die Überlieferung. Die neuere Parodieforschung hat beide Aspekte weiter ausgearbeitet. Gegenüber den zahllosen Aussagen, die dem Parodisten einseitig eine positive oder negative Einstellung zum Original unterstellen[87], gibt es vor allem zwei Vermittlungsversuche: die Annahme einer Ambivalenz im Autor oder die Rückführung beider Einstellungen auf verschiedene Typen der Parodie. Die Ambivalenz wird häufiger als die Vereinigung beider Einstellungen oder als „Ironie" des Parodisten gefaßt. Entweder es wird die Vereinigung von Bewunderung und Lachen gefordert[88] oder man postuliert für die Parodie „eine gesamtironische Haltung", eine nur scheinbare Ambivalenz: „Die Ironie beruht also, wenn sie satirische oder polemische Funktion hat, auf der scheinbaren Übernahme der Wertmaßstäbe des Gegners zum Zweck der Verspottung. Darin, daß die Parodie entscheidende Elemente der Vorlage, also weitgehend auch ihr „Wertsystem" übernimmt, ist ihr in jedem Fall ein ironisches Moment eigen."[89] Ähnliches implizieren Aussagen, die Parodie als Ironie der Sprache zu bestimmen versuchen.[90] Die Parodieforschung unterscheidet seit geraumer Zeit zwei Arten von Parodien: solche, die sich vorwiegend auf das Original beziehen, und solche, die das Original gegen einen nicht literarischen Sachverhalt wenden,[91] kurz, die stilistische und exemplarische (gesellschaftskritische) Parodie, wie sie Yunck (1963) bisher am klarsten bestimmt hat: „Ages — or individuals — which respect tradition and value orthodoxy, unlike our own, tend to parody those works which they value most, rather than those which they wish to ridicule. The product is Exemplary Parody, superimposing the ancient sublime on the current ridiculous, the old ideal on the contemporary reality. It is composed by artists, and addressed to audiences, who admire old, familiar ideas ... The text is the parodist's weapon, not his target. His parody's concern is primarily intellectual and ethical, its essence figurative, its attitude traditional and conservative. Stylistic Parody is essentially a manifestation of the free critical spirit and a rudimentary instrument of critical analysis ... Its standard of judgment is not that of tradition or authority, but that of the individual educated reader. It subsists, like Exemplary Parody, on established or popular literary texts, but unlike Exemplary Parody it ignores or impugns their dignity or authority ... Its text is its target, not its weapon."[92] Mit dieser Unterscheidung, die von vielen mehr oder weniger klar gemacht wird,[93] sind wir bei der zweiten erwähnten Tendenz angelangt, die Einstellung zum Original zur Einstellung zur Überlieferung auszuweiten. Auch hier stehen sich die Aussagen meist unvermittelt gegenüber: Parodie wird als konservativ[94] oder antiautoritär bestimmt[95]. Andere Aussagen geben die Möglichkeit beider Einstellungen zur Tradition zu oder vermitteln wie Yunck.[96]

Wie die zitierten Belege bereits andeuten, sehen viele eine enge Verbindung zwischen der Einstellung des Autors zur Überlieferung und der zur Gesellschaft: „Parodie zeugt — wie die antianständigen Verslein und Bilder — von sozialer Auflehnung ... sie rebelliert gegen das ‚Oben', gegen das Zeremoniell, das Höfische, das Schicke und Schickliche. Trotz dieser Protesthaltung hat sie einen konservativen, traditionskonservierenden Charakter."[97] Ähnlich formuliert Helmers (1971) den Zusammenhang zwischen literarischer und gesellschaftlicher Einstellung: „Die Parodie ist also eine gesellschaftskritische Verfremdung, die sich innerhalb des Bereichs der Literatur bewegt. Durch die Gegenüberstellung mit einem ‚verkehrten' Text soll der als reaktionär erkannte ältere Text der Lächerlichkeit preisgegeben werden."[98] Diese seit Freud (1969)[99] immer wieder behauptete antiautoritäre Einstellung des Parodisten leugnen die häufigen Aussagen über den „Spätzeitcharakter" von Parodie.[100] Offensichtlich sind Einstellungen der Parodisten nichts Überzeitliches, sondern geschichtlich sich wandelnd, d. h., der Parodist hat nicht nur Einstellungen zu Literatur und Gesellschaft, sondern der Prozeß von Literatur und Gesellschaft beeinflußt auch eben diese Einstellungen. So stellt Rühmkorf (1962) als eine der gesellschaftlichen und geistesgeschichtlichen Bedingungen der Parodie heraus, „daß Parodie zu einer literarischen Methode mit eigenem Ausdruckswert erst wurde, werden konnte, als dringende Zweifel in die politische Haltbarkeit des Bürgertums auch den Fortbestand seiner Kultur immer fragwürdiger erscheinen ließen."[101] Oder allgemeiner, von dem gesellschaftlichen Charakter der „Wirklichkeit" abstrahierend: „Das besonders häufige Auftreten von Parodien in einem bestimmten Zeitraum deutet meistens an, daß es sich um eine Zeit des Übergangs handelt. Wenn die literarischen Formen einer früheren Epoche dem Geschmack der neuen Zeit nicht mehr entsprechen und die ihnen zugeordnete Wirklichkeitssicht nicht mehr als angemessen empfunden wird, neue Ausdrucksformen und ein neues Verhältnis zur Wirklichkeit sich jedoch noch nicht voll herausgebildet haben, tritt oft die Parodie auf ... Beide Werke [*Don Quijote* und *Tom Thumb*] veranschaulichen so die Funktion der Parodie als der Wahrerin der Kontinuität der literarischen Entwicklung trotz allen Wandels."[102] Alle diese Aussagen setzen mit ihren Begriffen „Spätzeit", „Übergangszeit" ein bestimmtes Geschichtsmodell voraus, das Tynjanov bereits in den zwanziger Jahren als unzureichend angegriffen hatte: „Wenn von ‚literarischer Tradition' oder ‚Nachfolge' gesprochen wird, so stellt man sich gewöhnlich eine gerade Linie vor, die den jüngeren Vertreter eines bestimmten literarischen Zweiges mit dem älteren verbindet. Die Sache ist indes wesentlich komplizierter. Es gibt keine Fortführung einer geraden Linie, eher handelt es sich um einen Aufbruch, um ein Abstoßen von einem bestimmten Punkt, also um Kampf ... Jede literarische Nachfolge ist doch primär ein Kampf, die Zerstörung eines alten Ganzen und der neue Aufbau aus alten Elementen."[103] Diese an der Parodierung der Werke von Gogol durch Dostoevskij gewonnene Generalisierung baut Tynjanov 1927 zu einer Theorie der literarischen und gesellschaftlichen Evolution aus, die erst in den letzten Jahren von der Parodieforschung rezipiert worden ist.[104] In dieser Theorie, auf die wir wiederholt zurückkommen werden, unterscheidet Tynjanov die Evolution einer literarischen Reihe (Text) vom außerliterarischen Leben (Autor, Rezipient, Gesellschaft). Zum Verhältnis zwischen beiden, das hier besonders interessiert, stellt Tynjanov fest: „Wenn wir gleich die weiteren kausalen Reihen [neben der Sprache des außerliterarischen Lebens] für einzelne Werke und Autoren aufstellen, so untersuchen wir nicht die Evolution der Literatur, sondern ihre Modifikation und auch nicht die Literatur, wie sie sich in Korrelation zu anderen Reihen verändert, evolutioniert, sondern wie die benachbarten Reihen sie deformieren, eine Frage, die zwar untersucht werden müßte, aber auf einer ganz anderen Ebene. Als besonders unzuverlässig erweist sich hier das geradlinige Verfahren der Erforschung der Autorpsychologie und der kausale Brückenschlag vom Milieu, vom außerliterarischen Leben und von der Klassenzugehörigkeit des *Autors* zu seinen Werken ... Es ist klar, daß das Problem hier nicht in den individuellen psychischen Bedingungen liegt, sondern in den objektiven, in der Evolution von Funktionen der literarischen Reihe im Verhältnis zur nächstliegenden sozialen Reihe."[105]

Das Verhältnis von Literaturevolution und Gesellschaft schafft die objektiven Bedingungen, die vor den individuellen psychischen Bedingungen des Autors Vorrang haben. Dem „Kampf" des Parodisten gegen seine Vorgänger gehen bestimmte gesellschaftliche und literarische Entwicklungen voraus. Die Annahme einer historisch sich verändernden Wechselwirkung zwischen Einstellung und Literatur-Gesellschaft gehört zu den wichtigsten Errungenschaften der modernen Parodieforschung.

Während Aussagen zur Einstellung des Parodisten zur Gesellschaft in letzter Zeit recht häufig sind, fehlen Angaben über die Einstellung zur Parodie selbst, zum Medium des Originals und der Parodie fast völlig. Auch zur Einstellung zu den Rezipienten von Original und Parodie liegt wenig vor. Neben vereinzelten Aussagen, daß der Parodist bei seinen Rezipienten die Kenntnis des Originals voraussetze und sich damit an ein bestimmtes Publikum wende,[106] sind hier vor allem die Annahmen über eine bestimmte Einstellung des Parodisten zu den Rezipienten des Originals wichtig. Die getrennt gemachten Aussagen, der Parodist richte sich bei seiner Wahl der Vorlage nach der „allgemeinen Verbreitung bei den intendierten Lesern"[107] und der Parodist sei irritiert über die Popularität des Originals[108] konstituieren zusammengenommen eine Wechselwirkung zwischen Parodie- und Original-Rezipienten. Für sein Korpus generalisiert Röhrich (1967) dieses Verhältnis wie folgt: „Wo sich die Parodie volkstümlicher Stoffe annimmt, wird vor allem das oft Gehörte, das bis zum Überdruß Wiederholte, das Veraltete, Abgenutzte oder auch das Sentimentale, modernem Gefühl nicht mehr Gemäße verspottet."[109] Die geschichtliche Veränderung der Rezeption von Originalen, die eine solche Einstellung des Parodisten zu den Rezipienten voraussetzt, wird als Kernstück der Theorie der Parodierezeption ausführlich zu behandeln sein.

2.3.2 Zur Einstellung des Travestie-Autoren liegen im allgemeinen ähnliche Aussagen vor. Während über die Einstellung zum Originalautoren fast gar keine generelle Aussagen vorliegen, werden nebeneinander positive und — das vorwiegend — negative Einstellungen zum Original und zur literarischen Überlieferung angenommen. So formuliert z. B. Schmidt (1953): „Die Travestie ist Produkt eines respektlosen Geistes ... Die Travestie appelliert an Schülermentalität, sie protestiert gegen übermächtige, starre Autorität bestimmter literarischer Vorbilder."[110] Derselbe antiautoritäre Zug wird auch für die Einstellung des Travestie-Autors zur Gesellschaft angenommen.[111] Nach einer eingehenden Analyse des gesellschaftlichen und literarischen Hintergrundes von Scarrons Werken kommt Schlötke-Schröer zu folgendem Schluß: „Nach unserer Darlegung besteht die Burleske [Travestie] aus den beiden sich komplimentierenden Formen des oppositionell Literarischen und des Zeitgeschichtlichen. Daher kann hier die Dichtung im vollen Sinne als burlesk angesprochen werden, die beiden Komponenten in gleicher Weise gerecht wird."[112] Andere Forscher kommen von anderen Korpora zu ähnlichen Ergebnissen, ohne allerdings die an der Parodie erarbeitete Vermittlung von Geschichte, Literatur und Gesellschaft zu erreichen. Bei der Einstellung des Autors zu den Rezipienten[113] wird auf dessen Abhängigkeit von der Verbreitung des Originals hingewiesen wie auch auf die mögliche Opposition des Autors zu der herrschenden Rezeptionsweise des Originals.[114]

2.3.3 Die Aussagen über die Einstellungen des Pastiche-Autors beschränken sich auf solche zu Original-Autor und Original bzw. Überlieferung. Pastichieren kann „Ausdruck einer sublimen Huldigung" des Original-Autors sein oder Ausdruck von Ironie.[115] Zur Einstellung zum Original führt Albertsen (1971) folgende näheren Bestimmungen ein: „Das Pastiche ist ein Werk, das sich in seiner Sprache, seinem Inhalt und seiner Haltung akkommodierend in die nicht polemische Nachfolge eines nicht unmittelbar vorhergehenden Vorbilds stellt ... Das Pastiche will nicht wie in älteren Zeiten die Imitation, in neueren Zeiten das Epigonalwerk eine *ungebrochene* Tradition fortsetzen, sondern beruht auf einer persönlichen Wahl des Autors, der auf Form und Sprache eines liebgewordenen Vorbilds zurückgreift, um durch seine Nachahmung jenes Vorbild höher zu stellen als die eigene Zeit und die unmittelbare Vorzeit." Es gilt nicht nur das positive Verhältnis zum Original, sondern auch das gespaltene zur literarischen Evolution. „Der primäre Drang [des Pastiche-Autors] ist ja der nach Überwindung der unmittelbaren Vorwelt. Wahlverwandte für diesen Kampf findet der Dichter dabei mitunter in einer entfernten Vergangenheit. Sein Ekel vor seiner eigenen Zeit führt zu einer Aufhebung der Zeitdimension, zu einer idealen Gleichzeitigkeit mit jenen fernen Mustern. Der Dichter gibt sich zeitweilig selber auf, fügt sich in eine fremde Form, um sie in sich aufgehen zu lassen, weil er dadurch seiner Umwelt das bringen zu können meint, was ihr nottut."[116] Wie Tynjanov versteht auch Albertsen die literarische Nachfolge als einen Kampf, nur werden seiner Auffassung nach ältere Systeme der literarischen Evolution, deren Rezeption unterbrochen ist, gegen neuere Systeme – deren Rezeption dominiert? – ausgespielt. Albertsens Auffassungen von der Aufhebung der Zeitdimension und dem negativen Verhältnis zur eigenen Zeit werden allerdings von anderen Pasticheforschern nicht geteilt.[117] Dennoch werfen Albertsens Annahmen wichtige geschichtliche Probleme auf, die von der Pasticheforschung noch nicht geklärt sind.

2.3.4 Generalisierend lassen sich die Aussagen über die Funktion von Einstellungen bei Parodien, Travestien, und Pastiches wie folgt zusammenfassen:

1. Die Einstellungen des Autors von Travestien und Parodien zu Original-Autor, Original und Original-Rezipienten können positiv oder negativ oder ambivalent sein (Sallier, Lausberg, Röhrich, Yunck usw.).
2. Diese Einstellungen werden von der literarischen und gesellschaftlichen Entwicklung bestimmt (Tynjanov, Rühmkorf, Broich, Schlötke-Schröer).
3. Die Einstellung zur literarischen Entwicklung ist eng mit der zur gesellschaftlichen Entwicklung verbunden (Schenda, Schlötke-Schröer, Rühmkorf, Yunck).
4. Die Einstellung zur literarischen und gesellschaftlichen Entwicklung bestimmt insbesondere die Wahl des Originals und des abzubildenden Gegenstandes (Yunck, Albertsen).
5. Eine positive Einstellung zur gegenwärtigen Gesellschaft impliziert eine negative Einstellung zur literarischen Überlieferung und, umgekehrt, eine positive Einstellung zur literarischen Überlieferung impliziert eine negative Einstellung zur gegenwärtigen Gesellschaft oder beide Einstellungen sind ambivalent (Yunck, Albertsen, Broich).
6. Einstellungen können an die Klassenzugehörigkeit von Autoren gebunden sein (Schenda, Schlötke-Schröer, Broich, Tynjanov).

Die Fruchtbarkeit dieser Hypothesen hängt wiederum davon ab, wieweit sie im generellen Rahmen von soziologischen und psychologischen Theorien (theories of attitude and attitude change[118]) Erklärungsadäquanz gewinnen.

2.4 *Zielsetzung*

Bei weitem den größten Raum unter den Aussagen über den Autor nehmen diejenigen ein, die sich auf die „Intention", die „Absicht" oder den „Zweck" des Parodierens, Travestierens oder Pastichierens beziehen. Um die Diskussion von den Vorbelastungen des Begriffs „Intention",[119] der zudem in Soziologie und Psychologie kaum verwendet wird, freizuhalten, benutzen wir hier den Begriff „Zielsetzung", wobei unter „Ziel" ein gedanklich vorweggenommener Zustand verstanden wird, der nur durch aktives Handeln verwirklicht werden kann.[120] Bei den Zielen der Autoren lassen sich solche, die der Veränderung bei den Rezipienten dienen, von solchen, die der Veränderung des Autors selbst gelten, unterscheiden.

2.4.1 Wenn die heutige Parodieforschung nach den Zielen der Autoren artistische, kritische und agitatorische Parodie unterscheidet[121] oder wenn sie „Parody" wie folgt definiert: „We may define it as imitation which, through distortion and exaggeration, evokes amusement, derision, and sometimes scorn."[122], dann greift sie — implizit oder explizit — auf Untersuchungen des 18. Jahrhunderts zurück und übernimmt damit — implizit — auch deren Voraussetzungen. Wie immer die Reihe der möglichen Effekte auf den Rezipienten, deren gedankliche Vorwegnahme das Ziel des Parodisten ausmacht, aussehen mag, und welche Wichtigkeit diesen Zielen beigemessen wird, die zahlreichen Aussagen hierüber haben das eine gemeinsam: sie unterscheiden einfache und gemischte Ziele. So geht die noch heute gemachte Unterscheidung von „rein komischer", „rein kritischer", „polemischer" und „schöpferischer" Parodie[123] auf die psychologische Theorie der reinen und gemischten Emotionen zurück, wie sie im 18. Jahrhundert von Mendelssohn, Kames, Beattie u. a. vertreten wurde. In ihrer einfachsten Form sieht diese Theorie so aus, daß reine Emotionen wie z. B. „Lachen" und „Verachtung", die für sich genommen möglicherweise bereits einen Effekt der Parodie ausmachen, zu gemischten wie „Verlachen" zusammentreten können.[124] Diese Theorie, deren Bedeutung für die Rezeption von Parodien noch dargestellt werden muß, wurde sehr bald auf die Zielsetzung des Parodisten übertragen. So unterscheidet z. B. Dusch (1758) bei der Epenparodie drei Typen nach der Zielsetzung des Autors: das ironische, satyrische und das scherzhafte Heldengedicht.[125] Überblickt man die Aussagen zur Zielsetzung des Parodisten seit dem Ende des 18. Jahrhunderts, so fallen einige weitere Gemeinsamkeiten auf:

1. Die Skala der Möglichkeiten beschränkt sich weitgehend auf vier Elemente: Lachen, Kritik, Satire und Verlachen.
2. Die vier Elemente werden in verschiedene Zusammenhänge gebracht, vor allem die von „und" und „oder" mit all deren logischen Mehrdeutigkeiten.[126]
3. Es wird nicht immer klar zwischen Zielsetzung und Effekt unterschieden.
4. Die Beschreibung psychischer Sachverhalte erfolgt meist in bildlicher vorwissenschaftlicher Ausdrucksweise.[127]

Wir handeln die vier Zielsetzungen nacheinander ab und weisen während der Darstellung auf deren Querverbindungen hin.

Daß der Parodist mit seinem Text bei den Rezipienten Lachen hervorrufen will, darüber sind sich fast alle Forscher einig. Fast ebenso einmütig nimmt man an, daß diese „bloß ergötzende" Zielsetzung dem Autor bewußt sein muß:[128] „Zunächst ist für die Begriffsbestimmung die gewollt komische Wirkung zu fordern und die Einbeziehung der ernstgemeinten Nachdichtung abzulehnen ... Wenn wirklich in früheren Zeiten ernstgemeinte Umformungen die Bezeichnung P. erhielten ... so darf das nicht daran hindern, im Interesse wissenschaftlicher Klärung den Begriff in diesem Sinne einseitiger zu fassen." Die bewußt komische Zielsetzung wird auch von anderen Forschern als notwendiges Kriterium der Absetzung der Parodie von ernster Nachahmung und Naivkomischem betrachtet.[129] Die ältere Parodieforschung, die z. T. ernstgemeinte Imitationen unter dem Oberbegriff „Parodie" eingeschlossen hatte,[130] versuchte dennoch eine Absetzung mit Hilfe des Begriffs der „Accomodation". „Unter Accomodation nun, dieser Abzweigung der Parodie und Travestie, haben wir die contrastierende Anwendung bekannter Aussprüche ... auf sich selbst oder einen Anderen und dessen Zustand zu verstehen, was bisweilen nur in ernster Absicht geschehen, immer aber eine komische Wirkung erzeugt."[131] Die gleiche sorgfältige Unterscheidung von Zielsetzung und Effekt nimmt Rotermund (1963) in seiner einflußreichen Definition vor: „Eine Parodie ist ein literarisches Werk, das aus einem anderen Werk beliebiger Gattung formal-stilistische Elemente, vielfach auch den Gegenstand übernimmt, das Entlehnte aber teilweise so verändert, daß eine deutliche, oft komisch wirkende Diskrepanz zwischen den einzelnen Strukturschichten entsteht. Die Veränderung des Originals ... dient einer bestimmten Tendenz des Parodisten, zumeist der bloßen Erheiterung oder der satirischen Kritik."[132] D. h., der durch den Autor antizipierte Effekt – komisch oder ernst –

stimmt nicht notwendigerweise mit dem wirklichen Effekt seines Textes überein. Weiter hat die Parodieforschung häufig versucht, die Zielsetzung des Parodisten im Gegensatz zu der des Originalautors zu bestimmen. Die Antithese von „ernst" und „komisch", die hierfür immer wieder verwendet wird, geht bis auf die Antike zurück.[133] Während Grellmann (1926 ff.) in seiner Definition offenläßt, ob „ernst" sich auf Zielsetzung oder Effekt beziehen soll, legt sich Wilpert (1961) eindeutig auf die Zielsetzung fest.[134] Wo sich die immer wiederholte Beschreibung der Vorlage als „ernst" oder „erhaben" zur Norm verfestigt, wird das hier zugrundeliegende Problem sichtbar: „Allgemein läßt sich sagen: parodierbar ist nur einer, der sich ernst nimmt. Morgenstern zu parodieren, wird keinem gelingen."[135] Neumanns Aussage wird nicht nur durch eine Morgenstern-Parodie von Torberg — die dieser auf Neumanns Herausforderung verfaßte[136] — sondern auch durch eine ganze Reihe von speziellen Aussagen der Parodieforschung widersprochen. Parodien, von komisch gemeinten Werken, ja von Parodien sind durchaus keine Seltenheit.[137] Dennoch gibt es keine Generalisierung, die das Verhältnis der Zielsetzungen von Parodist und Original-Autor in allgemeiner Form zu klären versucht.[138]

Es bleibt noch der Zusammenhang von komischer Zielsetzung und Parodieren zu behandeln. Wie die oben zitierten Aussagen bereits zeigen, nimmt die Parodieforschung im allgemeinen eine enge Verbindung von Zielsetzung und parodischer Technik an, d. h., sie schließt häufig vom zweiten auf das erste. Insbesondere wird angenommen, die komische Zielsetzung veranlasse den Parodisten, bestimmte Elemente des Originals beizubehalten oder diesen bestimmte neue Elemente hinzuzufügen. Bei rein komischer Zielsetzung verzerrt der Parodist nur die Form des Originals,[139] wählt häufig nur das Zitat aus einem Original,[140] ist daran gebunden, einen bestimmten Umfang des Originals beizubehalten[141] oder fügt Reaktionen von Figuren im Text der Parodie hinzu, die die komische Zielsetzung verdeutlichen,[142] schafft bewußt Inkongruenz oder Übertreibung durch die Wahl neuer Elemente.[143] Da diese Korrelationen meist nur implizit angenommen werden, ist es schwer zu entscheiden, wie zwingend diese Zuordnungen im einzelnen sind.

Als zweite Zielsetzung des Parodisten wird im allgemeinen die Kritik genannt. Während von der „rein komischen" Zielsetzung durchweg angenommen wird, daß sie sich auf und gegen Nichts richte — es sei denn die Parodie selbst — lassen sich die Aussagen zur Kritik wieder nach ihrer Richtung im Kommunikationsmodell, also Kritik des Original-Autors, des Originals, den Medien und den Rezipienten, unterscheiden. Die Kritik an der Gesellschaft wird im nächsten Abschnitt unter der Zielsetzung der Satire behandelt. Zielsetzung und Effekt gehen in den folgenden Aussagen vielfach durcheinander.

Die Zielsetzung, Kritik am Original-Autor zu betreiben, erhebt Neumann (1928) geradezu zum Definitionskriterium von „Parodie": „Grundsätzlich ausgedrückt: Formnachahmung mit der Spitze gegen einen *anderen* als den legitimen Inhaber der entfremdeten Form . . . ist ebensowenig parodisch wie eine unkritisch getreue Formnachahmung überhaupt. Parodie ist Nachahmung mit Polemik gegen den Nachgeahmten."[144] Die Notwendigkeit dieser Bedingung, die auch von anderen Definitionen angenommen wird,[145] zieht allerdings eine Reihe von anderen Aussagen in Zweifel.[146] Insbesondere sind folgende Einschränkungen zu machen: Bei Neumann gehen zwei Sachverhalte durcheinander, die Sallier bereits deutlich unterschieden hatte: die kritische Zielsetzung muß danach bestimmt werden, ob sie sich an den Original-Autor als Rezipienten wendet und ihn zur Selbstkritik anleiten will oder ob sie sich an die Original-Rezipienten (ohne den Original-Autor) wendet und diese zur Kritik an demselben veranlassen will.[147] Neumann hat, wie seine Beispiele zeigen,[148] offensichtlich den ersten Fall im Auge, ohne dabei zu bemerken, daß er damit die kritische Zielsetzung auf die Parodie unter Zeitgenossen beschränkt.[149] Mit dem Tod des Original-Autor entfällt die von Neumann erfaßte kritische Zielsetzung des Parodisten.[150] Auch für die auf die Original-Rezipienten gerichtete kritische Zielsetzung müssen je nach Typ der Parodie gewisse Einschränkungen gemacht werden.[151] Wie Neumann weisen auch andere Autoren auf das Fehlen einer Kritik des Original-Autors bei der exemplarischen Parodie hin.[152] Eidson (1968) möchte die Kritik des Original-Autors auf die Parodie beschränken, in der „Form und Geist" des Originals übernommen werden; alle Substitutionsparodien sind „nur komisch".[153] Wo Parodist und Original-Autor identisch sind, liegt Selbstparodie vor. Parodiert ein Autor ein eigenes früheres Werk, hat er die Zielsetzung der Selbstkritik, der Palinodie, der Absage an frühere Verfahren.[154] Eine Unterscheidung nach Typen des Parodierens ist für diesen Fall nicht versucht worden. Noch komplizierter liegen die Verhältnisse, wo ein Autor nicht ein eigenes früheres Werk, sondern ein eigenes entstehendes Werk während des Verfertigens parodiert. So berichtet Borges (1970) z. B. „When I wrote ‚Ibu Hakkan', however, it became a cross between a permissible detective story and a caricature of one. The more I worked on it, the more hopeless the plot seemed and the stronger my need to parody it. What I ended up with I hope will be read for its humor."[155] Poirier (1968) ist der erste, der dieses spezifisch moderne Verfahren generell zu erfassen versucht: „Up to now parody has been almost entirely other-directed, as in Coleridge's ‚On a Ruined Cottage in a Romantic Country' or Swinburne's ‚Nephelidia' allowing a writer to externalize and disown the mannerisms of his earlier work. As against these recognized forms of parody, I want to define a newly developed one, a literature of self-parody that makes fun of itself *as it goes along*: ... it calls into question not any particular literary structure so much as the enterprise, the activity itself of creating any literary form ..."[156] Diese Art des Parodierens wirft allerdings eine ganze Reihe von theoretischen Problemen auf, die von der Parodieforschung noch gar nicht in Angriff genommen worden sind. Auch Poirier beschränkt sich im folgenden darauf, dieses Verfahren bei Autoren wie Joyce, Nabokov, Barth, Pynchon, Murdoch und Borges nachzuweisen. Wir werden auf dies Problem in 6.2 zurückkommen.

Über die Zielsetzung, Kritik am Original zu üben, liegen besonders viele Aussagen vor. Meist wird die Kritik am Original von der am Original-Autor getrennt und höher bewertet.[157] Grellmann (1926 ff.) legte für diese Unterscheidung im Deutschen die Begriffe „polemische" und „rein kritische" Parodie (beide unter dem Oberbegriff der „kritischen Parodie" zusammengefaßt) fest.[158]

Auch die Kritik am Original hat man zur notwendigen Bedingung der Parodie erklärt.[159] Solche Generalisierungen sind unhistorisch, wie Einzeluntersuchungen zur Parodie des Mittelalters oder der Moderne immer wieder zeigen. Entsprechend bestimmen die meisten neueren Untersuchungen die Kritik des Originals als eine der möglichen und historisch sich wandelnden Zielsetzungen des Parodisten.

Als ähnlich unhistorisch muß man die Aussagen bezeichnen, die bestimmte einzelne Elemente des Originals als Gegenstand der Kritik durch den Parodisten festhalten wollen. Am deutlichsten wird das an den Aussagen, die bis heute diese Elemente als „Fehler" des Originals kennzeichnen.[160] Die solchen Aussagen unterliegende Voraussetzung, Fehler seien etwas ahistorisch Gegebenes, ist auch zur Norm erhoben worden, um bestimmte Originale für die Parodierung auszuschalten.[161] Ähnlich problematisch sind Aussagen, die ahistorische Konstanten am Original als Gegenstand der Kritik festmachen wollen. So wird z. B. behauptet, die „rein kritische Parodie" richte sich gegen die „Form" des Originals, dessen „Stil", „Gedanken" oder beides zusammen, dessen „Gegenstand" usw.[162] Abgesehen davon, daß diese Aussagen ein bestimmtes Textmodell unterstellen, dessen Problematik noch geklärt werden muß, stehen solche Aussagen in direktem Widerspruch zu einer historischen Auffassung der kritischen Zielsetzung, wie sie seit dem Beginn des 19. Jahrhunderts in der Parodieforschung entwickelt worden ist. So hatte bereits Jean Paul (1963) einen allgemeinen Zusammenhang von Geschichte und kritischer Zielsetzung für die Parodie postuliert im bewußten Gegensatz zu der Annahme, Parodie sei immer kritisch intendiert.[163] Die Auffassung, auch die Kritik bestimmter Züge am Original unterliege dem geschichtlichen Wandel, konnte sich — trotz einzelner Beobachtungen im 19. Jahrhundert — erst durchsetzen, als ein historisches Verständnis der Beziehung zwischen Original und Parodie explizit formuliert wurde. Die klarste Formulierung dieses Zusammenhangs bildet Tynjanovs Evolutionstheorie, die in 3.3 ausführlich referiert werden soll. Sie unterliegt als stillschweigende Voraussetzung in mehr oder weniger klarer Form den folgenden Generalisierungen zur kritischen Zielsetzung. Der Erkenntnis, daß der Parodist das kritisiert, was ihm jeweils auffällt,[164] steht auf der anderen Seite die Erkenntnis gegenüber, daß die Elemente des Originals ja auch eine Geschichte — in Tynjanovs Begriffen nicht nur eine Synfunktion, sondern auch eine Autofunktion — haben. So betonen moderne Einzelstudien und Definitionsversuche im allgemeinen, die kritische Zielsetzung des Parodisten richte sich gegen die Stereotypen, Manier, Konventionen einer Gattung, gegen das Abgenutzte, Formelhafte usw.[165] Auf der anderen Seite kommt Grannis (1931) für ihr Korpus — dramatische Parodien des 18. Jahrhunderts in Frankreich — zu dem Schluß, daß die Kritik vor allem den innovativen Zügen an den Originalen gilt.[166] Aussagen, die diesen widersprüchlichen Sachverhalt durch die theoretische Vermittlung der Geschichtlichkeit von Zielsetzung und Gegenstand (den Elementen des Originals) zu lösen versuchen, fehlen ganz. Generalisierungen, wie die Parodisten der jüngeren Generation kritisierten die veralteten, die der älteren die innovativen Züge der Originale,[167] oder kritische Parodien zeigten immer die Spätzeit einer Konvention oder eines Genres an,[168] verabsolutieren jeweils nur einzelne Momente dieses komplexen Zusammenhangs.

Neben diesen Hypothesen hat die Parodieforschung häufig eine weiterführende Annahme gemacht. So unterscheiden Kleinknecht

(1937) und Rau (1967) z. B. bei der kritischen Parodie eine formalästhetische und eine „fundamentale".[169] Auch andere Autoren meinen, die kritische Zielsetzung könne sich richten auf eine „Haltung", „Lebensauffassung", „Gesinnung", die nicht nur auf die Einstellung des Original-Autors begrenzt ist.[170] Eine konsequente Ausweitung auf die Einstellungen von Gruppen oder Klassen fehlt.[171]

Der Zielsetzung, schließlich, die Original-Rezipienten zu kritisieren, gelten einige Aussagen der neueren Parodieforschung. Zwei Gesichtspunkte werden vor allem geltend gemacht: das Nebeneinanderherlaufen älterer und neuerer Rezeptionsweisen und die gesellschaftliche Verwertung oder „Textverarbeitung" der Originale. Die Kritik kann veraltete Rezeptionsweisen treffen oder dem „Anspruch des Originals" in einer bestimmten Weise rezipiert zu werden.[172]

Was es mit diesem auch andererorts behaupteten Anspruch des Originals auf sich hat, muß noch eingehend bei der Rezeption diskutiert werden. Insbesondere ist Verweyens (1973) Aussage, der Parodist habe das Ziel „die faktisch bedeutsam gewordenen Rezeptionsnormen zugunsten neuer, der Innovation sich annähernden Rezeptionen zu verändern"[173] im Rahmen seiner Rezeptionstheorie zu explizieren. Die zweite Auffassung, der Parodist kritisiere nicht so sehr die Vorlage, sondern deren gesellschaftliche Verwendung, die Steuerung ihrer Rezeption[174] und damit diejenigen, die für beides verantwortlich sind, findet sich häufiger. So schreibt Hannah Ahrendt bereits 1950, die Parodien von Brecht richten sich „weniger gegen die Tradition selbst als gegen diejenigen, welche uns mit ihrer Hilfe über unsere eigenen Probleme beruhigen möchten"[175]. Schulte-Sasse (1973) kommt für eine Goethe-Parodie in *Die heilige Johanna der Schlachthöfe* zum gleichen Ergebnis: „ . . . der Text zeigt ‚Ideologie in Aktion', nämlich die Funktionalisierung von Elementen der klassischen literarischen Tradition für die Zwecke der bürgerlichen Interessen."[176] Andere Einzeluntersuchungen schließen ähnlich.[177] Rühmkorf (1969) geht noch einen Schritt weiter und bringt diese Art der Kritik – für die Parodie in der Schule – mit gesellschaftlichen Zwängen in Verbindung.[178] Wie denn Rezeption und gesellschaftliche Verwertung ineinanderspielen, wird weiter unten zu zeigen sein.

Es bleibt noch der Zusammenhang zwischen kritischer Zielsetzung und Parodieren zu behandeln. Will der Parodist den Original-Autor kritisieren, führt er häufig direkte persönliche Anspielungen ein.[179] Will der Parodist das Original kritisieren, kann er explizite Figurenkommentare einführen,[180] übernommene Elemente des Originals übertreiben oder in einen inkongruenten Kontext stellen,[181] dem Original so eng wie möglich folgen oder es in sein Gegenteil verkehren.[182] Wählt der Parodist ein eigenes Werk als Vorlage, will er sich selbst kritisieren.[183] Für die Kritik an einer allgemeinen Haltung – über das Original hinausgehend – oder an der Rezeption des Originals sind ähnliche Kriterien nicht benannt worden.

Als dritte Zielsetzung des Parodisten wird im allgemeinen die Satire genannt. Da die Begriffe „Satire" und „Kritik" auch heute noch häufig synonym verwendet werden, referieren wir hier zunächst deren Unterscheidung, wie sie in der neueren Parodieforschung erarbeitet worden ist. Lucka (1928) geht es um ein Absetzen von „Parodie" und „Karikatur": „Die Karikatur ist also ein verzerrtes, ein einseitig gesehenes und wiedergegebenes Abbild der Wirklichkeit. Die Parodie hat mit der Wirklichkeit überhaupt nichts zu schaffen, der Gegenstand, an dem sie arbeitet und den sie ihrerseits karikiert, ist ein Gebilde, das der Wirklichkeit entstammt, aber etwas Selbstständiges und Neues geworden ist: ein Werk der Dichtung oder der Schauspielkunst, aber auch der Bildnerei und sogar der Musik ... Parodie ist also Karikatur in zweiter Verdünnung."[184] Eine entsprechende Unterscheidung für „Parodie" und „Satire" versucht Bührmann (1933), der sich dabei auf Grellmann beruft: „Die Satire ist nicht auf ein Kunstwerk [wie die Parodie], sondern auf die reale Wirklichkeit bezogen."[185] Als letztes Beispiel, das für viele andere stehen mag,[186] Shlonskys (1966) Unterscheidung: „Whereas non-parodic literary works may be imitations of nature, life, action or reality – parody is an imitation of another literary work or of elements which are peculiarly literary ... The impulse of parody to imitate other literary forms and works excludes the possibility ... to subsume it under another literary type, such as satire ... The standards, norms and implications which are essential to satire, whether moral, social, religious or philosophical, are extra-literary in origin as well as in purpose and thus foreign to the purely literary nature of parody."[187] Diese Unterscheidungen gehen natürlich auf die antiken von „res" und „verba" und – zumindest für eine bestimmte Zeit[188] – von „Mimesis" und „Imitation" zurück. In zeichentheoretischer Hinsicht entsprechen ihnen die sigmatische und syntaktisch-semantische Relation.[189] Der Sachverhalt liegt bei der Parodie jedoch nicht so einfach, wie Lucka oder Bührmann ihn beschreiben. Das zeigt sich z. B. schon daran, daß Cicero die Parodie der Wortkomik, Flögel der Sachkomik zurechnet.[190] Shlonsky fährt dann auch fort, ihre Unterscheidung von

„Parodie" und „Satire" wieder einzuschränken: „It is very probable, of course, that parody in its pure state does not or even cannot exist. As a literary composition it may be mingled with elements other than purely parodic and chief among them is the satiric."[191] Daß Satire und kritischer Bezug auf das Original zusammen in der Parodie vorkommen, wird auch von vielen neueren Untersuchungen angenommen, aber die theoretische Klärung ihrer Beziehung zueinander steht noch aus.[192] Das hier berührte komplexe Problem – das der Abbildung oder Widerspiegelung von Wirklichkeit durch Texte – ist in der Parodieforschung eher zugedeckt als reflektiert worden. Eine besonders bedeutsame Rolle spielt hierbei der Begriff „Gegenstand" oder „subject" oder „sujet", der als das abgebildete Objekt oder als die Hypostasierung der Abbilder (Signifikate) selber verstanden werden kann und dessen Bedeutung in den meisten Texten offen bleibt. Mit diesen Einschränkungen im Auge, behandeln wir hier Aussagen über das Ziel des Parodisten, seine Rezipienten dazu zu bringen, seinen Text mit der Wirklichkeit, nach dem Kommunikationsmodell mit der Gesellschaft, in eine sigmatische Beziehung zu setzen. Wir werden auf das Problem in den folgenden Kapiteln zurückkommen.

Die ältere Auffassung, satirische und kritische Zielsetzung seien in der Parodie vereint, vertritt schon Sallier.[193] Die Vorstellung vom „doppelten Bezugssystem" hat sich bis in die Gegenwart erhalten: „Die Parodie repräsentiert ein kompliziertes stilistisches Verfahren, dessen Ziel auf eine zumindest zweidimensionale Kritik, nämlich einerseits in bezug auf die Vorlage und andererseits im Hinblick auf den eigenen sozialen Kontext, gerichtet ist".[194] Neben dieser Auffassung hat sich in der Parodieforschung die Annahme eines Mittelbezuges zwischen kritischer und satirischer Zielsetzung entwickelt. So spricht schon Flögel (1784 ff.) von Parodie als „ein[em] Hauptwerkzeug der Satyre."[195] Klarer und bestimmter generalisieren Rotermund (1963) und Schönert (1969): „Parodie ... dient einer bestimmten Tendenz des Parodisten, zumeist der bloßen Erheiterung oder der satirischen Kritik. Im zweiten Falle ist das Vorbild entweder Objekt oder nur Medium der Satire."[196] Und „Sie [Parodie und Travestie] befördern die Satire, wenn sie einen über die Vorlage hinausgehenden inhaltlichen Verweisungszusammenhang suchen: Fehler und Schwächen im Sinne der Kunstkritik aufdecken oder über den literarischen Text bestimmte Personen, Haltungen oder Zeiterscheinungen angreifen. Parodie und Travestie können zur ancilla satirae werden; das ‚Dienstverhältnis' gilt aber nie umgekehrt."[197] Während Rotermunds Formulierung von einem großen Teil der Parodieforschung akzeptiert wird, sind die Konsequenzen von Schönerts weiterführender Hypothese noch nicht durchgedacht worden.

Spätestens mit Schönerts Aussage stellt sich die Frage nach dem Objekt der satirischen Zielsetzung des Parodisten. Während die meisten Forscher mit Schönert übereinstimmen — das Objekt ist die zeitgenössische Gesellschaft des Parodisten — nimmt eine kleinere Gruppe an, das Objekt der Satire könne auch der „Gegenstand" des Originals sein. Wegen der Ambiguität von „Gegenstand" ist bei diesen Aussagen meist nicht zu entscheiden, ob hier an die Kritik eines Textes oder die Satire eines gesellschaftlichen Sachverhaltes, den dieser Text abbilde, gedacht ist.[198]

Die Geschichtlichkeit der satirischen Zielsetzung wird meist nur impliziert durch die Geschichtlichkeit ihres Objekts, die zeitgenössische Gesellschaft, und ihre Rückbindung an die sich wandelnden Einstellungen der Parodisten.[199] Wiederholt ist auch versucht worden, die satirische oder exemplarische Parodie als ältere, die kritische als Entwicklung einer neueren Zeit zu charakterisieren.[200]

Es bleibt noch kurz der Einfluß dieser Zielsetzung auf das Parodieren zu beschreiben. Die satirische Zielsetzung läßt sich an der Inkongruenz der Elemente,[201] der Einführung von zeitgenössischen Namen und Anspielungen erkennen.[202] Auf der anderen Seite wird die Bestimmung der Zielsetzung aus dem Text als problematisch empfunden: „It must be admitted that there is often a great difficulty in deciding whether the intention was to ridicule the original writing or the subject treated in the parody."[203]

Als vierte und letzte Zielsetzung wird häufig die des Verlachens genannt. Man versucht darunter meistens die Absicht des Parodisten, seine Rezipienten zum Lachen über das Original oder dessen Autor zu bringen, und sieht den Unterschied zur „rein" komischen und „rein" kritischen Zielsetzung in einer Vereinigung dieser beiden im Verlachen.[204] Für die Satire ist dieser Unterschied in der Parodieforschung nicht benutzt worden, aber, wie die obigen Bilder zeigen, versteht man die satirische Zielsetzung im allgemeinen ebenfalls als eine Vereinigung von Lachen und Kritik. Vor allem in der deutschen Parodieforschung ist diese Einteilung seit Grillparzer (1909 ff.) verbindlich geblieben: „1. die bloß ergötzende, 2. die zugleich auch belehrende, 3. die zugleich spottende, oder, wenn ich so sagen darf, die persiflierende". Grillparzer unterscheidet zwei und drei dadurch, daß die eine nur die Fehler des Werkes rügt, die andere versucht, „den Autor oder sein Werk verächtlich zu machen."[205]

Neben der Aussage, der Parodist wolle den Original-Autor verächtlich machen, steht die andere, das Verlachen des Autors sei das Ziel des Parodisten.[206] Householder (1944) nimmt an, das Verlachen des Autors würde über das Lächerlichmachen des Originals erzielt.[207] Häufiger noch wird das Verlachen des Originals als Ziel des Parodisten genannt. Wie bei der kritischen Zielsetzung hat man auch hier versucht, die einzelnen Züge des Originals zu benennen – den „Stil", die „Form" oder den „Inhalt"[208] – und wie dort stehen und fallen diese Aussagen mit den von ihnen implizierten Textmodellen. Aussagen über das Verlachen der Original-Rezipienten sowie über die Geschichtlichkeit dieser Zielsetzung fehlen. Als Auffindungskriterien für diese Zielsetzung werden die Erzeugung von Inkongruenz oder die Übertreibung von Zügen im Original genannt.[209]

Neben den Zielsetzungen, die irgendwelchen Effekten bei den Rezipienten gelten, werden schließlich noch solche genannt, die den Parodisten selber gelten oder der Einstellung der Rezipienten zum Parodisten.

Zu den Selbstzwecken des Parodisten rechnet man vor allem das Lernen, das sich Emanzipieren und das Spielen. Die Annahme, Parodieren erweitere die Kompetenz des Parodisten, findet sich öfters.[210] Auf der anderen Seite kann der Parodist versuchen, statt überkommene Schreibweisen zu erlernen, sich von eben diesen Schreibweisen zu befreien. So spricht Albertsen (1971) von „der Parodie oder der Travestie, in denen der Verfasser vielmehr das Vorbild polemisch umformt, um sich selber vor ihm zu behaupten."[211] Die Auseinandersetzung mit der Überlieferung wird auch häufig als Innovation beschrieben. Innovative Tendenzen unterstellen Zmegač, Shlonsky, Verweyen und natürlich die Evolutionstheorie von Tynjanov.[212]

Die spielerische Zielsetzung wird meistens im Gegensatz zu den Zielsetzungen bestimmt, die es auf einen bestimmten Effekt beim Rezipienten abstellen. Nach Liede (1956 ff.)[213] ist allen Parodien „das bewußte Spiel mit einem ... literar. Werk gemeinsam. Mit Lehmann eine komische P. von den übrigen Arten der Nachahmung zu trennen, bedeutet vor allem dort reine Willkür, wo dem Parodisten am formvirtuosen Können in scherz- oder ernsthafter Nachahmung mehr liegt als an der möglichen komischen Wirkung." Nabokov antwortet einem Interviewer auf die Frage: „Do you make a clear distiction between satire and parody?" – „Satire is a lesson, parody is a game."[214] Bei aller Mehrdeutigkeit des Spielbegriffs und seiner philosophischen Vorbelastung haben die meisten Aussagen zur spielerischen Zielsetzung gemeinsam, daß sie von ihren gesellschaftlichen Konsequenzen und ihrem Effekt auf die Rezipienten absehen.[215] Dieses Verständnis des Parodierens als „des freien Versatzspiels mit historisch klar bestimmten Elementen"[216] dominiert vor allem in der deutschen Parodieforschung.

Alle diese zunächst ganz auf sich selbst bezogenen Absichten des Parodisten können aber auch durch Publizierung der Parodie den Rezipienten als „Bild des Parodisten" vermittelt werden, d. h. er kann das Ziel haben, den Rezipienten eine bestimmte Vorstellung von seinen Absichten und Einstellungen nahezulegen. Wie die Parodieforschung vereinzelt hervorgehoben hat, braucht diese nahegelegte Vorstellung nicht unbedingt wahr zu sein. Ein Parodist kann seine Einstellung oder Zielsetzung in bezug auf Original-Autor, Original oder Original-Rezipienten in der Parodie oder anderen Texten offen zeigen oder verbergen. Insbesondere hat man auf folgende Sachverhalte hingewiesen: Parodisten beteuern häufig, sie verehren das Original, um einer negativen Reaktion vorzubeugen.[217] Parodisten verstecken ihre gesellschaftskritischen Zielsetzungen hinter literaturkritischen, um der gerichtlichen Verfolgung zu entgehen.[218] Anonymität kann demselben Ziele dienen.[219] Schließlich kann die kritische oder komische Zielsetzung, die Bezeichnung „Parodie", eine Nachahmung verdecken, die sich dem Verkaufserfolg eines Originals anschließt.[220] Zum letzten ist als auffallend anzumerken, daß die Parodieforschung über die ökonomische Zielsetzung des Parodisten – trotz gelegentlichen Hinweisen auf große Auflagenhöhen oder den Zusammenhang von Preisausschreiben und Parodieren[221] – stillschweigend hinweggeht.

Es bleibt noch die Frage nach dem Zusammenhang der verschiedenen Zielsetzungen der Parodisten zu behandeln. Fast zu jeder dieser Zielsetzungen liegen Aussagen vor, die diese zur notwendigen Bedingung oder zum Definitionskriterium der Parodie erheben, und fast jeder dieser Aussagen ist im einzelnen widersprochen worden. So finden sich die Aussagen: Der Parodie muß eine rein komische, rein kritische, satirische oder verspottende Zielsetzung zugrundeliegen und die Gegen-Aussagen: Der Parodie braucht nicht die entsprechende Zielsetzung vorauszugehen.[222] Die neuere Parodieforschung nimmt im allgemeinen mehrere verschiedene Zielsetzungen und Kombinationen von solchen an. Der Frage der Zielsetzung wird dabei im allgemeinen eine solche Wichtigkeit beigemessen, daß sie zum Unterscheidungskriterium für verschiedene Parodietypen erhoben wird.[223] Diese Unterscheidungen stehen und fallen mit der vorausgesetzten atomistischen Theorie der Emotionen. Zudem konkurriert die „Eintheilung nach dem Zwecke"[224] mit anderen Klassifikationen der Parodie und muß mit ihnen in bezug auf Beschreibungs- und Erklärungsadäquanz verglichen werden.[225]

2.4.2 Die Aussagen zur Zielsetzung von Travestie-Autoren entsprechen im allgemeinen denen über die der Parodisten. Travestieren ist ein Verfahren, dem eine bewußte Zielsetzung zugrundeliegt.[226] Die Effekte beim Rezipienten, auf die der Travestie-Autor abzielen kann, sind Lachen, Kritik, Verlachen und Satire.[227] Während das Lachen meist als dominante, ja sogar einzige Zielsetzung hervorgehoben wird,[228] gilt die Satire als nebensächlich, entbehrlich oder zumindest selten.[229] Wo Satire angenommen wird, gilt die zeitgenössische Gesellschaft als ihr Gegenstand.[230] Die kritische Zielsetzung des Travestie-Autors ist in der Parodieforschung umstritten. So nimmt z. B. Bond eine Kritik am Original-Autor an, was von Deloffre bestritten wird.[231] Während mehrere Forscher unterstellen, der Travestie-Autor wolle den „Inhalt", den „Stil", die „Haltung" oder die „Verfahren" des Originals kritisieren,[232] leugnen andere eine kritische Zielsetzung für die Travestie.[233] Verweyen (1973) schlägt sogar vor, „alle sogenannten Kontrafakturen und Travestien, die zugleich ‚kritische' Handlungen sind", zu den Parodien zu zählen.[234] Zur Kritik der Original-Rezipienten macht man geltend, der Travestie-Autor kritisiere die Rezeption, die Reverenz oder Verehrung des Originals und damit die geltenden Wertvorstellungen seiner Zeit.[235] Auf der anderen Seite wird behauptet, der Travestie-Autor wolle dem Original zu einer weiteren Verbreitung verhelfen.[236] Etwas einheitlicher sind die Aussagen zur Zielsetzung des Verlachens. Der Travestie-Autor will den „Gegenstand", nicht den „Stil" des Originals lächerlichmachen.[237] Householder (1944) zieht daraus folgenden Schluß: „burlesque [Travestie] renders its subject matter ludicrous, while parody renders its form, style, and language ludicrous. Thus ‚parody' may be used to ridicule an author, but ‚burlesque', properly speaking, cannot."[238] Eine historische Reflexion der Beziehungen zwischen Travestie-Autor, Original und Original-Autor, wie sie sich zur Parodie findet, fehlt fast völlig. Immerhin deutet sich in speziellen Aussagen zur Travestie des klassischen Epos ein Verständnis für die Geschichtlichkeit von dessen Elementen und Konventionen an, das den entsprechenden Generalisierungen zur Parodie nicht widerspricht.[239]

Als weitere Zielsetzungen des Travestie-Autors werden die Selbstbefreiung von einer bestimmten Überlieferung mit ihren Regeln und Normen sowie die innovierende Erfindung genannt.[240] Niemand postuliert, der Autor wolle aus dem Travestieren lernen, was als mögliche Zielsetzung des Parodisten galt.[241]

Die Widersprüchlichkeit der Aussagen über die Zielsetzungen des Travestierens hat die Ausbildung einer der Parodie entsprechenden Klassifikation von Travestien verhindert. Dennoch liegen einige Aussagen über das Verhältnis der einzelnen Zielsetzungen zueinander vor: Lachen und Kritik,[242] Lachen oder Kritik,[243] Lachen und Satire,[244] Lachen oder Satire[245] gelten als mögliche Zielsetzungen des Travestie-Autors. Wie die entsprechenden Aussagen zur Parodie sind auch diese auf ihre Voraussetzungen hinterfragbar.

2.4.3 Zur Zielsetzung des Pastiche-Autors (Pasticheurs) liegen nur wenige Aussagen vor. Sie führen jedoch da, wo eine Absetzung von der Parodie versucht wird, einige folgenreiche neue Bestimmungen ein. Zunächst steht das Problem der Bewußtheit des Pastichierens zur Diskussion. Anders als bei Parodie und Travestie rechnet man im allgemeinen — meist unter Berufung auf Proust[246] — bewußte und unbewußte Nachahmungen zum Pastiche. Obwohl niemand Prousts Unterscheidung von „pastiche volontaire" und „pastiche involontaire" widersprochen hat, konzentriert sich die spätere Diskussion vor allem auf den „pastiche volontaire".

Unter den möglichen Effekten, die zur Zielsetzung des Pastiche-Autors werden können, werden Lachen und Satire nicht genannt, aber auch nicht ausdrücklich ausgeschlossen.[247] Die Diskussion konzentriert sich vor allem auf die Zielsetzung der Kritik und — hier liegt das Neue — der Täuschung oder Mystifikation. Die Absicht, das Original oder den Original-Autor zu kritisieren, wird dem Pastiche-Autor meist abgesprochen, ja häufig wird im Fehlen dieser Zielsetzung ein Hauptunterscheidungskriterium zur Parodie gesehen. Verweyen (1973)[248] versucht, am Beispiel einer Heine-Imitation durch Rühmkorf eine kritische Zielsetzung über die Rezeptionsgeschichte auch für den Pastiche zu postulieren. Gegenstand der Kritik ist nicht das imitierte Original, sondern zeitgenössische Normvorstellungen (der Rezipienten?) und Voraussetzung dieser kritischen Zielsetzung bildet die historische Distanz der Kommunikationssituationen von Original und Pastiche.[249] Zu ähnlichen Generalisierungen war bereits

Albertsen (1971) gekommen.[250] Gegen die „Aufhebung der Zeitdimension", dieses Ausspielen der Vergangenheit gegen die Gegenwart, macht Hempel (1965) allerdings geltend: „Allein dadurch, daß hier ein Schriftsteller eine fremde Stilsprache spricht, entsteht ein Gefühl der Bewußtheit und Absichtlichkeit, ein Gefühl der Distanz, welches gemeinhin eine ironische Atmosphäre erzeugt." Hempel, der die Möglichkeit eines nichtironischen Pastiche durchaus einräumt, weist im folgenden auf den engen Zusammenhang mit der kritischen Parodie hin.[251] Die Möglichkeit, durch das Parodieren die Original-Rezipienten zu kritisieren, wird für den Pastiche nicht genannt.

Die Zielsetzung der Täuschung wird – trotz einzelner Hinweise zur Parodie[252] – erst beim Pastiche eingehend behandelt. Meist versteht man dabei „Täuschung" oder „Mystifikation" im Sinne der Fälschung (Zuordnung eines eigenen Textes zu einem anderen Autor), fast nie im Sinne des Plagiats (Zuordnung eines fremden Textes zu sich selbst als Autor).[253] Hempel (1965) bezeichnet es geradezu als das entscheidende Moment des ursprünglichen „Pastiche"-Begriffs, „daß nämlich die Nachahmung im eigentlichen Wortsinn eine ‚täuschend ähnliche', d. h. absichtlich in betrügerischer Absicht unternommene sei." Im folgenden weist Hempel dann nach, daß seit dem Ende des 18. Jahrhunderts – seit Marmontel – der Begriff „Pastiche" auch für solche Texte verwendet wird, die auf ihren Imitationscharakter ausdrücklich hinweisen.[254] Damit entsteht die Frage, inwieweit man Fälschungen zu den Pastichen rechnen kann oder soll. Während Delepierre, Marmontel, Hempel, Broich und implizit auch Deffoux (1932) die absichtliche Fälschung zu den Pastiches rechnen,[255] schlägt Albertsen (1971) vor, die Fälschung vom Pastiche zu trennen.[256] Albertsen beruft sich dabei auf eine Unterscheidung von Grootaers (1954), wonach die Mystifikation in erster Linie umweltbezogen sei, was aber nicht unbedingt für das Pastiche gelte.[257] Eine andere Unterscheidung versucht Highet (1962), der die Täuschung unter dem Begriff „hoax" behandelt, ohne allerdings das Wort „pastiche" zu verwenden. Auch er bestimmt „hoax" als den Punkt, wo der Pastiche von der Literatur in Handlung übergeht. Um aber Fälschungen wie die „Protocols of the Elders of Zion" von den Pastiches abzusetzen, schlägt er folgendes Kriterium vor:[258] „Hoaxes are lies or exaggerations intended to deceive. Swindles are lies or exaggerations intended to deceive. The purpose, it is the purpose that defines them. The hoaxer wants to prove something. The swindler wants to get something. The swindler wants to deceive everyone permanently (or at least until he has died in triumph). The hoaxer wishes at some time to be exposed, or to reveal his own jest. The result of a successful swindle is gain for the swindler. The result of a successful hoax is hearty laughter – although it is the laughter of satire, in which the victim rarely joins." Täuschung ist also nicht letztes Ziel des Pastiche-Autors, sondern selbst nur Mittel für einen weiteren Zweck, und eben dieser letzte Zweck – Bereicherung oder Aufklärung, bzw. Verlachen – bietet sich als Unterscheidungskriterium zwischen Fälschung und Pastiche an.

Bleiben noch die Aussagen zum Pastichieren als Selbstzweck, als Zielsetzung des Autors für sich selbst, zu behandeln. Genannt werden wie bei der Parodie das Lernen, das Sich-Emanzipieren und das Spiel. Die Funktion des Pastiche als „exercice de style" für den Pastiche-Autor ist seit Marmontel immer wieder hervorgehoben worden und hat sich in der Neuzeit in populären Übungsbüchern wie Albalats *La Formation du Style par l'Assimilation des Auteurs* niedergeschlagen.[259] Auf die Geschichtlichkeit dieser Zielsetzung hat Mortier (1971) hingewiesen: „Le pasticheur a dû s'assimiler les secrets d'un code ... Pareille entreprise ne se conçoit qu'en fonction d'une curiosité très moderne, ouverte à la diversité des manières, des époques, ou des niveaux de langage."[260] Den Aspekt der Epoche, der historischen Distanz zwischen Pastiche und Original, heben die Aussagen hervor, die die Zielsetzung als Wiedergewinnen von verlorengegangenen Ausdrucksweisen bestimmen.[261] Für Albertsen ist außerdem wichtig, daß der Pastiche-Autor neben dem „Stil" auch den „Gehalt" des Originals imitiert.[262]

Gegenüber der aneignenden Zielsetzung betont Proust (1927) den emanzipierenden Charakter des Pastichierens: „Il faut ... faire un pastiche volontaire, pour pouvoir après cela, redevenir original, ne pas faire toute sa vie du pastiche involontaire." Und: „... je ne saurais trop recommander aux écrivains la vertu purgative, exorcisante, du pastiche."[263]

Schließlich weisen mehrere Aussagen auf die spielerische Zielsetzung des Pastiche-Autors hin. Hier ist die Rede vom „gioco letterario", vom „Spiel mit der literarischen Bildung", oder von „jeu" ganz allgemein.[264] Auch hier wird „Spiel" meist im Gegensatz zu den auf die Rezipienten bezogenen Zielsetzungen verstanden.

Eine Typologisierung von Pastiches nach der Zielsetzung ist bisher nicht versucht worden, obwohl einige Definitionen von „Pastiche" eine Zuordnung verschiedener Zielgruppen vornehmen.[265] Die Skala der möglichen Zielsetzungen, deren Zuordnung zueinander sowie deren Absetzung von denen des Parodisten ist alles andere als geklärt.

2.4.4 Versucht man abschließend die zahlreichen Aussagen zur Zielsetzung der Autoren von Parodie, Travestie und Pastiche in einer Liste von Generalisierungen, die mögliche Bausteine einer Theorie über diese Gegenstände werden könnten, zusammenzufassen, ergibt sich folgendes Bild:

1. Parodieren, Travestieren und Pastichieren sind zielgerichtete Tätigkeiten von Autoren (Rotermund, Weisstein, Hempel u. a.).
2. Die Zielsetzung ist den Autoren bewußt (Weisstein, Grellmann, Lehmann, Rotermund).[266]
3. Die Zielsetzung eines Autors von Parodien, Travestien oder Pastiches findet Ausdruck in bestimmten Elementen dieser Texte (Replogle, Eidson, Grellmann, Neumann).
4. Die Zielsetzungen der Autoren sind auf bestimmte Wirkungen bei den Rezipienten oder bei dem Autoren selbst gerichtet (Liede, Grellmann, Bond, Schlötke-Schröer, Marmontel, Albertsen usw.).
5. Die auf den Rezipienten gerichteten Zielsetzungen können in unterschiedlichem Grade Lachen, Kritik, Verlachen, Satire oder Täuschung sein (Highet, Yunck, Wagenhofer, Worcester, Broich usw.).
6. Die auf sich selbst gerichteten Zielsetzungen des Autors können in unterschiedlichem Grade Lernen, Sich-Emanzipieren oder Spiel sein (Liede, Baumgart, Heiss, Bond, Proust, Albertsen usw.).
7. Die Zielsetzung der Kritik und des Verlachens kann sich auf das Original, dessen Autor oder dessen Rezipienten richten (Neumann, Verweyen, Schlötke-Schröer, Sühnel usw.).
8. Die Zielsetzung der Satire kann sich auf die zeitgenössische Gesellschaft richten (Sallier, Yunck, Schoenert, Wagenhofer).
9. Die Zielsetzung der Täuschung kann den Zielsetzungen selbst oder der Zuordnung von Text und Autor gelten (Symonds, Wickwar, Hempel, Highet, Deffoux usw.).
10. Dem Parodieren, Travestieren oder Pastichieren unterliegt nicht eine konstante Zielsetzung, sondern eine Skala von möglichen Zielsetzungen (Grellmann, Liede, Schlötke-Schröer, Hempel).
11. Die Geschichtlichkeit der Zielsetzungen besteht in der wechselnden Dominanz einer oder mehrerer Zielsetzungen für einen gegbenen Zeitraum (J. Paul, Yunck, Allemann, Broich, Hempel).
12. Die Zielsetzungen lassen sich auf verschiedene Einstellungen der Autoren zurückführen (J. Paul, Yunck).

13. Die Zielsetzungen gelten reinen oder gemischten Emotionen im Rezipienten (Kames, Beattie, Dusch, Grillparzer, Grellmann usw.).
14. Die Zielsetzungen werden z. T. bedingt durch und reagieren auf gesellschaftliche Verhältnisse (Röhrich, Schenda, Rühmkorf, Schlötke-Schröer, Hempel, Albertsen).

Versucht man abschließend, eine kritische Bilanz für die Aussagen über die Autoren von Parodien, Travestien und Pastiche zu ziehen, muß man vor allem darauf hinweisen, daß die Parodieforschung bis heute keinen Anschluß an neuere soziologische oder psychologische Theorien gefunden hat. Obwohl auf die Notwendigkeit solcher Untersuchungen hingewiesen wird,[267] ist an keiner Stelle Gebrauch von neuerer soziologischer oder psychologischer Forschung gemacht worden. Die Erklärungsadäquanz der zitierten Aussagen ist entsprechend gering. Zum anderen fehlt in der Parodieforschung eine Reflexion über die Problematik ihres Vorgehens. Wenn z. B. den Zielsetzungen des Autors so viel Bedeutung beigemessen wird, daß sie geradezu zum Einteilungsprinzip der Texte werden, wäre es doch zunächst einmal erforderlich, deren forschungsgeschichtlichen Status als theoretische Konstrukte, als „intervening variables" zwischen Rezeption und Produktion des Autors zu reflektieren. Denn der in der Parodieforschung immer wieder gemachte Schluß vom Text auf den Autor und dessen Innenleben ist doch alles andere als unproblematisch. Ein solches Bewußtsein der Vorläufigkeit, des hypothetischen Charakters solcher Variablen wie „Kompetenz", „Einstellung" und „Zielsetzung" und entsprechend der soziologischen Annahmen fehlt allerdings fast ganz.[268] Schließlich ist das in der Parodieforschung fast durchweg stark ausgeprägte Verständnis der geschichtlichen Veränderung weitgehend auf die „literarische Evolution", auf die Texte beschränkt geblieben und nicht in gleicher Konsequenz auf die gesellschaftliche Stellung bzw. psychische Struktur des Autors, d. h. die „soziale Reihe" ausgedehnt worden.[269]

3. TEXT

Die Texte von Parodien, Travestien oder Pastiches haben nicht immer im Vordergrund des Interesses gestanden. Das ist erst eine Entwicklung der neuesten Zeit. Addison genügten einige Titel zur Illustrierung seiner Generalisierungen, Flögel zitiert zu dem gleichen Zwecke auch einmal einige Verse, aber erst in neuerer Zeit gehen Studien wie die von Bar (1960), Rotermund (1963), Revzin (1971) u. a. im Detail auf die Texte selbst ein, um aus diesen selbst die entsprechenden Generalisierungen zu gewinnen. Mit der zunehmend eingehenden Beschreibung der einzelnen Texte werden aber auch die entsprechenden Beschreibungsprozeduren und die von ihnen implizierten Textmodelle problematisch, d. h., eine Generalisierung über Texte, die mit einer einzelnen Textstelle konfrontiert wird, wirft ganz andere Fragen nach ihre Beschreibungsadäquanz auf als eine solche, die lediglich durch eine Titelnennung illustriert wird. Trotz der häufig eingestandenen fehlenden Beschreibungsadäquanz hält die heutige Parodieforschung an Textmodellen aus dem 18. und 19. Jahrhundert fest. Da diese inadäquaten Textmodelle der gesamten neueren Parodieforschung — und nicht nur dieser — als Voraussetzungen unterliegen und deren Fortschritt behindern, müssen diese zunächst explizit gemacht und deren Beziehungen zu dem hier zugrundegelegten semiotischen Modell erklärt werden. Im Anschluß daran lassen sich dann die Aussagen zu Syntax und Semantik von Parodie, Travestie und Pastiche diskutieren.

3.1 *Textmodelle*

3.1.1 Der Ursprung der in der Parodieforschung verwendeten Textmodelle liegt in Aristoteles' Unterscheidung von Handlung, Charakter, Diktion, Gedanken, Schauspiel und Lied für das Drama[1] und der rhetorischen Unterscheidung von Wort und Ding. Da Aristoteles' Theorie des Komischen verloren gegangen ist,[2] dominiert zunächst das rhetorische *res-verba* Modell wie es sich bei Cicero und Quintilian findet. Während es Cicero bei der einfachen Zweiteilung von Sach- und Wortkomik beläßt und dabei als Auffindungsverfahren angibt, daß die erste paraphrasierbar sei, die zweite nicht,[3] führt

Quintilian eine weitere Unterscheidung von Wortlaut und Wortbedeutung ein und erreicht damit weitgehend die moderne semiotische Unterscheidung von Zeichen, Abbild und Objekt.[4] Der problematische und weitgehend ungeklärte Status des Dings, der Sache, in fiktionalen Texten führte dann in der Rezeption von Cicero und Quintilian im 17. und 18. Jahrhundert zur Reduktion auf eine einfache Opposition, wobei je nach Terminologie der Gegenstand entweder eliminiert oder mit der Wortbedeutung identifiziert wird. Stehen bei Scaliger (1561) Quintilians „rem“, „vocibus“ und „sensum“ noch unvermittelt nebeneinander,[5] so heißt es bereits bei Scudéry (1658) zur Unterscheidung zweier Typen von Travestien: „... il y en aura dont la plaisanterie consistera aux inventions et aux pensées, et non pas au stile. Il y en aura aussi qui ne sera veritablement burlesque que par les expressions ...“[6] Neben der Reduktion des Textmodells auf eine einfache Opposition ist vor allem die Unschärfe der Terminologie durch Synonymisierung für die weitere Entwicklung typisch. Signifikante werden zu „stile“ oder „expressions“, Signifikate zu „inventions“ oder „pensées“. Der Gegenstand bleibt eliminiert. Es wäre sicher unfruchtbar, hier alle terminologischen Varianten, die diese Opposition im 18. Jahrhundert durchläuft, auszubreiten. Die terminologische Aufweichung und die Entwicklung der auch heute noch verwendeten Oppositionen von „Stil“ und „Gegenstand“ oder „Form“ und „Inhalt“ läßt sich ebenso gut an einzelnen Beispielen zeigen. Oppositionen bei anderen Autoren sind „Style“ und „idea“[7] „Language“ und „things“,[8] „diction“ und „matter“,[9] „terms“ und „object“, „stile“ und „chose“, „Ausdrücke“ und „Sache“, oder „Vers“ und „Gegenstand“.[10] Auf der anderen Seite – unter Eliminierung des Gegenstandes – finden sich Oppositionen wie „vers“ und „sens“, „images“ und „ideas“, „words“ und „sentiments“ oder „style“ und „sentiments“.[11] Trotz einzelner Bemühungen um terminologische Klarheit werden in den meisten Texten des 18. Jahrhunderts diese Termini zu auswechselbaren Synonymen, oft innerhalb ein und desselben Satzes. Bei Kames (1824) endlich findet sich die Formel – neben anderen synonymen Ausdrücken – die sich bis heute vor allem in der englischen Parodieforschung gehalten hat: „A grave subject in which there is no impropriety, may be brought down by a certain colouring so as to be risible. This is the case of *Virgil travesti* ... The *Lutrin* is a burlesque poem of the other sort. The author Boileau ... turns the subject into ridicule by dressing it in the heroic style ...“[12] Dieser Gegensatz von „Stil“ und „Sujet“ unterliegt auch heute noch Definitionen von Parodie und

Travestie.[13] Bénac (1961) geht in seinem Nachschlagwerk sogar direkt auf das *res-verba* Modell zurück: Travestie ist ein „Genre littéraire qui consiste essentiellement à parler en termes grossiers des choses sérieuses en octosyllabes à rimes plates ..."[14] In der deutschen Parodieforschung hat die „Form" — „Inhalt" Opposition die älteren Termini — hier vor allem Flögels Gegensatz von „Schreibart" und „Sache" und dessen Vermittlung — verdrängt. A. W. Schlegel (1964) bereitet sie vor[15] und Genthe (1836) gebraucht sie bereits ganz im Sinne der zeitgenössischen Parodieforschung: „Die Travestie nämlich stellt das dem Inhalt nach Entgegengesetzte in derselben Form dar, in welcher das Gegentheil dargestellt ist ..."[16] Heute bestimmt Wilpert (1961) und mit ihm ein großer Teil der deutschen Parodieforschung die Parodie als „Nachahmung e. schon vorhandenen ernstgemeinten Werkes oder einzelner Teile daraus unter Beibehaltung der äußeren Form, doch mit anderem, nicht dazu passendem Inhalt — im Ggs. zur Travestie."[17]

Faßt man die Entwicklung von Textmodellen in der Parodieforschung soweit zusammen, läßt diese sich als das allmähliche Herausbilden eines zweigliedrigen Modells von Texten charakterisieren, wobei der Gebrauch der Termini für die beiden Teile zwischen und innerhalb der einzelnen Studien schwankt. Hier hat auch die Kritik solcher Textmodelle einzusetzen. Neben der Unklarheit der Terminologie, die aus dem schwankenden Synonymengebrauch für die beiden Teile des Modells rührt, fällt vor allem die ungenaue oder widersprüchliche Bestimmung der Relation von beiden Teilen auf. Auf der einen Seite stehen die metaphorischen Umschreibungen dieses Verhältnis durch Kleider-, Folie- oder Behälter-Analogien.[18] Da wird der Gegenstand mit einer komischen oder nicht passenden Form umkleidet, werden Motive und Stil auf die Folie kleiner Stoffe gelegt oder ernsthafte Formen auf scherzhafte Stoffe übertragen oder tragische Verhältnisse in gemeine Form gepreßt.[19] Auch in abstrakteren Äußerungen wird der Inhalt immer „in" einer bestimmten Form behandelt.[20] Beide Sachverhalte — die vage Bestimmung der Elemente des Texts und die ebenso vage Bestimmung ihrer Relationen — gehen auf dieselbe Ursache zurück: an keiner Stelle im Verlauf ihrer Entwicklung hat es die Parodieforschung für nötig befunden, dieses jeweils implizierte Textmodell zu explizieren oder auf ein anderweitig explizit gemachtes Modell zu beziehen. Bezeichnenderweise übernehmen auch die kritischen Begriffsgeschichten zu „Parodie", „Travestie" oder „Pastiche" diese Voraussetzungen unbefragt.[21] Die Beschreibungsadäquanz eines solchen Modells mußte jedoch in dem Grade problematisch werden, als sich die Parodieforschung der detaillierten Analyse einzelner Texte zuwandte. In der Tat machen sich seit den zwanziger Jahren des 20. Jahrhunderts immer mehr Zweifel an der Brauchbarkeit vor allem der „Form" — „Inhalt" Vorstellung für die Textbeschreibung vernehmbar, ohne daß jedoch — und das ist bezeichnend — die entsprechenden Autoren ein alternatives Textmodell entwickelt hätten. Neumann, Highet und Freund (1972) kritisieren an der „Form" — „Inhalt"-Vorstellung, sie impliziere das getrennte Vorkommen der beiden und sei deshalb nur „von geringem Nutzen".[22] Sie fahren dann fort, eben diese Begriffe weiter zu benutzen. Broich (1968) schließt nach einer Diskussion von Scarrons Travestie: „Demnach ist die Unterscheidung von Form und Inhalt, wie sie in den üblichen Definitionen der Travestie zugrundegelegt wird, zu grob; und es wäre besser, die Schlüsselwörter zu verwenden, die der Klassizismus bei der Analyse epischer Dichtungen gebrauchte."[23] Beispiele für die Kritik der Beschreibungsadäquanz des „Form-Inhalt"-Modells ließen sich noch weitere anführen,[24] aber bis auf wenige noch zu schildernde Ausnahmen hat die Parodieforschung keine Alternativen entwickelt, die neben der Beschreibungsadäquanz auch die Erklärungsadäquanz im Rahmen neuerer linguistischer Theorien verbesserten.

3.1.2 Bevor auf die Diskussion dieser Alternativen eingegangen werden kann, muß noch kurz das zweite, das Aristotelische Textmodell, wie es der Klassizismus vertrat, geschildert werden. Die sechs Komponenten des Dramas werden meist auf drei des Epos reduziert: Charakter, Handlung, Diktion oder Gedanken.[25] Während de la Motte nur Handlung und Charakter zur Bestimmung der Travestie benutzt, zieht Addison auch die Diktion der Charaktere hinzu,[26] und Riccoboni (1746) führt zusätzlich das Element der Gedanken von Charakteren („sentiments") ein.[27] Obwohl die zugrundegelegten Begriffe nirgendwo von diesen Autoren einer theoretischen Reflektion ausgesetzt werden und das Verhältnis der Elemente zueinander unterschiedlich bestimmt wird, ist die Beschreibungsadäquanz dieses Textmodells nie ernsthaft in Frage gestellt worden. Im Gegenteil, die gegenwärtige Parodieforschung gebraucht dieses Modell nach wie vor,[28] und Broich (1968) hebt sogar ausdrücklich den Vorrang dieses Textmodells vor dem von „Inhalt" und „Form" hervor.

3.1.3 Zusammen mit diesen Modellen entwickelt sich die Lehre vom „prepon" oder „aptum", von der „Tugend der Teile, sich zu einem Ganzen harmonisch zu fügen".[29] Der klassizistischen Kritik der Travestie unterliegen vor allem die Formulierungen in der *Ars Poetica* von Horaz. Als Grundsatz wird geltend gemacht: „versibus exponi tragicis res comica non volt;", die komische Sache will nicht in tragischen Versen vorgetragen werden.[30] Horaz stellt zunächst Regeln der Anordnung auf, dann zur Wortwahl (Neologismen), zu den Versmaßen, zur Wirkung und zum Gebrauch der Tradition.[31] Hier interessieren vor allem der dritte und der letzte Punkt. Versmaße sind im Sinne des „aptum" bestimmten Signifikaten zugeordnet: der Hexameter gehört zu den Taten von Königen und Kriegsbeschreibungen, das elegische Versmaß zur Klage und zum Gebet, der Iambus zur tragischen oder komischen Rede, das lyrische Lied gehört zur Beschreibung von Göttern, Siegern im Boxkampf oder Pferderennen, von Liebe und Wein. „Si dicentis erunt fortunis absona dicta, Romani tollent equites peditesque cachinnum." (Wenn eines Sprechers Worte nicht mit seinem Schicksal oder Stand zusammenpassen, brechen die Römer in Parkett und Galerie in schallendes Gelächter aus.) Deshalb läßt sich auch nichts Tragisches in komischen Versen vortragen.[32] Zum Gebrauch der Tradition unterscheidet Horaz zwei Möglichkeiten, der Tradition zu folgen oder Neues zu erfinden. Etwas Traditionelles neu zu behandeln ist ausgesprochen schwierig.[33] Es ist leicht, diese Regeln des „aptum" hinter der klassizistischen und auch der modernen Diskussion zu erkennen. Bereits Erasmus in *Encomium Morae* unterscheidet: „Ut enim nihil nugacius quam seria nugatorie tractare, ita nihil festinius quam ita tractare nugas ut nihil minus quam nugatus fuisse videaris."[34] Oder aus der Tradition der epideiktischen Rede formuliert Bracciolini: „Tutto'l Collegio nostro hà pur dichiarato, che sia non minor lode il dir bassamente le cose alte, che le basse altamente."[35] Boileau knüpft direkt an Horaz an: „Que comme il n'y a rien de plus froid que de conter une chose grande en style bas, aussi n'y a-t-il de plus ridicule que de raconter une historie comique et absurde en termes graves et sérieux, à moins que ce sérieux ne soit affecté tout exprès pour rendre la chose encore plus burlesque."[36] Die Unterscheidung von Epentravestie und Epenparodie stellt sich also für den Klassizismus als eine doppelte Verletzung des „aptum" dar: Hoher Gegenstand im niedrigen Stil (Travestie) oder niedriger Gegenstand im hohen Stil (Parodie). Das zweite ist für Boileau akzeptabler als das erste.

Wo in der Gegenwart Travestie durch die Verwendung einer „unpassenden" oder „niedrigen" Form definiert wird,[37] gehen solche Bestimmungen auf die antike oder klassizistische Lehre des „aptum" oder der Wertung von Signifikantstrukturen zurück, ohne daß allerdings wie dort die Regeln des Passens oder der Einordnung in eine Werthierarchie explizit gemacht würden. Es ist Stackelberg zuzustimmen, wenn er schreibt: „Diese Begriffsbestimmungen, die im Deutschen auf A. W. Schlegel, im Romanischen — wenigstens was die Parodie anlangt — auf den Renaissancehumanisten J. C. Scaliger zurückzuführen sind, können heute eigentlich nur noch als Relikte angesehen werden. Sie setzen die Gültigkeit von Vorstellungen voraus, die in der Antike entwickelt und solange respektiert wurden, als eben die antiken Dichtungen und Dichtungstheorien noch Mustergültigkeit besaßen ..."[38]

Ob der Parodieforschung aber mit dem einfachen Fallenlassen dieser Fragestellung gedient ist scheint zweifelhaft. Hinter diesen Theorien stehen historisch evolutionierende Normensysteme, die sehr wohl der Aufmerksamkeit der Parodieforschung wert sind.

Beide Textmodelle — das Aristotelische und das rhetorische — unterliegen dem größten Teil der heutigen Parodieforschung, meist ohne daß die Systematik oder Geschichte der implizierten Modelle reflektiert wird. Das hat in einem nicht unerheblichem Maße dazu geführt, daß die Parodieforschung den Anschluß an Entwicklungen in der allgemeinen Literaturtheorie — hier vor allem die Einführung linguistischer Textmodelle — verloren hat. Zu den wenigen Ausnahmen zählen die Textmodelle von Sklowskij und Tynjanov, die Schichtenmodelle bei Rotermund und Dubois und schließlich die explizit linguistischen Textmodelle bei Revzin und Lotman. Auf diese Alternativen wird im folgenden ausführlich einzugehen sein.

3.2 *Syntax*

Wie die oben skizzierten Textmodelle zeigen, hat die Parodieforschung schon immer eine Unterscheidung zwischen Signifikant und Signifikat, Zeichen und Abbild gemacht, wenn auch theoretisch unbegründet und häufig mit wechselnder Terminologie. Für den Signifikanten sind vor allem folgende Begriffe verwendet worden: „expressions", „words", „terms", „language", „diction" und weniger klar „Stil" und „Form" (im Gegensatz zu „Gegenstand" und „Inhalt"). Wir werden im folgenden die Aussagen zusammenstellen, die ahistorische Invarianten der Syntax von Parodie, Travestie oder Pastiche und von deren Originalen postulieren, darauf solche, die das

Verhältnis zwischen Parodie, Travestie, Pastiche und deren Originalen als Zustand und schließlich solche, die es als Prozeß zu erfassen suchen.[39] Im Unterschied zu Autor und Rezipient, wo der entsprechende Vergleich zum Original-Autor oder Original-Rezipient meist fehlt, wird der Text in der Parodieforschung fast immer im Zusammenhang mit seiner Vorlage diskutiert. Über die geschichtliche Dimension dieses Zusammenhangs wird hier nur soweit zu reden sein, als diese speziell mit den Signifikanten in Verbindung gebracht wird. Die Diskussion der Geschichtsmodelle in der Parodieforschung erfolgt im nächsten Abschnitt.

3.2.1 Die Festlegung von bestimmten Signifikanten oder deren Relationen für die Parodie geschieht meist implizit durch Definition, und geht häufig auf ein zu enges Korpus und mangelnde historische Reflexion zurück. So leitet sich die bis in die Gegenwart erhaltene Bestimmung, die Parodie sei ein Text in Versen,[40] häufig aus der Etymologie des Wortes „Parodie" her.[41] Wie Householder (1944) jedoch nachweist, war bereits in der Antike die Ausweitung des Begriffs auf Prosatexte vollzogen,[42] und die zunehmende parodistische Praxis des 17. und 18. Jahrhunderts zwang dann auch die Parodieforschung zur Ausweitung ihrer Bestimmungen. Seitdem Addison[43] *Don Quixote* zur Parodie rechnete, ist man mehr und mehr dazu übergegangen, Parodie als Texte in Vers oder Prosa zu bestimmen oder ganz von diesem Aspekt zu abstrahieren. Generell ungeklärt bleibt die Frage, ob auch Texte, die verschiedene natürliche Sprachen mischen, also z. B. die maccaronische Poesie, zur Parodie zu rechnen seien. Ilvonen (1914) bejaht diese Frage implizit, während Flögel und nach ihm Genthe (1836) die „Sprachmischerey" dem Burlesken in der Schreibart, Parodie und Travestie aber dem Burlesken in Sachen zuordnen.[44] Die neuere Parodieforschung geht auf dieses Problem gar nicht mehr ein.

Für die Bestimmung des Originals liegen die Aussagen ähnlich. Auch hier hat sich die Vorstellung, das Original könne in Versen oder in Prosa verfaßt sein, erst langsam durchgesetzt. So gehen noch Quiller-Couch (1912), Stone (1914) und Görschen (1937) explizit davon aus, daß die Parodie Originale in Versen zur Vorlage habe.[45] Die entsprechenden Fragen zur Sprachmischung — müssen Original und Parodie in derselben natürlichen Sprache verfaßt sein, und wenn nicht, welche besonderen Probleme entstehen zwischen Übersetzung und Parodie? — sind nicht gestellt worden, obwohl das komische Heldengedicht, die Epenparodie hierzu allen Anlaß bieten würde. Auch da, wo der Zusammenhang zwischen Parodie und klassizistischer *Imitatio* ausführlich behandelt wird, bleibt der Aspekt der Übersetzung unproblematisiert.[46] Eine weitere Reihe von Aussagen bestimmt die Menge der Originale als ein einzelnes Werk oder Teile desselben.[47] Auch diese Aussagen stehen im Widerspruch nicht nur zur parodischen Praxis, sondern auch anderen Bestimmungen, die die Mengenverhältnisse zwischen Parodie und Original als variabel und historisch sich verändernd verstehen.

Bei den Aussagen, die das Verhältnis von Parodie und Original von der Autor-Rezipienten Beziehung abstrahieren, lassen sich solche über die respektive Zeichenmenge, die Nähe und die Zeichenstruktur unterscheiden. Die Einsicht, daß das, was man „Parodie" nennt, verschiedenen Umfang haben und daß die Zeichenmenge der Parodie ein wichtiges Einteilungsprinzip abgeben kann, ist so alt wie die Parodieforschung selbst.[48] Die bis heute nachwirkende Formulierung des Sachverhalts gibt Sallier (1733):[49] „On peut, dit il [Cicero], insérer avec grace dans le discours, un vers entier d'un poëte, ou une partie de vers, soit sans y rien changer, soit en y faisant quelque léger changement." Speziell gilt das für „changement qu'on fait d'un mot dans un vers" oder „un changement moindre encore ... une seule lettre mise à la place d'un autre" oder „L'application toute simple de quelques vers connus ou d'une partie de ces vers, sans y rien changer, estoit une 3e espèce de Parodie" oder „Des vers dans le goût et le style de l'auteur qu'on veut parodier" oder „Enfin la dernière & la principale espèce de Parodie est un ouvrage en vers composé sur une pièce entière, ou sur une partie considérable d'une pièce de poësie connue, que l'on détourne à un autre sujet & à un autre sens par le changement de quelques expressions." Diese Unterscheidung ist in mehrfacher Hinsicht bemerkenswert. Sallier hält an der älteren Verseinschränkung fest, aber auch an der von Quintilian herstammenden Unterscheidung von „expressions", „sens" und „sujet". Er vermischt bei seiner Typologie Umfangsbestimmungen der Parodie („insérer ... dans le discours", „un ouvrage") mit solchen des Originals („un vers entier", „une partie de vers", „quelques vers", „une partie de ces vers", „une pièce entière", „une partie considérable d'une pièce"), ohne jedoch beide Bestimmungen systematisch durchzuführen oder miteinander in Beziehung zu setzen. So bleibt es z. B. für den dritten und vierten Typ der Parodie offen, ob er als Insert oder abgeschlossenes Werk zu gelten hat. Sallier ordnet außerdem den Umfangsbestimmungen des Originals solche inbezug auf die Änderung zu: der

Übernahme eines Verses oder Versteiles entspricht die Wort- oder Buchstabenmodifikation, der Übernahme eines ganzen Textes die Veränderung „einiger Ausdrücke". Während für den dritten Typ die Signifikantenmodifikation ganz ausgeschlossen wird, bleibt für Typ vier der Umfang der Modifikation offen. Schließlich scheint Sallier die Grenze für den Originalumfang beim Einzelwerk zu ziehen, wenn nicht in Typ vier die Benutzung verschiedener Originale eines Autors impliziert ist. Bis auf diesen letzten Punkt ist die Parodieforschung von heute nicht über diesen Ansatz bei Sallier hinausgekommen, ja sie ist zum Teil hinter ihn zurückgefallen. So unterscheidet z. B. Rau (1967)[50] fünf Formen der Parodie: parodisches Zitat, parodische Variation oder Deformation, parodische Inkongruenz, parodische Imitation und parodische Auflösung. Die Formen beziehen sich nacheinander auf folgende Umfänge des Originals: Verse, Vorlage, Ausdrücke, eine Klasse von Texten, einem Text. Diesen Formen werden verschiedene Modifikationstypen zugeordnet, ohne daß reflektiert würde, wieweit sie für eine Form typisch oder in allen Formen vorkommend sind. Rau fällt in Genauigkeit und Spezifizierung hinter Sallier zurück. Ähnliches gilt von Jantz (1966), der eine systematische Behandlung verspricht und dann die Übernahme eines Verses, eines Gedichtes und eines Werkes unterscheidet.[51] Andere Aussagen reduzieren die komplexe Unterscheidung bei Sallier auf eine einfache Zweiteilung von „passage" und „composition", von „partialer" und „integraler" Parodie.[52]

Weiterführender als die Typologisierungsversuche sind die Aussagen, die sich auf einzelne Umfangsbestimmungen beziehen. Das Interesse der modernen Parodieforschung hat vor allem den Umfangsbestimmungen des Originals gegolten. So ist die Frage, ob man ein einzelnes Wort parodieren könne, wiederholt mit „ja" beantwortet worden. „In diesem Zusammenhang hat die formale Methode auch auf die Wortparodie hingewiesen, wo ein Wort bereits eine geschlossene Parodie ist durch den gezielten Einsatz eines Wortes, das u. a. auch Wortmaske sein kann."[53] In der Tat weist Tynjanov bei Dostoevskij die parodische Verwendung von Namensbildungen nach (Inversion von Namensbestandteilen, Lautwiederholungen), ohne sie allerdings wie Schramm (1973) als „eine geschlossene Parodie" zu bezeichnen. Tynjanov vielmehr bestimmt dic „Wortmaske" oder sprechenden Namen als ein Gogolsches Verfahren, das bei Dostoevskij seine Funktion verändert.[54] Auch andere Autoren bejahen die Möglichkeit der Wortparodie für Namen, Titel oder andere Wörter, führen aber wie Tynjanov semantische Bestimmungen als Eingrenzungen ein.[55] Die Aussagen zur Zitatparodie behalten die Sallierschen Unterscheidungen bei, führen aber darüber hinaus, indem sie den neuen Kontext und die Beziehung zwischen diesem und dem Zitat diskutieren. Da diese Diskussion semantisch geführt wird, verschieben wir hier deren Wiedergabe. Als Haupttyp gilt auch heute noch die Werkparodie, die Parodie, die einen ganzen Text nachahmt, ja manche Autoren identifizieren geradezu diesen Typ mit der Parodie überhaupt. Da der Umfang der Vorlage natürlich variabel ist,[56] konzentriert sich die Diskussion auf den Umfang der Übernahme und der Modifikation von Signifikaten des Originals. Sallier wie auch andere Autoren scheinen zu implizieren, daß die beibehaltenen Elemente („une pièce entière") die modifizierten („quelques expressions") überwiegen. Andere Aussagen benutzen für denselben Sachverhalt Ausdrücke wie „Enge", „Nähe" oder „Treue", ohne daß allerdings diese Begriffe näher bestimmt würden.[57] Dieses Verhältnis ist in der Parodieforschung wieder stark mit Normen und Wertungen durchsetzt. Sallier, Wells (1967) und Clinton-Baddeley (1952) fordern direkt, die Parodie müsse dem Original so eng wie möglich folgen.[58] Bei den Wertungen finden sich die entgegengesetzten Aussagen: Je enger die Parodie dem Original folgt, desto besser oder desto schlechter die Parodie.[59] Offensichtlich werden in diesem Punkte psychologische Fragen der Rezeption und soziologische Fragen des Eigentums, hier Copyright-Fragen berührt, die auch wiederholt Anlaß zu gerichtlichen Verfolgungen von Parodisten geführt haben.[60] Generell läßt sich das Verhältnis nur als variabel beschreiben: „an imitation of a work more or less closely modelled on the original".[61] Parodien in Versen folgen dem Original näher als solche in Prosa.[62] Eine folgerichtige Historisierung, die die sich ändernde Nähe zum Original aus wandelnden Rezeptionsbedingungen und gesellschaftlichen Normen herleitet, fehlt.

Daß die Parodie mehr als einen Text zum Original haben kann, ist in der Forschung weniger explizit bestritten als implizit durch zu enge Definition ausgeschlossen worden.[63] Riewald (1966) steht mit seiner unbegründeten Unterscheidung fast ganz allein, wenn er die oben zitierte Definition aus dem OED angreift: „it extends parody so as to include imitation of an author's work *in general* and even of the *school* to which he belongs. In other words, it includes what is commonly called „burlesque", *i. e.* a comic imitation of a school or type of writing familiar to the reader . . . rather than the work of a specific, identifiable author."[64] Seit dem 19. Jahrhundert akzeptiert die

Parodieforschung im allgemeinen, daß eine Parodie eine Klasse von Texten statt eines spezifischen Textes zum Original haben kann.[65] Riewald nennt bereits die drei meistgenannten Klassenbildungen: die Texte eines Autors, die Texte einer Klasse von Autoren („Schule", Gruppe, Richtung), die Texte eines bestimmten Typs oder „Genres". Die Parodieforschung fügt meistens noch die Klasse von Texten einer bestimmten Zeitspanne („Epoche", „Periode") hinzu.[66] Generalisierungen zur Frage des Umfangs des Originals sowie zu der des Umfangs von Übernahme und Modifikation fehlen hier fast ganz. Bond, der „Nähe" implizit mit der Imitation eines einzelnen Textes oder einer Textklasse gleichsetzt, unterscheidet z. B. die Parodie vom „komischen Heldengedicht" dadurch, daß die erste einen einzelnen Text, die zweite eine Klasse von Texten imitiert.[67] Statt den Unterschied zwischen Text- und Textklassenparodie ahistorisch durch Klassifikation festzulegen, tendiert die moderne Parodieforschung eher dazu, den Textumfang des Originals als Variable, und diese in Abhängigkeit von der literarischen Evolution zu sehen: „As long as the kinds were firmly established, mock-kinds could flourish. But the Romantics rejected the doctrine of kinds and the rules associated with it. They held that each true poem evolves, in accordance with organic laws, into its own unique final form. Instead of poems that belong to kinds, they created individual poems. As a result, parody displaced the mock-poem as the principle mode of high burlesque."[68] Ähnlich wie Jump argumentiert Stackelberg.[69] Diese Generalisierungen unterstützen speziellere Aussagen, die die Häufigkeit der Textparodie im 19. Jahrhundert oder das Vordringen der Zitatparodie im 20. Jahrhundert, was „die zunehmende Zersetzung der Überlieferung deutlich werden läßt",[70] herausstellen. Ob man zwischen Text- und Textklassenparodie einen klaren Trennstrich zieht, beide als Möglichkeiten einer literarischen Evolution versteht oder gar beide Möglichkeiten zu vermitteln versucht, hängt jedoch davon ab, ob die syntaktischen Unterschiede geklärt sind. Hier aber hat die Parodieforschung bis auf einige Generalisierungen über die unterschiedliche Zielsetzung kaum Kriterien bereit gestellt, die eine solche Entscheidung erlauben. Eine mengentheoretische Reduktion könnte hier einige Klarheit verschaffen.

Als Sonderfall sei schließlich die Doppelparodie erwähnt, d. h. die Parodie, die genau zwei Texte als Vorlage benutzt. Für Texte wie „Down and Out in St. Tropez, Patrick S. Cathing writes ‚Bonjour Tristesse' in the style of George Orwell"[71] fehlt jedoch jede eingehende Analyse oder Problematisierung, obwohl vereinzelt auf diese „Umkleidungen" oder „multiple parodies" hingewiesen wird.[72] Wir werden auf dieses Problem zurückkommen.

Texte wie Parodien und ihre Originale sind nun nicht nur einfache Zeichenmengen, sondern Zeichensysteme, d. h. die Elemente dieser Texte stehen in Beziehung zueinander. Wenn die Relationen der Signifikanten eines Textes dessen Syntax ausmachen,[73] dann hätte die Parodieforschung über die Bestimmung von Umfang in Beibehaltung und Modifikation auch Generalisierungen darüber hervorzubringen, welche syntaktischen Elemente und Relationen beibehalten oder modifiziert werden. Da diese Generalisierungen neben einer intensiven Beschäftigung mit einzelnen Texten auch eine Theorie der Syntax oder zumindest syntaktische Kategorien voraussetzen, steckt die Parodieforschung hier noch ganz in ihren Anfängen. Die geringe Beschreibungsadäquanz der Formel vom veränderten Inhalt und der beibehaltenen Form wird ganz offensichtlich, wenn man „Form" als die Struktur der Signifikanten versteht. Der Fall, bei dem die Signifikanten und deren Syntax unverändert beibehalten werden, ist — wie oben schon ausgeführt — relativ selten und eine semantische Änderung nur möglich, wenn diese in einen neuen Kontext oder eine neue Kommunikationssituation gestellt werden. Auch terminologische Verschiebungen, nach denen nur gewisse „Formelemente" des Originals beibehalten werden, führen hier nicht weiter, solange diese „Formelemente" nicht näher bestimmt werden.[74]

Einer Beschreibung näher kommen solche Aussagen, die Übernahme und Modifikation in lexikalischen oder phonologischen Begriffen zu erfassen suchen. Diese Aussagen sind fast alle über Textparodien, solche, die einen einzelnen Text zur Vorlage haben, gemacht worden.[75] Ahrens (1972), der das doppelte Bezugssystem der Parodie auf Vorlage und Gesellschaft anhand eines Beispiels einführt, beschreibt den Sachverhalt wie folgt: „Die erste Beziehung äußert sich besonders deutlich in der Beibehaltung der Form, da die Stropheneinteilung, die Reimfolge (bis auf eine Ausnahme), Vers und Syntax gewahrt bleiben. Lediglich in der Substituierung einer geringen Anzahl von Wörtern wird das parodistische Verfahren deutlich."[76] Diese und andere ähnliche Aussagen unterstellen eine weitgehende Unabhängigkeit der syntaktischen Strukturen vom jeweils verwendeten Lexikon, d. h. Verse, Reime, Strophen oder Syntax bleiben erhalten, auch wenn deren Elemente, einzelne Wörter, ausgetauscht werden. Zu kritisieren wäre nicht so sehr, daß diese Aussagen auf Verse beschränkt bleiben — für Prosa sind entsprechende Generalisierungen nicht entwickelt worden — sondern daß sie die implizierten Sprachmodelle nicht explizit und damit diskutierbar machen.

Demgegenüber verfährt Rotermund (1963)[77] analytischer. Er unterscheidet verschiedene „Strukturschichten" in Parodie und Original sowie dementsprechend Modifikationen, die nur eine Strukturschicht (partiale) oder mehrere Strukturschichten (totale) ergreifen. Den „Schichten" gemäß bestimmt Rotermund „Wortparodie" (Häufung von Schlüsselwörtern, Übertreibung von bestimmten Wortbildungstypen, z. B. Komposita), „Lautparodie" (Überladung mit einem Laut), „Metaphernparodie" und „Syntaxparodien" (z. B. Inversionen, Verkürzungen). Als Beispiel einer totalen Modifikation eines Originals nennt er die Auflösung von Strophen- und Versform, Erweiterung der Kehrreime und neue Reimverbindung, Substitution eines banalen Gegenstandes und Hinzufügung einer kritischen Pointe. Stellt dieses Vorgehen auch einen Fortschritt gegenüber einem unreflektierten Gebrauch von Begriffen wie „Wörter", „Vers" oder „Syntax" dar, bleibt auch hier die Zuordnung der einzelnen Schichten unklar. Die Bestimmung der partialen Karikatur scheint vorauszusetzen, daß die Modifikation einer Schicht möglich ist, ohne die anderen in Mitleidenschaft zu ziehen. Auf die systematischeren Schichtenmodelle von Dubois (1970) und Lotman (1972) wird noch in anderem Zusammenhang zurückzukommen sein.

Als einzige systematische syntaktische Untersuchung der Textparodie liegt der Aufsatz von Revzin (1971) vor. Er ist von der Parodieforschung bisher unbeachtet geblieben und muß deshalb hier ausführlich dargestellt werden. Revzins Aufsatz „Das Schema einer Sprache mit endlich vielen Zuständen und die Möglichkeiten, es in der Poetik anzuwenden. (Zum Mechanismus der Parodie)"[78] zeigt trotz aller Vorläufigkeit, was zu analysieren die Parodieforschung bisher versäumt hat. Revzin versucht, im Rahmen der strukturellen Poetik, einen Generierungsmechanismus für Textparodien und deren Originale zu erstellen, d. h. Poetik wird hier analog zur generativen Grammatik als ein Regelsystem verstanden, das anstelle von Sätzen Texte generiert.[79] Unter Abstraktion von Semantik und Pragmatik konzentriert er sich auf den syntaktischen Aspekt. Von der Beobachtung ausgehend, daß in einer Textparodie ja nicht nur einzelne Wörter beibehalten werden, sondern auch „eine Reihe von Beziehungen zwischen den Wörtern des Textes", daß auch in dem extremen Fall, wo alle Wörter ersetzt werden (Beispiel: Brechts „Der Streit der Fischweiber" als Parodie auf Schillers *Maria Stuart*), die „Textkonstruktion" erhalten bleibt, postuliert Revzin einen gemeinsamen Generierungsmechanismus für Parodie und Original. Dieser Mechanismus ist eine Vorrichtung mit der Fähigkeit, endlich viele Zustände anzunehmen: S_0, S_1, S_2 ... Sn. Jedem Übergang von einem Zustand zu einem anderen entspricht ein Wort, wenn dem entsprechenden Indexpaar eine Stelle im Wörterbuch zugewiesen ist, und jedem Durchlaufen von Anfangs- zu Endzustand ein Satz. Die Gesamtheit der so erzeugten Sätze heißt die „Indexsprache mit endlich vielen Zuständen". Um den Mechanismus möglichst einfach zu halten, werden bestimmte Zustände ausgewählt und die Übergänge rekursiv gehalten, d. h. die Rückkehr zu einem bereits durchlaufenen Zustand wird vorgesehen. Ein solcher Mechanismus kann nun als exakter mathematischer Algorithmus formuliert werden, der durch die Hinzufügung weiterer Zählindizes auch für die metrische und rhythmische Strukturierung sorgt. Revzin konstruiert einen solchen Algorithmus und wendet ihn auf ein Gedicht von V. Brjusov an. Er zeigt, wie dieses Gedicht durch den Algorithmus erzeugt werden kann, aber auch, wie derselbe Algorithmus Varianten des Gedichtes erzeugt, die nicht als Parodie desselben aufgefaßt werden können. Er zeigt weiter, wie der Mechanismus durch das Hinzufügen eines neuen Indexes, der die Wahrscheinlichkeit des Auftretens eines bestimmten Wortes im Werke eines Autoren angibt, den Übergängen statt einzelner Wörter Wortklassen zuordnen kann. Diese Überlegung führt dann zur Generierung von Parodien. Der Mechanimus wird beibehalten, aber man gibt andere Wörter aus irgendeinem neuen ‚thematischen Wortschatz' ein, und erhält so statt des Originals ‚Trockene Blätter' Texte über miauende Katzen oder ratternde Eisenbahnwagen. Der Algorithmus erlaubt also die Generierung von nichtparodischen Varianten und — durch die Einführung eines neuen Lexikons — von Parodien. Revzin teilt also mit anderen Parodieforschern die Auffassung, in der Textparodie bleibe Syntax, Metrum und Rhythmus erhalten, auch wenn man einzelne Wörter austausche. Die Vorteile seiner Formalisierung dieses Sachverhaltes liegen in der Unterscheidung allgemeiner (Algorithmus) und textspezifischer Generierung (Indizes, Wörterbuch) sowie der Abgrenzung von Variantenbildung (mit oder ohne Wahrscheinlichkeitsindex) und der Textparodie, was stimulierend auf die Generalisierungen über Parodien von Textklassen oder Pastiche wirken könnte. Die Nachteile seines Vorgehens liegen in der Grundannahme einer Sprache mit endlich vielen Zuständen und die daraus folgende Generierung „von links nach rechts" ohne Tiefenstrukturen. Wie Chomsky (1966), auf dessen frühe Schriften Revzin sich beruft, nachweist, besitzen solche Syntaxmodelle nur eine geringe Beschreibungsadäquanz und sind entsprechenden Modellen in der strukturalistischen und generativ-transformationellen Grammatik unterlegen.[80] Obwohl für beide Grammatiken formalisierte Syntaxmodelle vorliegen und deren Anwendung auf Textparodien – etwa mit Hilfe der „Syntagma – Paradigma" Unterscheidung oder der Basiskomponente der Syntax – fruchtbar erscheint, hat die Parodieforschung versäumt, sich solcher Theorien zu bedienen.

Am nächsten kommt die Parodieforschung den linguistischen Modellen, wo sie die Relation zwischen Original und Parodie als dynamischen Prozeß, als Operationen des Parodisten auffaßt, und da besonders, wo sie auf die Begriffsbildung der traditionellen Rhetorik zurückgreift. Wie die bisherigen Belege zeigen, vermischen sich solche Überlegungen häufig mit solchen über Umfang von Beibehaltenem und Modifiziertem in der Parodie. Wenn die bisher von fast allen Parodieforschern gemachte Voraussetzung, daß in der Parodierung bestimmte Elemente beibehalten und andere modifiziert werden, zutrifft, dann sind diese beiden Grundoperationen näher zu bestimmen. Vor allem in der Unterscheidung von verschiedenen Typen der Modifikation kann die Parodieforschung einige Fortschritte verzeichnen. Am unfruchtbarsten bleiben jene Aussagen, die in einer bequemen Kurzformel „Parodie" als komische oder verzerrende oder übertreibende Nachahmung oder Imitation definieren, ohne die im Definiens eingeführten Begriffe theoretisch zu reflektieren.[81] Kriterien des Rezipienten („komisch"), des Signifikanten („übertreibend") oder des Signifikats („verzerrend") gehen durcheinander, ohne daß im einzelnen klar würde, welches Kriterium gemeint ist. Demgegenüber haben bereits Cicero und deutlicher noch Quintilian auf einen Typ der Modifikation von Signifikanten im Original hingewiesen: „parvam verbi immutationem",[82] die Metalepse oder Substitution.[83] Aufgrund dieser antiken Autoritäten gilt die Substitution einzelner Laute, Wörter oder Wortgruppen für lange Zeit als das wichtigste oder sogar einzige Verfahren des Parodisten.[84] Auch heute hat das Ersetzen oder Substituieren seine dominante Stellung unter den Typen der Signifikanten-Modifikation erhalten.[85] Zur näheren Bestimmung der Substitution ist vor allem wiederholt geltend gemacht worden, ihr Umfang sei gering („parvam verbi immutationem") oder, anders ausgedrückt, ersetzter und ersetzender Signifikant zeigten oft lautliche Ähnlichkeit oder „Assonanz".[86] Spätestens aber seit dem Beginn des 20. Jahrhunderts war die parodische Praxis des Modifizierens nicht mehr mit dem einzigen Typ des Substituierens zu beschreiben. So führt Rotermund für seine Analyse der modernen deutschen Parodie über Lausberg (1960) die vier rhetorischen Änderungskategorien von Quintilian wieder ein: Karikatur, Substitution, Adjektion, Detraktion oder in Quintilians Terminologie *adiectio, detractio, transmutatio, immutatio.*[87] Da Rotermund für die Begründung dieser Änderungskategorien Lausberg stillschweigend verändert und wegen der Wichtigkeit dieser Unterscheidung, geben wir hier die Bestimmungen von Lausberg im Detail wieder.[88] Quintilians „Reihenfolge versammelt in den ersten drei Änderungsarten die Änderungen, die durch Verkehr mit dem außerhalb des Ganzen [hier: Original] liegenden Bereich erfolgen: die *adiectio* nimmt Bestandteile von außen auf, die *detractio* gibt Bestandteile nach außen ab, die *immutatio* vereinigt beide Verkehrsrichtungen ... Dagegen spielt sich die *transmutatio* innerhalb des Phänomenganzen ab." Die ersten drei Änderungskategorien können sich auf Teile oder die Totalität des Textes beziehen. Speziell lassen sich folgende Untertypen unterscheiden: Adjektion (Hinzufügung) und Detraktion (Wegnahme) gliedern sich je nach Stellung in einem linear gedachten Text in Vorschaltung, Zwischenschaltung, Nachschaltung bzw. Aphärese, Synkope, Apokope, je nachdem sie auf Anfang, Mitte oder Ende einer Einheit angewendet werden. Die Transmutation (Umstellung) hat zwei Urtypen: die Inversion besteht im „gegenseitigen Platzwechsel zweier benachbarter Bestandteile", die Transgression „im Platzwechsel eines Bestandteils außerhalb der unmittelbaren Nachbarschaft". „Die *immutatio* ist eine Vereinigung der *detractio* und der *adiectio:* ein alter Bestandteil wird dem Ganzen entnommen und an seine Stelle ein neuer, dem Ganzen bisher nicht angehörender Bestandteil eingesetzt." Vergleicht man diese systematische Theorie der Änderungskategorien mit Rotermunds Adaption, wirft vor allem der Begriff der „Karikatur" und dessen Zuordnung zur Transmutation Probleme auf. Obwohl „Karikatur" ein Zentralbegriff seiner Untersuchung wird, vermeidet Rotermund seine Definition und die Anwendung dieses Begriffs zeigt, daß er ganz verschiedene Sachverhalte bezeichnet: „Überbetonung", „Überladung", aber auch Inversion und Verkürzung.[89] Meistens jedoch scheint Rotermund an Adjektionen oder Substitutionen zu denken, die bereits im Original vorhandene Elemente oder Relationen verdoppeln. Er definiert z. B. die Lautparodie als „die karikaturistische Überladung der

Imitation mit einem bestimmten Laut."[90] Nimmt man einmal diese terminologische Unklarheit in Kauf,[91] ergibt sich aus der Kombinatorik dieser Modifikationstypen mit einem Schichtenmodell von Texten eine systematische Theorie der parodischen Operationen: „Diese Grundmöglichkeiten der parodistischen Abwandlung sind nicht identisch mit den einzelnen Parodietypen, diese ergeben sich erst aus der Anwendung der Methode auf eine bestimmte Strukturschicht des Originals bzw. aus der Art der unterschobenen oder hinzugefügten Elemente, so ist z. B. die Karikatur oder Substitution der Metaphorik, des Rhythmus, der Strophenform usf. möglich, so kann der Vorlage ein Gegenstand unterschoben werden, der sich von dem originalen auf die verschiedenste Weise unterscheidet. Natürlich sind dabei die mannigfachsten Kombinationsmöglichkeiten gegeben, selten ist es so, daß nur eine parodistische Methode angewandt, daß nur eine Schicht des Originals verändert wird."[92] Zweierlei ist hervorzuheben: Rotermund unterscheidet eine Kombinatorik der Modifikationstypen und eine derselben mit den verschiedenen Strukturschichten des Textes und zweitens dehnt er die Modifikationstypen auch auf die Signifikate aus. Das Durchspielen der verschiedenen Kombinationsmöglichkeiten ergäbe bereits eine recht detaillierte Theorie der parodischen Operationen, die dann, wie Rotermund andeutet, für eine multidimensionale Typologie von Parodien fruchtbar gemacht werden könnte. In seiner Untersuchung, die nach einzelnen Autoren und deren Texten untergliedert ist, arbeitet Rotermund die Kombinationsmöglichkeiten nur teilweise aus. So unterscheidet er bei der Substitution formale (Rhythmus, Mundart) und solche des Gegenstandes, der Pointe oder des Titels und bei der Karikatur partiale (eine Schicht ergreifende) und totale (mehrere Schichten ergreifende).[93]

Liefert Rotermunds Arbeit auch keine systematische Theorie der Operationen, weist sie doch deutlich auf die Notwendigkeit und Möglichkeit solcher Systematisierungen hin und geht damit über die sonstige Parodieforschung hinaus. Andere Autoren weisen vereinzelt darauf hin, daß dem Parodisten neben der Substitution die Operationen der Adjektion, Karikatur oder Transmutation offen stehen,[94] kommen jedoch nicht zu einer systematischen Zuordnung dieser Operationen. So läßt z. B. Verweyen (1973), der sich auf Rotermund beruft, den problematischen Begriff „Karikatur" kommentarlos fallen und schlägt wenig später vor, „ein weiteres Abweichungsverfahren", die Zusammenstellung verschiedener Zitate aus verschiedenen Originalen mit dem Begriff „Kontamination" zu belegen.[95] Die systematische Behandlung in der Rhetorik ist hier wieder zu einer Liste geworden, die man nach Gutdünken um einzelne Operationen verkürzen oder verlängern kann. Das ist umso bedauerlicher, da die Parodieforschung über die Rhetorik hier auf strukturelle Gesetze gestoßen ist, deren Gültigkeit den Bereich von Parodien oder Texten bei weitem übersteigt. Wie Transformationsgrammatik und Mathematik zeigen, sind solche Probleme einer präzisen formalisierten Behandlung zugänglich.[96]

Zur Historisierung dieser Operationen — welche Operationen sind für eine bestimmte Zeit besonders häufig, und durch welche anderen dominanten Kombinationen werden sie abgelöst — liegen so gut wie keine Aussagen vor. Auch die Vermittlung der Operationen mit dem Umfang des Originals ist nur ansatzweise versucht worden. So unterscheidet z. B. Lelièvre (1954) drei parodische Operationen und versucht, sie verschiedenen Umfängen des Originals zuzuordnen: „The commoner of these techniques reproduces a passage, large or small, from an author, but changes it in part, so that it is made to apply to a humbler subject or is used in less serious circumstances than the original author intended . . . The parodist may however choose to reproduce the general style and thought of his original, exaggerating its characteristics to a greater or less degree but wihout basing himself strictly on one particular passage . . . In addition to these two techniques a third exists whereby a passage is reproduced verbatim or virtually so, but applied to a matter not intended by the original author or used in a new set of circumstances . . . The result is essentially parodic in its effect, but the basic processes of imitation and alteration are not involved . . ."[97] Demnach entsprächen die Modifikationen Substitution, Adjektion oder Detraktion der Passagen- oder Textparodie, die Karikatur oder „Übertreibung" der Textklassenparodie. Als ergänzenden Fall führt Lelièvre das Fehlen jeder Modifikation der Signifikantenebenen an. Die Veränderung des Originals erfolgt im sigmatischen oder pragmatischen Aspekt. Durch die Einführung der Kommunikationssituation geht Lelièvre jedoch über Rotermunds eher textimmanent angelegten Ansatz hinaus. Dennoch steht die systematische Überprüfung, inwieweit die Operationen an einen bestimmten Umfang gebunden sind oder die ganze Skala vom Wort bis zur Textklasse durchlaufen, noch aus. Fragen wie: Gibt es eine Substitution in der Genreparodie oder Karikatur eines einzelnen Wortes? sind in der Parodieforschung noch nicht gestellt worden.

3.2.2 Die Behandlung der Travestie ist in der Parodieforschung etwas anders verlaufen. Da die Unterscheidung von „Parodie" und „Travestie", deren Nutzen heute häufiger bezweifelt wird,[98] weitgehend davon abhängt, ob es gelingt, syntaktische, semantische oder pragmatische Unterschiede zwischen beiden nachzuweisen, muß hier die Darstellung etwas ausführlicher werden.

Während sich die Terminologie kaum von der bei der Parodie gebrauchten unterscheidet,[99] zeigt bereits die Bestimmung von Invarianten bei der Travestie eine abweichende Entwicklung. Da die ersten Generalisierungen über die Signifikanten von Travestien an Scarrons *Virgile travesti en vers burlesques* gewonnen wurden, galt für lange Zeit die Vers- und Reimstruktur, „le vers burlesque", als das Definitionskriterium für die Travestie.[100] Obwohl Addison auch hier die Diskussion durch die Einbeziehung von Lukian auszuweiten sucht, hat sich die Generalisierung des Begriffes „Travestie", seine Erweiterung auf Texte in anderen Versmaßen oder in Prosa nur unvollständig durchgesetzt. Auch in Frankreich bleiben die Versuche von Cuperus, de la Motte und Riccoboni, den Begriff auf das Drama auszudehnen, ohne weitere Wirkung,[101] während in Deutschland die enge Assoziation von „Burleske" und Knittelvers bei Philippi (1743) dazu führt, Hans Sachs statt Epentravestien zu diskutieren.[102] Da die intensive Beschäftigung mit der Travestie erst wieder gegen Ende des 19. Jahrhunderts einsetzt, ist die Frage der Generalisierung des Begriffs „Travestie" sozusagen unerledigt liegengeblieben. So finden sich — im Gegensatz zur Parodie — heute beide Aussagen unvermittelt gegenüber: „Sie [Travestie] ist in allen Gattungen (Epik, Drama, Lyrik) möglich . . .",[103] und „Parodie und Travestie sind, wie Herkunft und Entstehungsgeschichte dieser Termini lehren, Begriffe von verschiedenem Rang. Travestie ist nicht mehr als *eine* unter den zahlreichen Möglichkeiten parodistischer Gestaltung. Travestie ist zudem ein Begriff, der auch stofflich, gattungsmäßig beschränkt ist."[104] Entweder man generalisiert den Begriff „Travestie" für alle Gattungen oder Prosa und Vers, dann nennt man Werke wie *Ulysses* oder *Joseph und seine Brüder*[105] Travestien, oder man beschränkt den Begriff auf Epentravestien des 17. und 18. Jahrhunderts und macht die Travestie zu einer historischen Variante der Parodie oder verzichtet ganz auf deren Unterscheidung.[106] In beiden Fällen sind die Voraussetzungen einer solchen Entscheidung nicht hinreichend diskutiert worden. Wie bei der Parodie gehen solche Entscheidungen häufig auf ein zu enges Korpus oder mangelnde historische Reflexion zurück.

Damit ist z. T. auch schon die Frage nach der Bestimmung des Originals der Travestie beantwortet: entweder die Travestie ist „gattungsmäßig beschränkt" oder sie kann jede beliebige Vorlage haben.[107] Das Problem der Übersetzung, das bei der Epentravestie eine besonders wichtige Rolle spielt, ist bis auf einen Aphorismus bei Novalis und einigen Beobachtungen bei Stackelberg kaum diskutiert worden.[108] Werner (1966), der in seiner Arbeit *Das Burleske. Versuch einer literaturwissenschaftlichen Begriffsbestimmung* auf die Vermischung zweier Begriffe in der Parodieforschung — „das Burleske" und „die Burleske" — hinweist[109] und vorschlägt, den ersten Begriff als Abstraktion parallel zu „das Satirische" für alle Gattungen, den zweiten nur für das Drama zu gebrauchen,[110] stellt, von einer Stelle bei Vavasseur (1658) ausgehend, die Überlegung an, ob für das Burleske überhaupt eine Vorlage notwendig sei. Diese Frage führt allerdings über die Bestimmung der Travestie hinaus.[111] Ähnliche Überlegungen finden sich da, wo es um die Absetzung der Epentravestie von Werken wie *Typhon* oder *Hudibras* oder von der Parodie geht.[112] Die meisten Autoren jedoch halten auch für die Travestie an einer Vorlage fest, ohne daß das Problem bei Mythen, Legenden oder Märchen hinreichend diskutiert wurde.

Bei den Aussagen, die das Verhältnis von Travestie und Original vorwiegend als Zustand charakterisieren, fehlen die bei der Parodie gemachten klareren Bestimmungen zu Umfang, Nähe oder syntaktischen Modifikationen weitgehend. Durch die enge Assoziation von Travestie mit Epentravestie ist die Frage des Umfangs einer Travestie in der Parodieforschung nie zum Problem geworden. Fragen wie: Kann eine Travestie aus einem Wort, einem Satz bestehen? oder die entsprechenden Fragen: Kann man ein Wort, ein Zitat travestieren? sind nicht gestellt worden. Die wenigen Aussagen, die vorliegen, gelten dem Problem, ob die Travestie einen einzelnen Text oder eine Textklasse zur Vorlage habe. Bond (1932) unterscheidet Travestie und „Hudibrastic" — analog zu Parodie und komischem Heldengedicht — als partikulär und generell, d. h. die erste hat einen einzelnen Text, das zweite eine Klasse von Texten zur Vorlage.[113] Während Jump (1972) ihm darin folgt, heben Broich (1968) und andere diese Unterscheidung wieder auf,[114] und definieren als Vorlage der Travestie „ein literarisches Werk oder eine literarische Gattung." Der Nachdruck bei den meisten Aussagen liegt auf der Textklassen-Travestie,[115] ohne daß allerdings die Fragen mit einer der Parodie vergleichbaren Ausführlichkeit diskutiert würden. Die Konsequenzen einer Aussage wie „Whereas parody mocks specific writings, burlesque ridicules any general style of speech or writing“[116] mit ihren medialen Unterscheidungen sind noch gar nicht durchdacht worden.

Während die Aussagen zu Umfang oder Nähe spärlich oder gar nicht vorhanden sind,[117] liegen immerhin andere zur näheren Bestimmung der syntaktischen Modifikationen vor. Wenig läßt sich anfangen — aus den bereits genannten Gründen — mit Aussagen, die Travestie modifiziere die „Form“, den „Stil“, die „Behandlung“, behalte aber den „Inhalt“ oder „Gegenstand“ bei.[118] Etwas genauere Angaben[119] finden sich bei Highet: das „Übersetzen“ gilt der Satzlänge oder dem Metrum, der Wort- und Reimbildung. Da andere Prosa und Vers geltende Generalisierungen fehlen, greifen wir hier auf die detaillierteren Ergebnisse von Untersuchungen der Epentravestie zurück. So kommt z. B. Schlötke-Schröer (1944) nach einer Untersuchung von Scarron zu folgenden dominanten Zügen: verdoppelte Negationen, Wortwiederholungen, oppositionelle Konjunktionen, Wortgruppenwiederholung, Wortdehnung, Superlativbildungen, komplizierte Hypotaxe mit Inversionen, fehlerhafte Orthographie und Syntax.[120] Bar (1960) findet folgende syntaktische Merkmale typisch für die Travestie des 17. Jahrhunderts:[121] Auslassung des Artikels oder umgangssprachlicher Gebrauch desselben, archaischer oder provinzieller Gebrauch des Relativ-, Personalpronomens und des Komparativs und Superlativs, Auslassung des Personalpronomens, Verdopplung anderer Pronomina, ungrammatischer Gebrauch des Verbs (Transitivität, Passiv, Infinitiv, Tempus), verdoppelte Negationen, archaische Konjunktionen, Inversion, Anakoluth, Frage und Ellipse in der Satzkonstruktion. Bar faßt diese Merkmale als archaische, umgangssprachliche oder rein idiosynkratische Abweichungen von der Grammatik der Zeit zusammen. Für die Versifizierung bestimmt Bar folgende Abweichungen („licences“)[122] vom Metrum des Achtsilbers oder eines auch noch kürzeren Vers: häufige Hiate, willkürliche Synkopen, Elisionen, ungewöhnliche Enjambements und für den Reim: Doppelreim, Veränderung von Orthographie oder Aussprache, um den Reim zu erfüllen, Häufung von seltenen Wörtern im Reim, Strophenbildungen und Klangspiele. Es liegen keine Aussagen vor, die versuchen, diese atomistischen Beobachtungen in generelle Bestimmungen von „Travestie“ zu erheben oder auf dem Hintergrund einer strukturalen oder generativ-transformationellen Syntaxtheorie zu systematisieren.

Auch da, wo die Relation zwischen Travestie und Original als Prozeß, als Operation des Autors verstanden wird, fehlen Aussagen, die an Detailliertheit denen zur Parodie gleichkommen. Die Frage nach der Dialektik von Beibehalten und Verändern ist für die Signifikantenebene der Travestie nie aufgeworfen worden, und ein Versuch, das Modell von Adjektion, Detraktion, Substitution und Transmutation auf die Travestie anzuwenden, fehlt. In den meisten Aussagen klingt es so, als würden bei der Travestierung alle Signifikanten ausgewechselt oder „übersetzt", wobei unklar ist, wie dann die Signifikate gleichbleiben können.[123] Auf die Frage, welche Signifikanten denn beibehalten werden, gibt Heiss eine Antwort: „Manchmal besteht zwischen dem Zerrbild und dem Original keine andere Beziehung als der gemeinsame Name."[124] Nimmt man diese Aussage beim Wort, so sind bei der Travestie außer den beibehaltenen Namen der Rest der Signifikanten substituiert oder adjiziert. Das Problem, ob bei der Travestierung der Parodierung vergleichbare Operationen des Autors auf der Signifikantenebene vorliegen, muß als weitgehend ungelöst gelten. Die nur unvollkommen vollzogene Generalisierung des Begriffes „Travestie" und seine Einschränkung auf die Epentravestie des 17. und 18. Jahrhunderts hat zudem eine historische Reflexion darüber, inwieweit Umfang oder Operationen der Modifikation der literarischen Evolution unterliegen, verhindert. Wenn aber die Travestie in allen Gattungen und allen Zeiten vorkommt, wie neuere Definitionen behaupten,[125] dann liegt hier ein noch unerschlossenes Arbeitsfeld der Parodieforschung.

3.2.3 Aussagen über die Relation Pastiche — Original, über Umfang und Modifikation der Signifikantenbene sind nicht gerade häufig und, wo sie vorliegen, nicht sehr klar. Durch die relativ späte Übertragung des Begriffs „Pastiche"[126] ist es zu keiner Einschränkung auf eine bestimmte Struktur der Signifikanten gekommen: Das Problem von Vers oder Prosa hat nie bestanden. Auch die Einschränkung auf bestimmte Originale fehlt: Gedichte, Briefe, Memoiren, Romane, Dramen usw. können pastichiert werden.[127]

Explizite Aussagen zum Umfang von Pastiches liegen nicht vor, aber die Beispiele in Deffoux (1932) — das einzige Buch, das sich ausschließlich mit Pastiches beschäftigt — deuten darauf hin, daß „Pastiche" sowohl eine kürzere oder längere eingelegte Passage wie auch einen abgeschlossenen Text bezeichnen kann.[128] Fragen, ob ein einzelnes Wort oder eine Phrase Pastiches genannt werden können, wurden bisher nicht gestellt.

Etwas ausführlicher sind Aussagen zum Umfang des Originals. Die von mehreren Autoren akzeptierte Definition von „Pastiche" als „Ouvrage où l'on a imité les idées et le style d'un écrivain"[129] legt die Auffassung nahe, das Pastiche richte sich auf eine Textklasse, nämlich die Werke eines Autors. Hempel (1965) macht diese Auffassung explizit: „Vorbild eines Pastiche kann nicht *ein* Werk, sondern nur „Das Werk" eines Schriftstellers sein."[130] Andere Autoren lassen jedoch auch ein einzelnes Werk als Vorbild des Pastiches gelten.[131] Eine andere Ausweitung unternimmt Deffoux (1932), wenn er als einen Typ das Pastiche „de la langue d'une époque" bestimmt. Auch die Ausweitung auf eine Gruppe von Autoren fehlt nicht.[132] Obwohl der Nachdruck in den meisten Darstellungen auf dem Pastiche der Werke eines Autors liegt, ist die Frage des Umfangs des Originals noch ungeklärt. Vor einer Festlegung auf einen Originalumfang wären zunächst einmal die dafür notwendigen theoretischen Voraussetzungen zu diskutieren.

Eine dieser Voraussetzungen wäre die Klärung der Frage, welche Elemente oder Relationen des Originals der Pastiche übernimmt oder modifiziert, wie denn „die Karikatur der Manier eines Originals ohne Festhalten an dessen eigenen Wörtern" möglich ist. Hier jedoch bleiben die Aussagen wieder in unklaren Begriffen wie „Form", „Stil" usw. stecken, anstatt eine detaillierte Analyse von Texten zu versuchen. So finden sich etwa folgende Generalisierungen: „Im Gegensatz zur Parodie ahmt es [das Pastiche] aber die Vorlage (Einzelwerk, Gattung u. dgl.) in *jeder* Hinsicht und so eng wie überhaupt möglich nach und vermeidet daher die Diskrepanz von Gegenstand und Form, die für Travestie und Parodie charakteristisch ist."[133] Oder: „Während das Pastiche in stilistischer Hinsicht größtmögliche Übereinstimmung mit dem Vorbild aufweisen soll, muß es sich also in stofflicher Hinsicht gerade von ihm unterscheiden."[134] Oder: „genaue Nachahmung des Stils e. Autors in Formen- und Phrasenschatz unter Vermeidung e. Individualstils [des Pasticheurs] . . ."[135] Eine syntaktische Bestimmung dieser „Nähe" oder „Enge" der Nachahmung ist die Parodieforschung schuldig geblieben. Zwei unidentifizierte Zitate von Sainte-Beuve und Reboux bei Deffoux (1932) führen hier weiter. Sainte-Beuve über ein Pastiche von Boileau: „Cette manière d'écrire, ainsi réduite à un trait et comme à un tic, pourrait presque s'apprendre à un automate perfectionné: on ferait une machine à rhétorique comme Pascal a fait une machine arithmétique . . ."[136] Die Parallele zu Revzins (1971) Postulierung eines Typs von „Parodien, denen kein

Text zugrundeliegt, aber ein äußerst einfacher Mechanismus zur Generierung eines Textes"[137] und zur Karikatur bei Rotermund liegt auf der Hand. Die zweite, bereits zitierte Aussage stammt von einem Pastiche-Autor und ist ein Versuch, Auskunft über seine Verfahren zu geben: „Je cherche d'abord ... un auteur à caractéristiques bien marquées. La première opération intellectuelle tend à imaginer quelle est l'histoire bouffonne qui résumera cet écrivain ... Le scénario établi, je lis l'œuvre entière de l'écrivain ... Il faut lire pour s'imprégner de sa pensée, vivre dans son atmosphère, établir une sorte d'intense courant de sympathie intellectuelle. Tout en lisant, je souligne les mots typiques, les membres de phrases caractéristiques, les sujets de développement familiers, les noms propres ou de lieu, les modalités de syntaxe, tout ce qui forme, en un mot, la personnalité propre à l'auteur ..."[138] Nach dieser Aussage werden also weder Wörter noch Syntax ersetzt, sondern selegiertes Material rekombiniert. Den hier angedeuteten geringen Umfang der Übernahme erhebt Remy de Gourmont zur Regel: der Pastiche-Autor darf häufige Wörter und Phrasenanfänge, aber keine ganzen Phrasen übernehmen. Die Übernahme ganzer Phrasen, Sätze oder Verse und deren Rekombination heißt „Cento."[139] Autoren, die diese Unterscheidung nicht machen, identifizieren denn auch Pastiche und Cento.

Viele Autoren behandeln den Cento im Zusammenhang mit der Parodie und setzen ihn durch Zielsetzung,[140] Semantik,[141] Wertung[142] oder eben den Umfang der Modifikation davon ab. Das „Ineinandergreifen" von Cento und Pastiche ist noch nicht hinreichend geklärt.

Damit sind die Aussagen über die Signifikantenebene des Pastiche auch nahezu erschöpft. Ein Versuch, ein System der Operationen wie Adjektion, Detraktion, Transmutation und Immutation auf das Verhältnis von Pastiche und Original anzuwenden fehlt. Reboux' oben zitierte Beschreibung seines Verfahrens scheint auf die Dominanz von Detraktion und Transmutation bzw. Karikatur und die völlige Abwesenheit von Substitution, der Einsetzung eines neuen, dem Ganzen bisher nicht angehörigen Elementes hinzuweisen. Nähere Untersuchungen fehlen. Über die Rolle des Pastiche in der literarischen Evolution wird im nächsten Abschnitt zu berichten sein.

3.2.4 Die Zusammenfassung der wichtigsten Generalisierungen zur Syntax von Parodie, Travestie und Pastiche ist nicht einfach. Die Aussagen sind widersprüchlich und in Ermangelung einer explizit gemachten Texttheorie voller vager Begriffe. Die folgenden Generalisierungen spiegeln diese Schwierigkeiten wider. Da die meisten Autoren eher die Unterschiede zwischen Parodie, Travestie und Pastiche hervorheben als deren Gemeinsamkeiten, erfolgt hier die Zusammenfassung gesondert nach diesen Begriffen:

Parodie

1. Parodien sind Texte in Vers oder Prosa (Householder, Addison, Stone, Wilpert, Esar u. a.).
2. Parodien sind Texte in einer natürlichen Sprache (Flögel, Genthe) oder einer Mischung von mehreren natürlichen Sprachen (Ilvonen, Highet).
3. Original von Parodien können beliebige literarische Texte sein (Abrams, Rotermund, Kagan, Verweyen u. a.).[143]
4. Das Original kann in einer anderen Sprache als der der Parodie verfaßt sein (Broich, Weinbrot).
5. Der Umfang von Parodien ist variabel.
5.1. Parodie kann den Umfang eines Wortes, einer Passage in ei-einem Text oder den eines abgeschlossenen Textes haben (Householder, Sallier, Rau, Davidson, Röhrich, Shlonsky u. a.).
6. Der Umfang von Originalen ist variabel.
6.1. Originale können den Umfang eines Wortes, einer Passage, eines Textes oder einer Klasse von Texten haben (Sallier, Marmontel, Eschenburg, Canel u. a.).[144]
6.1.1. Textklassen als Original einer Parodie können die Texte eines Autoren, einer Gruppe von Autoren einer Richtung, einer Gattung oder einer Epoche sein (OED, Eidson, Thrall, Weisstein, Hüttner, Stempel, Neuschäfer, Watson, Lebègue u. a.).
7. Der Umfang der Modifikation ist variabel.
7.1. Der Umfang der parodischen Modifikationen des Originals kann ein Laut (Buchstabe), ein Wort, eine Passage oder Null sein (Cicero, Sallier, Canel, Davidson, Lelièvre u. a.).
8. Die Laut(Buchstaben)-Modifikation ist häufig bei der Wort- und Passagen-Parodie, die Wort-Modifikation bei Passagen- und Text-Parodien, die Passagen-Modifikation bei der Text-Parodie (Sallier, Lelièvre).
9. Der Umfang der beibehaltenen Elemente unterliegt gesellschaftlichen Wertungen und Normen (Schmieder, Paull, Matthews).
10. Der Umfang des Originals variiert mit der literarischen Evolution (Jump, Stackelberg).

11. Der Parodist kann syntaktische Strukturen des Originals beibehalten und einzelne Wörter substituieren (Omeis, Ahrens, Revzin u. a.).
12. Der Parodist kann syntaktische Relationen des Originals vervielfachen (Rekursivität des erzeugenden Regelmechanismus) (Revzin, Rotermund).
13. Der Parodist kann Elemente des Originals tilgen (Detraktion), diesem Elemente hinzufügen (Adjektion), Elemente des Originals umstellen (Transmutation) oder ersetzen (Immutation) (Quintilian, Lausberg, Rotermund, Verweyen).
14. Detraktion, Adjektion und Immutation setzen das Original mit extratextuellen Strukturen in Verbindung, Transmutation ist intratextuell (Lausberg).
15. Diese Modifikationen können auf eine oder mehrere Strukturschichten angewendet werden (Rotermund).
16. Bestimmte Modifikationstypen entsprechen bestimmten Original-Umfängen (Lelièvre, Rau, Sallier).
16.1. Immutation ist häufig in Passagen- und Textparodien, Karikatur in Parodien von Texten oder Textklassen (Lelièvre, Revzin, Einson u. a.).
16.2. Null-Modifikation ist häufig bei Passagenparodien, wenn die sigmatische Relation oder die Kommunikationssituation geändert werden (Lelièvre).

Travestie

17. Travestien sind Texte in Vers oder Prosa (Addison, Wilpert, Watson, Liede, Highet, Riewald, Webster).
18. Original von Travestien können beliebige literarische Texte sein (Erskine, Toldo, Richards, Coburn, Shepperson, Reeves).
19. Das Original kann in einer anderen Sprache als die Travestie verfaßt sein (Stackelberg, Schlötke-Schröer u. a.).
20. Der Umfang von Originalen ist variabel.
20.1. Original einer Travestie kann ein einzelner Text oder eine Textklasse sein (Broich, Esar, Markiewicz).
21. Der Umfang der Modifikation ist variabel.
21.1. Der Travestist kann alles bis auf die Namen modifizieren (Heiss, Broich, Rau).
21.2. Der Travestist ersetzt Signifikanten (Rau, Highet, Heiss u. a.).

21.3. Der Travestist kann Zusätze zum Original machen (Heiss, Broich, Smith).
22. Die phonologische und syntaktische Strukturierung der Epentravestie des 17. Jahrhunderts verstößt gegen die poetischen und grammatischen Normen der Zeit (Bar, Schlötke-Schröer u. a.).
23. Der Travestie-Autor modifiziert das Original häufig durch Adjektion (Heiss, Broich, Smith).

Pastiche

24. Pastiches sind Texte in Vers oder Prosa (Deffoux, Marmontel).
25. Original von Pastiches können beliebige Texte sein (Deffoux).
26. Der Umfang von Pastiches ist variabel.
26.1. Pastiches können Passagen in einem Text oder ein abgeschlossener Text sein (Deffoux).
27. Der Umfang von Originalen ist variabel.
27.1. Original eines Pastiches kann ein einzelner Text oder eine Textklasse sein (Broich, Deffoux).
27.2. Textklassen können Texte eines Autors, einer Klasse von Autoren, einer Richtung oder einer Epoche sein (Deffoux, Broich, Petronino).
28. Der Umfang der übernommenen Elemente muß geringer als ein Satz oder Vers sein (de Gourmont).
29. Der Pastiche-Autor behält Elemente des Originals bei und kombiniert sie neu (Reboux).
30. Der Pastiche-Autor vervielfacht Elemente oder Relationen des Originals (Sainte-Beuve).
31. Der Pastiche-Autor immutiert oder adjiziert keine neuen Elemente (Wilpert, Broich).

Ein Vergleich zwischen den drei Kategorien macht deutlich, wo die Lücken und Unterschiede in den Generalisierungen liegen, und das Fehlen jeder linguistischen Terminologie zeigt, wie weit die Parodieforschung von einer beschreibungsadäquaten Theorie der Syntax und deren Modifikationen entfernt ist. Wir werden weiter unten (6.2) einige linguistische Modelle vorstellen, deren Benutzung die Überwindung der jetzigen Situation ermöglichen könnte. Vor allem die generativ-transformationelle Grammatik bietet sich hier als vielversprechender Weg an.

3.3 *Semantik*

Das Fehlen einer semantischen Theorie in der Parodieforschung beeinträchtigt die Diskussion des „Inhalts", des „Gegenstandes", der „Handlung" usw. Wie bei der Behandlung des Signifikanten verläßt man sich hier auf die Alltagssprache statt eine eigene Terminologie für die komplizierten Sachverhalte zu gewinnen. Wir werden wieder zunächst einige Konstanten der Parodieforschung besprechen, dann den Vergleich von Original und Parodie, bzw. Travestie oder Pastiche als Zustand und schließlich als Prozeß. Die sigmatische oder mimetische Relation behandeln wir in 3.4.

Das Modell, das der Parodieforschung bis heute unterliegt und weitgehend semantische Theorien ersetzt, ist die antike Stilebenentheorie. Diese Theorie, die im allgemeinen drei Stilebenen – niedrig, mittel, hoch – unterscheidet, hat ihren Ursprung in der Rhetorik. Die Stilebenen wurden zunächst nach dem Effekt auf den Zuhörer, später nach der sozialen Stellung des Sprechers oder dem Genre bestimmt.[145] Es ist diese spätere Theorie, die im Mittelalter nach dem Vergil-Kommentar des Aelius Donatus zur sogenannten *rota Virgilii*, zum Rad des Vergils kodifiziert wurde.[146] Der Einfluß dieser Stiltheorie reicht bis in die Renaissance und darüber hinaus.[147] In der Parodieforschung wurde, zunächst in der Diskussion der Travestie, später auch der Parodie, vor allem die soziologische und gattungstheoretische Zuordnung übernommen. So unterscheidet z. B. Sallier deutlich Regeln zur Stilebene von solcher über Obszönität.[148] Im folgenden verengt sich die Stilebenentheorie auf einen Gegensatz von niedrigem und hohem Stil und die sozialen Beziehungen treten deutlicher hervor. Die antike bzw. feudale Gesellschaftsordnung nach Bauer, Schäfer und Ritter, wie sie im *rota Virgilii* kodifiziert war, wird nun zum Gegensatz der niedrigen und hohen Klassen: „Burlesque is therefore of two kinds, the first [Parodie] represents mean persons in the accoutrements of heroes; the other [Travestie] describes great persons acting and speaking like the basest among the people."[149] Im gesamten Klassizismus ist der Gegenbegriff zu „Held" nichtsosehr „Feigling" als „Angehöriger einer niedrigen Klasse". „Held" ist ein Klassenbegriff.[150] Die Klassengrenzen gelten als natürlich, ihre Verletzung als monströs: „burlesque ... is ever the exhibition of what is monstrous and unnatural, and where our delight, if we examine it, arises from the surprising absurdity, as in appropriating the manners of the highest to the lowest, or *è converso*".[151]

Beattie (1779) ist der erste und auch letzte in der Parodieforschung, der die Frage, was denn eigentlich niedrig sei, ausführlich zu beantworten sucht.[152] Beattie reduziert das „Gemeine" auf die Reaktion der Rezipienten und zeigt deren historische und gesellschaftliche Bedingtheit, insbesondere die geschichtliche Veränderung der Einstellungen der Rezipienten und deren gesellschaftliche Rollenerwartungen: ein Epiker, wie der Historiker oder Prediger, spielt eine gewisse Rolle, an die die Rezipienten bestimmte Erwartungen knüpfen.[153] Leider hat die Parodieforschung nur die subjektive Reduzierung, nicht aber deren Begründung weitergeführt. Die Theorie des Erhabenen[154] verdrängt die des Heroischen. Neben den Gegensatz von „niedrig" und „hoch" treten im 19. Jahrhundert die von „niedrig" und „erhaben", „klein" und „groß" und der von „Niedrig-Komischem" und „Hochkomischem". Die gesellschaftlichen Grundlagen dieser Unterscheidung werden dabei vor allem in der idealistischen Ästhetik zunehmend verdrängt.[155]

1929 stellte Tynjanov fest, daß mit dem Zusammenbrechen der Stilebenentheorie im 19. Jahrhundert auch die Komik aus der Vermischung von „Niedrigem" und „Erhabenen" sich verändert, und Stakkelberg (1972) schreibt: „Seitdem die Hierarchie der Gattungen und Stile abgebaut ist, seitdem mit einer allgemeinen Übereinstimmung über das, was in der Literatur als „hoch", was als „niedrig" anzusehen ist, nicht mehr gerechnet werden kann, können auch die Formen der Parodie nicht mehr so bestimmt werden, wie es in unseren Nachschlagewerken geschieht."[156] In der Tat spricht die moderne Parodieforschung nicht mehr in der gleichen Unbefangenheit von „den niedrigen Klassen", dem „Pöbel", „der ungebildeten Masse", aber die Opposition von „niedrig" und „hoch" ist unter verschiedenen Formulierungen erhalten geblieben.[157] Versuchen auch eine große Anzahl neuerer Arbeiten die Begriffe „hoch" und „niedrig" zu vermeiden, kehren sie in metaphysischer Form in der archetypischen Kritik wieder. So unterscheidet Frye (1964) zwei Typen des nicht umgesetzten Mythus, Himmel und Hölle, denen die apokalyptischen bzw. dämonischen Archetypen zugeordnet sind. Die Parodie gehört in die Hölle: „Darum ist einer der zentralen Themen der dämonischen Bildersprache die Parodie, die Verhöhnung des schöpferischen Spiels der Kunst durch seine Imitation in den begrifflichen Kategorien des ‚wirklichen Lebens' ". Kannibalismus ist Parodie der Eucharistie, Inzest die der Ehe usw.[158] Bakhtin (1968) archetypisiert mit umgekehrten Wertvorzeichen: „Not only parody in its narrow sense but all other forms of grotesque realism degrade, bring down to earth, turn their subject into flesh ... Degradation and debasement of the higher do not have a formal and relative character in grotesque realism. ‚Upward' and ‚downward' have here an absolute and strictly topographical meaning. ‚Downward' is earth, ‚upward' is Heaven ... Degradation here means coming down to earth, the contact with earth as an element that swallows up and gives birth at the same time ..."[159] Das ist weit entfernt von der soziologischen Bestimmung des Gegensatzes im 18. Jahrhundert, und doch unterliegt hier das gleiche Begriffspaar „hoch" und „niedrig". Statt diese Begriffe zu vermeiden, hat die Parodieforschung diese soziologisch und psychologisch zu schärfen. Die neuere Soziolinguistik bietet hier viele Anknüpfungspunkte.

Eine zweite Konstante in der Parodieforschung, auf die auch Stakkelberg in der zitierten Aussage verweist, bildet die Hierarchie der Gattungen. Nicht nur werden, wie bereits dargestellt, „volkstümliche" oder „außerliterarische" von „literarischen" Texten unterschieden, sondern innerhalb der „literarischen" Gattungen gibt es Wertstufen. Mit anderen Worten, Gattungen bestehen nicht einfach nebeneinander, sondern sie gliedern sich wie die Stilebenen in „hohe" und „niedrige".[160] Die Parodie ist eine niedrige Gattung, weil sie auf Vorkenntnisse des Rezipienten angewiesen ist oder wie alle komische Literatur hinter ernster Literatur zurückfällt.[161] Einige der neueren Arbeiten halten an der Hierarchie der Genres fest und ordnen — wie im 19. Jahrhundert — die Parodie entsprechend niedrig ein: Shlonsky (1966) räumt ihr eine „marginal position in literature" ein, Kristeva (1972) wertet die Parodie wegen fehlender Originalität ab, und Lotman (1972) meint aus demselben Grunde, „daß die Parodie niemals als zentrales künstlerisches Genre auftreten kann."[162] Zusammenfassend läßt sich also feststellen, daß die Parodieforschung seit dem 18. Jahrhundert ein hierarchisches Wertdenken — Stufen des Stils, des Komischen, der Genres — vorausgesetzt, das bis in die Gegenwart hin unreflektiert geblieben ist. Das ganze Gebiet ist zu unerforscht, um fundierte Hypothesen aufzustellen, aber die Belege in der Parodieforschung legen nahe, daß es sich bei diesen Hierarchien um Übertragungen gesellschaftlicher Vorstellungen, vor allem des Klassenbewußtseins, auf Texte handelt. Wir werden darauf anläßlich der Travestie zurückkommen.

3.3.1 Bei der Diskussion der Beziehung zwischen Parodie und Original als Zustand treten Aussagen zu Nähe und Umfang weitgehend zurück. Die meisten Generalisierungen gelten abstrakten semantischen Beziehungen zwischen Original und Parodie, bzw. innerhalb der Parodie selber. Die wenigen Aussagen, wie sich denn Adjektion, Detraktion, Transmutation und Substitution bei verschiedenen Umfängen semantisch auswirken, sind meistens speziell. So zeigt bereits Quintilian (1966), wie bei der Namensparodie die Substitution eines Lautes genügt – Tullius wird Tollius [Dieb] –, um eine weitgehende semantische Änderung hervorzurufen.[163] Etwas genauer wird Shepperson (1936), der die Titeländerung von „Pamela" zu „Shamela" als Zusammenfassung der parodischen Technik bezeichnet: „for the change of name is accompanied by a corresponding change of character – the object being to show that the actions and events as recorded by Richardson are shams and falsehoods."[164] Wenn wir diese beiden Beobachtungen zu generalisieren versuchen, entsteht durch die Lautsubstitution in Namen und Titeln eine semantische Überlagerung in Form einer Identifikation (Tullius = Dieb, Pamela = Heuchlerin), die unter Umständen entsprechende Handlungen für die Charaktere implizieren (Stehlen, Heucheln) und im Falle des Titels im folgenden Text explizit gemacht werden können. Etwas genereller sind die Aussagen zur Zitatparodie. Nach Gerber (1885) will die Parodie „das Original irgendwie in seinem Inhalt, seinem Wesen oder doch in der Art des Eindrucks, welche diesem zu eigen ist, durch Verwendung derselben Worte treffen, wenigstens berühren, sei es, um an diese Worte eine weitere, tiefere Bedeutung zu knüpfen, als ihnen im Original zukommt, sei es, um scherzend oder spottend deren Gewicht zu zerstören, sei es auch nur, um durch Erinnerung an ein von Trefflichen trefflich Gesagtes Teilnahme und verstärkte Wirkung für eigene Darstellung zu gewinnen."[165] Drei Möglichkeiten werden unterschieden: die modifizierten Elemente knüpfen an die beibehaltenen Wörter eine zweite, tiefere oder leichtere Bedeutung, oder die beibehaltenen Wörter verstärken (verdoppeln?) die Signifikate der modifizierten, neuen Elemente. Andere Aussagen heben jeweils eine dieser Möglichkeiten hervor.[166] Präziser unterscheidet Meyer (1967) drei Möglichkeiten der semantischen Modifikation: „Der Reiz der Parodie, so kann man im allgemeinen sagen, beruht auf dem zugespitzten Widerstreit zwischen dem Originalsinn des Zitierten und dem Sinn, der ihm zitierenderweise neu beigelegt wird. Halten wir dies als leitenden Gesichtspunkt fest, so läßt sich dieser Widerstreit nach seinen konstituierenden Elementen in einer Reihe von Variationen auffächern. Am gelindesten ist der Widerstreit, wenn die zitierten Worte als solche zwar im Originalsinn verwendet werden, aber durch ihren *Kontext* mit Entgegengesetztem zusammenprallen und ins Entgegengesetzte hinübergezerrt werden ... Einen Schritt weiter, so wird den zitierten *Wörtern selber* ein von ihrem Originalsinn abweichender, durch den neuen Kontext bedingter Sinn gegeben ... Die Freiheit im Schaffen mit dem Zitatmaterial nimmt noch erheblich zu, wo nicht nur der Inhalt, sondern auch die *Wort- und Satzform selber* in Mitleidenschaft gezogen werden."[167] Im Gegensatz zu Gerber beschreibt Meyer nur, was mit den Signifikaten des Beibehaltenen geschieht, nicht aber, welchen Einfluß das Zitierte auf die Signifikate des Kontextes hat. Meyer scheint eine Dominanz der Signifikate des Kontextes anzunehmen. Für die Parodie eines ganzen Textes liegen mehrere Aussagen vor. Mit der Modifikation der Signifikanten ändert sich auch der Signifikatzusammenhang,[168] auch die nicht modifizierten Teile werden in Mitleidenschaft gezogen.[169] Die Signifikate des Originals, soweit sie übernommen werden, treten in neue Relationen ein.[170] Neue und alte Relationierung von Signifikaten überlagern sich und interferieren miteinander. Am deutlichsten hat diesen Sachverhalt bisher Revzin formuliert: „Derjenige Typ der Parodie ist weit verbreitet, bei dem ein Teil des Textes durch irgendwelche anderen Wörter ersetzt wird, wobei die allgemeine Textkonstruktion aber unverändert bleibt, so daß zwischen dem alten Text (dem Original) und dem neuen Text (der Parodie) eine gegenseitige auf Identitäten beruhende Entsprechung ... erhalten bleibt; es entsprechen sich hier die unveränderten Textstücke, die sozusagen den Kern dieser Entsprechung bilden." Und an einem Beispiel erläuternd: „Hier sind nicht nur die Wortentsprechungen als Textelemente interessant, sondern auch die Tatsache, daß eine Reihe von Beziehungen zwischen den Wörtern des Textes beibehalten wird ... Mit anderen Worten: die bedingte Wahrscheinlichkeit der Folge eines Elements der einen Klasse auf Elemente einer anderen Klasse bleibt gewahrt. Am interessantesten ist jedoch, daß die unveränderten Wörter die Schlüsselrolle spielen — wir nannten sie den Kern der Entsprechung —, wobei aber gerade diese Wörter sich ihrem Wesen nach im Original und in der Parodie am stärksten unterscheiden und dadurch anschaulicher die These demonstrieren, daß das poetische Wort vom Kontext abhängig ist."[171] D. h., die beibehaltenen Signifikanten tragen neue Signifikate, die neuen Signifikanten aber tragen neben ihren eigenen Signifikaten auch Entsprechungen zu den Signifikaten der ausgewechselten Wörter. Diese komplizierten semantischen Verdopplungen und Überlagerungen sind noch weitgehend unerforscht. Während in der Zitatparodie der neue

Kontext als semantisch dominant angesehen wurde, scheint Revzin bei der Textparodie die Dominanz auf die beibehaltenen Teile zu legen.

Wie ändern sich die semantischen Verhältnisse, wenn nicht ein Text, sondern eine Textklasse Original der Parodie ist? Das Problem ist noch kaum durchdacht.[172] Einige Autoren nehmen stillschweigend an, man könne — offenbar ohne Bezug auf eine besondere Textklasse — einen Topos, eine rhetorische Figur, eine Konvention, eine Weltanschauung, ja sogar die Sprache selbst parodieren.[173] Demgegenüber sind jedoch folgende Einschränkungen zu machen: „Parodien lassen sich wohl nur auf einzelne literarische Werke beziehen oder aber auf individuelle bzw. historische Gebrauchsweisen von Textsorten (oder einzelne Komponentensorten), schwerlich aber z. B. auf den Brief, das Telegramm etc. als solche."[174] Baumgart (1964) spezifiziert: „Wenn der Superlativ als ein Mittel ironischer Übertreibung gebraucht wurde, so war er ja nicht mehr superlativisch „gemeint" ... So läßt sich alles ironische Stilisieren verstehen als Sinnentfremdung vorgegebener Kunstmittel, die nur mit Scheinernst nachgemimt und eben dadurch parodiert werden ... Spürbar wird die Parodie erst, wenn nicht mehr historisch anonyme Einzelformen ihrer eigentlichen Bedeutung entfremdet werden — der Superlativ etwa, oder die Rahmenerzählung — sondern ganze Formsysteme, das seien nun Persönlichkeits- oder Epochenstile. Erst auf diese Erscheinung wird der Begriff Parodie sinnvoll angewendet."[175] Zwei Bedingungen gehören also zur Textklassen-Parodie: die historische Identifizierbarkeit und die Erhaltung der Funktion der Elemente — zumindest teilweise — in ihrem systematischen Zusammenhang. Wo diese Einschränkungen fehlen, geht die Parodie in die Stilisierung oder das allgemeine Gebiet der Ironie oder Komik über.[176] Diese Übergangszone verdient mehr als bisher die Aufmerksamkeit der Parodieforschung.[177]

Die Frage, ob sich bestimmte Signifikate nennen lassen, die entweder beibehalten oder modifiziert werden, hat die Parodieforschung häufig mit „ja" beantwortet. Vor allem die semantischen Komponenten des Aristotelischen Textmodells — „Charakter" und „Handlung" — sind häufiger dazu benutzt worden. So versucht z. B. Riccoboni mit Hilfe dieser Kriterien eine Dreiteilung dramatischer Parodien: Der erste Typ behält Personen und Handlung bei, verändert nur die Aufführungspraxis; der zweite übernimmt Handlung und Teile des Dialogs, verändert aber Titel, Namen und Rang der Charaktere; der dritte übernimmt und modifiziert lediglich Zitate und Textteile verschiedener Originale.[178] Auch andere Autoren meinen, die Parodie behalte die Handlung des Originals bei, verändere aber die Charaktere, deren Namen, Reden oder Rang.[179] Abgesehen davon, daß, wie das Beispiel „Shamela" bei Shepperson zeigte, die semantischen Verhältnisse meist komplizierter liegen, gelten diese Generalisierungen nur für Texte mit Charakteren und Handlungen und ihre Fruchtbarkeit hängt von einer formulierten Handlungstheorie ab.[180] Das letztere gilt auch für Versuche, generellere Begriffe für diesen Sachverhalt zu finden. Genannt werden Oppositionen wie „Hauptbegriff" und „Nebenbegriff", „Subjekt" und „Prädikat", oder „Subjekt" und „Objekt".[181] Ohne eine Theorie über die semantischen Relationen in Texten bleiben solche Bestimmungen nur impressionistische Annäherungen.[182]

Das Obszöne, die Reduktion auf Küche und Keller, der „Rekurs auf die vital-menschlichen Instinkte" als dominanter Zug in den neu eingeführten Signifikaten ist der Parodieforschung schon immer aufgefallen.[183] Aber abgesehen von der meistens ablehnenden Feststellung dieses Zuges fehlt jeder Versuch, diesen Sachverhalt theoretisch zu reflektieren, obwohl seit Freuds Theorie des tendenziösen Witzes hierfür die Voraussetzungen bereitstanden. Wenn Freuds Theorie sich auch vorwiegend dem Rezeptionsvorgang widmet und dort ausführlich behandelt werden muß, lassen sich hier schon einige Übertragungsmöglichkeiten für die Semantik andeuten.[184] Akzeptiert man, daß die Lust beim tendenziösen Witz sich daraus ergibt, daß „eine Tendenz befriedigt wird, deren Befriedigung sonst unterblieben wäre", und daß dieses Unterbleiben auf äußere (gesellschaftliche Machtverhältnisse) oder innere Hindernisse (Bewußtsein) zurückgeht,[185] ergibt sich für die Signifikate eine Zweiteilung in tabuisierte und nicht tabuisierte. Speziell das „Erhabene" im Original, „keeping out of view everything low and trivial",[186] unterdrückt Signifikate durch „judicous selection of capital circumstances", und Parodisten führen durch Substitution häufig eben diese Signifikate in ihren Text ein.[187] Dieser psycholinguistische Aspekt, für dessen Ausarbeitung die Parodie reiches Material bieten würde, blieb bisher allerdings fast völlig unbeachtet.

Einige interessante und weiterführende Beobachtungen liegen schließlich zum Erzählen vor.[188] So entdeckt Neuschäfer (1963), daß im *Don Quijote* Parodie ein Aspekt der Personenhandlung ist und daß dadurch „selbst dort, wo eine Vorstruktur vorliegt, diese doch immer mit einer Motivierung von innen zusammenfällt und dadurch neutralisiert wird."[189] Einem fiktiven Charakter werden die Parodien von Ritterromanen als Reden zugeordnet. Während die Reden des Don Quijote vor allem durch den Kontext zu Parodien werden – für ihn selbst sind sie Imitationen – kann ein Roman wie *Ulysses* auch bewußte Parodisten mit bestimmten Zielsetzungen als fiktive Charaktere abbilden.[190] Während diese beiden Beispiele auf eine klare Trennung von Charakter und Erzähler hindeuten – der Erzähler relativiert die naiv-komische oder parodische Imitation der Charaktere – kompliziert sich der Fall bei der Ich-Erzählung, in der wie im *Felix Krull* Charakter und Erzähler zusammenfallen. So schreibt Baumgart (1964), Krull selbst sei ein Parodist gesellschaftlichbürgerlicher Konventionen und Gesetze. „Da die Sprache seiner ‚Bekenntnisse' eine ähnlich angemaßte Fremdform ist, ergänzen Fabel und Wortlaut sich gegenseitig im Stilprinzip der Parodie ... Erst in diesem Ineinandergreifen parodistischer Elemente der Fabel, der Sprache, der Erzählhaltung konnte die Parodie den ganzen Formkörper eines Werkes bestimmen."[191] Aber auch da, wo Charakter und Erzähler nicht identisch sind, wie im Nausika-Kapitel im *Ulysses* kann der Erzähler parodieren: „The idea of double vision already suggested is most acutely present in parody. The ‚Nausicaa' episode, for instance, offers a useful comparison. To present Gerty MacDowell the style is consciously sub-literary ... To accept only the surface terms of that style, is to lose the significance of the episode ... the style is intended to say something important about the character, while simultaneously inviting to read beyond the style."[192] Die komplexen semantischen Beziehungen zwischen den Aussagen von Erzählern und denen von fiktiven Charaktern sind von der Parodieforschung unzureichend problematisiert worden, obwohl ein großer Teil der parodischen Literatur seit Rabelais und Cervantes diese Relationen gebraucht.[193] So lassen sich Parodien von Originalen außerhalb des Textes, die von den Kommentatoren aufgefunden und identifiziert werden müssen, von solchen unterscheiden, wo ein fiktiver Sprecher die Aussage einer anderen fiktiven Figur parodiert. Natürlich gibt es auch Fälle, in denen der Erzähler Aussagen seiner Figuren parodiert, und Thomas Mann läßt im *Josephs*-Roman sogar fiktive Charaktere den Erzähler parodieren. Ebenso kann der Erzähler zum parodischen Selbstzitat greifen. Hierzu Bruhn (1974): „Rein äußerlich gesehen ist das Selbstzitat eine besondere Form der wörtlichen Wiederholung bestimmter Prägungen von einem Werk zum anderen ... Bloße Wiederholungen ... und Selbstzitate müssen streng voneinander geschieden werden. Beide haben zwar die Wiederverwendung von früheren Wortgebilden gemeinsam, aber das Selbstzitat unterscheidet sich von der Wiederholung dadurch, daß es, wie schon der Name besagt, seinem ideellen Gehalt nach auf den Autor selbst bezogen ist, d. h. die im Selbstzitat enthaltene Aussage entspricht, zumindest zum Zeitpunkt der ursprünglichen Formulierung, dem persönlichen Denken des Verfassers . . . Von dem ihm verwandten Zitat unterscheidet sich das Selbstzitat vor allem durch seinen subjektiv privaten Verweisungscharakter und die damit zusammenhängende Homogenität seiner sprachlichen Form, die sich reibungslos ins neue Werk integrieren läßt."[194] Generalisierungen über das parodische Selbstzitat eines Erzählers innerhalb eines Textes liegen nicht vor.

Das ganze Problem des Erzählers oder allgemeiner des Sprechers in parodischen Texten ist bisher nur teilweise gestellt worden. Es folgen einige Ansätze, die die Entwicklung weitertreiben könnten. So geht Goodman (1954), der die Parodie als eine „combination of the serious and comic" definiert, von folgender Hypothese aus: „Any literary gesture that attracts attention to itself implies the narrator; and a similar series of such gestures is the narrator's attitude." Parodie „is a ‚sophisticated' mixture, where by ‚sophistication' I mean systematic interference with what is naturally or conventionally expected — so that the whole must be seen in a certain light, read in a certain direction. In ‚natural' mixtures, like *Henry IV*, the parts are allowed their ordinary implications. Obviously, where there is systematic interference, the hand of the author is always in evidence, so it is necessary to consider an author's part, the narrator, as part of the plot . . . Generally, in any poem where the comic and serious or other ethical kinds, are mixed continually, there is required the systematic interference of the narrator to direct the reading."[195] Im Gegensatz zu Goodman nimmt Muecke (1969) die Abwesenheit einer Sprecherrolle in der Parodie an. Muecke unterscheidet personale von nicht-personaler Ironie. Parodie ist ein Typ der nicht-personalen Ironie: „In this mode, though we hear the voice of the ironist himself, we are more or less unaware of him as a person. The irony resides more in what he says than in the fact that it is a man of particular character saying it."[196] Parodie gehört zur „Stylistically Signalled Irony" („Any divergence in fact from the stylistic level appropiate to the ironist's subject"). „The word ‚parody' more commonly means in English not the adoption or invention of a style but the exaggerated imitation of a style in order to satirize or ridicule either stylistic mannerisms or mannered ways of thought or both . . . Here the ironist's ostensible meaning is what you would suppose him to be saying if you did not know you were reading a parody, while his real meaning is the inferable criticisms of the style he is caricaturing."[197] Rau (1967) unterscheidet drei Typen von Parodie im Drama nach der Haltung der parodierenden Person: Parodie „in character", naive Parodie und absichtliche Parodie bei Charakteren eines Stückes.[198] Generell ungeklärt bleibt, ob und in welchem Umfang sich ein Sprecher in der Parodie konstituiert, wie dieser sich zum Sprecher des Originals, bzw. dem Original-Autor verhält und welches die Signifikate sind, die ihn konstituieren.

Die Relation zwischen neuen und beibehaltenen Signifikaten wird fast immer, wenn auch unter wechselnden Begriffen, als das bestimmt, was die Humorforschung „Inkongruenz" nennt. Die Parodieforschung gebraucht Ausdrücke wie „Widerspruch", „Diskrepanz", „Gefälle", „Widerstreit" usw.[199] Da alle diese Aussagen der Inkongruenztheorie des Lachens angehören, gebrauchen wir hier den Begriff „Inkongruenz". Die Inkongruenzthorie stammt aus dem 18. Jahrhundert, und vieles, was heute über semantische Relationen in der Parodie ausgesagt wird, geht auf diese Theorien zurück oder zumindest nicht darüber hinaus. Hutcheson formuliert sie in Auseinandersetzung mit der konkurrierenden Überheblichkeitstheorie von Hobbes: „The bringing together of Images which have *contrary* Ideas, as well as some Resemblance in the Principle Idea: This Contrast between Ideas of *Grandeur, Dignity, Sanctity, Perfection,* and the Ideas of *Meanness, Baseness, Profanity,* seems to be the very spirit of *Burlesque;* and the greatest Part of our Raillery and Jest are founded upon it."[200] Diese Aussage ist in zweierlei Hinsicht bemerkenswert: Inkongruenz schließt eine Dialektik von semantischem Widerspruch und semantischer Ähnlichkeit ein, und Inkongruenz, obwohl besonders deutlich in der Travestie, ist ein generelles semantisches Prinzip der Komik. Beide Aspekte haben sich bis heute erhalten. Die systematischste Version der Inkongruenztheorie gibt Beattie (1779). Er unterscheidet Inkongruenz durch Juxtaposition (einfache Kontiguität), durch Verletzung der Ursache-Wirkung Folge, durch Vergleiche und durch die widersprüchliche Vereinigung von „Niedrigkeit" und „Würde". Den dritten Typ illustrieren die epischen Similes in Travestie und Parodie, den vierten Typ illustriert die Parodie durchweg.[201] Während Hutcheson die Inkongruenz ganz idealistisch auffaßte, macht Beattie die Komik der Inkongruenz von gewissen Einstellungen und Erwartungen im Rezipienten abhängig. Wir gehen darauf in

5.4 ausführlicher ein. Das Nebeneinander von Gegensatz und Ähnlichkeit bei Hutcheson wird bei Beattie zu einem dynamischen Wechselverhältnis, wie das folgende Beispiel zeigt: „A vast periwig is in itself perhaps somewhat ridiculous; but the person who wears it may be a venerable character. These two objects, being constantly united, derive new qualities from each other: the wig may at first raise a smile at the expence of the wearer, but the wearer will at last render even his wig respectable."[202] Diese Dialektik, hier für Typ eins der Inkongruenz illustriert, läßt sich auch auf Travestie und Parodie übertragen.

Die Annahme einer „occult resemblance", die fester Bestandteil der Inkongruenztheorie bis zum Anfang des 19. Jahrhunderts war,[203] ging im folgenden häufig verloren, und heute werden semantische Relationen in der Parodie meist als einfache Widersprüche verstanden. Immerhin versuchen einige Autoren, die Dialektik dieses Ansatzes für die Parodie zu erhalten und auszubauen.[204] Komplexer wird der Sachverhalt, wenn man auch die Signifikanten in die Inkongruenztheorie miteinbezieht. L'Estrange (1878) ordnet die Ähnlichkeit den Signifikanten, den Widerspruch den Signifikaten zu: „In parody a slight likeness in form and expression brings together ideas with very different associations."[205] Oder prägnanter: „The *pari passu* parodist has, in the main, two weapons of attack, the antithesis and assonance."[206] D. h. während die Signifikanten von Original und Parodie ähnlich bleiben, „assonieren", treten deren Signifikate in Widerspruch. Wird das Textmodell komplizierter, vervielfachen sich auch die Kombinationsmöglichkeiten. Neumann (1928), der drei Textkomponenten, Form, Stoff und Gesinnung, unterscheidet, wertet folgendermaßen: „Die gelungene Parodie lebt von der grotesken Konfrontation zweier Übersteigerungen mit einer Porträtähnlichkeit."[207] Aber auch drei Übersteigerungen oder eine sind möglich. Neumanns Formulierung macht klar, daß die Inkongruenztheorie in Wirklichkeit drei Relationen in Beziehung setzt – Ähnlichkeit, Widerspruch und Inkongruenz zwischen Ähnlichkeit und Widerspruch –, d. h. Inkongruenz ist eine Relation von Relationen, das Ergebnis der Dialektik von Ähnlichkeit und Widerspruch.

In der modernen Parodieforschung liegen nun einige Ebenenmodelle des Textes vor, die exakter als Neumann eine Bestimmung der Inkongruenz erlauben. Einen systematischen Ausbau eines Ebenenmodells, das mit den vier Änderungskategorien der traditionellen Rhetorik kombiniert wird (das, was Rotermund eigentlich angestrebt hatte), liefert die strukturalistische Rhetorik von Dubois (1970). Dubois unterscheidet vier Ebenen des Textes – Morphologie und Syntax [Signifikanten], Semantik und Logik [Signifikate und Objekte] – und kombiniert sie mit den vier Operationen Detraktion, Adjektion, Substitution [Detraktion + Adjektion] und Permutation [Transmutation]. Das System generiert die meisten bekannten Figuren der Rhetorik:[208]

		MÉTABOLES			
		GRAMMATICALES (Code)		LOGIQUES (Référen	
		EXPRESSION		CONTENU	
		A. MÉTAPLAMES	B. MÉTATAXES	C. MÉTASÉMÈMES	D. MÉTALOGISMES
	OPÉRATIONS	Sur la morphologie	Sur la syntaxe	Sur la sémantique	Sur la logique
SUBSTANTIELLES	I. SUPPRESSION 1.1 Partielle ...	Aphérèse, apocope, syncope, synérèse	Crase	Synecdoque et antonomase généralisantes, comparaison, métaphore in praesentia	Litote 1
	1.2 Complète ..	Déléation, blanchissement	Ellipse, zeugme, asyndète, parataxe	Asémie	Réticence, suspension, silence
	II. ADJONCTION 2.1 Simple	Prosthèse, diérèse, affixation, épenthèse, mot-valise	Parenthèse, concaténation, explétion, énumération	Synecdoque et antonomases particularisantes, archilexie	Hyperbole, silence hyperbolique
	2.2 Répétitive ..	Redoublement, insistance, rimes, allitération, assonance, paronomase	Reprise, polysyndète, métrique, symétrie	*néant*	Répétition, pléonasme, antithèse
	III. SUPPRESSION-ADJONCTION 3.1 Partielle ...	Langage enfançon, substitution d'affixes, calembour	Syllepse, anacoluthe	Métaphore in absentia	Euphémisme
	3.2 Complète ..	Synonymie sans base morphologique, archaïsme, néologie, forgerie, emprunt	Transfert de classe, chiasme	Métonymie	Allégorie, parabole, fable
	3.3 Négative ...	*néant*	*néant*	Oxymore	Ironie, paradoxe, antiphrase, litote 2
RELATIONNELLES	IV. PERMUTATION 4.1 Quelconque	Contrepet, anagramme, métathèse	Tmèse, hyperbate	*néant*	Inversion logique, inversion chronologique
	4.2 Par inversion	Palindrome, verlen	Inversion		

TABLEAU GÉNÉRAL DES MÉTABOLES OU FIGURES DE RHÉTORIQUE

Obwohl Dubois das Problem der Parodie nur am Rande behandelt, wird aus verstreuten Bemerkungen deutlich, daß Parodie auf den verschiedenen Ebenen mit verschiedenen Operationen vorkommen kann. Parodie ist Substitution auf der morphologischen Ebene (III.A), Detraktion auf der syntaktischen Ebene (I.B), Adjektion auf der semantischen Ebene (II.C), Ironie die Substitution auf der logischen Ebene usw.[209] Das Schema erlaubt eine systematische Überprüfung der parodistischen Operationen auf den verschiedenen Ebenen und ebenso eine genauere Bestimmung der Inkongruenz zwischen Ähnlichkeit und Widerspruch auf einer oder zwischen mehreren Ebenen. Diese Arbeit ist noch zu leisten.

Allen diesen Aussagen zur Inkongruenz, und auch ihren speziellen Auffächerungen, Inkongruenz sei unpassende Subsumption unter einen Begriff,[210] konsekutiver Unsinn,[211] Stilbruch,[212] Gefälle,[213] kann man vorwerfen, sie träfen nicht den komischen Charakter dieser Inkongruenz. Piddington (1933) faßt die Kritik an Beatties „intellektualistischer Theorie des Lachens" und seinen Nachfolgern so zusammen: „(i) They are mainly concerned with the nature of ludicrous situations [incongruity] without dealing with the relations of such situations to the psychophysical reaction of laughter. (ii) We must allow that everything ludicrous presents some incongruity, but as we have seen, not all incongruity is ludicrous. No intellectualist theory has given an adequate account of what constitutes *ludicrous* incongruity."[214] Piddington erarbeitet im folgenden eine Inkongruenztheorie, die generelle Geltung und damit Anwendbarkeit auf die Parodie beansprucht. „The first element, then, which we distinguish in the ludicrous situation is the conflict between two evaluations. In the second place, we must insist that such evaluations must be social in character ... In the third place, we must point out one very important characteristic of ludicrous situations: They never involve any deep feeling."[215] Piddington formalisiert den Sachverhalt folgendermaßen: „We have seen that *every ludicrous situation involves two conflicting evaluations in the social order which both apply to the situation in question.* We may express this in a formula: Let S represent the actual situation and X and Y two aspects of it; let E^1 and E^2 be two conflicting social evaluations. A situation then tends to become ludicrous when

X is socially evaluated as E^1,
Y is socially evaluated as E^2,
S is both X and Y,
S may be evaluated as both E^1 and E^2.

As E^1 and E^2 are conflicting social values, we are faced with a conflict within a social order. All ludicrous situations may be fitted into this scheme ..."[216] Diese Generalisierungen sind eine konsequente Fortsetzung der Theorien von Beattie und der Aussage bei Hutcheson: „This Contrast between Ideas of *Grandeur, Dignity, Sanctity, Perfection*, and the Ideas of *Meanness, Baseness, Profanity*, seems to be the very spirit of Burlesque." Hinter den in der Parodieforschung verbreiteten Oppositionen von „hohen" und „niedrigen" Stilebenen, Ausdrücken, Genres und Charakteren stecken konfliktreiche gesellschaftliche Wertungen, die, wie Piddington im folgenden zeigt,[217] der historischen Veränderung unterliegen. Statt diese evaluativen Aspekte der Signifikate in der Parodie auszuklammern oder sie als konstante Merkmale aller Parodien festzuschreiben, kommt es darauf an, diese Wertungen aufzudecken und in ihren jeweiligen geschichtlichen Zusammenhang zu stellen. Piddingtons Hypothesen decken sich nicht nur mit den Aussagen der bisherigen Parodieforschung, sondern finden auch Anschluß an neuere soziologische und psychologische Theorien des Lachens.

Spätestens seit dem 20. Jahrhundert hat sich in der Parodieforschung die Einsicht durchgesetzt, daß Inkongruenz nicht die einzige semantische Strukturierung der Parodie darstellt. So unterscheidet bereits Wells in einer einflußreichen Passage die inkongruente Parodie von zwei Typen, die ohne diese Technik auskommen: „... there are really three great divisions, which may be called ‚word-rendering,' ‚form-rendering,' and ‚sense-rendering.' The first, mere word-rendering, is simply an imitation of the original, and depends for its interest entirely upon the substitution of a trivial or commonplace motive for a lofty one, and following as nearly as possible the original words. Form-rendering is the imitation of the style of an author, preferably an author given to mannerisms or affection of some sort. The third division, sense-rendering, is by far the most meritorious, and utilizes not only the original writer's diction and style, but follows a train of thought precisely along the lines that he would have pursued from the given premises."[218] Die letzten beiden Typen, in die also keine außerhalb des Originals liegenden Signifikanten oder Signifikate zur Schaffung von Inkongruenz eingeführt werden, bezeichnet man oft mit den Begriffen „Übertreibung" oder „Mechanisierung" von Verfahren. Ist der Unterschied auch oft klar erkannt,[219] bleibt die Abgrenzung dieser Typen von Parodie vom Pastiche problematisch.[220] Wir behandeln hier die „übertreibende" Parodie ohne semantische Inkongruenz als Parodie und gehen auf Unterscheidungsmöglichkeiten vom Pastiche später ein.

Die Theorie der „Übertreibung", der „Karikatur" oder „Mechanisierung" ist bei weitem nicht so ausgebildet wie bei der Inkongruenz. Die Ursprünge dieser Parodieauffassung scheinen bei Bergson zu liegen, der auch als einziger eine systematische Begründung seiner Hypothesen versucht. Bergson (1948)[221] geht von zwei Axiomen aus, die ihren darwinistischen Ursprung nicht verleugnen können: 1. Der Mensch lebt in ständiger Umweltanpassung: Geschmeidigkeit. 2. Die Nichtanpassung des Menschen ist komisch: Mechanismus. Aus diesen Axiomen leitet Bergson 9 spezielle Hypothesen ab, von denen hier vor allem Hypothesen zwei, fünf, sechs und acht interessieren.[222] H. 2. „Stellungen, Gebärden und Bewegungen des menschlichen Körpers sind in dem Maße komisch, als uns dieser Körper dabei an einen bloßen Mechanismus erinnert." Beispiel: „Das ist's auch, warum Gebärden, die an sich nichts lächerliches haben, sofort lächerlich werden, wenn sie von einem andern nachgeahmt werden ... Jemanden nachahmen, heißt den Teil Automatismus herausstellen, den er in seiner Person sich hat einnisten lassen ... Aber wenn die Nachahmung von Gebärden schon an sich komisch wirkt, wird sie noch komischer wirken, wenn sie sich darauf verlegt, die Gebärden, ohne sie doch unkenntlich zu machen, im Sinne irgendeiner mechanischen Handlung zu modifizieren, als da ist Holzsägen oder auf einen Amboß schlagen oder unermüdlich am Strang einer nicht vorhandenen Glocke ziehen. Keineswegs ist das Vulgäre dabei der Kern des Komischen (obgleich es ohne Zweifel etwas mit ausmacht) ... Eine solche mechanische Interpretation nahelegen, muß eines der Hauptverfahren der Parodie sein."[223] D. h., das für die Gebärden Gesagte gilt auch für Texte. Inkongruenz und Mechanisierung können zusammen vorkommen. H. 5. „In einer komischen Wiederholung von Redensarten sind im allgemeinen zwei Glieder im Spiele, ein zurückgedrängtes Gefühl, das wie eine Feder losschnellt, und eine überlegene Idee, die das Gefühl von neuem zurückdrängt." Begründung: „Das Leben stellt sich uns dar als ein bestimmtes Nacheinander in der Zeit und Nebeneinander im Raume ... Stete Veränderung des Aussehens, Unumkehrbarkeit der Erscheinungen, vollkommene Individualität einer in sich geschlossenen Reihe, das sind die äußeren Merkmale (gleich viel, ob wirklich oder scheinbar), die das Lebendige vom einfachen Mechanismus unterscheiden. Nehmen wir das Gegenteil von diesen dreien und wir haben drei verschiedene Verfahren, die wir *Repetition, Inversion* und *Interferenz der Reihen* nennen wollen."[224] Alle drei Verfahren sind nach Axiom zwei komisch. Speziell zur Interferenz: „Eine Situation ist immer dann komisch, wenn sie gleichzeitig zwei völlig unabhängigen Reihen von Ereignissen angehört und so einen doppelten Sinn hat." Und: „Viele Vorgänge, die zum Stoff der heroisch-komischen Gattung gehören, haben hier ihre Elemente. Die immer komisch wirkende Übertragung von Altem in Modernes schreibt sich von der gleichen Vorstellung her."[225] H. 6. „Einen komischen Ausspruch wird man jedesmal erhalten, wenn man einen absurden Gedanken in das Gewand einer stehenden Redensart [Mechanismus] kleidet ... Diese

[Absurdität] ist dann keineswegs die Quelle des Komischen. Sie ist nur ein sehr einfaches Mittel, es uns zu entdecken." Die Komik liegt in der Aufdeckung des Mechanismus.[226] H. 8. „Man wird immer eine komische Wirkung erzielen, wenn man einen Gedanken aus seiner ursprünglichen Fassung in einen anderen Ton transponiert." Parodie ist eine solche Transposition aus einer Tonart in die andere, und Transposition in der Sprache entspricht der Wiederholung in der Situation.[227] Obwohl also Bergson an der Inkongruenztheorie festhält und sie wie gebräuchlich mit der Stilebenentheorie bewältigt, führt er mit seinen Kategorien von Repetition, Inversion und Interferenz der Reihen semantische Spezifizierungen zur Mechanismus-Theorie ein, die in der Parodieforschung neu waren. Trotz ihrer metaphysischen, lebensphilosophischen Begründung sind Bergsons Hypothesen spezifisch genug, um sie für rezeptionspsychologische oder semantische Theorien umzudeuten. Freud nahm die erste Umdeutung vor, Sklovskij und Tynjanov die zweite.

Da die Parodietheorie der russischen Formalisten zum besten gehört, was bisher über den Gegenstand gedacht worden ist, andererseits aber — bis auf wenige Ausnahmen — von der Parodieforschung heute ignoriert wird, stellen wir die Hypothesen von Sklovskij und Tynjanov ausführlich dar. Sklovskij löst zunächst die übliche „Form-Inhalt"-Terminologie durch die von „Verfahren" und „Material" ab. Form wird lediglich zum Sammelbegriff der Verfahren und „für den Begriff ‚Inhalt' findet sich bei der sujetbezogenen Analyse eines Kunstwerks kein Bedarf."[228] „Verfahren" sind Relationen zwischen Signifikanten und Signifikaten wie Parallelismus, Vergleich, Hyperbel, Wiederholung, Symmetrie usw. „Der strukturelle Ansatz für die Analyse literarischer Werke setzt ... voraus, daß dieser oder jener ‚prijom' nicht als eine isolierte materielle Gegebenheit betrachtet wird, sondern als eine Funktion mit zwei oder häufiger einer ganzen Anzahl von Komponenten. Die künstlerische Wirkung eines ‚prijom' ist immer Resultat einer Relation ..."[229] Material sind Signifikante oder Signifikate, also Elemente, aber auch Verfahren können Material für weitere Verfahren sein, d. h., weil „Material" und „Verfahren" komplementäre Begriffe sind, können die Verfahren eines Textes zum Material eines anderen gemacht werden. Diese Grundlage, die Sklovskij 1916 in „Die Kunst als Verfahren" entwickelt, wendet er im gleichen Jahr in „Der Zusammenhang zwischen den Verfahren der Sujetfügung und den allgemeinen Stilverfahren" auf die Strukturierung der Signifikanten und Signifikate von narrativen Texten an.

Als eines der Hauptverfahren bei der Sujetfügung, der Strukturierung der Signifikate in narrativen Texten, arbeitet Sklovskij die verschiedenen Varianten der Repetition heraus (Tautologie, tautologischer und psychologischer Parallelismus, Verzögerung, epische Wiederholung, Märchenriten, Peripetien u. a.).[230] Repetition ist also nicht an sich komisch, wie Bergson angenommen hatte. Der Unterschied dieser Verfahren zur Parodie kann nur historisch geklärt werden: Parodien machen „abgenutzte" Verfahren zu ihrem Material.[231] Spielt die Parodie in der Diskussion der Sujetfügung nur eine untergeordnete Rolle, wird sie 1921 in „Der parodistische Roman. Sternes ‚Tristram Shandy' " zum Ausgangspunkt der Illustration allgemeiner Sujetgesetze. Sklovskij hatte den heuristischen Wert der Parodie zur Theoriekonstruktion erkannt. Er analysiert vor allem sechs verschiedene Verfahren der Sujetfügung: Inversion, Einschaltungen, Motivwiederholung, sentimentale und erotische Verfremdung und Zitieren.[232] Der parodische Charakter von *Tristam Shandy* liegt hier nicht sosehr in der Abgenutztheit der verwendeten Verfahren, sondern in der „Verschiebung und Verletzung der üblichen Formen."[233] Sterne spielt mit den Verfahren, d. h. daß „die Intention deutlich auf das Verfahren selbst gerichtet ist . . .". Der Effekt dieses Spiels ist die „Bloßlegung des Verfahrens."[234] Darin liegt der heuristische Wert der Parodie, in ihrer Verletzung werden die Verfahren aufgedeckt: „Der ‚Tristram Shandy' ist der typischste Roman der Weltliteratur."[235] Sklovskij hat diesen Ansatz, der einerseits an Bergsons Repetition, Inversion und Interferenz, andererseits an die rhetorischen Änderungskategorien erinnert, selbst nicht weiterentwickelt. Das tuen die Hypothesen von Tynjanov, dem Sklovskij sich später anzuschließen scheint.[236] In „Dostoevskij und Gogol (Zur Theorie der Parodie") (1921) benutzt Tynjanov die Parodie zur Generierung einer Geschichtstheorie und einer Theorie der parodischen Verfahren. Hier interessiert zunächst das zweite. Ein wesentlicher Aspekt der Parodie ist die Interferenz, die Überlagerung zweier Signifikatebenen.[237] Ist die Begrifflichkeit auch noch vage, es wird klar, daß neben der Inkongruenz auch noch eine andere semantische Strukturierung („Unterstreichung") der Parodie möglich ist, und daß die zweite Strukturierung graduell in die der Stilisierung übergeht. Was es nun mit dieser Betonung oder Unterstreichung auf sich hat präzisiert Tynjanov wie folgt: „Das Wesen der Parodie liegt in der Mechanisierung eines bestimmten Verfahrens, wobei diese Mechanisierung natürlich nur dann spürbar wird, wenn das Verfahren, das sich mechanisiert, bekannt ist. Auf diese Weise erfüllt die Parodie eine doppelte Aufgabe: 1) die Mechanisierung eines bestimmten Verfahrens und 2) die Organisation neuen Materials, zu dem auch das mechanisierte alte Verfahren gehört. Die Mechanisierung eines Wortverfahrens kann durch seine Wiederholung durchgeführt werden, die nicht mit dem kompositionellen Plan übereinstimmt, ebenso durch die Umstellung der Teile (die übliche Parodie – das Lesen eines Gedichts von unten nach oben), durch die wortspielerische Verschiebung der Bedeutung (die Schulparodien klassischer Gedichte durch Hinzufügen eines zweideutigen Refrains ...) und schließlich durch Loslösen von den analogen und Vereinigung mit den widersprechenden Verfahren. [Und gegen Sklovskij:] In der oben angeführten Parodie Dostoevskijs wird das Verfahren keineswegs unterstrichen; als Parodie wird sie nur auf dem Hintergrund eines stilistisch überhaupt nicht mit ihr übereinstimmenden Textes empfunden."[238] Die Übereinstimmung mit Bergson ist frappant; Tynjanov fügt lediglich der Repetition, Inversion und Interferenz von Bedeutungen die Inkongruenz als viertes Verfahren der Mechanisierung hinzu, die Bergson getrennt behandelte. Weiter führt vor allem die Erkenntnis, daß nicht jede Wiederholung mechanisiert – das hatte Sklovskij gezeigt –, sondern nur die, die „nicht mit dem kompositionellen Plan übereinstimmt". Die „Bloßlegung des Verfahrens" ist nicht notwendigerweise der Effekt der Mechanisierung, er mag lediglich in der Empfindung einer doppelten Ebene (Original – Parodie) bestehen. „Die Parodie beruht ganz auf dem dialektischen Spiel mit dem Verfahren."[239]

Bleibt das Textmodell, innerhalb dessen Wiederholungen, Inversionen und Interferenzen analysiert werden sollen, noch recht unbestimmt bei Bergson oder Tynjanov, führt die strukturale Texttheorie, hier besonders das Paradigma-Syntagma-Modell von Lotman weiter. Lotman, bei dem die Parodie wieder nur am Rande abgehandelt wird, macht den Begriff „Wiederholung" zu einer zentralen Kategorie seiner Poetik. Ausgangspunkt ist das Theorem von Jakobson: „In der poetischen und nur in der poetischen Sprache sehen wir eine Projektion der Identitätsachse auf die Nachbarschaftsachse."[240] Die beiden Achsen gelten für die phonologische, grammatische und lexikalisch-semantische Ebene: „Somit baut der literarische Text auf der Basis zweier Typen von Relationen auf: auf der Ko-opposition sich wiederholender äquivalenter Elemente und auf der Ko-opposition benachbarter (nicht-äquivalenter) Elemente. Die ganze Vielfalt im Bereich des konstruktiven Aufbaus von Texten läßt sich auf diese beiden

Prinzipien zurückführen."[241] Die „Projektion der Identitätsachse auf die Nachbarschaftsachse" geschieht durch Wiederholung: „Die phonologisch-grammatischen Elemente organisieren die semantisch heterogenen Einheiten zur äquivalenten Klassen [z. B. Reim, Parallelismus], und bringen dabei in die Semantik der Verschiedenheit ein Element der Identität. Umgekehrt aktivieren die formalen Kategorien bei Kongruenz der semantischen Elemente die Relation der Verschiedenheit, indem sie in dem (auf der Ebene der natürlichen Sprache) semantisch Homogenen eine Sinndifferenzierung (auf der Ebene der künstlerischen Struktur) hervortreten lassen."[242] Statt der Trennung von Signifikantstruktur und Signifikatstruktur rückt deren dialektischer Zusammenhang, die Semantisierung der Signifikanten und die Syntaktisierung der Signifikate in den Vordergrund. Geht Lotman auch nicht auf die „Mechanisierung" solcher bereits mit hoher Rekurrenz gesättigter Texte, also die Parodierung solcher Originale ein, deutet sich jedoch ein Weg, solche Verfahren zu erfassen, an. Auf der syntagmatischen Achse (aller Ebenen) läßt sich die Vereinigung äquivalenter von der verschiedener Elemente unterscheiden. „Die Vereinigung gleichartiger Elemente in Ketten geschieht nach anderen Gesetzen als die Vereinigung heterogener — sie ist angelegt als Anreihung ... Dabei ist folgendes wesentlich: Die Wiederholung ein und desselben Elements führt zum Erlöschen seiner semantischen Funktionsfähigkeit (man vergleiche den psychologischen Effekt der vielfachen Wiederholung ein und desselben Wortes, das sich schließlich in Unsinn verwandelt). Stattdessen tritt nun die Art und Weise der Vereinigung solcher sinnentleerten Elemente hervor. So vollzieht sich gleichzeitig eine Formalisierung der Elemente als solcher und eine Semantisierung ihrer formalen Verbindungen."[243] Was in der Parodieforschung mit „Übertreibung" oder „Karikatur" bezeichnet wird, ließe sich als „Mechanisierung" beschreiben, in der ein bereits rekurrentes Original durch verstärkte Wiederholung von Elementen diese Elemente semantisch entleert („Unsinn") und deren Verbindungen hervorgehoben („Bloßlegung der Verfahren") werden.

Leider ist das Paradigma-Syntagma Modell, das ja seit geraumer Zeit vorliegt und auch in der Theorie des komischen Wortspiels fruchtbargemacht wurde,[244] in der Parodieforschung noch kaum benutzt worden.

Bevor wir zum entscheidenden Beitrag des russischen Formalismus, der theoretischen Bestimmung der Geschichtlichkeit der Parodie in der literarischen Reihe übergehen, müssen noch zwei besondere semantische Probleme erwähnt werden, auf die die Parodieforschung in letzter Zeit gestoßen ist: Die Metaierung und die Binnenparodie der Auflösung. So definiert schon Lehmann (1963): „Ich verstehe hier unter Parodien nur solche literarischen Erzeugnisse, die irgendeinen als bekannt vorausgesetzten Text ... sei es im ganzen, sei es im einzelnen, formal nachahmen oder anführen."[245] Neben dem Imitieren steht das Anführen, das kommentierte Zitieren. Da der Parodieforschung der Begriff der Metaierung nicht geläufig ist, wird dieser Sachverhalt meist nur am Rande erwähnt: Charaktere in Parodien, Regieanweisungen oder Titel können das Original kommentieren, d. h. über es reden, statt es zu imitieren.[246] Damit sind die Möglichkeiten der Metaierung noch nicht ausgeschöpft; es ließe sich eine Analyse von Rahmen, Prologen, Digressionen und Epilogen denken, die das Verhältnis von Metaierung und Imitation aufdeckt. Grannis (1931)[247] beschreibt ein parodisches Drama mit dem Titel *Parodie,* in dem die Parodie als Personifikation mit Melpomene über den Streit der kleinen Theater mit den Tragödienhäusern diskutiert. Von einem ganz anderen Grad ist die Selbstreflexion, die moderne Parodieforscher der Parodie zuschreiben: „Using Roman Jakobson's terminology, one can say that they [parody and travesty] join the ‚orientation towards the message' and the comically coloured ‚orientation towards the context", the latter being taken verbatim, i. e., as a definite literary text or a set of literary texts. Precisely because of this feature the genres mentioned above can be included in the group of literary genres, called here ‚parody sensu largo'."[248] Für Kiremidjian (1969 f.) wird die Parodie zum Beispiel für die Reflektiertheit der modernen Kunst, in ihr wird die Sprache selbst zum „Inhalt".[249] Diese Aussagen ließen sich mit denen zur Bloßlegung der Verfahren bei Sklovskij und Lotman verbinden.

Auch die zweite Frage, wie sich denn die Semantik der Inkongruenz oder Übertreibung in der Binnenparodie beschreiben ließe, ist nur am Rande behandelt worden. Viele Autoren nehmen einfach an, daß Parodierung auch zwischen den Elementen ein und desselben Textes bestehen kann statt zwischen den Elementen zweier verschiedener Texte, ohne die dadurch entstehenden Probleme weiter zu reflektieren. So wird z. B. behauptet, die komische Nebenhandlung im Drama parodiere die Haupthandlung,[250] der Knecht oder Hanswurst den Herren,[251] eine Strophe eines Gedichtes eine andere,[252] ja eine Morphemgruppe am Versanfang eine andere.[253] In der letzten Beschreibung rückt die Parodie nahe an die Strukturdurchbrechung, und ihre Abgrenzung bleibt unklar.[254] Die wenigen Autoren, die sich mit dem Problem genereller befaßt haben, nennen die Verfahren progressive Parodie oder auch Auflösung. Tetel (1964) geht von der Stilebeneninkongruenz in Bergsonscher Formulierung aus („la parodie transpose le solennel en familier")[255] und unterscheidet eine „transposition rapide" von einer „transposition progressive": „La transposition progressive du solennel au burlesque rend le jeu de la parodie apparent. Puisque le commencement est sérieux, la transposition n'est pas immédiatement évidente, elle s'opère lentement et apparaîtra plus tard dans le texte. Dans la transposition progressive du solennel au burlesque, il n'y a pas besoin de nous rappeler un épisode semblable qui remonte à un épopée ou à une chanson de geste pour faire la comparaison; l'auteur la fera lui même." Und: „une troisième dimension s'introduit alors dans la parodie. Il se reproduit une imitation d'une imitation, qui dégénère sans cesse aboutissant à un pastiche de la parodie."[256] Wie Tetels Beispiele aus *Gargantua* jedoch zeigen, denkt er an etwas viel spezielleres als die Auflösung eines Textes durch progressive Parodie, nämlich die Abbildung von fiktiven Parodisten, d. h. die Wiedergabe von wörtlichen Reden, die sich gegenseitig durch semantische Inkongruenz parodieren. Etwas anders sieht Rau das Problem beim Drama: „Parodische *Auflösung* meint komödienhafte Auflösung einer zugrundegelegten tragischen Form. Beispiele [bei Aristophanes] sind etwa das Lied des Dieners des Agathon (Th. 39 ff.), wo der anfangs lyrische Stil in ganz unpoetische Handwerkssprache übergeht ..."[257] Die Auflösung geschieht innerhalb der Reden eines Sprechers. Poirier (1968), der für diesen Sachverhalt den Begriff „Self-Parody" festzulegen versucht, geht nicht weiter auf die Probleme der Binnenparodie ein, sondern konzentriert sich auf den Nachweis, wie häufig dieses Verfahren in der modernen Literatur ist.[258] Neben der progressiven Auflösung einer semantischen Struktur durch Inkongruenz oder Übertreibung, haben Parodieforscher wiederholt auf die abrupte Auflösung einer Signifikatstruktur am Ende des Textes hingewiesen. Rotermund (1963), der dieses Verfahren „Pointenparodie" nennt, beschreibt es folgendermaßen: „Eine solche Imitation [Wortparodie = Mechanisierung] ist das genaue Gegenteil zur Pointenparodie. Während dort dem Gedicht eine wenn auch gegenläufige Begründung substituiert wird und die karikierenden Elemente nur eine Nebenrolle spielen, ist in der Rückert-Parodie die Karikatur in den Vordergrund getreten und die alte Deutung detrahiert worden."[259] Die Pointenparodie arbeitet also mit Inkongruenz, kann aber mit der Mechanisierung zusammen auftreten. Lotman behandelt dieses Problem im Zusammenhang mit der Textgrenze. Textanfang und Ende haben besonderes Gewicht in der semantischen Struktur von Texten: „während der Anfang des Textes mehr oder weniger ausgeprägt mit der Modellierung der Ursache verknüpft ist, aktiviert das Ende das Merkmal des Ziels." „Natürlich kann sich dies Problem, das manchmal die Form des Kampfes zwischen Text und Klischée annimmt, auch über das ganze Werk hinziehen, und sehr häufig tritt das Ende dann in der Rolle einer ‚Annullierung des Anfangs', einer Pointe auf, die parodistisch oder auf irgendeine andere Weise dem ganzen Kodierungssystem des Textes einen anderen Sinn unterlegt. Damit wird vor allem eine ständige Entautomatisierung der verwendeten Kodes und eine maximale Senkung der Textredundanz erreicht."[260] Daß die Inkongruenz nicht unbedingt am Ende des Textes stehen muß, machen die Beispiele von Deyermond (1970) klar, der diesen Typ der Inkongruenz „incidental parody"[261] nennt. Pointenparodie unterscheidet sich von der progressiven Parodie durch ihren punktuellen Charakter (keine Wiederholung) und durch das Angewiesensein auf Inkongruenz. Wie die Beispiele jedoch zeigen, können beide zusammen in einem Text auftreten.

Damit kommen wir zu einem der interessantesten Aspekte der Parodietheorie: ihrem Beitrag zu einer Geschichtstheorie der Literatur. Besprochen werden hier zunächst nur solche Theorien, die die „literarische Reihe" isolieren oder zumindest in den Vordergrund stellen. Geschichtsmodelle, die Parodie im Rahmen von gesellschaftlichem Wandel sehen, finden sich in 5.1. Die Parodieforschung des 18. Jahrhunderts beschrieb Parodie und Travestie unter nationalen Gesichtspunkten — Italien, Frankreich, England, Deutschland — und sah sie häufiger in Analogie zu Waren als Importe oder Exporte an. Die geschichtliche Darstellung erschöpfte sich meist in einer Liste von Autoren und Titeln.[262] Ein Verständnis für die Geschichtlichkeit der Parodie entsteht aus der Auseinandersetzung der Alten und Modernen.[263] Den ersten Versuch in der Parodieforschung, die geschichtliche Beschreibung auf eine theoretische Grundlage zu stellen, macht Schlegel: „Die Geschichte folgt zwar den Evolutionen des menschlichen Geistes in der Zeit, und ist daher niemals zu Ende. Die Theorie dagegen gelangt nur durch einen Sprung in das Gebiet der Zeit hinein, wo allein die wirklichen Werke, die Individuen der Kunst existieren; es fehlen ihr dazu immer Mittelglieder, weil das Individuelle nicht aus Prinzipien zu konstruieren, noch vollständig zu ergründen ist."

Und: „Zwei verschiedene Massen menschlicher Bildung, die eine, die wir unter dem Namen des klassischen Altertums begreifen, gleichsam aus *einem* Stück, wie aus einem Keime durch stetes Wachstum entfaltet, also vegetabilischer Natur; die andere, die der Neueren nämlich, ruckweise und unter gewaltsamen Gärungen aus der Barbarei losgerissen, also mehr chemischer Art . . ."[264] Der traditionellen Opposition der Alten und der Modernen werden also zwei verschiedene Evolutionsgesetze biologischer und chemischer Art zugeordnet. Beide Analogien haben sich bis in die gegenwärtige Parodieforschung erhalten. Die biologische Analogie drückt sich aus in Einteilungsbegriffen wie „Blütezeit", „Spätzeit" oder „Verfallszeit". Vor allem die Thomas-Mann-Forschung beschreibt vorzugsweise die Parodie als ein Produkt einer „Spätzeit", die dabei meist auf die gesamte Kultur ausgedehnt wird.[265] Die gleiche vegetabilische Analogie ist auch auf einzelne Gattungen (Pflanzen) angewendet und von Hempel (1965) zum Entwicklungsgesetz erhoben worden: „Was die im engeren Sinn literaturgeschichtlichen Ursachen betrifft, so läßt die theatralische Parodie im Frankreich des 18. Jahrhunderts das wichtigste Entstehungsgesetz, welches für die Blütezeiten der parodistischen Gattung überhaupt gilt, mit besonderer Deutlichkeit erkennen. Der Zeitpunkt, zu dem eine erhabene Gattung einen ihrer historischen Höhepunkte erreicht und bereits überschritten hat, ist gemeinhin derjenige, welcher die Parodie auf den Plan ruft. Epigonentum ist die gefügige, Parodie die aufbegehrende Endphase eines gattungsgeschichtlichen Entwicklungsvollzugs."[266] Diese Vorstellungen sind in der Gegenwart weit verbreitet. Auch dem zweiten bei Schlegel vorgestellten Geschichtsmodell, dem chemischen oder hydraulischen, geht es um Erarbeitung allgemeiner Gesetzlichkeiten in der Geschichte der Parodie, vor allem um die positivistische Vorstellung, daß Texte wie kommunizierende Gefäße miteinander verbunden seien und je nach „Gärung" aufeinander „Einfluß" nehmen.[267] Da der Einfluß immer von früheren auf spätere Werke läuft, wird die Parodie zum Einflußtext des Originals. So handelt z. B. Havens (1961) in seinem Buch *The Influence of Milton on English Poetry* in einem Kapitel Parodien und Travestien als beeinflußte Texte ab: „Practically all of them do the obvious thing, — apply a pompous exaggeration of the style of *Paradise Lost* to humble themes."[268] Es folgt eines Liste von etwa 70 Titeln. Die gleichen Annahmen unterliegen Wienolds (1972) Theorie der Textverarbeitungen: „Wir stellen einige Schemata von Textverarbeitungsprozessen auf, in denen verschiedene mögliche Beziehungen zwischen Einheiten von [T] und Einheiten von [vT] dargestellt werden. Geläufig sind durchaus Verhältnisse der Form

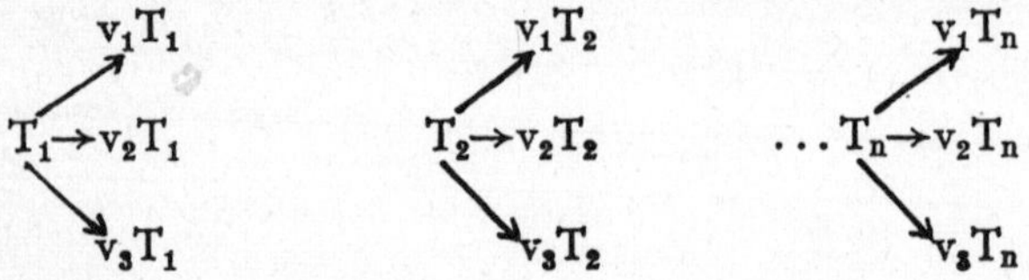

Unter solcher einfacher Zuordnung lassen sich etwa erwähnen Nachahmungen, Parodien, Travestien usw., Überarbeitungen, Übersetzungen, Dramatisierung, Verfilmung usw."[269] Das Einflußmodell läßt sich auch auf die Parodien untereinander anwenden. Bond, Grannis, Görschen u. a. arbeiten diese Einflüsse im einzelnen aus.[270] Heute widmet sich eine Reihe von Spezialarbeiten dem Nachweis von Parallelen, auf denen die Bestimmung des Einflusses beruht.[271] Im Gegensatz zu der biologischen Analogie setzt die chemische weder Fortschritt noch Kontinuität voraus. Die Evolution erfolgt „ruckweise", und der Begriff „Einfluß" kann auch auf die gesellschaftlichen Entwicklungen ausgedehnt werden: „Hence the history of comic literature is not one of progressive improvement. But this branch of literature, more than any other, is affected and modified by the political circumstances of the age, or by the peculiar character of the people."[272]

Beide Modelle sind offensichtlich zu simpel. Wenn wir die Spätzeit-Hypothese übernehmen – darauf weist Stackelberg hin[273] – müßte die Literaturgeschichte seit Homer als eine kontinuierliche Folge von Spätzeiten interpretiert werden, und die chemische Analogie übersieht, selbst da, wo sie einen doppelten oder multiplen Einfluß annimmt, daß die übernommenen Elemente ja in einen neuen systematischen Zusammenhang eintreten. Eine weit fruchtbarere Version der Organismusanalogie bildet die dialektische Geschichtstheorie von Hegel (1955). Obwohl Hegels Theorie der Literaturgeschichte von der Parodieforschung fast völlig unbeachtet geblieben ist, unterliegt sie einer Reihe von Hypothesen, die in der Gegenwart über Parodien aufgestellt werden. Wir werden deshalb Hegels Theorie der geschichtlichen Funktion der Parodie – und es kann hier nur um diese gehen – etwas ausführlicher darstellen. Bekanntlich erweitert Hegel die Opposition von Alten und Modernen – bei Jean Paul, der einiges von Hegel vorwegnimmt, „plastische" und „romantische" Dichtkunst[274] — zum historischen Dreischnitt der Idee durch die symbolische, klassische und romantische Kunstform.[275] In allen drei Phasen, die sich durch das wechselnde Verhältnis von Idee und Gestalt voneinander unterscheiden, setzt sich die Idee — in der idealistischen Konzeption Hegels immer handelndes Subjekt — in drei Stufen in die einzelnen Kunstwerke um. Im ersten Schritt wird sie zum „allgemeinen Weltzustand", der Ideologie einer Zeit, die durch die staatliche Verfassung geprägt ist: im „staatslosen Zustande" herrscht Heroentum vor, bei zunehmender staatlicher Regelung tritt die „innere Subjektivität" hervor.[276] Der zweite Schritt zur Bestimmung der Idee ist die Mittelstufe der „Situation", gewisse Themenkreise, die aus dem allgemeinen Weltzustand abgeleitet bereits Entzweiung und Kollosionen entfalten.[277] Von hier geht das Ideal in „Handlung", in die Semantik einzelner Werke über: die allgemeinen Mächte, die Kollisionen der Situation erscheinen in Handlungen von Charakteren.[278] Sind die Möglichkeiten, einen allgemeinen Weltzustand in Handlungen umzusetzen, erschöpft, beginnt das „Verschwinden", das „Ende", die „Auflösung" der entsprechenden Kunstform. Und hier treten Parodie und Travestie in ihre geschichtliche Funktion: „Bei der Stellung ... welche wir der Kunst im Verlaufe ihrer Entwicklung haben anweisen müssen, hat sich das ganze Verhältnis [zwischen Idee und Gestalt] durchaus verändert. Dies müssen wir jedoch als kein bloßes zufälliges Unglück ansehen, von welchem die Kunst von außen her durch die Not der Zeit, den prosaischen Sinn, den Mangel an Interesse usf. betroffen würde; sondern es ist die Wirkung und der Fortgang der Kunst selber, welche, indem sie den ihr selbst innewohnenden Stoff zur gegenständlichen Anschauung bringt, auf diesem Wege selbst durch jeden Fortschritt einen Beitrag liefert, sich selber von dem dargestellten Inhalt zu befreien. Was wir als Gegenstand durch die Kunst oder das Denken so vollständig vor unserem sinnlichen oder geistigen Auge haben, daß der Gehalt erschöpft, daß alles heraus ist und nichts Dunkles und Innerliches mehr übrigbleibt, daran verschwindet das absolute Interesse. Denn Interesse findet nur bei frischer Tätigkeit statt. Der Geist arbeitet sich nur solange in den Gegenständen herum, solange noch ein Geheimes, Nichtoffenbares darin ist. Dies ist der Fall, solange der Stoff noch identisch mit uns ist. Hat nun aber die Kunst die wesentlichen Weltanschauungen, die in ihrem Begriffe liegen, sowie den Kreis des Inhalts, welcher diesen Weltanschauungen angehört, nach allen Seiten hin offenbar gemacht, so ist sie diesen jedesmal für ein besonderes Volk, eine besondere Zeit bestimmten Gehalt losgeworden, und das wahrhafte Bedürfnis, ihn wieder aufzunehmen, erwacht nur mit dem Bedürfnis, sich *gegen* den bisher allein gültigen Gehalt zu kehren: wie in Griechenland Aristophanes z. B. sich gegen seine Gegenwart und Lukian sich gegen die gesamte griechische Vergangenheit erhob und in Italien und Spanien, beim scheidenden Mittelalter, Ariosto und Cervantes sich gegen das Rittertum zu wenden anfingen."[279] Hegels Theorie ist im ersten Zugriff also eine der Sättigung: die einer Weltanschauung angehörigen Inhalte sind alle durchgespielt. Dieser Prozeß ist nicht „von außen" durch die Gesellschaft („Not der Zeit"), den Autor („prosaischen Sinn") oder die Rezipienten („Mangel an Interesse") bedingt, sondern vom Fortgang der Kunst selbst. Der Fortschritt der Kunst bringt dialektisch ihre Auflösung hervor, und, wie an anderer Stelle klar wird, die Auflösung einer Kunstform bringt dialektisch die Entstehung einer neuen Kunstform hervor. So bereitet am Ende der klassischen Kunstform Lukians Individualisierung und Vermenschlichung der griechischen Götterwelt, die „absolute Subjektivität" der romantischen Kunstform vor.[280] Das Abarbeiten des Verhältnisses von Gestalt und Idee sowie bestimmter Inhalte gilt „jedesmal für ein besonderes Volk, eine besondere Zeit", d. h. spätere und andere Rezipienten können an diesen Kunstwerken durchaus ein frisches Interesse nehmen. Damit ist der Weg frei nicht nur für ein historisches Verständnis der Beziehung zwischen Original und Parodie, sondern der Geschichtlichkeit von Originalen und Parodien selber sowie von deren Rezeption. Was das konkret bedeutet, zeigt Hegel an den sich verändernden Konventionen des Epos.[281] Die Vorstellungen von der Parodie als Produkt einer „Übergangszeit", das Entleeren von Signifikant- oder Signifikatsstrukturen zu „Stereotypen" oder „Konventionen", die „Ambivalenz" der Parodisten gegenüber den Originalen bilden den Hintergrund eines großen Bereichs der heutigen Parodieforschung, ohne daß es jedoch zur Formulierung einer zusammenhängenden Geschichtstheorie oder eine Anknüpfung an Hegel käme. Marx nähert sich einer geschichtlichen Theorie im *18. Brumaire*:[282] auch für Marx ist die Parodie ein Produkt der Übergangszeit, aber die weltanschauliche Umwälzung ist eine Folge gesellschaftlicher Revolutionen. Eine Ausarbeitung dieser Bemerkungen zu einer Parodietheorie fehlt.[283]

Hegels Geschichtsmodell findet sich in der heutigen geistesgeschichtlichen Parodieforschung in Kurzformeln wie „Übergangszeit", „erstarrten Konventionen", „Geist" oder „Weltanschauung" wieder, allerdings ohne den systematischen Zusammenhang, den Hegel diesen Begriffen gegeben hatte. So liegen ausführliche Analysen vor über die Konventionen des Epos, deren Abnutzung und Parodierung, das gleiche für das Drama, und bestimmte Konventionen der Lyrik und des Romans.[284] Weiter gibt es Untersuchungen über bestimmte weltanschauliche Übergangszeiten und deren Zusammenhang mit der Parodie.[285] Ja, es wird an einzelnen Fällen gezeigt, daß die Parodie historisch nicht nur als Auflösung eines Alten, sondern auch als Vorbereitung eines Neuen fungiert.[286] In den wenigen Fällen, wo Generalisierungen historischer Art versucht werden, fallen sie hinter Hegels dialektischen Ansatz zurück.

Gegen Ende des 19. Jahrhunderts macht sich der Einfluß von Darwins Evolutionstheorie auf die Literaturforschung bemerkbar.[287] Bei Brunetière und Symonds geht diese neue biologische Analogie Verbindung mit älteren Modellen ein und wird in einigem abgeändert. So fällt Brunetière z. T. in die ältere vegetabilische Analogie zurück und deutet die literarische Evolution teleologisch. In seiner historischen Bestimmung des „Burlesken" greift Brunetière wieder auf die Terminologie des „Einflusses" zurück und vermengt sie mit Vorstellungen des „Verdrängens" von und der Reaktion auf Gattungen.[288] Bei Symonds mischt sich Hegelscher Schematismus mit evolutionistischen Gedanken. Die „Kampf"-Vorstellung wird zur „Antithese": „In all classical epochs of literature comedy and satire have presented their antithesis to ideal poetry, by setting the actual against the imagined world, or by travestying the forms of serious art. Thus the Titanic farce of Aristophanes was counterposed to Aeschylean tragedy; and Molière portrayed men as they are, before an audience which welcomed Racine's pictures of men as the age conceived they ought to be. It is the mark of really great literature when both thesis and antithesis, the aspiration after the ideal and the critique of actual existence, exhibit an equality of scale . . . Both issue from the conscience of society, and bear its impress." Speziell: „. . . burlesque poetry formed the inevitable pendant to polite literature in Italy. There was no national tragedy; therefore there could be no great comedy. The best work of the age, typified by Ariosto's epic, was so steeped in irony that it offered no vantage-ground for humorous counterpoint. There was nothing left but to exaggerate its salient qualities, and to caricature its form. Such exaggeration was burlesque, such caricature was parody."[289] Während bei Hegel Parodie und Original sich phasenartig ablösen, stehen sie sich bei Symonds in einem letztlich unhistorischen Gleichgewicht gegenüber.[290] Inkongruenz ist das Gegengewicht zu ernster, gesitteter Literatur, fehlt diese — sind die Originale selbst komisch — bleibt dem Parodist nur die Übertreibung. Diese Umdeutung des evolutionären Kampfes zur Homöostase findet sich auch heute in der Parodieforschung: „Fast könnte man, mit Toynbee, von ‚challenge and response' sprechen, von einer ständigen Wechselwirkung, von dem Bedürfnis nach Herstellen eines Gleichgewichts. Das hohe Pathos weckt den parodierenden Willen zum Banalen, die Steigerung des Gefühls den Wunsch, es in den Alltag zurückzuholen oder dessen Künstlichkeit zu enthüllen."[291] Auch da, wo Parodie nicht als gleichgewichtige „Antithese" aufgefaßt wird, gilt sie — im hydraulischen Bild — als „Gegenströmung" der ernsten Literatur.[292] Parodie ist nicht nur „Gegengesang", sondern allgemein anti-generisch: „Sich einer jeden Gattung anpassend, begleitet die Parodie die Literaturgeschichte. Sie nimmt das Dramatische, Epische und Lyrische in sich auf, weil sie sich gegen die Form neutral verhält. Die Form wird in ihr vom Inhalt isoliert und verliert dadurch ihre eigentliche Bedeutung. Schon daher ist die Parodie eine Anti-Gattung."[293] Eine andere Version dieses statischen Gegengewichts-Modells bildet Bachtins „Dialogismus" der Texte, so wie ihn Kristewa (1972) expliziert.[294]

All diese Geschichtsmodelle haben folgende Idealisierungen gemeinsam: die Texte oder Gattungen werden zum Träger des evolutionären Kampfes, und die Dynamik des Kampfes wird in eine Statik des Gleich- oder Gegengewichts umgedeutet. Beide Züge fehlen in Tynjanovs erster Fassung seiner Theorie der literarischen Evolution. Sklovskij, der sich für seine Formulierung direkt auf Brunetière beruft, schafft den Ausgangspunkt: „Nicht nur die Parodie, sondern überhaupt jedes Kunstwerk wird geschaffen als Parallele und Gegensatz zu einem vorhandenen Muster. Eine neue Form entsteht nicht um einen neuen Inhalt auszudrücken, sondern um eine alte Form abzulösen, die ihren Charakter als künstlerische Form bereits verloren hat."[295] Klingt das noch recht hegelisch, sind Tynjanovs Formulierungen eindeutig darwinistisch: „Jede literarische Nachfolge ist doch primär ein Kampf, die Zerstörung eines alten Ganzen und der neue Aufbau aus alten Elementen."[296] Diese frühe Evolutionsmodell ist multilinear, wobei die einzelnen Linien mehrfach unterbrochen sind. Der Kampf der Autoren äußert sich in der doppelten Ebene der Parodie, zwischen denen sich Zerstörung und Aufbau vollzieht.[297] Leider ist es dieses skizzenhafte Evolutionsmodell, das in der heutigen

Parodieforschung z. T. aufgenommen wird,[298] nicht das bei weitem präzisere und umfangreichere Evolutionsmodell von 1927.

In „Das literarische Faktum“ verarbeitet Tynjanov seine eigenen und Sklovskijs Ansätze und führt sie folgendermaßen weiter: Zunächst müssen „Genesis“, die Produktion von Texten, von der Evolution, der geschichtlichen Reihe der Texte unterschieden werden, d. h. die „Kampf“-Hypothese ist eine Erklärung der Genesis, nicht aber der literarischen Evolution.[299] Tynjanov hält an dem multilinearen, dynamischen Evolutionskonzept fest und führt Sklovskijs Dialektik des Verfahrens als Gesetze der literarischen Evolution ein: „Bei der Analyse der literarischen Evolution stoßen wir nun auf folgende Etappen: 1) in dialektischer Beziehung zum automatisierten Konstruktionsprinzip kündigt sich ein entgegengesetztes Konstruktionsprinzip an; 2) es vollzieht sich seine Anwendung, das Konstruktionsprinzip sucht sich die leichteste Anwendungsmöglichkeit; 3) das Konstruktionsprinzip dehnt sich auf eine größtmögliche Zahl von Erscheinungen aus; 4) es wird automatisiert und ruft entgegengesetzte Konstruktionsprinzipien hervor.“[300] Tynjanovs Beispiele zeigen, daß die Parodie sowohl in Etappe 1 wie 3 vorkommen kann. Zur vollsten Ausarbeitung seiner Theorie kommt Tynjanov 1927 in „Über die literarische Evolution“. Obwohl dieser Aufsatz auf die Parodie nur noch am Rande eingeht,[301] ist es wichtig festzuhalten, daß diese Evolutionstheorie aus den früheren Theorien zur Parodie generalisiert worden und für diese von zentraler Wichtigkeit ist.[302] Tynjanov versteht seinen Beitrag als eine grundlegende Revision der bisherigen Theorie der Literaturgeschichte. Die alten Kernbegriffe „Tradition“, „Linie“ oder „Zweig“, „Material“ und „Verfahren“ oder „Form“ werden ersetzt durch „Ablösung“, „Reihe“, „Element“ und „Korrelation“ oder „System“. Tynjanov vollzieht den Schritt vom Formalismus oder der Formtheorie zur Systemtheorie.[303] Statt wie Tynjanov auf einzelne Illustrationen zurückzugreifen, stellen wir hier seine Evolutionstheorie mit Hilfe eines Modelles dar. Tynjanov unterscheidet drei Klassen von Reihen, von denen jede wiederum multilinear sein kann: die soziale, außerliterarische und literarische Reihe.[304] Das Hauptinteresse gilt der literarischen Reihe und ihrer Relation zur außerliterarischen und erst in zweitem Grade zur sozialen Reihe. „Das System der literarischen Reihe ist vor allem ein System von Funktionen der literarischen Reihe, das in ständiger Korrelation zu anderen Reihen steht.“[305] Im Modell:

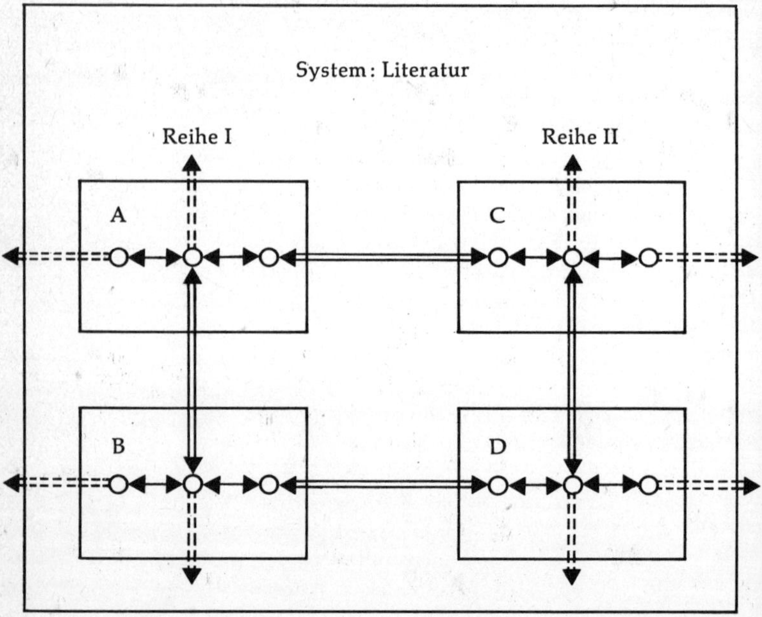

Literatur ist ein System, Evolution die Ablösung des Systems, die „Veränderung der Korrelation von Gliedern eines Systems". Elemente des Systems bilden die Texte (Texte A bis D), die ihrerseits wieder Systeme, Subsysteme des übergeordneten Systems Literatur sind. Einzelne Elemente des Werks wie Sujet und Stil, Rhythmus und Syntax, Rhythmus und Semantik (modelliert als Kreise) stehen in einer Korrelation im Text und befinden sich in Wechselwirkung (modelliert als einfache Pfeile innerhalb des Textes). „Die Korrelation eines jeden Elements des literarischen Werkes als System zu anderen Elementen und folglich zum ganzen System nenne ich die konstruktive Funktion des betreffenden Elements." Die konstruktive Funktion ist also die Menge der Relationen eines Elements im System eines Textes. Neben der Menge der Binnenrelationen, der Synfunktion, gilt es, die Menge der Außenrelationen eines Elementes, seine Autofunktion zu bestimmen (modelliert als Doppelpfeile). Ein Element des Textes A kann nicht nur in Relationen zu Elementen desselben Textes stehen, sondern auch zu entsprechenden Elementen eines Textes derselben Reihe (Text B), einer anderen literarischen Reihe (Text C) oder auch einer außerliterarischen Reihe (gestrichelter Pfeil). „Die Autofunktion ... erscheint als die Bedingung der Synfunktion." Der Nachdruck liegt auf den Funktionen, nicht auf den Elementen, den Texten. Damit wird für die Evolution die Ablösung des Systems Literatur, der Zusammenhang zwischen Auto- und Synfunktion zum zentralen Problem. Tynjanov unterscheidet zwei grundlegende Autofunktionen: Automatisierung und Abweichung (Sklovskijs rezeptionspsychologisch gefaßte „Verfremdung"). Beide stehen in dialektischem Zusammenhang zueinander und zur Synfunktion: Automatisierung führt zur dienenden, Abweichung zur dominanten Synfunktion der Elemente eines Textes. Besteht die Autofunktion zwischen literarischer und außerliterarischer Reihe, treten zwei weitere Funktionen hervor, die im gleichen Wechselverhältnis stehen: Verklammerung und Literarizität. Verklammerung ergibt sich bei Automatisierung, Literarizität bei Abweichung zwischen literarischer und außerliterarischer Reihe.

Die literarische Reihe steht in Beziehung zunächst zur außerliterarischen und erst in zweiter Linie zur sozialen Reihe. „Das außerliterarische Leben [soziale und außerliterarische Reihe] steht vor allem durch sein sprachliches Moment in Korrelation zur Literatur." Das Verhältnis von literarischer und außerliterarischer Reihe ist dialektisch: Die „Intention" des Autors, festgehalten in außerliterarischen Texten wie Briefen oder Tagebüchern, wird zum Ferment des literarischen Werkes, aber der literarische Text zwingt den Autor zu gewissen Rollen als „literarische Persönlichkeit", die sich im außerliterarischen Leben äußern. Die literarischen Funktionen haben Vorrang vor den außerliterarischen: die „Intention" des Autors wird von Syn- und Autofunktionen der Literatur begrenzt. Das Verhältnis von literarischer und außerliterarischer Reihe ist historisch. Außerliterarische Reihen wie Brief oder Tagebuch können durch die Autofunktionen der Verklammerung oder Literarizität zu literarischen werden und umgekehrt.

Literatur hat eine soziale Funktion, d. h. die literarische Reihe steht in Beziehung zur sozialen. Innerhalb der sozialen Reihen gibt es näherliegende und entferntere. Die Bedingung der literarischen Reihe durch soziale Reihen wird nicht bestritten, aber wie bei der außerliterarischen Reihe durch die literarische Reihe selbst vermittelt. Autorenpsychologie und Klassenzugehörigkeit sind bedingende soziale Reihen, aber ein direkter kausaler Zusammenhang bleibt unbefriedigend. Die Determinierung durch Autorenpsychologie und Klassenzugehörigkeit findet ihre Grenzen in den Funktionen der literarischen Reihe (Syn- und Autofunktion). Überraschenderweise gibt Tynjanov hier seinen dialektischen Ansatz auf: die Determinierung der sozialen Reihe durch die literarische wird nicht ausgearbeitet, wie überhaupt die Theorie den Aspekt der Rezeption ausklammert.

Die Evolutionstheorie von Tynjanov gehört zweifellos zum besten, was die neuere Literaturforschung hervorgebracht hat. Ein großer Teil des Prager Strukturalismus und neuerer Literaturtheorie arbeiten auf Tynjanovs Grundlage.[306] Nachzuweisen bleibt lediglich, wie diese Theorie, die aus der Beschäftigung mit der Parodie entstanden ist, auf diese anzuwenden ist, selbst auf die Gefahr, bereits offensichtliches zu explizieren. Parodien können als Reihe verstanden werden, die zu anderen Reihen (Originalen, Autoren, Rezipienten) in Korrelation stehen. Die Bedingungen durch die soziale Reihe, z. B. Zielsetzung und Klassenzugehörigkeit des Autors unterliegen der Begrenzung durch die Funktionen der literarischen Reihe. Die Hypothesen in 2 müßten also entsprechend modifiziert werden. Ob eine Parodie literarisch oder außerliterarisch ist hängt von dem historischen Zustand des evolutionierenden literarischen Systems ab. Die Relationen zwischen Parodie und Original sind Autofunktionen. Zwischen außerliterarischer und literarischer Ebene können diese Relationen die Funktion der Verklammerung oder Differenz, der Literarizität haben. Inkongruenz und Mechanisierung innerhalb literarischer Reihen sind Sonderfälle der allgemeinen Autofunktionen von Abweichung und Automatisierung. Ob ein Element „hoch" oder „niedrig" ist, seine Synfunktion, hängt von dessen Autofunktionen ab, d. h. von der Evolution des Systems. „Fehler" werden zu Abweichungen. „Erstarrende Konventionen" zu Automatisierungen. Reihen lassen sich als übereinandergelegte Kommunikationsketten (1.) verstehen, in denen Autoren, Medien und Rezipienten zu sozialen Reihen, die Gesellschaft zur Klasse der sozialen Reihen und die Texte, je nach Einordnung, zu literarischen oder außerliterarischen Reihen zusammentreten. Kurz, Tynjanov stellt die gesamte bisherige Untersuchung auf eine theoretische Grundlage, in der das dialektische Prinzip der Wechselwirkung die unausgesprochene axiomatische Basis bildet.

Tynjanovs Theorie bildet natürlich ihrerseits eine Abweichung von den dominierenden marxistischen der Zeit, vor allem der vulgärmarxistischen Erklärung von Literatur aus den ökonomischen Verhältnissen ohne vermittelnde Zwischenstufen. Sklovskijs *retractatio* von 1930 setzt lediglich die Akzente etwas anders, um die Evolutionstheorie mit marxistischen Lehren in Einklang zu bringen. Grundsätzlich jedoch hält er an Tynjanovs Theorie fest. Interessant und weiterführend ist lediglich die Bestimmung der sozialen Funktion der Parodie im direkten Anschluß an Marx: „Bei der Erforschung all dieser Probleme muß man im Auge behalten, daß die Evolution der verschiedenen ideologischen Überbauformen mit der Entwicklung der Basis im Tempo nicht unbedingt übereinstimmen muß."[307] In der literarischen Reihe, einer Form des Überbaus, kann es Texte geben, deren soziale Funktion bereits durch die Evolution der sozialen Reihe, der Basis, verloren gegangen ist. Die Anpassung des sozial funktionslosen Textes an die Entwicklung der sozialen Reihe geschieht häufig durch Parodierung. Das „unegale Verhältnis" von Reihen ist durchaus mit Tynjanovs Theorie vereinbar, ist aber meines Wissens nicht weiter zum Ausbau der Parodietheorie im marxistischen Sinne benutzt worden.

Die einzige Weiterführung der Theorie der literarischen Reihe — auf die Ausarbeitung der Rezeptionsreihen gehen wir in 5.3 ein — leistet Lotman. In (1972b) skizziert Lotman eine Evolutionstheorie mit Hilfe der Hypothese von Ausgangstypen einer Kultur: „Der Begriff ‚Ausgangstyp' läßt sich wie folgt erklären: jeder Kulturtyp kann als ein Satz (= set) bestimmter, fester Formen angesehen werden. Im Laufe der historischen Evolution können solche Ausgangstypen nun erheblichen Deformationen ausgesetzt sein, sie behalten aber ihre homöostatische Tendenz zur Einheit bei: alle späteren Ausformungen werden in Relation zur Ausgangsform gesehen und als deren Varianten aufgefaßt ... Ein Bruch mit der Tradition ist im Bereich der Kultur ihre Wiedergeburt unter veränderten Bedingungen. Selbstverständlich ist hier nicht die Rede von einer mechanischen Unterbrechung, die überhaupt kein Faktum der Kultur darstellt. Der wirkliche Bruch mit einem ‚Ausgangstyp' beginnt da, wo dessen Zerstörung aufhört, künstlerisch bedeutsam zu sein." Ausgangstypen sind Systeme „mit einer maximalen Anzahl expliziter Beschränkungen." „Die weitere Evolution besteht in der Regel in der Aufhebung bestimmter Verbote oder ihrer Verwandlung in fakultative."[308] Die wirksame Weiterführung von Tynjanov liegt weniger in Leugnung von Brüchen oder der Einführung der Homöostase-Vorstellung — beides sind eigentlich Rückschritte im Vergleich zu Tynjanov —, sondern in der Annahme, daß Texte in der literarischen Reihe zu Trägern von Normen oder Regeln und die Autofunktion der Abweichung auch als Verletzung oder Verwandlung von Regeln verstanden werden. In seinem Versuch einer Typologie von Kulturen (1972a)[309] geht Lotman einen Schritt weiter in der Abstraktion von den Reihen. Kultur wird definiert als eine Hierarchie von evolutionierenden Kodes. Kulturelle Kodes sind sekundäre modellierende Systeme über den natürlichen Sprachen, ein einzelner Text der Reihe ist Träger eines oder mehrerer kultureller Kodes. Texte der Vergangenheit sind nur unter der Rekonstruktion der zugrundeliegenden kulturellen Kodes zu verstehen, ohne Verständnis des Kodes – z. B. des ritterlichen Kodes für das Mittelalter – werden diese Texte „absurd". Im Falle der Parodie, z. B. des *Don Quijote,* kennt der Parodist den Kode des Originals, stellt ihn jedoch in die Perspektive eines anderen Kodes, um den ersteren sinnlos zu machen. Postuliert wird also die Reduzierbarkeit der unbegrenzten Zahl von Texten oder Botschaften auf eine begrenzte Zahl von Kodes analog zum Verfahren der generativen Grammatik. Parodie stellt über die einzelnen Texte gewisse kulturelle Kodes in Frage. Die Verbindung zu früheren Hypothesen vor allem in 2.4. ist offensichtlich.

Zusammenfassend läßt sich feststellen, daß alle Geschichtsmodelle, vegetabilisch, chemisch oder hydraulisch, darwinistisch oder dialektisch historisch, explizit von der Annahme von Gesetzen in der Geschichte ausgehen und sich in der Systematizität und im Geltungsbereich voneinander unterscheiden. Wie in der Soziologie[310] stehen sich Konflikt- (Marx, Tynjanov) und Homöostasetheorien (Symonds, Lotman) gegenüber. Tynjanovs Evolutionstheorie ist in Beschreibungs- und Erklärungsadäquanz das beste, was die Parodieforschung bisher hervorgebracht hat: sie beschreibt systematisch, was die Einzelforschung beobachtet, und erklärt diese Beobachtungen in einem Rahmen, der Anschluß an die allgemeine Systemtheorie und kybernetische Modellierungen erlaubt. Die vordringliche Aufgabe der Parodieforschung ist es, diese Theorie zu falsifizieren oder weiterzuentwikkeln.

Damit sind auch die meisten Fragen der dynamischen Betrachtung des Verhältnisses von Parodie und Original beantwortet. Wo dieses Verhältnis in der Parodieforschung als Operationen des Parodisten beschrieben wird, stoßen wir auf Hypothesen, die aus der vorhergehenden Diskussion bereits bekannt sind. Im Unterschied zu den obigen Hypothesen bleiben Begriffe wie „Verzerrung" und „Übertreibung" jedoch meist unfundiert und ihr systematischer Zusammenhang unbestimmt: dem Verzerren steht das Übertreiben gegenüber[311], dem Abweichen das konsequente Fortsetzen,[312] dem Zerstören die

Neukonstruktion,[313] und für die Inkongruenz (unter impliziter Voraussetzung von Wertstufen) dem Herabziehen das Bedeutungs-Verleihen.[314] Während diese Aussagen meist nur eine Operation für das Parodieren charakteristisch halten und dadurch in Gegensatz zu anderen Aussagen treten, bestimmen eine Reihe von Autoren auch das Verhältnis der Operationen zueinander als dialektisch.[315] Die generellste Formulierung findet Shlonsky: „With respect to typical generic devices and techniques, such as the authenticity and reliability of the narrator, point of view, standards and degrees of illusion, time scheme, the fictional use of facts and the like, parody is regressive. With its skeptical attitude it goes back to the very assumptions on which these devices are based and as such it may assume a pre-generic role. At the same time, as a method which undermines and violates other literary works and traditions which is used by deviating literary works and which in itself is never a completely realized form – parody brings about many and varied generic developments and changes. In this respect parody is progressive."[316] Weitere Aussagen ließen sich anführen, aber es ist bereits klar, daß auch hier dialektische und historische Momente ineinanderspielen. Alle diese Aussagen lassen sich mit Tynjanovs Theorie generalisieren, wenn man die Autofunktionen von Automatisierung und Abweichung als Operationen des Autors umdeutet und auf die literarische Reihe bezieht.

3.3.2 Bei den Signifikaten der Travestie wiederholen sich einige der Probleme der Parodie, es tauchen aber auch neue auf. Wir konzentrieren uns hier auf die letzteren. Stilebenentheorie und Hierarchisierung der Gattungen (3.3.1) liegen auch der Diskussion der Travestie zugrunde, wie aus dem folgenden hinreichend klar wird. Hinzu kommt die Hierarchisierung von Versmaßen. Für die Travestieforschung war es lange Zeit selbstverständlich, daß bestimmte Versmaße „niedrig" sind. Für Dryden ist der paarreimige Achtsilber („Burlesque") niedrig, der paarreimige Zehnsilber („English Heroique") edel, heroisch. Die rezeptionspsychologische Begründung ist interessant: im kurzen Vers kehren die Reime zu schnell wieder und unterbrechen den Signifikatzusammenhang, im heroischen Versmaß haben die Gedanken mehr Platz, die Signifikatstruktur wird nicht durch die stetige Reimerwartung gestört.[317] Auch andere Autoren implizieren einen Zusammenhang zwischen Länge eines Verses und seinem Wert, „vers burlesques", „doggerel" oder „Knittelvers" gelten als niedrig.[318] Daß diese Wertung jedoch im Zusammenhang mit der literarischen Evolution gesehen werden muß, zeigt die neuere Forschung: das achtsilbige

Reimpaar war im Mittelalter das heroische Versmaß, und der Knittelvers geht über Hans Sachs bis auf Otfrid zurück.[319] Dennoch scheinen auch heute noch kurz und niedrig assoziiert zu werden.[320]

Da die Generalisierung des Begriffes „Travestie" nie im gleichen Umfang wie die des Begriffes „Parodie" vollzogen worden ist, bleiben die Aussagen zum Vergleich von Travestie und Original meist auf das Epos beschränkt. Die Relation zwischen Travestie und Original gilt fast ausnahmslos als eine der Inkongruenz. Generalisierungen zum Problem der Mechanisierung fehlen ganz. Während Umfangsfragen — welche semantischen Veränderungen treten ein, wenn statt eines Textes eine Textklasse zum Original gewählt wird? — nicht behandelt werden, gilt die Aufmerksamkeit der Travestieforschung der Frage, zwischen welchen Signifikaten denn diese Inkongruenz besteht. Zugrundeliegt meist das Aristotelische Epenmodell aus Fabel, Charakter, Sprache und Gedanken oder das „res-verba" Modell.[321] Wo die Inkongruenz als die von „Form und Inhalt", „Stil und Gegenstand" erscheint,[322] wird jeweils vorausgesetzt, daß das erste Glied der Opposition bereits semantisiert ist, d. h., daß Form, Stil oder Ton bereits unabhängig von den Signifikaten Träger semantischer Wertigkeit sind. Denn Inkongruenz besteht als semantische Relation. Die Semantisierung der Signifikantstruktur besteht in deren stillschweigend vorausgesetzter „hohen" oder „niedrigen" Wertigkeit. Im Aristotelischen Modell handelt es sich meist um eine soziale Inkongruenz, die zwischen Rang oder Klassenzugehörigkeit der Charaktere und der Handlung, der Gedanken oder den Reden. Zugrundeliegt wieder ein Normensystem, das bestimmten Klassen bestimmte Handlungen, Redeweisen oder Gedanken zuordnet. Es ist die klassizistische Theorie von *convenance, bienséance* und *decorum*:[323] „In der Travestie werden den Handlungsträgern, die aus dem Vorbild übernommen werden, die Ausdrücke, Worte und Wendungen einer niedrigeren Sphäre geliehen: ihnen wird also eine triviale Sprache gegeben. Sie erfahren eine andere Einkleidung, ihre „großen Prädikate" werden mit kleinen (und ungereimt modernen) vertauscht, ihre Heldenhaftigkeit ins Platt-Bürgerliche herabgewürdigt: das Feierliche wird in das Alltägliche transponiert." Und: „In der Travestie erhält das erhabene Subjekt niedere Prädikate ..."[324] Sieht es nach diesen Aussagen so aus, als bestehe die Inkongruenz zwischen Original und Travestie im Normenkonflikt sozialer Klassen, vorzugsweise dem der Aristokratie und der Klasse der Kleinbürger und Arbeiter,[325] so eröffnet Flögel am Ende des 18. Jahrhunderts eine Diskussionsmöglichkeit, die die Inkongruenz von Normen „hoher" und „niedriger" Klassen auf die breitere Grundlage von Gruppenkonflikten stellt. Beginnt Flögel auch mit der Opposition von „niedrig" und „erhaben" bei der Bestimmung der Travestie, geht er bei der Beschreibung des „burlesken Stil[s]" von einer breiteren Skala von Gruppensprachen aus.[326] Zu diesen Sprachen in der Travestie gehören: die altfränkische Sprache, die Gaunersprache, die eigentümliche Sprache gewisser Völkerschaften und Stände unter den Menschen, als da sind die verschiedenen Dialekte einer Nation, die Schiffersprache, die Jägersprache, die Bauernsprache, die Judensprache, die Zigeuner- und Rotwelsche Sprache, sowie weiter neuerfundene seltsame Wörter, eine Menge von Spielen des Witzes, die Sprachmischerei und das burleske Silbenmaß.[327] Gehören alle diese Sprachen nach Flögel auch zum „niedrigen" Bereich, entsteht damit die Fragestellung, wie es sich denn mit den „hohen" Sprachen wie z. B. Kanzleisprache, Gelehrtensprache, Arztsprache usw. verhalte. Geht man von dem Klassengegensatz von „hoch" und „niedrig" ab — wobei ja schon immer ein Klassenstandpunkt über das was als „niedrig" zu gelten hat, vorausgesetzt ist — und erweitert die Fragestellung auf alle Gruppensprachen, die von einem bestimmten Standpunkt her als geringwertig erscheinen, dann müßte ein großer Teil dessen, was heute „Parodie" genannt wird, der Travestie zugeschlagen werden. Die Möglichkeit dieser Generalisierung ist aber bisher von der Travestieforschung unbeachtet geblieben. Wir kommen darauf in 6.2. zurück.

Statt soziologisch kann die Inkongruenz auch ethisch verstanden werden. „Manchmal besteht zwischen dem Zerrbild und dem Original keine andere Beziehung als der Name. Oft besteht die Beziehung nur darin, daß das Gegenteil einer Eigenschaft ausgesagt wird. Der tapfere Mars wird der feige Mars. Oft auch darin, daß eine im Charakter oder der Situation einer Gestalt begründete Möglichkeit entwickelt wird. Der greise Priamus wird zu einem kindischen Alten . . . Meistens aber wird eine Eigenschaft, die zu ethischer oder ästhetischer Kritik Anlaß bot, im idealen Gesamtbild aber verschwand, vom burlesken Dichter isoliert und übertrieben. Jupiter, den uns schon die Fabeln der Alten als sehr verliebten Gott schildern, wird zum Schürzenjäger . . ."[328] Auch dieser Wertkonflikt ließe sich mit einer allgemeinen Handlungstheorie von Handlungsträgern und Attributen beschreiben.

Neben dem sozialen und ethischen Wertkonflikt gibt es, wie die Aussagen von Bührmann und Flögel bereits andeuteten, eine historische Inkongruenz. Es ist die Inkongruenz der Archaismen und Neologismen, des Alten und des Modernen. Die Wahrnehmung dieser Inkongruenz hängt natürlich von einem historischen Bewußtsein ab.[329] Wie die Behandlung einzelner Anachronismen in der Travestieforschung zeigt,[330] liegt auch hier ein Wertkonflikt zwischen einer vergangenen feudalen und einer zeitgenössischen bürgerlichen Gesellschaftsordnung zugrunde: „Aus allen diesen Veränderungen des Vergiloriginals durch Scarron ist ein Widerstand gegen jedwede Idealität schlechthin, vor allem gegen jedwede autoritative Leitung und eine Hinwendung zum modernen Wissens- und Naturbegriff zu verspüren."[331] Die historische Inkongruenz kann an die Stelle der sozialen treten, in *Rape of the Lock* sind die Handlungsträger Aristokraten, die aber mit der Aristokratie der Originale durch ihre historische Distanz kontrastieren.[332]

Wird das Problem der Mechanisierung für die Travestie nicht diskutiert, liegen jedoch Aussagen über ihre Metaierung vor, die denen zur Parodie entsprechen. Die sich einmischende und kommentierende Rolle des Erzählers in der Epentravestie ist einer Reihe von Travestieforschern aufgefallen.[333] Genauere Untersuchung, was denn kommentiert wird und was diese Metaierungen für ihren Kontext leisten, fehlen.[334] Eine interessante Ausgangsbasis bilden die Bestimmungen der Erzählerrolle bei Nykrog (1957) und Muecke (1969). „Des personnages grotesques — des vilains, des prêtres — essaient d'être galants, mais tombent sans cesse dans des platitudes. C'est là un des procédés du burlesque."[335] Muecke definiert so: „By travesty I understand a sort of burlesque parody, a deliberately inept imitation of a high style or manner . . ."[336] Moore entdeckt in Travestien *„pastiches* of peasant language."[337] In der Tat spielt der Erzähler bei Scarron eine bestimmte soziale Rolle (die des „auteur goguenard") und ist die Imitation eine doppelte, die Vergils und die der Sprache einer bestimmten sozialen Schicht oder Gruppe. Hier liegen noch wichtige, zu klärende Probleme.

An der Travestie ist keine Geschichtstheorie oder Hypothese über gesetzmäßige Evolution herausgebildet worden. Tynjanovs Evolutionstheorie gilt natürlich auch für die Travestie. Die moderne Travestieforschung hat dann auch die verschiedenen Abweichungen der Travestie von der literarischen Reihe bestimmt. Neben den Verstößen gegen die „bienséance" und das „aptum",[338] verletzt die Travestie durch ihren Erzähler die Objektivitätsforderung,[339] durch ihre Diktion, Syntax, Verse und Semantik fast alle Regeln der zeitgenössischen Grammatiken und Poetiken. Nach Brunot (1966) reagiert die Travestie auf die in der Hierarchie oben stehenden Gattungen (Epos, Ode, Stanze usw.), auf die in ihnen zum Ausdruck kommenden Gedanken („sentiments") und auf die klassizistisch gereinigte Sprache, indem sie die Lizenzen der niedrigen Genres (Satire und Komödie) gegen die hohen kehrt.[340] Brunot und nach ihm Bar (1960) zeigen: die Travestie ist durchweg Abweichung vom Regelsystem ihrer Zeit.[341] Die Epenparodie verdrängt die Travestie: ein Sieg des hohen Stils bis in die niedrigen Genres.[342]

Die Travestie ist nicht nur Destruktion sondern auch Neukonstruktion: sie bereitet ein neues Wirklichkeitsverständnis und damit den realistischen Roman des 18. Jahrhunderts vor.[343] Sie ist Produkt einer Übergangszeit, literarischer Auflehnungsversuch in der Zeit eines schwächlichen Interregnums.[344] All diese speziellen Aussagen finden in Tynjanovs Evolutionstheorie einen generellen erklärenden Rahmen.

Die Aussagen zu den Operationen des Travestisten wiederholen weitgehend bereits gesagtes. Worcester (1940) bestimmt das immer wieder hervorgehobene Verfahren der Degradation, des Herabziehens des Originals wie folgt: „This process of diminishing and degrading the object ist the method of low burlesque [travesty]: low burlesque creates a standard below its victim and makes the reader measure him against the standard ... It is clear we can obtain a second scale of comparison by placing the standard, not below the victim, but above him ... It is this principle of magnification that gives us high burlesque."[345] Die Voraussetzung von Werthierarchien in der Travestie wird hier ganz deutlich. Wagenhofer und Smith (1936) analysieren spezielle semantische Verfahren,[346] die z. T. zum allgemeinen Repertoire der komischen Literatur gehören. Auch hier finden sich Aussagen zur Dialektik der Operationen.[347]

3.3.3 Bei der Bestimmung des Pastiche fehlen die bei Parodie und Travestie gemachten Voraussetzungen von Stilebenentheorie, Hierarchie von Gattungen und Wertstufen weitgehend. Das mag an dem jüngeren Datum der Pasticheforschung liegen oder an dem Fehlen der Inkongruenz, das von mehreren Autoren als das Unterscheidungsmerkmal für Pastiche und Parodie angesehen wird: „Im Gegensatz zur Parodie ahmt es [das Pastiche] aber die Vorlage (Einzelwerk, Gattung u. dgl.) in *jeder* Hinsicht und so eng wie überhaupt möglich nach und vermeidet daher die Diskrepanz von Gegenstand und Form, die für die Travestie und Parodie charakteristisch ist."[348] Oder: „pour différencier le *pastiche* de la *parodie,* laquelle, usant artifices plus gros ... vise rarement à imiter ‚des idées et le style', mais bien plutôt à les tourner en ridicule sur le mode burlesque. En bref, le pastiche apparaît plus nuancé que la parodie et plus aigu que l'*imitation.*"[349] Worin besteht die Schärfe, die Pastiche von der Imitation unterscheidet? In der Mechanisierung des Originals.[350] Damit stellt sich natürlich die Frage nach der Abgrenzung von der mechanisierenden, nicht inkongruenten Parodie. Hempel spricht dem Pastiche die Mechanisierung ab und macht den Unterschied von Parodie und Pastiche zu einem graduellen, etwas mehr Mechanisierung oder Häufung und das Pastiche wird zur Parodie.[351] Die Schwierigkeiten einer solchen Abgrenzung sind offensichtlich.

Hempel benutzt jedoch noch ein anderes Kriterium, das der Metaierung. Die „Bewußtheit und Absichtlichkeit" kann durch Rahmung oder Titelung des Pastiche expliziert werden. Hempel unterscheidet zwei Arten der Metaierung: Täuschung und Ansage der Imitation. „Der entscheidende Unterschied zwischen diesem und dem ersten Pastiche liegt in der Art und Weise, wie La Bruyère sie ankündigt. Hier „un viel auteur *dit*", dort „Montaigne *dirait.*" Hier Präsens *Indikativ,* dort ein *Konditional.* Im ersten Falle wird der Leser getäuscht, im zweiten wird ihm ausdrücklich vorher gesagt, daß es sich um eine Imitation handelt."[352] Obwohl Hempel das Beispiel nicht generalisiert, ist deutlich, daß damit die Möglichkeiten der Metaierung nicht erschöpft sind. Nicht nur Ankündigungen, sondern auch Titel, Autorenzuschreibung, Einschübe oder Pointen können die gleiche Funktion erfüllen. Deffoux (1928) führt folgende Fälle an, ohne allerdings darüber zu reflektieren: Zuordnung eines fiktiven Textes zu einem fiktiven Autor, Zuordnung eines fiktiven Textes zu einem historischen Autor, Fortsetzung eines historischen Textes eines historischen Autors und sogar Antizipation eines angekündigten historischen Textes eines historischen Autors.[353] Je nach Art der Metaierung wird sich dabei das Gefühl der Absichtlichkeit oder dessen Abwesenheit einstellen. Damit scheint auch die von Albertsen versuchte Abgrenzung des Pastiche von der archaisierenden Dichtung zusammenzuhängen. „Man muß eine Grenze ziehen, um nicht etwa jeden Roman ein Pastiche nennen zu müssen, in dem nicht jede Person die Sprache der unmittelbaren Gegenwart spricht ... Also nennen wir weniger daher Brentanos *Chronika* ein Pastiche, weil dort einige altertümelnde syntaktische Konstruktionen vorkommen, als daher, weil diese Archaismen eins der Mittel sind, mit denen Brentano für seine neue Dichtung ein poetisches Vorbild aus einer besseren Zeit errichtet. Mancher historische Roman ist um genaue geschichtliche Fixierung bemüht, um eigene Philosophie möglichst überzeugend zurückprojizieren zu können, während das Pastiche vielmehr eine Überzeit, eine Zeitlosigkeit errichtet, in der die als ungenügend empfundenen zeitbedingten Voraussetzungen des Verfassers ertrinken."[354] Damit werden allerdings Probleme aufgeworfen, die die Pasticheforschung sich bisher noch nicht in aller Schärfe gestellt hat. Wenn Schriftsteller in ihren Werken andere Schriftsteller karikieren oder darstellen, gehen deren Reden nicht selten auf Aussprüche oder Texte dieser Schriftsteller zurück. Inwieweit man solche Stellen als Pastiches bezeichnen will,[355] hängt doch wie in Hempels Beispielen unter anderem davon ab, wie diese Reden angekündigt oder generell gerahmt werden. Für die Verwendung von Epochenstilen in historischen Romanen gilt das gleiche.

Eine Bestimmung der historischen Funktion des Pastiche fehlt fast ganz. Deffoux' Geschichte des Pastiche ist lediglich eine Aneinanderreihung von Pastiches, die zudem nach der Chronologie ihrer Originale geordnet ist. Albertsen vertritt als einziger die Theorie, daß der Pastiche auf nicht unmittelbar vorhergehende Texte der Reihe zurückgehen kann — Pastiche von Vorgängern und Zeitgenossen ist somit unmöglich — und daß der Pasticheur Werke der älteren Vergangenheit gegen die eigene Gegenwart ausspielt.[356] Die Auffassung des Pastiche als mechanisierender Imitation wäre wieder im Rahmen von Tynjanovs Evolutionstheorie zu erklären.

3.3.4 Eine Zusammenfassung der z. T. widersprüchlichen Aussagen über die Signifikatstrukturen von Parodie, Travestie und Pastiche kann nur die wichtigsten Generalisierungen hervorheben. Inkongruenz und Mechanisierung sind die grundlegenden semantischen Beziehungen, Parodie kann beides, Travestie Inkongruenz und Pastiche Mechanisierung zeigen. Im einzelnen sind folgende Generalisierungen gemacht worden:

Parodie

1. Die Signifikate von Parodien gehören verschiedenen Wertsystemen wie Stilebenen, sozialen Klassen oder Stufen des Komischen an (Sallier, Lipps, Leech, Wagenhofer; Riccoboni, Bührmann, Rau; Bouterwek, Krug, Rosenkranz u. a.).

2. Parodien wie Originale gehören einer Werthierarchie von Gattungen an (Grisebach, Wagenhofer, Bond, Shlonsky, Kristeva, Lotman).
3. Die Werthierarchien unterliegen der historischen Evolution (Wagenhofer, Piddington, Stackelberg, Tynjanov).
4. Die wichtigsten semantischen Relationen zwischen Parodie und Original sind Inkongruenz oder Mechanisierung (Bergson, Tynjanov, Highet u. a.).
5. Durch die Substitution von Signifikanten entsteht in der Parodie eine semantische Interferenz, eine Überlagerung von Signifikaten (Quintilian, Shepperson, Gerber, Bergson, Tynjanov).
5.1. Die substituierten Signifikanten projizieren ein zweites Signifikat auf die beibehaltenen (Gerber).
5.2. Die beibehaltenen Signifikanten projizieren ein zweites Signifikat auf die substituierten (Gerber, Lipps, Revzin, Meyer).
6. Durch die Modifikation von Elementen ändert sich auch die Relation zwischen den Signifikaten (Ebeling, Meyer, Wagenhofer).
6.1. Durch Signifikantmodifikation interferieren verschiedene Signifikatrelationen (Wagenhofer, Revzin).
7. Sind die beibehaltenen Elemente nicht mehr für einen bestimmten Text oder eine bestimmte Textklasse spezifisch, geht die Parodie in Ironie über (Baumgart, Stempel).
8. Die Parodie modifiziert vor allem Hauptbegriffe und behält Nebenbegriffe bei (Theater-Lexikon, Bührmann, Rau).
8.1. In narrativen oder dramatischen Parodien ändert die Parodie vor allem die Handlungsträger und modifiziert deren Attribute (Riccoboni, Wright, Fournel, Grannis).
8.2. In vielen Parodien werden vor allem in den Werthierarchien niedrig eingestufte Signifikate eingeführt (Rommel, Leech, Freud, Rühmkorf, Monro).
9. Die Signifikat-Relation zwischen den beibehaltenen und modifizierten Elementen ist meist die der Inkongruenz (Meyer, Seidler, Wilpert u. a.).
9.1. Inkongruenz ist die Relation zweier Relationen, der von Gegensatz und Ähnlichkeit (Hutcheson, Beattie, Bergler, Sklovskij).
9.2. Inkongruenz kann auf einer oder zwischen mehreren Ebenen der Parodie bestehen (Beattie, Schopenhauer, Wright; L'Estrange, Stone, Neumann, Rotermund, Dubois).
9.3. Der komischen Inkongruenz liegt immer ein sozialer Wertkonflikt zugrunde (Piddington, Worcester).

9.4. Dieser Wertkonflikt ändert sich mit der Evolution der Werthierarchien (Piddington).

10. Die Signifikatrelation zwischen den beibehaltenen und den modifizierten Elementen, bzw. zwischen Original und Parodie ist oft die der Mechanisierung (Wells, Bergson, Liede, Riewald, Highet, Tynjanov).

10.1. Parodie mechanisiert bestimmte Relationen im Original oder legt deren Mechanisierung offen durch Repetition, Inversion oder Interferenz der semantischen Reihen (Bergson, Sklovskij, Tynjanov, Lotman).

10.2. Die Mechanisierung setzt die geschichtliche Evolution von Textreihen voraus (Sklovsky, Tynjanov).

10.3. Die Mechanisierung ergreift die Wechselbeziehung zwischen Signifikaten und Signifikanten (Lotman).

11. Zu den Signifikatrelationen kann in der Parodie auch die Metaierung durch Sprecher oder Rahmung treten (Lehmann, Replogle, Stackelberg, Degener, Markiewicz, Kiremidjian).

12. Parodierung kann statt zwischen Original und Parodie (Außenparodie) auch zwischen Elementen eines Textes bestehen (Binnenparodie) (Empson, Vischer, Karrer, Klöpfer, Tetel).

12.1. Binnenparodie kann allmähliche Auflösung einer eingangs aufgebauten Struktur sein (Tetel, Poirier, Rau).

12.2. Binnenparodie kann die punktuelle Auflösung einer eingangs aufgebauten Struktur am Ende sein (Rotermund, Richenbaum, Lotman).

12.3. Parodie kann den gesamten Text umfassen oder bestimmten Figuren (Sprechern oder Charaktern) zugeordnet werden (Neuschäfer, Schneider, Baumgart, Tetel, Baxtin).

12.4. Ein Erzähler oder Charakter kann ein außerhalb des Textes liegendes Original parodieren (Schneider, Rau; Sklovskij, Bruhn).

12.5. Ein Erzähler oder Charakter kann Aussagen anderer Figuren im selben Text parodieren (Baumgart, Tetel, Catholy).

12.6. Die Verfahren der Parodie implizieren eine Rolle des Sprechers (Goodman, Muecke).

13. Parodien sind Texte in literarischen oder außerliterarischen Reihen (Tynjanov, wie auch zu allen folgenden).

13.1. Die Reihen insgesamt mit ihren Beziehungen untereinander bilden das evolutionierende System der Literatur.

13.2. Das Subsystem der literarischen Reihe ist ein System der Funktionen der literarischen Reihe, das in ständiger Korrelation zu anderen Reihen steht.
13.3. Die Synfunktion eines Elementes der Parodie, dominant oder dienend, wird von dessen Autofunktion bedingt, Abweichung oder Automatisierung.
13.4. Autofunktionen können sich auf die eigene Reihe (Parodien) oder andere Reihen (Originale) beziehen.
13.5. Parodie kann somit der Verklammerung verschiedener Reihen dienen.
13.6. Inkongruente Elemente haben eine dominante Synfunktion und bestimmen die zunkünftige Autofunktion der Parodie.
14. Die Aussagen in 13 lassen sich generalisieren für alle Texte (Tynjanov).
15. Parodien sind Träger widersprüchlicher kultureller Kodes (Lotman).
16. Die Operationen des Parodisten stehen in dialektischer Wechselwirkung wie Konstruktion und Destruktion, Regreß und Progreß (Bakhtin, Neuschäfer, Baumgart, Röhrich).

Travestie

17. Die Signifikate von Travestien gehören verschiedenen Wertstufen an, wie Stilebenen, sozialen Klassen, Stufen des Komischen (Boileau, Seidler; Addison, Fielding; Bouterwek, Krug).
18. Travestien wie Originale gehören einer Werthierarchie von Gattungen an (Schlötke-Schröer, Brunot).
19. Die Zuordnung bestimmter Signifikant- und Signifikatstrukturen unterliegt gewissen Normen des „Passens“ (Horaz, Boileau, Wilpert, Markiewicz).
20. Auch die Signifikantstrukturen wie Versmaß, Reim, Syntax können gewissen Werthierarchien angehören (Dryden, Kris, Wagenhofer, Nündel).
21. Die wichtigste Relation zwischen Travestie und Original ist die der Inkongruenz (Hutcheson, Beattie, Wagenhofer).
22. Die Travestie behält vor allem die Hauptbegriffe und ändert die Nebenbegriffe (Bührmann, Rau, Heiss).
23. Die Signifikat-Relation zwischen den beibehaltenen und modifizierten Elementen ist meist die der Inkongruenz (Heiss, Géruzez).

23.1. Inkongruenz kann auf einer oder zwischen mehreren Ebenen der Travestie bestehen (Wagenhofer, Wilpert, Brunot).
23.2. Insbesondere kann die Inkongruenz zwischen der sozialen Klasse der Handlungsträger und deren Prädikaten bestehen (Addison, Fournel, Flögel, Rau).
23.3. Inkongruenz kann auch zwischen den historischen Werten der Elemente wie Archaismen, Modernismen oder Neologismen bestehen (Bührmann, Bar, Wagenhofer).
24. Zu den inkongruenten Signifikat-Relationen kann in der Travestie auch die Metaierung durch Sprecher oder Rahmung treten (Kames, Worcester, Görschen; Di Lorenzo, Smith).
25. Travestien sind Texte in literarischen oder außerliterarischen Reihen (Tynjanov; vgl. die folgenden Thesen unter 13).
26. Travestien sind Abweichungen vom poetischen Normensystem (Furetière, Brunot, Broich).
27. Die Operationen des Travestie-Autoren stehen in dialektischer Wechselwirkung wie Destruktion und Konstruktion, Progreß und Regreß (Bond, Wagenhofer, Stackelberg).

Pastiche

28. Die wichtigste Relation zwischen Pastiche und Original ist die der Mechanisierung (Deffoux, Sainte Beuve).
28.1. Die Relation der Inkongruenz fehlt im Pastiche (Broich, Deffoux, Liede).
29. Zu der Mechanisierung kann im Pastiche die Metaierung durch Sprecher oder Rahmung treten (Deffoux, Hempel).
30. Pastiche kann als Rede von Charakteren im Text auftauchen (Albertsen, Painter).
31. Pastiches sind Texte in literarischen oder außerliterarischen Reihen (Tynjanov; vgl. die folgenden Thesen unter 13).

Abschließend läßt sich sagen, daß die Parodieforschung bis heute versäumt hat, eine beschreibungsadäquate semantische Theorie zu erarbeiten oder zugrundezulegen. Im Gegenteil, sie geht weitgehend noch von Vorstellungen aus, die über das 18. Jahrhundert bis in die Antike zurückgehen. Die sich vielerorts durchsetzende Erkenntnis, daß es mit der Beschreibungsadäquanz dieser Modelle nicht weit her ist, kann nicht dadurch ausgedrückt werden, daß man Begriffe wie „Form“ und „Inhalt“ oder „hoch“ und „niedrig“ in distanzierende

Anführungszeichen setzt. Spätestens seit Tynjanov liegt ein Textmodell vor, das die Form-Inhalt- oder Stil-Gegenstand-Vorstellung ersetzt durch ein Modell, in dem Text als ein System von Signifikanten und Signifikaten verstanden wird und in dem Texte und deren Elemente in Funktionen zu anderen Texten und gesellschaftlichen Ereignissen treten. Dieses Modell erklärt genereller und systematischer, was die Parodieforschung noch heute z. T. mit vageren Begriffen zu beschreiben versucht. Die bisherige Ignorierung Tynjanovs ist bedauerlich, die zukünftige Parodieforschung kann an Tynjanov und den Weiterentwicklungen im Strukturalismus nicht mehr vorbei gehen.

3.4. *Text und Gesellschaft*

Das Problem der Widerspiegelung oder Mimesis gehört zu den ältesten und schwierigsten der Literaturwissenschaft.[357] Die Vorstellung, daß Texte fiktionaler Art in irgendeiner Weise Wirklichkeit widerspiegeln, hat auch in der Parodieforschung mit wechselnder Emphase eine Rolle gespielt. Insgesamt folgt die Diskussion dem Übergang am Ende des 18. Jahrhunderts von Mimesis Theorien zu Produktionstheorien.[358] Während in der Parodieforschung die sigmatische Relation mit wechselnden Begriffen belegt worden ist — selbst der Begriff „Mimesis" ist für die Nachahmung von Texten durch Texte gebraucht worden[359] — halten wir für unsere Zwecke an den Begriffen „Abbildung" und „sigmatischer" Relation fest.[360] Da wir hier nicht eine Theorie des Objekts — im semiotischen Sinne von Klaus — ausführlich begründen können, übernehmen wir zunächst das Problemverständnis der Parodieforschung, die diesen Sachverhalt mit dem doppeldeutigen Term „Gegenstand" behandelt.

Die Frage nach dem „Gegenstand" von Parodie und Original hat Tynjanov sorgfältig vermieden; für ihn sind Annahmen über Charaktere usw. naiver Ontologismus.[361] Das Sujet ist lediglich das System der Signifikate eines Textes. Der größte Teil der Parodieforschung geht jedoch von der Vorstellung eines „Gegenstandes" auch fiktiver Texte aus, ohne sich das Problem des Status dieses „Gegenstandes" explizit zu stellen. Grundlegend für die Beschreibung der Gegenstandswelt — und das überrascht nach dem Gesagten nicht weiter — ist die Gliederung von Gegenständen in Wertstufen, vorzugsweise die von „hoch" und „niedrig". So unterscheidet Aristoteles drei

Formen der Hexameterdichtung: solche, die bessere (bei Homer), gleiche (bei Cleophon) und niedrigere Menschen (beim Parodist Hegemon von Thasos) darstellen.[362] Bezeichnenderweise bleibt das Vergleichsglied offen: niedriger als der Autor oder die Rezipienten oder wer? Während Aristoteles die Stufung in ethischen Begriffen zu bestimmen versucht, setzt sich in der Parodieforschung ähnlich wie bei der Abgrenzung von Tragödie und Komödie eine „Ständeklausel" durch, d. h. „hoch" und „niedrig" wird im soziologischen Sinn verstanden und auf das Verhältnis zwischen Original und Parodie übertragen. So zeigt die Parodie im 17. Jahrhundert vor allem „the life of private individuals and the inferior social levels."[363] Die Epenparodie degradiert den Rang der Charaktere im Original, die inkongruente Parodie führt niedrige Gegenstände ins Original ein usw.[364] Die Selbstverständlichkeit dieser Wertstufen führt in der Kritik für eine Zeit dazu, daß „einer niedrigen gesellschaftlichen Klasse angehörend" und „komisch" zu auswechselbaren Begriffen werden. Pope verweist auf den menschlichen und sozialen Hintergrund dieser Unterscheidungen: „I believe, now I am upon this Head, it will be found a just observation, that the *low actions of life* cannot be put into figurative style without being ridiculous, but *things natural* can . . . I think this may well be accounted for: Laughter implies censure; inanimate and irrational beings are not objects of censure; therefore these may be elevated as much as you please, and no ridicule follows: but when rational beings are represented above their real character, it becomes ridiculous in Art, because it is vicious in Morality."[365] Auch da wo Tiere und Dinge als Gegenstände in die Parodie eingeführt werden, etwa in der Reduktion auf „Küche und Keller", sind diese „niedrig" nur im Bezug auf dieses menschliche Wertsystem. Dieses Wertsystem ist grundlegender als Kunst („ridiculous in Art" gegen „vicious in Morality"). Der Nachweis, daß dieses Wertsystem der gesamten Parodieforschung bis heute als stillschweigende Voraussetzung unterliegt, kann hier nicht im einzelnen geführt werden, obwohl das eine höchst lohnende literatursoziologische Aufgabe wäre. Piddingstons Theorie vom Konflikt sozialer Normen und Wertungen fände hier ein reiches Anwendungsgebiet.

Damit ist das Problem der sigmatischen Relation, der Abbildung von Gegenständen in Parodien, aber nicht erschöpft. Das eigentliche und weiterführende Problem liegt im doppelten Bezugssystem der Parodie, in der Durchdringung der Abbildung von fiktiven und realen Sachverhalten. Wie bereits gezeigt (2.4), engt die Parodieforschung im allgemeinen ihre Bestimmungen nicht nur auf den literarischen Bezug zum Original ein. In der exemplarischen oder agitatorischen oder kritischen Parodie wird die Wirklichkeit, die zeitgenössische Gesellschaft, abgebildet. Es ergibt sich für eine mimetische Theorie der höchst interessante Sachverhalt einer doppelten Widerspiegelung: einerseits die einer fiktiven Modellwelt, z. B. der Kämpfe des Aeneas, andererseits der realen zeitgenössischen Gesellschaft, z. B. die Kämpfe eines Prälaten um ein Gebetspult im Paris des 17. Jahrhunderts.[366] Statt oder trotz eines fiktiven Sprechers im Original kann die Parodie den realen Original-Autor als Sprecher oder Handelnden abbilden.[367] Die Erforschung dieser doppelten Relation gehört zu den interessantesten sigmatischen Problemen der Parodieforschung.

Eine bequeme Kurzformel, die das Problem umgeht, ist die der „Anwendung".[368] Broich (1968) faßt dieses Verhältnis beim „komischen Heldengedicht", der Epenparodie, mit den Begriffen der „Verfremdung" und „Verkleidung". Er geht von dem Nachweis aus, daß die meisten Epenparodien des 18. Jahrhunderts reale zeitgenössische Schauplätze und Personen abbilden und oft aus konkreten sozialen Anlässen entstanden sind. Diese Gegensätze werden jedoch durch den zweiten Bezugspunkt der Parodie verfremdet oder verkleidet.[369] Rotermund (1963) unterscheidet mehrere Varianten des Verhältnis zwischen der Abbildung realer und fiktiver Gegenstände: die immanente Satire widerlegt ihr Objekt von seinen eigenen Voraussetzungen aus, das Original wird am eigenen Ideal gemessen, die satirische Entlarvung bringt die Idealität des Objekt in Konfrontation mit der Wirklichkeit. Bei der letzteren lassen sich zwei Fälle unterscheiden: die „Konfrontierung der ‚Wirklichkeit' mit einem von außen, vom Parodisten herangetragenen ‚Ideal' oder ein falsches ‚Ideal' wird durch die ‚Wirklichkeit' entlarvt."[370] Ähnlich generalisiert auch Paulson (1967): „In Pope's case [*Dunciad*], or Petronius', the parody does not ridicule what is parodied but uses it as a standard of excellence; with Rabelais or Cervantes the parodied is exposed as a false ideal against the real complexity of experience. The form implicit in these satires simply opposes two portraits of the good and the bad. Parody telescopes both elements into a single symbol."[371] Noch genereller faßt Monro zusammen: „All humour is satire; but there are two types of satire. There is the familiar type, in which we take our stand on some familiar code of values, and point out how our object falls short. And there is another type, in which we ridicule these codes themselves by applying them to something which they simply do not fit. In this second type we are exposing the inadequacy of familiar concepts ..."[372] Wir sind also zurück bei Yuncks (1963) Unterscheidung zwischen exemplarischer und stilistischer Parodie (2.4). Trotz der vagen Terminologie, den Anführungszeichen, die die Vorläufigkeit aller dieser Bestimmungen verdeutlichen, wird eines klar: grundlegend für die Teleskopierung beider Abbildungen — fiktiver und realer — sind „codes of values" oder kulturelle Kodes im Sinne von Lotman. D. h., beide, fiktiver und realer Gegenstand sind Wertträger, eingebaut in Werthierarchien wie die von „hoch" und „niedrig", so daß einer zum Maßstab des anderen werden kann. Eine dialektische Beziehung zwischen beiden ist bisher nicht postuliert worden, obwohl es naheläge, eine solche anzunehmen.[373] Solange jedoch der Status des fiktiven Gegenstandes nicht explizit geklärt ist, man sich also nicht für eine klare Widerspiegelungstheorie entscheidet, ist von solchen Aussagen wie den obigen wenig zu erhoffen. In der mechanisierenden Parodie ist das Gegenstandsproblem noch gar nicht gestellt worden.

Ein Versuch, die Abbildung als ein System von Operationen zu begreifen, liegt bisher nur in der Rhetorik von Dubois vor.[374] Das belgische Autorenteam schlägt vor, auch die Sigmatik — sie nennen sie „logique" — mit den vier Änderungskategorien von Quintilian zu beschreiben. So wäre z. B. die Aussparung von Information eine Detraktion, die Hyperbel eine Adjektion, die Allegorie eine Substitution, chronologische Umstellung eine Permutation von sigmatischen Relationen. Gehen die Autoren auch nicht auf die Parodie im entsprechenden Abschnitt ein, wäre es den Versuch wert, die Abbildungsverhältnisse bei dieser mit den Änderungskategorien systematisch zu beschreiben.

Die Aussagen zur Abbildung von Travestien bringen nichts Neues. Der Gegenstand wird z. T. „niedrig" oder „komisch", er ist häufig zeitgenössisch.[375] Der Travestie-Autor wendet den Gegenstand an, er verzerrt.[376] Wo der Gegenstand erhaben ist, verdunkelt er dessen Würde.[377] Auch da, wo von der „realistischen" Abbildung in der Travestie gesprochen wird, bleibt ungeklärt, wie denn diese Abbildung zustandekommt.

Ebenso vage bleiben die Aussagen zum Gegenstand des Pastiche. Übernimmt man Prousts Sprachgebrauch, hat der Pastiche wie die Parodie einen anderen Gegenstand als das Original, denn „er stellt in der Form der Autoren einen ‚Inhalt' dar, die Justizaffäre des Diamantenschwindlers Lemoine, von dem man mit guten Gründen sagen könnte, er ‚passe nicht dazu'. Es ist also unsinnig, den Pastiche von der Parodie grundsätzlich zu unterscheiden."[378] Etwas anders argumentiert Hempel. Da nach seiner Bestimmung der Pastiche nur eine Textklasse, nicht ein Einzelwerk imitieren kann, muß der Gegenstand des Pastiche von dem der Vorlage verschieden sein.[379] Damit wird jedoch vorausgesetzt, daß die Texte der Vorlage verschiedene Gegenstände abbilden und daß es unmöglich ist, aus diesen Gegenständen einen gemeinsamen Gegenstand zu abstrahieren. Der Pastiche fällt da, wo er als Huldigung an einen Original-Autor in seinem eigenen Stil bestimmt wird, mit dem zusammen, was die ältere Parodieforschung als „Accomodation" bezeichnet hatte, die Adaption einer Vorlage ohne komische Zielsetzung.[380]

Die komplexen Verfahren, mit denen der Parodist über die Parodie mit seiner zeitgenössischen Gesellschaft in Beziehung tritt, müssen Bestandteil einer jeden Theorie der Parodie und ihrer gesellschaftlichen Funktionen bilden. Ausgangspunkt solcher Überlegungen könnten die folgenden Aussagen sein:

1. Fiktive und reale Gegenstände gehören Wertsystemen an (Aristoteles, Bakhtin, Broich).
2. Diese Wertsysteme, meist soziologischer oder ethischer Art, beziehen sich auf Menschen und sind gesellschaftlichen Ursprungs (Pope, Piddington).
3. In Parodie, Travestie und Pastiche kommt es zu einer Interferenz von fiktiver und realer Abbildung (Broich, Rotermund, Paulson).
4. Die den beiden Abbildungen unterliegenden Wertsysteme treten in Konflikt, wobei das eine als Maßstab des anderen dienen kann (Paulson, Worcester, Monro, Piddington).

1. MEDIUM

McLuhans Frage: „Why have the effects of media, whether speech, writing, photography or radio, been overlooked by social observers through the past 3500 years of the Western world?" gilt trotz ihres übertriebenen und polemischen Charakters auch für die Parodieforschung: „The answer to that question we shall see, is in the power of the media themselves to impose their own assumptions upon our modes of perception."[1] Die Medienblindheit der Parodieforschung steht außer Frage: es gibt nicht eine Arbeit, die diese Komponente ausdrücklich zum Problem machte. Daß dies auf die Medien selbst zurückzuführen ist, daß die Parodieforschung jeweils die gerade vorherrschenden Medien als Parameter ihrer Analyse benutzt hat, erhellt aus einem kurzen Überblick zur Unterscheidung von mündlicher und schriftlicher Kommunikation. Für Cicero, Quintilian und noch für Scaliger ist die mündliche Kommunikation die unbefragte Kommunikationssituation, in der Parodie zu analysieren oder zu bestimmen sei.[2] Bei Sallier wird Ciceros „dicitur" zu „discours"[3], und Addison kann bereits ganz selbstverständlich schreiben: „The two great branches of ridicule in writing are comedy and burlesque."[4] Die Konzentrierung auf die schriftliche Parodie bleibt dann auch bis in die Gegenwart die Regel. Zeitgenössische Nachschlagewerke und Untersuchungen definieren Parodie, Travestie oder Pastiche mit Begriffen wie „writer", „Schriftsteller" oder „Leser", ohne überhaupt zu merken, daß sie damit den Geltungsbereich ihrer Aussagen einschränken.[5] Für Verweyen (1973) sind Aussagen wie „Jemand (P) parodiert etwas" und „P schreibt in bezug auf etwas eine Parodie" gleichbedeutend.[6] Mit Ausnahme des russischen Formalismus, der von solcher „Augenphilologie" zur „Ohrenphilologie" zurückkehrte,[7] und einigen neueren Arbeiten zur volkstümlichen Parodie ist die mündliche Parodierung als wissenschaftlicher Gegenstand verloren gegangen. Aber selbst da, wo mündliche Parodierung behandelt wird, fehlt eine Hinterfragung der Medien und ihrer Funktion im Kommunikationsprozeß. Es liegt nahe, die Gründe in entsprechenden gesellschaftlichen Entwicklungen zu suchen.[8] „Ähnlich wie die Wissenschaft lange Zeit als ‚wertfrei' geglaubt wurde, konnte das Bild traditioneller Kommunikationsmedien (vor allem Buch) als quasi wertfreie Mittler zwischen Autor und Publikum so lange existieren, wie der gesellschaftliche Konsensus und der Interessenzusammenhang zwischen bürgerlichen Autoren bzw. Wissenschaftlern und den bürgerlichen Institutionen (Universität, Verlagswesen, Presse) nicht ernshaft in Frage gestellt war."[9] Das Infragestellen der Medien und der sie produzierenden Organisationen scheint mir eine der fruchtbarsten Möglichkeiten, in der Parodieforschung zu literatursoziologischen Erkenntnissen zu kommen.

Der Begriff „Medium" als Modewort gerät natürlich in Gefahr, durch seinen vagen Gebrauch jede Nützlichkeit zu verlieren.[10] Es ist hier nicht der Ort, den Begriff theoretisch zu begründen.[11] In unserem Kommunikationsmodell ist das Medium der materielle Träger der Zeichen. Medien der sprachlichen Kommunikation sind also Papier, (Zeitung, Zeitschrift, Buch usw.), Tonband, Schallplatte — oder im Falle der mündlichen direkten Kommunikation — Luft. Nach diesem engen Medienbegriff sind keine Medien: die Zeichen selbst (Schrift-, Druckzeichen, Magnetspuren oder Schallwellen), die Zeichensysteme sprachlicher oder nichtsprachlicher Art, oder die die Medien produzierenden Organisationen wie Verlag, Presse, Radio usw. Diese Organisationen, meist wirtschaftliche Unternehmen, verhalten sich zum Medium wie Produzent zu Ware. Jeder indirekte Kommunikationsprozeß durchläuft eine Kette von Medialisierungen, wie z. B. Manuskript, Typoskript, Buch, die durch verschiedene mechanische Transformatoren wie Vervielfältigungsmaschine, Tonbandgerät, Mikrophon, Lautsprecher usw.[12] kompliziert wird. Das Medium steht nach unserem Kommunikationsmodell in direkten Relationen zu Autor, Rezipient, Text und Gesellschaft. Wir behandeln zunächst die Relation Medium — Text, dann die Relationen Medium — Gesellschaft, Autor, Rezipient.

4.1. *Medium und Text*

Die Relation Medium — Text, will man sie nicht auf technische Fragen des Drucks oder der Schallwellen reduzieren, ist natürlich immer im Zusammenhang mit Rezipient, Autor und Gesellschaft zu sehen. Die folgenden Aussagen sind Abstraktionen von diesen anderen Relationen.

Für Cicero und Quintilian geschieht Parodierung im Dialog und bildet einen Teil der Rednerkunst. Beide katalogisieren neben der Parodierung noch andere Verfahren, die im Dialog mit einem Kontrahenten Lachen hervorrufen.[13] Quintilian generalisiert, daß der Antwortende immer einen Vorteil über den Angreifenden zu haben scheint.[14] Argumentieren beide Rhetoriker auch im Rahmen der Gerichtsrede, sind die von ihnen beschriebenen Verfahren unschwer im alltäglichen Gespräch wiederzuerkennen. Seltsamerweise hat die Parodieforschung diesem Gesprächsverhalten in Alltagssituationen nur wenig Aufmerksamkeit geschenkt. Neben der Parodie von Sprachfehlern[15] wird die Parodie regionaler oder sozialer Ausspracheweisen genannt.[16] Das gleiche Verfahren läßt sich auch auf den Vortrag geschriebener Texte anwenden.[17] Statt der Sprechweise eines Autors (Schiller – sächsisch) läßt sich auch die einer Person ohne Bindung an einen bestimmten Text parodieren.[18] Damit scheinen in der mündlichen Parodie die gleichen Umfangsverhältnisse wie in der schriftlichen gegeben: Parodie einer Aussage, eines Textes oder einer Textklasse in der Sprechweise des Original-Autors oder Parodie von Texten in der Sprechweise einer sozialen oder regionalen Gruppe. Die Erarbeitung dieser Umfangsbestimmung aufgrund eines reicheren Materials gehört noch zu den Aufgaben der Parodieforschung. Ebenfalls zu erarbeiten wäre, ob es neben der Mechanisierung bestimmter Sprechweisen auch das Verfahren der Inkongruenz – etwa eine Frau imitiert die Sprechweise eines Mannes oder umgekehrt – in der mündlichen Parodierung gibt. Versuchen wir von diesen Beispielen ausgehend zu generalisieren, lassen sich folgende weiterführenden Hypothesen entwickeln:[19] Das Medium der mündlichen Kommunikation erlaubt eine gewisse Breite in der Strukturierung der Zeichen. Die Variation der Zeichenbildung bildet ein paralinguistisches System, das dem linguistischen unterliegt. Die Variationsskalen des paralinguistischen Systems (Höhe, Lautstärke, Offenheit, Tempo, Kontinuität u. a.) können zur Mechanisierung bestimmter Sprechweisen oder zur Inkongruenzbildung zwischen paralinguistischem und linguistischem System verwendet werden. Z. B. mechanisierte Tonhöhenverteilung kann die Intonationskurven eines Sprechers parodieren, eine militärisch abgehackte Vortragsweise kann ein sonst unverändertes lyrisches Gedicht parodieren. Die bisherige Vernachlässigung dieses Gebiets, die z. T. an der mangelnden Speichermöglichkeit solcher Parodierungen lag, ist heute im Zeitalter von Tonband und Schallplatte nicht mehr zu entschuldigen. Die Linguistik stellt die nötigen Ausgangsmodelle bereit.[20]

Die Verhältnisse komplizieren sich weiter, wenn die Parodierung auf paralinguistischer Ebene zu den in 3. diskutierten Verfahren tritt, was zu vielschichtigen Überlagerungen führen kann. Über den Vortrag schriftlicher Parodien liegen so gut wie gar keine Aussagen vor.[21]

Entsprechende Überlegungen zur schriftlichen Kommunikation fehlen. Die Frage ist, ob die Medien schriftlicher Kommunikation eine ähnliche Variationsbreite der Zeichenstrukturierung erlauben wie die der mündlichen. Grapheme, ob handschriftlich oder gedruckt, variieren offensichtlich auf anderen Skalen als Phoneme.[22] Damit entsteht die Frage der Parodierung von persönlichen oder zeitgebundenen Schreibarten (Handschriften oder Typographien). Lassen sich Handschriften eines Autors oder einer Gruppe von Autoren parodieren? Gibt es eine Parodierung von bestimmten typographischen Eigenarten? Kann Fraktur, das Lay-out einer Zeitschrift oder die Satzkonvention von Versen in moderner Lyrik mechanisiert oder in Inkongruenz zu den Signifikaten des Texts gebracht werden? Wenn wir an den Hypothesen zur Inkongruenz festhalten, würde das voraussetzen, daß die Graphemstruktur bereits werttragend ist – also etwa Fraktur ist archaisch, Zeilenversetzung poetisch, Fettdruck von Titeln oder Spaltensetzung trivial – und in Inkongruenz mit den Wertsystemen der Signifikate treten kann. Hier hat die Parodieforschung ebenfalls ein reiches Gegenstandsgebiet, das so gut wie unerforscht ist.

Medien erlauben aber nicht nur eine bestimmte Variationsbreite der Zeichenstrukturierung, sondern legen dem Text auch Beschränkungen auf. Ein wesentlicher Unterschied zwischen mündlicher direkter und schriftlicher Kommunikation ist der der Speicherung.[23] Im mündlichen Kommunikationsprozeß geht der Text, wenn er nicht elektrisch oder mechanisch gespeichert wird, verloren. Luft speichert nicht. In der schriftlichen Kommunikation wird der Text für praktisch unbegrenzte Zeit gespeichert, wird raum-zeitlich transportierbar. Diese allgemein bekannten Aussagen[24] haben Konsequenzen für die Relation von Parodie und Original sowie für deren geschichtliche Reihen. „Parodie kann von der Form oder vom Inhalt ausgehen, und diese Unterschiede spielen unter Umständen auch für den Geltungsbereich der Parodie eine Rolle. Die Rotkäppchenvariationen von Ringelnatz, Thurber und anderen sind insbesondere stilistisch-formale Verfremdungen des aus Grimm geläufigen Märchens. Sie sind auf einen bestimmten Wortlaut festgelegte Texte und überdies viel zu individuelle Hervorbringungen, als daß sie in die [mündliche] Volksüberlieferung zurückfließen könnten ... Selbst wenn Rotkäppchen als ‚juristischer' oder ‚chemischer Fall' in studentischen Kreisen kursiert und hier schon wieder eine gewisse feste Tradition hat, so werden diese Texte doch niemals *mündliche* Überlieferung werden. Dafür sind sie zu kunstvoll und individuell; sie müssen auswendig gelernt oder abgelesen werden. Aber nicht alle Märchenparodien gehören zu dieser Gruppe. Die abgedruckten Abwandlungen der Tierbräutigam- und Tierbrautmärchen waren Aufzeichnungen aus der unmittelbaren mündlichen Überlieferung unserer Tage. Ihre Komik liegt nicht in der stilistischen Umformung wie bei den literarischen Märchenparodien, sondern in der Abwandlung des Inhalts. Im Unterschied zu den literarischen Parodien volkstümlicher Stoffe durch bekannte Autoren (Morgenstern, Klabund, Ringelnatz, Kästner, Brecht), die nur ein literarisches Leben führen, bleiben die wirklich volkstümlichen Parodien in der Regel anonym, oder sie werden nach nur anfänglichem Bekanntsein des Verfassers anonym, was das Kennzeichen jeder Volksdichtung ist.

Stilistische Veränderungen des folkloristischen Rohmaterials gehören indessen nicht nur der literarischen Sphäre der Parodie an, wie das Märchenbeispiel folgern lassen könnte. Die Parodierung durch Umstilisierung kennt nämlich auch die Volksüberlieferung. So ahmen z. B. die Spottpredigten Tonfall und Formen der kirchlichen Predigten oder der Sprache der Evangelien in scherzhafter Weise nach."[25] Versuchen wir, Röhrichs Aussagen zu generalisieren. Die Medien der mündlichen und schriftlichen Kommunikation gehören verschiedenen Wertstufen an: volkstümlich und literarisch. Mündliche Texte können schriftlich parodiert werden und umgekehrt. Mündliche und schriftliche Texte werden verschieden gespeichert: mündliche durch Gedächtnis der Autoren oder Rezipienten oder durch Transkribierung, schriftliche durch materielle Medien wie Papier. Die Fixierung des Textes hängt von seiner Speicherung ab. Komplexe Parodierung der Signifikantstruktur ist auf dauerhafte Speicherung angewiesen. Parodien durch einfache semantische Inkongruenz können auch durch Gedächtnisspeicherung tradiert werden. Generell: die Bildung von literarischen oder außerliterarischen Reihen hängt von der Art und Kapazität des Speichers ab. Auf zwei weitere Bedingungen des Textes durch das Medium weist Ilvonen (1914) hin: die Länge einer Parodie ist von der Speicherkapazität abhängig und dauerhafte Speicherung durch Transkribierung kann zur Zensur, zur Auswahl der zu überliefernden Parodien dienen.[26]

In der Tat haben diese wenigen Generalisierungen, so vorläufig sie auch sein mögen, weitgehende Konsequenzen für eine Theorie der Parodiegeschichte. Wenn das Medium einen Einfluß auf die Textstruktur hat, wäre nicht nur die Zeit einer vorwiegend mündlichen Parodierung — etwa Antike und Mittelalter — von der Zeit einer vorwiegend schriftlichen Parodierung in der Neuzeit zu unterscheiden und entsprechend der Medienentwicklung zu untersuchen, sondern auch für die Neuzeit müßten mündlich und schriftlich tradierte Reihen und deren Verklammerung durch Parodierung genauer untersucht werden. Im ersten Fall ergäben sich neue Ansatzpunkte für die Analyse des raum-zeitlichen Zusammenhangs von Original und Parodie, wie z. B. dem Nacheinanderauftreten von Rhapsoden und Paroden, von Messe und Säufermesse, von Originalaufführung und Parodie, die sich unter Umständen nicht sosehr auf das Stück als auf dessen Aufführung bezog.[27] Im zweiten Fall ergäben sich neue Aufschlüsse über die Verklammerung von nebeneinander bestehenden mündlichen und schriftlichen Reihen durch die Parodie. Koskimies (1935) stellt in seiner Theorie des Romans die Hypothese auf, Autoren wie Bocaccio, Cervantes und Rabelais hätten den Romanstil als Parodierung ausgebildet. Dies sei notwendig gewesen wegen des Übergangs von der mündlichen zur schriftlichen Darstellungsweise. „Wir haben es zu tun mit einer Literatur, deren Hervorbringen irgendwie zu motivieren ist." Wegen des Fehlens einer literarischen Reihe „weiß er [der Autor] bei der Hinwendung an seinen Leserkreis keinen anderen Rat als die Benutzung einer sozial sanktionierten literarischen Darstellungsform, und diese Form der Mitteilung kann beispielsweise der konventionelle Stil eines ‚unparteiischen Geschichtsschreibers', eines ‚rhetorischen Predigers' oder einer ‚offiziellen Urkunde bzw. brieflichen Niederschrift' sein. Denn wenn er die Feder ergreift, kann er nicht lediglich ein Erzähler sein, der um des Erzählens willen erzählt, obendrein unter Benutzung einer gewöhnlichen Prosasprache als Organ, einer [mündlichen] Sprache, die schlechterdings nicht einmal zum ‚poetischen Stil' gehörig anerkannt werden kann. Auf Umwegen jedoch bemüht sich der Erzähler — z. B. Rabelais und Cervantes — um eine ganz andere Darstellungsweise. Wenn er sich zu Genüge über den von ihm parodierten konventionellen Buchstil lustig gemacht hat, kann er, nachdem er sich der intelligenten Lachler zu versichern imstande gewesen ist, sein eigentliches Programm zu verwirklichen, um des Erzählens willen zu erzählen suchen."[28] Die Voraussetzung, daß bestimmte „Darstellungsformen" durch gesellschaftliche Normen bestimmten Medien zugeordnet sind, daß es so etwas wie einen Buchstil, Zeitungsstil, Predigtstil oder Briefstil gibt, dürfte sich für die Untersuchung der Parodie in der Neuzeit als äußerst fruchtbar erweisen.

Tynjanovs Hypothesen über die parodische Verklammerung von literarischen und außerliterarischen Reihen wären in diesem Sinne zu erweitern.

Ein ähnlicher Ansatz ist für die Epentravestie gemacht worden, doch nicht weiterentwickelt worden. Wenn die Travestie, wie bereits dargestellt (3.3.3), vor allem regelwidrige Sprachelemente, die Sprache der niedrigen Klassen benutzt, liegt es auch hier nahe, eine Verklammerung mündlich und schriftlich tradierter Reihen zu vermuten. In der Tat beschreibt Vavasseur (1658) den Sachverhalt in genau diesem Sinne: Beim Rezipienten stellt sich beim Lesen von Travestien der Eindruck ein, er höre die Gemüsehändler und Fischweiber des Marktes, und die Autoren nehmen die Rede der untersten sozialen Schichten und setzen sie in Büchern zusammen.[29] Die Travestie scheint also ebenfalls mündlich und schriftlich tradierten Reihen zu verklammern, oder, wenn man den Begriff „Travestie" nach Flögel generalisiert,[30] bestimmte Jargons oder Register, die durch soziale Normen bestimmten Medien, wie dem Telegramm, der chemischen oder juristischen Fachzeitschrift, zugeordnet sind.[31] Im Falle einer juristischen Version des Rotkäppchenmärchens läge dann die umgekehrte Relation vor: ein mündlich tradiertes Original wird mit einer schriftlich fixierten Reihe verklammert. Auch diese Verhältnisse bei der Travestie bedürfen noch der Aufklärung.

Deffoux's (1932) vorangestellte Definition des Pastiche („ouvrage où l'on a imité et le style d'un écrivain")[32] scheint das Pastiche von vornherein auf die Imitation schriftlich fixierter Texte einzuengen. In der Tat scheint vieles dafür zu sprechen, das Pastiche als ein Produkt der Gutenberg-Ära anzusehen: ihr spätes geschichtliches Auftreten, das Verfahren des Pastiche-Autors von Lektüre, Unterstreichen und Mechanisierung usw.[33] Doch zeigte bereits die Diskussion der mündlichen Parodierung, daß Mechanisierung auch im paralinguistischen System der Sprechweise möglich ist. So bestimmt Dubois folgende Modifikationen der phonologischen Ebene als Pastiche: „La suppression peut exercer ses effets au niveau infralinguistique, lorsqu'on retire à un phonème un de ses phèmes et que ce retrait n'empêche pas la production de l'unité. On altère ainsi la qualité articulatoire du mot. Dans une phrase comme ‚Fous n'afez pas te feine', c'est la disparition de la caractéristique de voisement qui permet d'obtenir le pastiche de la prononciation germanique."[34] Neben der Detraktion kann auch die Substitution von Phonemen zum Pastiche werden: „Si ces phénoménes affectent tous le sons présentant des caractéristiques identiques dans une séquence parlée, nous pouvons obtenir le pastiche de la prononciation chuitante volontiers prêtée aux Auvergnats (‚Un chacheur chachant chacher . . .') . . ."[35] Auch hier wäre die Abgrenzung solcher Verfahren von der mechanisierenden Parodie noch zu leisten.

Fassen wir diese vorläufigen, aber doch sehr stimulierenden Aussagen zusammen:

1. Medien gehören gesellschaftlichen Wertsystemen an (Röhrich, Koskimies).
2. Medien erlauben einen gewissen Variationsbereich der Zeichenstrukturierung, sei es Phonem- oder Graphemstruktur (Sera, Pablé, Highet, Dubois, Pike).
3. Das paralinguistische System dieser individuellen oder gruppenspezifischen Variationen kann den Verfahren der Mechanisierung oder inkongruenten Abweichung unterworfen werden (Sera, Highet, Dubois).
4. Texte, Originale wie Parodien, unterliegen gewissen Grenzen der Speicherkapazität von Medien.

4.1. Eine Parodie mit komplexer Signifikatstruktur ist auf schriftliche Fixierung angewiesen (Röhrich, Ilvonen).

4.2. Längere Parodien sind auf schriftliche Fixierung angewiesen (Ilvonen, Meyer).

4.3. Parodien mit einfacher semantischer Inkongruenz können auch mündlich tradiert werden (Röhrich).

5. Parodien und Travestien können mündlich und schriftlich tradierte Reihen miteinander verklammern (Röhrich, Koskimies, Vavasseur).
6. Den verschiedenen Medien sind durch soziale Normen bestimmte Register zugeordnet (Koskimies).

Wie die moderne Kommunikationsforschung zeigt,[36] kann die Analyse der Relation von Text und Medium, selbst im engen Sinn als materieller Träger der materiellen Zeichenstruktur, wichtige soziologische und semiotische Aufschlüsse geben. Statt wie bisher sich durch Vorentscheidung auf die „literarische" Parodie einzuschränken und die mündliche Parodierung am Rande zu behandeln, wird es darauf ankommen, das Verhältnis umzukehren und die Parodie, Travestie und das Pastiche in der schriftlichen Kommunikation als Spezialisierungen und Weiterführungen von Verfahren der mündlichen alltäglichen Kommunikation zu begreifen. Ebenso müßte dem Problem der Aufführung bzw. des Vortrags von schriftlichen Texten wie Dramen,

Erzählungen oder Gedichten mehr Aufmerksamkeit als bisher geschenkt werden.

4.2. *Medium und Gesellschaft*

Mit Ausnahme der mündlich direkten, gegenseitigen und privaten Kommunikation,[37] also etwa der der Gesprächssituation, wird in den Kommunikationsprozessen der Parodierung das Medium von einer Organisation, meist wirtschaftlichen Charakters, hergestellt. Medien sind Waren, die in z. T. komplizierten Arbeitsteilungsprozessen von Unternehmen wie Verlagen oder Theatern hergestellt werden. Die Relation von Text und Medium ist nichts gegebenes, sondern wird erst durch einen Arbeitsprozeß hergestellt: Papier muß bedruckt oder beschrieben werden, ein dramatischer Text besprochen werden. Es ist der neueren Massenkommunikationsforschung seit geraumer Zeit klar, welche wichtige Rolle die Medienproduzenten im Kommunikationsprozeß indirekter, einseitiger und öffentlicher Art spielen.[38] Die Parodieforschung hat sich diesen Fragen bisher kaum zugewandt. Das Buch ist von der Literaturforschung noch kaum als Massenmedium erkannt worden: „It's natural today to speak of ‚audio and visual aids' to teaching, / for we still think of the book as norm, / of other media as incidental. / We also think of the new media / – press, radio, movies, TV – / as MASS MEDIA / & think of the book as an individualistic form."[39] Im folgenden behandeln wir die wenigen Aussagen zur Parodie nach den Relationen Medium – Autor, Medium – Rezipient, Medium – Medium und Medium – Gesellschaft, wobei wir vor allem auf die Medienproduzenten abheben.

Das Medium oder dessen Produzenten können den Autor gewissen Beschränkungen unterwerfen. Ein Parodist kann ein Stück für ein bestimmtes Theater, ja bestimmte Schauspieler schreiben.[40] Man könnte hinzufügen, er unterliegt zu einem gewissen Grade den Grenzen des Machbaren, den technischen Grenzen der Aufführung. Ähnliches gilt für das Medium der Zeitschrift. Wenn im 19. und 20. Jahrhundert so viele Parodien als Einsendungen zu Preisausschreiben geschrieben wurden,[41] bedeutet das doch, daß der Medienproduzent zum Auftraggeber des Parodisten wurde. Die Wechselwirkung zwischen Periodika und Parodisten ist noch ununtersucht. Es läge nahe, entsprechende Untersuchungen zum Buch und seinen Verlagen anzustellen.

Die Rezeption von Parodien ist in verschiedener Weise vom Medium abhängig.[42] Das Medium der Parodie bestimmt deren Verbreitung.[43] Das Medium bestimmt damit auch die Kenntnis des Originals oder der Parodie bei den Rezipienten.[44] Rezipienten knüpfen an bestimmte Medien bestimmte Erwartungen an. Der Leser einer satirischen Zeitschrift wird eine Parodie nicht als ernstgemeint interpretieren.[45] Der Rezipient schreibt verschiedenen Medien verschiedene Werte zu, die sie auf Autoren und Texte übertragen: „Being written by a man of knowledge and cultivation, they rise considerably above the standard of the contributions to lower class comic papers, which in some respect they resemble."[46] Die Wiederholung des Rezeptionsvorgangs ist von der Medieneinschätzung des Rezipienten abhängig: „... no doubt a mass of very good stuff has been submerged with the ephemeral object of attack, and still more has lived only in the pages of periodicals, read to-day and burned to-morrow."[47] Das Buch hat einen höheren Playback, erlaubt mehr Wiederholungen des Rezeptionsvorgangs und trägt deshalb einen höheren Wert: „Industry, in the shape of Mr. Walter Hamilton, rescued some thousands of parodies from oblivion [periodicals] and buried them again. For it is reasonable to suppose that few people read the six volumes of *Parodies of the Works of English and American Authors* ... This is not the spirit in which Parody should be preserved."[48] Es wäre sicher eine lohnende Aufgabe, der Frage nachzugehen, inwieweit die niedrige Einschätzung der Parodie von deren Medien abhängt und wie diese Wertungen mit Fragen der Verfügbarkeit und des Preises zusammenhängen. Auch hier liegt es nahe, gesellschaftliche Wertungen — „lower class comic papers" — als Grundlage zu vermuten.

Trotz vereinzelter Hinweise ist die Beziehung zwischen Original-Medium und Parodie-Medium nie zum Problem gemacht worden. So weisen zwar Grannis, Hempel, Mayer und Stackelberg auf den Theaterkrieg im 18. und 19. Jahrhundert als Grundlage der dramatischen Parodien hin, versuchen aber nicht, diese Beobachtungen zu generalisieren.[49] Wieder liegt es nahe, als eine der Bedingungen der Parodie der Neuzeit die wirtschaftliche Konkurrenz von Medienproduzenten anzunehmen. Daß diese Bedingung nicht nur für das Theater gilt, deutet eine Beobachtung von Mallarmé zumindest an. Mallarmé (1897) schreibt, er teile nicht den Snobismus derjenigen Literaten, die glauben, daß „elle [la Poësie], toujours restera exclue et son frémissement de vols autre part qu'au pages est parodié, pas plus, par l'envergure, en nos mains, de feuille hâtive ou vaste du journal."[50] In der

Tat läßt sich die Hypothese aufstellen, die Parodierung im 19. Jahrhundert sei weitgehend auf eine Konkurrenz von Buch und Periodika zurückzuführen. Diese Verhältnisse aber bedürften ebenfalls noch der eingehenden Untersuchung.

Medien werden produziert in bestimmten gesellschaftlichen und wirtschaftlichen Verhältnissen. Auch hier fehlen alle Generalisierungen. Einzelne Beobachtungen weisen darauf hin, daß der Staat regelnd in das Mediumsangebot eingreift, z. B. durch die Schaffung von Monopoltheatern, was kleinere Theater oft veranlaßt, Parodien auf die Aufführungen der ersteren zu zeigen.[51] Zensur, Verfolgung oder Vernichtung richtet sich da, wo sie nicht dem Parodisten gilt, häufig auf das Medium, wie z. B. Verbot der Verbreitung oder Zerstörung des Mediums. Überdies greift der Staat durch rechtliche Regelungen, wie Copyright-Gesetze oder Libel Laws in die Kommunikationsprozesse von Parodien ein. Obwohl diese und andere Sachverhalte wohl bekannt sind,[52] hat die Parodieforschung sie bis heute außer acht gelassen. Eine systematische und historische Untersuchung dieser Sachverhalte, der gesellschaftlichen Beziehungen der Medien von Parodie, Travestie und Pastiche, der Wechselbeziehungen zwischen literarischen und sozialen Reihen würde sicher einiges neues Licht auf die Geschichte der Parodie werfen.

Fassen wir zusammen:

1. Medien legen dem Autoren gewisse Beschränkungen auf (Rommel, Ahrens).
2. Medien gehören gesellschaftlichen Wertsystemen an (L'Estrange, Stone).
3. Medien steuern die Erwartung von Rezipienten (Schmieder).
4. Medien bestimmen den Verbreitungskreis von Originalen und Parodien (Röhrich).
5. Medien bestimmen die Bekanntheit von Originalen und Parodien bei den Rezipienten (Stone).
6. Die Produzenten von Medien der Originale und der Parodien können in wirtschaftlicher Konkurrenz stehen (Grannis, Grout, Hempel, Stackelberg, Mallarmé).
7. Die Medienproduktion, besonders solcher von Parodien kann bestimmten gesellschaftlichen Regelungen unterworfen werden (Mayer, Paull, Wickwar).

Mit solchen Aussagen ist nicht mehr als ein erster Ansatzpunkt für literatursoziologische Fragestellungen in der Parodieforschung gewonnen. Es bedarf zunächst einiger konkreter Einzeluntersuchungen, um hier zu neuen Ergebnissen zu kommen. Die Kommunikationsforschung bietet hinreichende Hilfe bei der Erarbeitung neuer Fragestellungen. Daß Parodie, Travestie und Pastiche nicht nur bestimmten gesellschaftlichen Bedingungen unterworfen sind, sondern ihrerseits auch über die Rezipienten einen gewissen Einfluß auf diese Gesellschaft ausüben, wird im nächsten Kapitel zu zeigen sein.

5. REZIPIENT

Die Aussagen zu Rezipienten von Parodie, Travestie und Pastiche sind außerordentlich häufig, wenn auch oft wiederholend. Wir unterscheiden entsprechend zum Autor (2.) die soziologische Frage nach der Relation Rezipient – Gesellschaft von den psychologischen nach Kompetenz, Einstellung und Rezeption, d. h. den Effekten, die Gegenstand der Zielsetzung des Autors bilden. Zu einer Vermittlung von soziologischen und psychologischen Problemen wird es vor allem in den letzten drei Abschnitten kommen. Wie beim Autor hat die Parodieforschung sich bis heute damit zufriedengegeben, Generalisierungen aufzustellen, ohne sie empirisch nachzuprüfen oder sich zu vergewissern, ob die aufgestellten Behauptungen etwa anderweitig – z. B. in der Psychologie oder Soziologie – Gegenstand empirischer Untersuchung sind. Fast alle folgenden Aussagen, die aus der Parodieforschung stammen, sind Ergebnis von Introspektion oder unüberprüften Einschätzungen von Publikumsstrukturen. Es ist Verweyens „Befund" zuzustimmen, „der die Abstraktheit der Rede von der Wirkngsmächtigkeit oder Wirkungslosigkeit von Literatur insoweit überführt, als er aus der Rekonstruktion des Streuungsmediums, seines Rezipientenkreises, dessen Kommunikationsinteressen und der Multiplikatorfunktion eines schriftstellernden Autors in diesem Zusammenhang abgeleitet worden ist und einen vergleichsweise präzisen Annäherungswert darstellt."[1] Wir werden deshalb im folgenden die wenigen empirischen Untersuchungen hervorheben, um Möglichkeiten aufzuzeigen, über die Wiederholung von unüberprüften oder unüberprüfbaren Aussagen hinauszukommen.

5.1. *Gesellschaft und Rezipient*

Überwiegen auch für lange Zeit individualistische Aussagen zur Rezeption von Parodien, setzt sich in der neueren Literatur immer mehr das Verständnis des Komischen als eines sozialen Phänomens durch. Lachen ist nicht nur eine menschliche Erscheinung, sondern: „Laughter is a social phenomenon. It is social in its origin, in its processual occurrence, in its functions, and in its effects."[2] Wir unterscheiden wieder die sozialen Relationen zu der Situation, der Gruppe, der Klasse der Rezipienten und gehen schließlich auf die gesamtgesellschaftlichen Verhältnisse ein.

5.1.1 Die Situation des Rezipienten spielt vor allem bei mündlichen Parodien eine Rolle. Das Rezipieren von Parodien ist oft an bestimmte momentane Situationen gebunden.[3] Manche Situationen sind unpassend.[4] Das Lachen über Parodien ist oft abhängig von Situationen.[5] Damit wäre die Parodieforschung an die Analyse solcher Situationen wie Karneval, geistliche und weltliche Feste, bunte Abende, Kabarett, Theater, Music Hall u. a. verwiesen.[6] Abgesehen von Hinweisen auf die Wichtigkeit solcher Rezeptionssituationen fehlt aber fast jede Untersuchung über deren Bedeutung für die Rezeption. Eine Ausnahme bildet die Arbeit von Voigt (1929) über Music Halls, in deren Programm die Parodie eine größere Rolle spielte. Voigt versucht, verschiedene soziale Faktoren der Situation zu psychischen der Rezeption in Beziehung zu setzen.[7] So werden den Zuhörern in der Music Hall drei psychische Reaktionen durch situative Faktoren ermöglicht oder nahegelegt: die Ventilfunktion der Erholung durch Geselligkeit (Lockerung der Schranken durch Alkohol, gemeinsames Schauspiel, Refrainmitsingen), Lockerung der Aufmerksamkeit (kurze Nummern in schnellem Wechsel, simple Texte) und Lockerung des Ernstes (Ausschalten von Werturteilen, Sichgehenlassen, infantiles Benehmen, Sensationslust und Sentimentalität). Die emotionale Funktion der Entladung von sexuellen und politischen Zwängen, die die Texte weitgehend leisten sollten, wurde durch Alkohol und Anreizen zum Applaus, Lachen und Mitsingen unterstützt. Die Befreiung von sozialen Zwängen wie Selbstbeobachtung, Rücksichtnahme auf Umgebung, Kontrolle des Eindrucks auf andere wurde durch die Sitzordnung (Stuhlreihen statt Tischordnung) und die Verdunkelung des Raumes gefördert. Die räumliche und zeitliche Strukturierung der Situation hat offensichtlich eine gewisse Wirkung auf die psychischen Prozesse bei der Rezeption. Es wäre sicher fruchtbar, die entsprechenden soziologischen Theorien über Raumstrukturierung[8] auf so verschiedene Situationen wie Karneval, bunter Abend eines Vereins, oder Theater anzuwenden, um zu generellen Aussagen über das kollektive Rezipieren von Parodien zu gelangen. Entsprechende Untersuchungen zum individuellen Rezeptionsvorgangs des Lesens und seiner Situation würden folgen. Hinzu kommt, wie aus Voigts Beispiel bereits deutlich wird, daß individuelle und kollektive Rezeptionssituation im Zusammenhang mit sonstigen sozialen Bedingungen außerhalb dieser Situationen stehen.[9] Wer Befreiung von Zwängen analysiert, muß eben auch diese Zwänge mitbehandeln.

Ein zweiter soziologischer Ansatzpunkt ist der Begriff der „Gruppe": „Unser Lachen ist stets das einer Gruppe."[10] Während der soziologische Ansatzpunkt bei Bergson noch von metaphysischen Überlegungen überlagert wird, versucht Dupréel (1928), eine soziologische Theorie des Lachens auszuarbeiten. Dupréel reduziert: *„le problème sociologique du rire, c'est tout le problème du rire . . ."*, und *„il y a deux rires, le rire d'accueil et le rire d'exclusion."*[11] Bei dem Lachen des Einschlusses lassen sich drei Typen unterscheiden: das Zeichen der Erkennung (Mutter, Kind), der Akzeptierung (in einer Gruppe), der Einführung (Vorstellung von Personen). Seine Funktion läßt sich so zusammenfassen: „Le rire d'accueil est donc, en général, la manifestation d'une communion dans un groupe."[12] Beim Lachen des Ausschlusses lassen sich zwei Typen unterscheiden: Ausschluß eines Individuums oder Ausschluß mehrerer aus einer Gruppe.

Überprüft man traditionelle Theorien des Lachens,[13] stellt sich heraus, daß sich diese auf jene zurückführen lassen. Von den verschiedenen Theorien, die Dupréel aufführt, interessieren hier vor allem die der Inkongruenz und der Degradation. Das Lachen über Inkongruenz ist immer das des Ausschlusses aus einer kleinen Gruppe, deren ephemären Interessen mit den dauerhaften der Gesellschaft in Konflikt treten.[14] Lachen des Einschlusses und des Ausschlusses sind dialektisch aufeinander bezogen: „En même temps que le rire unifie les rieurs, il écarte leur groupe du milieu sociale où dominent des relations sociales plus étendues et plus durables." Dieses Verhältnis erklärt auch die Ventilfunktion des Lachens, wie sie bei Voigt analysiert wird.

Eine der Anwendungen dieser Theorie gilt der Parodie: „Il y a aussi une dérision des choses sérieuses, une parodie par laquelle on tend à circonscrire au sein d'une plus grande société, un petit groupe de rieurs, définitivement distrait des préoccupations générales. On peut dire que le petit groupe se tient *en dessous* de ces préoccupations."[15] Das Lächerlichmachen, das zynische und sarkastische Lachen wie die Parodie gehören also zum Lachen des Ausschlusses größerer gesellschaftlicher Gruppen, mit dem eine kleinere Gruppe ihre innere Kohäsion erzielt. Obwohl die Parodieforschung Dupréels Theorie nicht zur Kenntnis genommen hat, zeigen einzelne, zum Teil viel speziellere Aussagen, ihre generelle Anwendbarkeit auf die Rezipienten von Parodien. So verdeutlicht z. B. Brecht (1967) seine Forderung, man müsse den gesellschaftlichen Nutzen des Geschmacks untersuchen, mit folgendem Beispiel: „Ein gewisser Humor und auch seine spezielle Plumpheit ist nicht nur ein Produkt materieller Verhältnisse, sondern auch ein Produktionsmittel. Für das Theater hat Ihering letzthin einiges in dieser Richtung getan, als er anläßlich des „Hauptmann von Köpenick" feststellte, daß und warum ein Parademarsch auch als Karikatur noch zündend wirkt."[16] Zu ähnlichem Ergebnis kommt Rühmkorf anläßlich der Schulparodie: „Die Möglichkeit der Anteilnahme erwächst hier aus der Distanz, die der Zerrvers zu einem Grundmodell einnimmt, und wo er attentäterisch an einem Stück Lehrgut sich vergeht, da vermittelt er seinem Konsumenten nicht nur das Lustgefühl der Mit*täter*schaft, sondern auch das Hochgefühl der Mit*wisser*schaft. Schon auf der gewiß nicht gerade hoch zu nennenden Ebene der Schulparodie genießt der Verbraucher und Verbreiter gleichzeitig seine eigene Bildung und den Triumph des Lehrlings über den Bildungsstoff."[17] All diese Aussagen bleiben jedoch hinter einer Gruppentheorie des Lachens weit zurück.

Eine solche vorzulegen hat in systematischerer Art als Dupréel Martineau (1972) versucht.[18] In „A Model of the Social Functions of Humor" geht Martineau nach einem ausführlichen Bericht über die soziologische Forschung zu diesem Gebiet von folgenden Elementen und Relationen aus: „The following diagram illustrates the humor process in the three structural situations considered. Shown are the first two variables, the actor (A) and audience (Au), and three basic features: Each circle represents a social group; H represents the source of humor; and arrows indicate the direction of humor flow. The shaded area indicates the focus of sociological analysis in each situation."

(1)	(2)	(3)
Intragroup	Intergroup: internal structure of one group	Intergroup: group interaction
A = Au	A ≠ Au	A ≠ Au

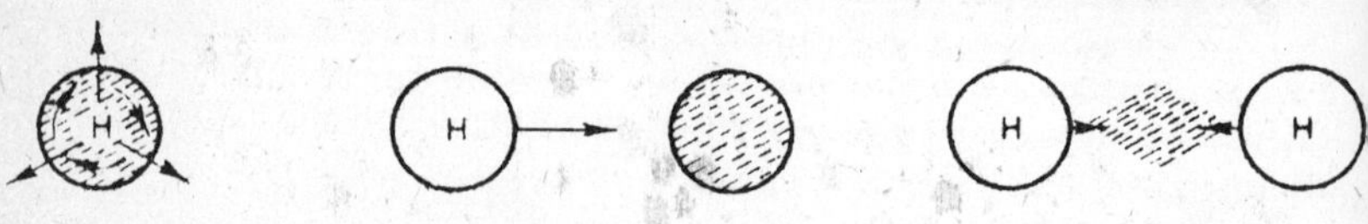

Neben den drei Grundsituationen – Kommunikation in einer Gruppe,[19] einseitige oder gegenseitige Kommunikation zwischen Gruppen — unterscheidet das verbale Modell[20] vier Variablen: den Autor, die Rezipienten, den Gegenstand des Humors und die Wertung (positiv oder negativ) des Humors durch die Rezipienten. Aus diesen sieben Faktoren leitet Martineau durch Kombinatorik seine Theoreme ab.[21] In allen drei Situationen kann das Lachen — je nach Einstellung der Gruppenmitglieder — u. a. der Solidierung, Kontrolle, Verschärfung oder Einführung von Konflikten in der eigenen oder anderen Gruppe oder der Veränderung der Beziehung zwischen beiden Gruppen dienen.

Das System der Theoreme läßt sich mit der Parodierung interpretieren. Es liegt nahe, Parodierung in allen drei Grundsituationen anzunehmen, im letzten Fall handelt es sich um das, was Rommel (1952) so beschreibt: „Parodie und Gegenparodie folgten einander oft Schlag auf Schlag."[22] Die Reaktion der Rezipienten wäre dann von ihrer Gruppenzusammengehörigkeit und Wertung ausgehend zu bestimmen. Nicht nur die Reaktionen der Rezipienten, sondern auch die Zielsetzungen der Parodisten (2.4) ließen sich von hier aus neu bestimmen. Eine solche Interpretierung der Theoreme würde unter Umständen eine Komplizierung von Martineaus Theorie erforderlich machen, etwa indem man wie Piddington statt einer einfachen Wertopposition Wertkonflikte und wie Dupréel einen dialektischen Zusammenhang zwischen Solidierung und Feindseligkeit annimmt. Die Gruppentheorie der Rezeption von komischen Texten ist sicherlich ein Fortschritt verglichen mit den vagen und *ad hoc* gebildeten Generalisierungen, wie sie noch heute in der Parodieforschung üblich sind.

Die Fruchtbarkeit des Gruppenansatzes soll wenigstens an einem Beispiel einer empirischen Untersuchung verdeutlicht werden. Winick (1962) kommt aufgrund einer Befragung (Fragebogen) von Lesern der Zeitschrift *Mad*, die einen sehr hohen Anteil von Parodien enthält,[23] zu folgenden Ergebnissen. *Mad*-Leser gehören einer bestimmten Altersgruppe an, Durchschnittsalter ist 16 Jahre. Die Fragebogen ergeben: die Gruppe versteht die Texte als Einführung in bestimmte soziale Rollen; sie teilt ein stillschweigendes Übereinkommen, daß bestimmte Gegenstände von der Satire ausgeschlossen bleiben sollten; sie betrachtet das Rezipieren von *Mad* als eine delinquente Tätigkeit, die die Stärke anti-sozialen Verhaltens demonstriert; sie genießt in ambivalenter Weise die Darstellung von Konformität und die Rebellion dagegen; und *Mad* verstärkt das Gefühl der Zugehörigkeit der Rezipienten zur Bezugsgruppe. Winick generalisiert seine Ergebnisse für humoristische Schüler- und Studentenzeitschriften: „These publications represent one method of absorbing role strain on the part of groups other than the lower class, marginal groups, which have traditionally shown strain in adolescence." Und: „Thus universities with students likely to achieve power also have publications which sneer most enthusiastically at manifestations of power."[24] Abgestützt werden diese Hypothesen durch eine Inhaltsanalyse der Zeitschrift *Mad*. Eine solche empirische Untersuchung bestimmter Rezipientengruppen wird sich notwendig erweisen, wenn die Parodieforschung über vage Vermutungen über Zusammensetzung und Einstellungen von Rezipientengruppen hinauskommen will.

Betrachtet man die Rezipienten unter dem Gesichtspunkt der Klasse, tritt ein Gesichtspunkt hervor, der in der Gruppentheorie nur ungenügend zum Ausdruck kam: Gruppen sind nicht einfach gleichwertig, sondern sie sind wirtschaftlich und im gesellschaftlichen Bewußtsein einander über- und untergeordnet. Es gibt untere, mittlere und höhere Klassen auch für die Parodieforschung: Parodien in den Fabliaux sind vorwiegend an ein höfisches Publikum gerichtet, die Goliarden richteten sich mit ihren Parodien an ein Laienpublikum, die Minneparodie bei Neidhart an den höfischen Standesmenschen; die Leser der Epenparodien im 18. Jahrhundert gehörten meist der oberen Bürgerschicht an usw.[25] Generalisierungen darüber, welcher Zusammenhang denn zwischen Klassenzugehörigkeit und Rezeption von Parodien besteht, sind vor allem über den Begriff der „Bildung" gemacht worden. So ist die Unterscheidung von Hochkomischem und Niedrigkomischem eigentlich eine soziologische. Faßt Bouterwek den gesellschaftlichen Gegensatz ethisch, begreift ihn Krause (1834) eher vom Bildungsgrad: „Das *Niedrigkomische* ist das an Gegenständen des niederen Kunststiles darstellbare Komische; also was an dem gemeinen, ja sogar mißgemeinen Leben sich findet. Denn es gibt Komisches, worüber der Mensch auf allen Stufen der Bildung lachen muß und lachen kann; das ist also auch ein solches Komisches, was auch dem niederen Volke faßlich ist und meistens auch aus dem niederen Volksleben hergenommen ist. Der Pöbel verträgt es, auch wenn es pöbelhaft ist, aber es kann auch solches Komische aus dem gemeinen Leben aufgefaßt werden, worüber auch der Gebi[l]dete lachen oder lächeln darf, ohne die Anständigkeit zu verletzen ..."[26] Die Reaktion des Lachens unterliegt also bestimmten klassenspezifischen Regeln der „Anständigkeit."[27]

Andere Aussagen gelten dem Verhältnis zwischen verschiedenen Klassen von Rezipienten. Verschiedene Klassen rezipieren gleichzeitig verschiedene Parodien: volkstümliche und literarische Parodie laufen nebeneinander her.[28] Diese Verhältnisse verändern sich mit der gesellschaftlichen Entwicklung, wie an den folgenden Generalisierungen von Liede deutlich wird. „Der Übergang von diesen vorliterar. zu den literar. P.n erfolgt völlig bruchlos, sobald sich bedeutendere Köpfe ihrer bemächtigen und sie der Aufzeichnung für würdig erachten. Dies ist in der dt. Lit. des 14. Jh.s der Fall."[29] „Er [der heiter,gesellige Klub] setzt voraus, daß seit der Aufklärung allmählich Bildung und Wissen jede Standesgrenze (außer der des Hochadels) überspringt und Angehörige der verschiedensten Berufe in einer Schicht von ‚Gebildeten' vereinigt. Kaufleute, Offiziere, Beamte usw. schließen sich an den Literaten, Künstlern und Gelehrten an."[30] Gleichzeitig aber reißt eine Kluft zwischen der „hohen Dichtung" und der „Gebrauchsliteratur" auf: „Die Vertreter der hohen Dichtung parodieren die ‚Plattheiten' der Gebrauchsliteratur, die Vertreter des vernünftigen Durchschnittsgeschmackes die ‚Übertreibungen' und ‚Dunkelheiten' der hohen Dichtung, wobei sich mannigfache Beziehungen zu dem Spiel mit der Bildung geben."[31]

Eine generelle Theorie der sozialen Reihe, zu der solche speziellen Aussagen gehören, hat bisher nur Sully (1902) vorgelegt. Sie ist von der Parodieforschung völlig unbeachtet geblieben.[32] Sully geht in seinem Kapitel „Laughter in Social Evolution" von folgenden Grundhypothesen aus: „We shall have to consider the history of laughter and the movement of social evolution as inter-connected. Not only does a change in ideas, sentiments or institutions tend to modify the expression of the mirthful mood, there is a reciprocal influence of laughter upon ideas, sentiments and institutions."[33] Und: „Such interaction holds good generally between amusements and serious pursuits; the recreations of a community serve in important ways to determine the measure of the vigour thrown into serious activities."[34] Sully unterscheidet drei Phasen der gesellschaftlichen Entwicklung: Stammesstruktur, Gesellschaft mit einfacher, dann komplexer Klassentrennung. Anfänge einer Differenzierung im Stamm, die zu gegenseitigem Lächerlichmachen führen kann, liegen in den Geschlechter- und Altersrollen. Folgende Faktoren der Differenzierung bestimmen die Entwicklung des Lachens: Die Arbeitsteilung erweitert das Feld vergleichender Wertungen über Kompetenz und Tüchtigkeit. Klassendifferenzierung schafft weiter neues Material und neue Gelegenheiten des Lachens: verschiedene Verhaltens-, Kleidungs- und Sprechweisen. Das Lachen über andere Klassen dient der Solidierung der eigenen, wie schon beim primitiven Stamm. Drittens und besonders wichtig, Arbeitsteilung schafft Rangunterschiede: „The differentiating of a higher from a lower caste, with more or less of authority on one side and subserviance on the other, will turn out to be the most important feature in social grouping in its bearing on the calling forth of social laughter ... All stages of group-formation seem to involve something of this distinction between an upper and a lower class."[35] Folglich hat man zu unterscheiden zwischen dem Lachen der oberen Klassen über die unteren und umgekehrt. Dieses antagonistische Lachen hat eine korrektive und stabilisierende Funktion: Arbeitsteilung führt aber nicht nur zu Konflikten zwischen verschiedenen Rängen, sondern auch zum gegenseitig Aufeinanderangewiesensein, und aus dieser Dialektik entspringt häufig der Humor.

Die sozialen Effekte lassen sich wie folgt zusammenfassen: für den Lacher hat sein Verhalten selbsterhaltende und konservative Funktion, für den Verlachten hat das Lachen eine korrektive Funktion, die weitere Absetzung oder auch Assimilation zur Folge haben kann.

Sully ergänzt seine soweit vorwiegende systematische Theorie um eine über den Zusammenhang zwischen Lachen und sozialer Evolution. Er beginnt seine Diskussion mit der Modebewegung. „A fashion differs from a custom in being essentially communicable from one group to another, and even from one nation to another."[36] Moden scheinen sich von höheren Rängen zu niedrigeren Rängen zu bewegen (durch Imitation), was zu einer Verwischung klarer Klassengrenzen führen kann. Vor allem die Imitation höherer Ränge durch niedrigere wird zum bevorzugten Gegenstand des Lachens. „The form of self-assertion which consists in stepping out of one's rank is always viewed by those of the deserted rank with an acidulated amusement." Und: „As soon as the new thing, so charged with rollicking gaiety at first, settles down to a commonplace habit, there comes the moment for ridiculing the belated imitator."[37] Ähnliches gilt zweitens von allen gesellschaftlichen Innovationen in Ideen, Erfindungen und Institutionen. Diese Form des Lachens ist meistens vom Gefühl der Befreiung von Zwängen begleitet. Drittens: diese gesellschaftlichen Entwicklungen wirken ihrerseits auf die Einteilung in Gruppen und Klassen zurück, es formieren sich Bildungsgruppen wie Sekten, Parteien, Akademiker, Leserschichten usw., die teilweise mit den alten Klassengrenzen übereinstimmen, sich aber auch teilweise überlagern. Diese Entwicklung hat für das gesellschaftliche Lachen vor allem drei Konsequenzen. Das Lachen wird intellektueller, seltener und komplexer. Verantwortlich hierfür sind die wachsende Zensierung und Eingrenzung der Gelegenheiten des Lachens durch die Autoritäten, die ihrerseits auf die sich entwickelnden Klassengegensätze zurückgehen, und die Überlagerung verschiedener Normensysteme, die dem Rezipienten multiple Möglichkeiten des Verlachens ermöglichen.

Es bleibt noch nachzutragen, daß auch das individuelle vereinzelte Lachen eines Rezipienten den gleichen sozialen Bedingungen unterliegt wie das kollektive. Doch dieses Lachen taucht erst spät in der sozialen Evolution auf.

Die Relevanz der historisch-dialektischen Geschichtstheorie von Sully ist offensichtlich. Nicht nur werden Aussagen, wie die Parodie sei „antiautoritär", „innovierend" oder „reaktionär" und „konservativ" als einseitig und unhistorisch entlarvt, sondern auch für die dialektischen Theorien der literarischen Evolution wird ein adäquater Erklärungsrahmen geboten. Die Zielsetzungen der Parodisten (ihre Kenntnisse und Einstellungen, sowie ihre Beziehung zur Gesellschaft (2) sowie die entsprechenden Aspekte bei den Rezipienten (5) lassen sich in einem gesellschaftlichhistorischem Grundmodell erklären. Den Theoremen von Martineau und Dupréel, die sich auf Sullys Argumentation abbilden lassen, wird eine geschichtliche Dimension und Relativierung gegeben. Wertsysteme wie „hohe" und „niedrige" Gattungen, Formen, Stile, Komik, Gegenstände usw. erklären sich aus dem Bewußtsein verschiedener sich verändernder Gruppen und Klassen. Ja selbst den Medien wird ein wenn auch bescheidener Platz im Prozeß der sozialen Evolution angewiesen. Ist Sullys Theorie im einzelnen auch revisionsbedürftig — besonders die Annahme eines kontinuierlichen Fortschritts der Geschichte scheint problematisch — ist sie bis heute die einzige Theorie des Lachens, die in Reichweite und Geltungsanspruch der Theorie von Tynjanov nahekommt. Es wäre in der Tat zu überprüfen, inwieweit Sullys Theorie die Theorie der literarischen und außerliterarischen Reihe ergänzen kann. So würde z. B. Tynjanovs „Kampf"-Hypothese durch Sully als zu individualistisch und unhistorisch relativiert, auf der anderen Seite Sullys Vorstellung der direkten Determinierung des Lachens durch die Klassenzugehörigkeit durch die Eigengesetzlichkeit der literarischen Evolution modifiziert. Es wäre auch nicht schwer, die Autofunktionen der „Abweichung" und „Automatisierung" mit Sullys Theorie der Innovationen zu verbinden. Wir werden auf weitere, speziellere Geschichtstheorien zurückkommen, aber Sullys bleibt die weitreichendste, deren Modifizierung oder Falsifizierung Aufgabe der Parodieforschung ist.

5.1.2 Wegen der mangelnden Generalisierung des Begriffes „Travestie" fehlt auch jede allgemeinere soziologische Auseinandersetzung mit ihrem Publikum. Sullys Theorie der Klassen- und Bildungsgegensätze fände hier ein reiches Anwendungsgebiet. Die Aussagen zur Epentravestie des 17. Jahrhunderts weisen nämlich einen interessanten Widerspruch auf. So wird auf der einen Seite behauptet, die Travestie richte sich an die unteren Klassen,[38] und Bar (1960) kommt aufgrund seiner eingehenden Untersuchungen zum entgegengesetzten Ergebnis.[39] Wenn die Travestie eine Modewelle war, dann wäre nach Sully das Wandern dieser Mode durch verschiedene Gruppen und Klassen von Rezipienten zu untersuchen. Der Übergang von Scarrons periodischer Publikationsweise zu den burlesken Gazetten der Frondezeit,[40] also medienspezifische Veränderungen, können einigen Aufschluß auf die Lesergruppen der Zeit geben. Das Untersuchungsfeld erweitert sich, verallgemeinert man den Begriff auf alle Texte, die ein bestimmtes Original in einem inkongruenten Jargon oder Register wiedergeben.

5.1.3 Zu den Rezipienten des Pastiche fehlen alle soziologischen Angaben, mit Ausnahme des Hinweises von Hempel, daß Pastiche in besonderer Weise an das Vorhandensein literarischer Gruppen und Zirkel im städtischen Milieu gebunden ist.[41] Auch hier fände Sullys Theorie ein weites Anwendungsgebiet.

5.1.4 Fassen wir zusammen:

1. Parodien und Travestien werden von bestimmten gesellschaftlichen Gruppen und Klassen rezipiert (Bergson, Nykrog, Ilvonen, Günther, Bar).
2. Parodien können direkt oder indirekt rezipiert werden (Voigt, Sully).
3. Parodien können kollektiv oder individuell rezipiert werden (Sully).
4. In der direkten kollektiven Rezeption von Parodien bedingen bestimmte raum-zeitliche Faktoren und soziale Normen die Rezeption (Voigt, Balzac, Bakhtin).
5. Die kollektive Rezeptionssituation steht im Zusammenhang mit anderen sozialen Situationen (Sully).
6. Das Lachen von Rezipienten ist stets das einer Gruppe (Bergson, Dupréel, Sully).

6.1. Lachen dient dem Ausschluß aus und dem Einschluß in die Gruppe (Dupréel, Martineau, Sully).

6.2. Ausschluß und Einschluß sind dialektisch aufeinander bezogen (Dupréel, Sully).

6.3. Lachen über Inkongruenz beruht auf einem Wertkonflikt dieser Gruppe mit anderen Gruppen (Dupréel, Piddington).

7. Autor und Rezipient von Parodien können einer oder verschiedenen Gruppen angehören (Martineau).

7.1. Gehören Autor und Rezipienten einer Gruppe an, kann die Parodie je nach Bewertung der Rezipienten kontrollierende, solidierende oder zersetzende Funktion für die Gruppe haben (Martineau).

7.2. Gehören Autor und Rezipienten verschiedenen Gruppen an, kann die Parodie je nach Bewertung kontrollierende, solidierende oder zersetzende Funktion für die Gruppe der Rezipienten haben (Martineau).

7.3. Das parodierende Verhältnis zwischen zwei Gruppen kann gegenseitig sein (Martineau).

8. Die Funktionen des Lachens ändern sich mit der geschichtlich fortschreitenden Differenzierung von Gruppen und Klassen (Sully, Liede).

8.1. Lachen und gesellschaftliche Entwicklung modifizieren sich gegenseitig (Sully).

8.2. Lachen und ernste Beschäftigung der Rezipienten modifizieren sich gegenseitig (Sully).

8.3. Fortschreitende Arbeitsteilung erweitert die Grundlagen des Lachens durch die Entwicklung verschiedener Wertsysteme, differenzierender Zeichensysteme und verschiedener Konfliktmöglichkeiten durch die Hierarchisierung von Gruppen (Sully).

8.4. Fortschreitende Differenzierung von Ideen (Moden, Erfindungen, Institutionen) erweitert die Grundlagen des Lachens durch die Bewertung abweichender oder automatisierter Entwicklungen (Sully).

8.5. Fortschreitende Differenzierung von Ideen wirkt ihrerseits auf die Gruppen- und Klasseneinteilung einer Gesellschaft zurück: ideologische Gruppierungen überlagern die älteren der Arbeitsteilung (Sully).

8.6. Fortschreitende Differenzierung von ideologischen Gruppierungen verändert das Lachen qualitativ (Intellektualisierung), quantitativ (normative Einschränkung) und durch die Komplizierung der Normensysteme im Rezipienten (Sully, Krause, Jungmann).

8.7. Das individuelle Rezipieren ist ein spätes Produkt gesellschaftlicher Entwicklung (Sully).

Die hier vorgestellten Theorien von Dupréel, Martineau und Sully — alle drei von der Parodieforschung bisher unbeachtet geblieben — zeigen nicht nur die Fruchtbarkeit, sondern auch die Notwendigkeit, spezielle Aussagen der Parodieforschung in generellen systematischen und historischen Zusammenhängen zu behandeln. Die Parodieforschung kann heute nicht mehr mit Vorstellungen aus dem 18. und 19. Jahrhundert dilettieren, sie muß, wie es ja auch frühere Parodieforschung getan hat, auf zeitgenössische Theorien außerhalb ihres engen Bereichs der Fachzeitschriften und Spezialabhandlungen eingehen. Desgleichen muß die Parodieforschung, wie die Untersuchungen von Voigt und Winick zeigen, von der Hypothese zur empirischen Überprüfung ihrer Hypothesen übergehen.

5.2. *Kompetenz*

Wohl keine andere Aussage ist in der Parodieforschung so häufig gemacht worden wie die, der Rezipient einer Parodie müsse das Original kennen.[42] Will man Vermutungen darüber anstellen, warum der Parodieforschung dieser Sachverhalt bemerkenswert erscheint, liegt es nahe anzunehmen, die Parodieforschung sähe hier eine Ausnahme von der sonst als selbstverständlich angenommenen Autonomie des Kunstwerkes. „In der Stufenleiter des species des komischen muß die parodie jedenfalls die unterste stelle einnehmen, denn nur in voraussetzung und stetem bezug auf ein schon vorhandenes original ist sie überhaupt wirksam, ja verständlich. Jedes wirkliche kunstwerk ist aber ein selbständiges ganze, eine welt für sich und aus sich selber voll deutbar und erklärlich."[43] Wir werden im folgenden zeigen, wie Sklovskij, Tynjanov und Lotman die Parodie als Ausgangspunkt nehmen, um die Autonomie des Kunstwerks generell in Frage zu stellen.
5.2.1 Die Kenntnisse des Rezipienten können sich auf das Original, die Parodie, den Original-Autor, den Parodisten, die Gesellschaft oder die verwendeten Medien beziehen. Nur zu den ersten vier liegen Aussagen in der Parodieforschung vor. Beattie zeigt an einem Beispiel, daß unter Umständen eine Parodie ernst rezipiert werden kann, wenn das Original nicht bekannt ist.[44] Das bedeutet doch aber umgekehrt, daß die Rezeption einer Parodie sehr wohl auch ohne Kenntnis des Originals möglich ist, sie ist nur anders. Die Kenntnis des Origi-

nals ist normalerweise eine Funktion des Gedächtnisses des Rezipienten: „The reader's sense of participation is given an extra fillip by suppression of one term of the simile [the original]. We do not find a parody printed side by side with its original. It is the reader's part to supply knowledge of the model ..."[45] Das gilt ebenso für mündliche Kommunikation.[46] Daraus folgt, daß das Original bei der Rezeption einer Parodie durchaus vergessen werden kann. Tynjanov hat das als erster in aller Klarheit festgestellt: „Die Parodie ist in dem Maße vorhanden, als durch das Werk die zweite, parodierte Ebene durchschimmert; je enger, bestimmter und begrenzter diese Ebene ist, je deutlicher alle Details des Werkes eine doppelte Nuancierung besitzen, unter doppeltem Blickwinkel wahrgenommen werden, desto ausgeprägter ist der Parodie-Charakter. Wenn die zweite Ebene sich bis zum allgemeinen Begriff ‚Stil' ausweitet, so wird die Parodie zu einem der Elemente des dialektischen Wechsels der Schulen und berührt sich mit der Stilisierung ... Aber was geschieht, wenn die zweite Ebene, vielleicht sogar als bestimmte, existiert, aber nicht ins literarische Bewußtsein gedrungen ist, nicht bemerkt, vergessen wurde? Dann wird die Parodie natürlich nur auf einer Ebene, ausschließlich von der Seite ihrer Organisation her, wahrgenommen, d. h. wie jedes künstlerische Werk."[47] Die semantischen Interferenzen (3.3.1) verschwinden. Obwohl Tynjanov einen Zusammenhang zwischen Umfang des Originals (Text-Textklasse) und Vergessen andeutet, ist dieser nicht notwendig („sogar als bestimmte"). Diese Erkenntnis legt eine Unterscheidung verschiedener Grade des Bekanntseins nahe. Das Original muß „mindestens im Wesentlichen" bekannt sein, die Kenntnisse können „intimate or general" sein, oder sich nur auf die Existenz des Originals beziehen.[48]

Sind die Kenntnisse des Originals variabel und haben diese eine Wirkung auf die Rezeption von Parodien, wird die Erforschung dieser Kenntnisse notwendig. Bis auf eine Ausnahme hat die Parodieforschung nicht versucht, diese Hypothesen empirisch zu überprüfen, obwohl das doch keine größeren Schwierigkeiten bereiten würde. Die Frage läßt sich mengentheoretisch formulieren: „der Parodierezipient muß das Original kennen" als „die Parodierezipienten bilden zumindest eine Teilmenge der Menge der Original-Rezipienten" und „einige Parodie-Rezipienten kennen das Orginal" als „die Menge der Parodie-Rezipienten bildet mit der Menge der Original-Rezipienten eine Schnittmenge." Diese Verhältnisse lassen sich empirisch untersuchen, wie der Aufsatz „Literarische Parodie und Wiener Vorstadtpublikum vor Nestroy" von Hüttner (1972) zeigt. Hüttner kommt aufgrund einer Untersuchung der Spielpläne und Besuchergruppen für die „Generalfrage ... ob das Publikum der Parodien auch die Originale gekannt hat oder der Bezugspunkt bloß auf die Existenz des Originals beschränkt blieb" zu folgender Antwort: „Mit Einschränkungen kann gesagt werden, daß vermutlich letzteres der Fall war. Überraschend ist das Ergebnis nicht, vor allem dann nicht, wenn man an einem regional gegliederten Stammpublikum festhält und annimmt, daß das Theater, damals das wichtigste Massenmedium und zumindest bei den Privatbühnen ein auf Gewinn berechnetes Unterhaltungsunternehmen, nicht nur auf die Menge großen Einfluß ausübte, sondern auch vermutlich der Besucherquantität mehr Beachtung schenkte und in seinen Entscheidungen nicht von einzelnen Spezialisten im Zuschauerraum bestimmt wurde."[49] Die Befragung zeitgenössischer Rezipientengruppen von Parodien würde die Parodieforschung wie Hüttner auf interessante gesellschaftliche Bedingungen dieser Kenntnisse stoßen.

Daß der Rezipient einer Parodie auch andere Parodien kennen kann, ist von der Parodieforschung nie zum Problem gemacht worden, obwohl die folgende Beobachtung von Jean Paul auf die Bedingung der Rezeption durch Kenntnisse und Einstellung verweist: Der Rezipient „unterschiebt" dem Text seine eigene Meinung. „Daher fliegen eine ganze Menge Programmen, gelehrte Anzeiger und Anzeigen und die schwersten Ballen des deutschen Buchhandels, die an und für sich verdrüßlich und ekelhaft umkriechen, sogleich als Kunstwerke auf, sobald man sich nur denkt (und ihnen also höhere Motive leiht), daß sie irgendein Mann aus parodierendem Spaße hingeschrieben."[50] Auch da, wo die Wirkung einer Parodie von ihrem Titel abhängig gemacht wird – „Manche P. erheitert nur dadurch, daß der Leser – häufig aus dem Titel – weiß, daß es sich nicht um ein Original handelt"[51] – setzt man voraus, daß der Rezipient mit einem Titel bereits bestimmte Voraussetzungen verbindet. Auch diese Frage, wieweit werden Parodien auf dem Hintergrund anderer Parodien wahrgenommen, bedarf noch der empirischen Klärung.

Die Aussagen zum Original-Autor sind widersprüchlich. Bond behauptet, der Original-Autor müsse dem Parodie-Rezipienten bekannt sein,[52] Röhrich modifiziert nach Kommunikationsmedium und Umfang des Originals: bei mündlicher Tradition und bei Zitatparodien geht die Kenntnis des Original-Autors häufig verloren.[53] Auch hier gilt das oben Gesagte.

Entsprechende Aussagen zur Kenntnis des Parodisten fehlen. Ein großer Teil der Parodien des 19. Jahrhunderts ist anonym erschienen. Die Einstellung der Rezipienten ist jedoch von der Kenntnis des Parodisten oder des Mediumproduzenten abhängig.[54] Dieser in der Kommunikationsforschung wohlbekannte Sachverhalt ist in der Parodieforschung noch nicht berücksichtigt worden.

Wenn es stimmt, daß „in der satirischen Parodie . . . überkommene und ‚veraltete' Formen der literarischen Wirklichkeitserfahrung bewußt gemacht" werden,[55] dann setzt das voraus, daß der Rezipient Kenntnisse dieser „Wirklichkeit" hat. Diese triviale Aussage wird da interessant, wo diese Kenntnisse gesellschaftlicher Verhältnisse nicht sicher gestellt ist. Das beginnt mit der Erläuterung von Anspielungen in Parodien durch Herausgeber, da die Parodie „sich ohne diesen Bezugsrahmen dem Verständnis des Lesers verschließen würde"[56], und führt zur generellen Frage, inwieweit Literatur die Wirklichkeitserfahrung der Rezipienten steuere oder modifiziere. Dieser letzten Frage gilt die Parodietheorie Verweyens.

Die Theoriekonstruktion von Verweyen (1973) geht von folgenden Grundannahmen aus: die Wirkungsmöglichkeit von Literatur ist aus der fundamentalen Bedeutung der Sprache für die menschliche Welterfahrung zu begründen, auf der sigmatischen Wirklichkeitsabbildung und der pragmatischen Rezipientenbeziehung. Verweyen erarbeitet nun an einem Beispiel — Mathias Claudius' „Der Mond ist aufgegangen" und seiner Verwendung in der Presse anläßlich der ersten russischen Mondrakete — die Stellung beider Funktionen in der Rezeption. Die Untersuchung führt zu dem Ergebnis, daß Literatur zur „Informationssteuerung ‚zweiter Ordnung' "verwendet wird. „Sie erlaubt, sowohl hinsichtlich des *daß* als auch der *Sinnstruktur* Aussagen über die Funktion einer bestimmten Literatur als eines massenkommunizierten Inhalts zu generalisieren: Aufrichtung von Denkhemmungen, Ressentimentsbildung, Kompensation, Beschwichtigung." Und: „Die Reziprozität des Verhältnisses von Mittelbezug und Rezipient legitimiert den ‚Glaubensartikel', von dem Rühmkorf sprach, daß Literatur dazu beiträgt, Kommunikationssituationen und -verhalten zu formieren und zu normieren."[57] Konkret heißt das: das „Abendlied" von Cladius unterliegt in der Geschichte seiner Rezeption verschiedenen Verarbeitungen als Kinderlied, als Anthologiestück, als evangelisches Kirchenlied, als Gut des protestantischen Bildungsbürgertums usw. Seine Verwendung in der Presse dient einer Informationssteuerung zweiter Ordnung, d. h. das Gedicht kontrastiert dissonierend oder beschwichtigend mit der beunruhigenden Nachricht vom russischen Erfolg einer Mondrakete durch die Abbildung eines vorkopernikanischen Weltverständnisses, für das das Gedicht beispielhaft im Bewußtsein seiner Rezipienten steht. Die Presse betreibt hier „ein adressatbewußtes und -konformes Literaturangebot", das Anbieten „einer ästhetischen und transzendenten Kompensation des Heilsbedürfnisses des Menschen" und die „Fest- oder Fortschreibung eines historischen Bezugsrahmens."[58] Die gesellschaftliche Verwendung „der fundamentalen Bedeutung der Sprache für die menschliche Welterfahrung" bildet die wichtigste Voraussetzung für eine Theorie der Parodie.

„Das ‚Abendlied' des Claudius ist danach Teil eines umfassenden ‚sekundären Lexikons' einer bestimmten Gruppe innerhalb einer bestimmten Sprach- und Kommunikationsgemeinschaft, dessen Benutzung — und Erweiterung — von Regeln bestimmt wird, die, historisch und sozial bedingt, von der Benutzergruppe explizit oder auf dem Wege der Internalisierung festgelegt werden."[59] Dieser Befund erlaubt vier Möglichkeiten der Rezeption zu unterscheiden.[60] Erstens, das Lexikon wird weiterbenutzt und seine Regeln explizit gemacht [Beispiel Presse]. Zweitens, das Lexikon kann erweitert werden, aber die Regeln seiner Benutzung sind weiter gültig. Die *Erweiterung* eines Lexikons stellt demnach die affirmative Antwort auf das Unbrauchbarwerden bestimmter Lexikonteile hinsichtlich ihrer Modell- und Kommunikationsfunktion dar [Beispiel moderne Naturlyrik]. Drittens, das gesamte Lexikon wird auf seine geschichtsphilosophisch-ethische Relevanz in Frage gestellt [Beispiel Parodie]. Viertens, der Autor thematisiert und reflektiert „den Aspekt des öffentlichen Gebrauchs von Kunst, die Formel ‚gebrochen durch Gebrauch', das Problem der Lexikon-Benutzung" selbst [Beispiel Parodie]. Parodie reflektiert oder stellt in Frage die pragmatische oder sigmatische Funktion von Originalen. Nach einer formalisierten Definition faßt Verweyen wie folgt zusammen: „Geht man bei der Analyse des Wortes ‚Parodie' von Formulierungszusammenhängen der Form ‚P parodiert, einen innovativen Wirklichkeitsbegriff voraussetzend, . . .' aus, wird der kritik-theoretische Aspekt virulent. Indem Parodierungshandlung der Restitution zum Ende gebrachter Wirklichkeitsvorstellungen und -darstellungen zuwiderhandelt, kann sie in bezug auf den Kontext der Lebenspraxis, in dem derart bestimmte ‚Gegenstände' der Art T [Original] formierende und normierende Bedeutung gewonnen haben, handlungsorientierend sein. Indem Parodierungshandlung den kritischen Wirklichkeitsbegriff in der syntagmatischen Ebene des Textes Tp [Parodie] nicht realisiert, sondern in dessen paradigmatischer Achse beläßt, ist sie allein als Negation rezipierbar und handlungsorientierend nur in dem Sinne, daß sie den Adressaten zu Konventionen und Standards seiner Lebenspraxis in ein reflektiertes Verhältnis setzt — nicht mehr, freilich auch nicht weniger ... Parodie bricht mit einem bestimmten Lexikon und der Regel seines Gebrauchs, ohne ein neues Lexikon und eine dem Interesse entsprechende Benutzungsregel bereitzustellen. Freilich ist dann je nach dem situationellen Kontext selber zu fragen in dem Sinne, was er erlaubt, um solches praktisches Interesse überhaupt auch praktisch werden lassen zu können."[61] Mit andern Worten, ein Typ der Parodie liefert dem Rezipienten durch Inkongruenz eine neue Wirklichkeitssicht mit, der andere spart sie aus, der Rezipient muß seine eigene Wirklichkeitssicht hinzuziehen und reflektieren. Während der erste Typ mit der Parodie der Inkongruenz zusammenzufallen scheint, liegt es nahe, für den zweiten Typ die Parodie der Mechanisierung anzunehmen. Verweyens Angaben sind zu unspezifisch, um eine Entscheidung zu erlauben. Der wichtigste Beitrag seiner Theorie ist der durchgehende Nachdruck auf dem Verhältnis von Parodien — und Wirklichkeitssicht der Rezipienten. Zu fragen wäre lediglich, ob denn nur die Rezeption der Texte die Wirklichkeitssicht oder auch die Wirklichkeitssicht die Rezeption des Textes verändert? Wir werden auf andere Aspekte von Verweyens Theorie in 5.3. zurückkommen.

Auch andere Autoren haben versucht, das Problem der Parodie rezeptionsgeschichtlich zu lösen. Sah Tynjanovs oben zitierte Aussage zur zweiten Ebene noch so aus, als sei diese nur für die Parodie spezifisch, als halte er sonst an der Autonomie des Kunstwerkes fest („nur auf einer Ebene", „wie jedes Kunstwerk"),[62] macht seine Zusammenfassung des gleichen Artikels klar, daß dem nicht so ist: „Wird die Parodie nicht aufgedeckt, ändert sich das Werk; eigentlich ändert sich so jedes literarische Werk, das von der Ebene gelöst wird, von der es sich abhob. Aber auch die Parodie, deren Hauptelement in stilistischen Details liegt, verliert, wenn sie ihrer zweiten Ebene beraubt wird (die einfach vergessen werden kann) natürlich ihren parodistischen Charakter."[63] Den heuristischen Wert der Parodie für eine allgemeine Theorie der Rezeption von Texten hatte bereits Sklovskij erkannt: „Als allgemeine Regel möchte ich hinzufügen: Ein Kunstwerk wird wahrgenommen auf dem Hintergrund und auf dem Wege der Assoziierung mit anderen Kunstwerken. Die Form des

Kunstwerks bestimmt sich nach ihrem Verhältnis zu anderen, bereits vorhandenen Formen. *Das Material des Kunstwerks wird ständig mit Pedal gespielt, d. h. es wird herausgehoben, ‚zum Tönen gebracht'.* Nicht nur die Parodie, sondern überhaupt jedes Kunstwerk wird geschaffen als Parallele und Gegensatz zu einem vorhandenen Muster. *Eine neue Form entsteht nicht, um einen neuen Inhalt auszudrücken, sondern um eine alte Form abzulösen, die ihren Charakter als künstlerische Form bereits verloren hat.*"[64] Wie Sklovskijs Anhang zu dieser Stelle zeigt, geht diese Einsicht direkt auf die Evolutionstheorie von Brunetière zurück und bildet ihrerseits die rezeptionspsychologische Grundlage der Evolutionstheorie von Tynjanov. Vor allem Lotman hat diese Gedankengänge weitergeführt. Unter den extratextuellen Bezügen des Texts interessiert Lotman vor allem der „Begriff der Relation zwischen der tatsächlichen Struktur eines Werkes (dem tatsächlichen Kode) und der Struktur, die vom Zuhörer (Leser) erwartet wird ... Wir können in diesem Falle alle Arten literarischer Werke und Kunstwerke in zwei Klassen einteilen, die typologisch miteinander korrelieren, obwohl historisch gesehen meist eine Relation der Aufeinanderfolge vorlag.

Die erste Klasse bilden künstlerische Erscheinungen, deren Struktur vorher gegeben sind und bei denen die Erwartung der Zuhörer durch den ganzen Bau des Werkes bestätigt wird."[65] Lotman nennt diese Relation „Ästhetik der Identität", ihr Grenzfall ist die Automatisierung.[66]

„Eine andere Klasse von Strukturen bilden, auf dieser Ebene betrachtet, Systeme, bei denen die Natur des Kodes dem Auditorium vor Beginn der künstlerischen Rezeption nicht bekannt ist. Hier handelt es sich nicht um eine Ästhetik der Identität, sondern um eine Ästhetik der Gegenüberstellung."[67] Hierher gehört die Parodie: „Die Parodie ist der interessante und seltene Fall einer Konstruktion, bei der die echte innovatorische Struktur sich außerhalb des Textes befindet und ihre Relation zum Strukturklischee als extratextueller Bezug auftritt, nämlich nur als Einstellung des Autors zur Textkonstruktion ... Aus dem Gesagten ergibt sich, daß die Parodie niemals als zentrales künstlerisches Genre auftreten kann, und daß nicht sie es ist, die den Kampf mit den Klischees eröffnet. Damit eine Parodie in ihrer vollen künstlerischen Bedeutung rezipiert werden kann, müssen in der Literatur bereits Werke vorhanden und dem Leser bekannt sein, die zugleich mit der Zerstörung ästhetischer Klischees diesen eine Struktur von größerem Wahrheitsgehalt entgegenstellen, eine

Struktur, die ein angemesseneres Modell der Wirklichkeit schafft. Denn erst das Vorhandensein einer solchen neuen Struktur im Bewußtsein des Lesers befähigt ihn, den destruktiven Text der Parodie durch ein extratextuelles konstruktives Element zu ergänzen, d. h. den Blickwinkel des Autors auf das parodierte System zu übernehmen."[68] Mit anderen Worten, der Parodie-Rezipient muß nicht nur die automatisierten Strukturen, sondern auch davon abweichende Strukturen kennen. In der literarischen Reihe muß nicht nur das Original, sondern es müssen auch andere davon abweichende Texte der Parodie vorausgehen. Diese Hypothesen können empirisch nachgeprüft werden. Für die Kompetenz des Parodierezipienten sind weiter folgende allgemeinen Hypothesen von Lotman wichtig: „Die vom Adressaten rezipierten Anfangselemente des Textes sind, neben ihrer Bedeutung, Signale für bestimmte Kodes (Kunstrichtungen, Genres, Sujet-Typen, Zugehörigkeit zur Poesie und Prosa usw.), die im Bewußtsein der Rezipienten bereits vorhanden sind. Sobald aber der Informationsempfänger in seiner Wahl der Dekodierungssysteme bestätigt worden ist, bekommt er sofort die Strukturzeichen, die offenbar in einem gewählten Schlüssel nicht dekodierbar sind. Vielleicht möchte er sie zunächst als unwesentlich ignorieren, aber ihr wiederholtes Auftreten und ihre offensichtliche interne Systemhaftigkeit hindern ihn daran. Nunmehr entwickelt er ein zweites System, das sich von einem bestimmten Moment an über das erste legt."[69] Diese Aussagen sind sowohl auf die Relation Parodie-Original wie auf die von Parodie und Parodie beziehbar. Die Kenntnisse eines Rezipienten steuern also seine Rezeption von Texten. Da diese Kenntnisse offensichtlich variabel – individuell und historisch – sind, wäre es auch hier an der Zeit, einmal empirisch zu überprüfen, auf welchem Hintergrund Parodien rezipiert werden und wie dieser Hintergrund durch die Rezeption von Parodien modifiziert wird.

5.2.2 Die Aussagen zur Travestie erreichen nicht den Reflexionsgrad wie die zur Parodie. Das Lachen über die Travestie setzt die Kenntnis des Originals voraus,[70] manchmal wirken Travestien auch ohne die Kenntnis des Originals.[71] Der verwendete Jargon oder das Register kann bestimmten Rezipientenschichten unbekannt sein.[72]

5.2.3 Generell gelten hier wie beim Pastiche, zu dem fast gar nichts vorliegt,[73] die entsprechenden Theorien von Verweyen, Sklovskij und Lotman.

5.2.4 Zusammenfassend:

1. Die Kenntnis des Originals von Parodie und Travestie ist bei den Rezipienten graduell verschieden (Beattie, Tynjanov, Ebeling, Hüttner, Shlonsky, Bond).
2. Die Kenntnis des Originals modifiziert die Rezeption von Parodie und Travestie (Tynjanov, Beattie, Röhrich).
3. Die Kenntnis anderer Parodien oder Travestien modifiziert die Rezeption von solchen (Paul, Liede, Lotman).
4. Die Kenntnis des Original-Autors beim Rezipienten ist variabel (Röhrich).
5. Die Kenntnis des Parodisten beim Rezipienten ist variabel (Nestroy).
6. Die Kenntnis des Parodisten modifiziert die Rezeption von Parodien (Nestroy).
7. Die Rezeption von Originalen und Parodien modifiziert die Sicht der Gesellschaft beim Rezipienten (Verweyen; wie zu den folgenden).

7.1. Originale können durch Weiterbenutzung eines bestimmten Lexikons oder durch dessen Erweiterung bestimmte Weltanschauungen im Rezipienten festschreiben.

7.2. Parodien können durch Thematisierung oder Infragestellung eines bestimmten Lexikons und der Regeln seines Gebrauchs handlungsorientierend für den Rezipienten sein oder ihn zur Reflektierung seines Wirklichkeitsverhältnisses veranlassen.

8. Parodien, wie alle literarischen Texte, werden vom Rezipienten auf dem Hintergrund anderer Texte wahrgenommen (Sklovskij, Tynjanov, Lotman).

8.1. Weicht die Parodie von diesem Hintergrund ab (Ästhetik der Gegenüberstellung), hat der Rezipient ein zweites System zu konstruieren, das das des Textes überlagert (Lotman).

9. Die Kenntnisse des Rezipienten bestimmen die Art der Rezeption von Parodien, Travestien und Pastiches (Beattie, Wilpert, Hempel).

Abschließend läßt sich noch einmal hervorheben, daß die Hypothesen über die Kompetenz, so vorläufig sie auch sein mögen, präzis genug sind, um empirisch überprüft zu werden. Die Parodieforschung wird sich, wie sich auch im folgenden Abschnitt zeigt, mehr als bisher auf die Erforschung tatsächlicher Rezipientenverhalten einlassen müssen.

5.3. *Einstellung*

Daß die Einstellungen, zu denen hier auch Wertungen und Erwartungen gerechnet werden, bei der Rezeption von Parodien, Travestien und Pastiches eine Rolle spielen, wird von einem großen Teil der Parodieforschung angenommen. Wir werden hier neben den Aussagen über Einstellungen (Metaaussagen) auch Aussagen der Parodieforschung, vor allem Wertungen und Normierungen hinzuziehen, Parodieforscher also selbst als Rezipienten behandeln, wo das der Theoriekonstruktion förderlich scheint.

5.3.1 Bei den Einstellungen von Parodie-Rezipienten lassen sich wieder solche zum Original-Autor, Parodisten, Original, zur Parodie, den Medien, den Original-Rezipienten und der Gesellschaft unterscheiden. Der Schwerpunkt liegt, wie schon früher, auf den Einstellungen zum Original und zur Parodie. Die Diskussion der Einstellung zum Original-Autor kreist, seit Hobbes das Überheblichkeitsgefühl als Grundlage des Lachens postulierte, um die Frage, inwieweit diese Einstellung für den Parodie-Rezipienten gelte. Hutcheson leugnet diese Einstellung,[74] doch neuere Autoren wie Yunck (1963) halten zumindest für die mechanisierende Parodie an dieser Einstellung fest: „It appeals suavely to the reader's critical faculties and a bit to his snobbery. Its final effect is an arch and tolerant amusement which humbles the author parodied."[75]

Ähnlich widersprüchlich sind Aussagen über die Einstellung zum Parodisten. Mehr Aussagen nehmen eine bewundernde Haltung als Ablehnung an.[76] Householders Hypothese, daß Rezipienten den Parodisten niedriger bewerten als den Original-Autor, findet zumindest in den Wertungen der Parodieforschung reiche Unterstützung.[77] Beide Einstellungen müßten im Rahmen der Gruppentheorien von Dupréel und Martineau sowie der geschichtlichen Theorie von Sully neu überdacht werden.[78] Die Frage, ob diese Autoren zur gleichen Gruppe wie die Rezipienten gehören, wird hierbei eine entscheidende Rolle spielen.

Bei der Einstellung zum Original stehen sich entsprechend gegensätzliche Aussagen gegenüber. Der Rezipient bewundert das Original oder steht ihm ablehnend gegenüber.[79] Einige behaupten, Lachen und Bewunderung des Originals seien durchaus miteinander vereinbar,[80] andere meinen, eine hohe Einschätzung des Originals führe zu einer Ablehnung der Parodie.[81] Statt von festen Einstellungen der Rezipienten auszugehen, wird es sich auch hier als fruchtbarer erweisen, dieselben im Rahmen von Gruppeninteraktionen und gesellschaftlichen Entwicklungen zu analysieren. Weiter führen Aussagen über Erwartungen und deren Durchbrechung. Hier interessiert nicht sosehr der Prozeß der Erwartung, wie ihn Lipps (1898) und Freud (1969) analysiert haben (vgl. 5.4), sondern, welche Erwartungen der Rezipient an die Parodie heranträgt. Als solche Erwartungen werden genannt: Erwartung auf Wahrscheinlichkeit, ästhetische Vollkommenheit, Einheit von Inhalt und Form, Charakter und Rede oder Stil und Gegenstand und Einheit von Stil und Medium.[82] Von hier ist es nur ein kleiner Schritt zu den analysierten und an der Parodieforschung nachgewiesenen Wertsystemen verschiedener Art. Die Theorie des „aptum" und die ihr zugrundeliegenden Hierarchien von „hohen" und „niedrigen" Stilen, Formen, Gegenständen, Gattungen usw. gehören offenbar zu Wertsystemen, die der Rezipient, wenn man von den Parodieforschern auf andere Rezipienten schließen kann, an Texte heranträgt. Und die Rezeption von Parodien hängt in fundamentaler Weise von diesen Wertungen und Einstellungen ab. Nun hat die Diskussion gezeigt, daß diese Wertsysteme dem geschichtlichen Wandel unterworfen sind, daß sie zu Konventionen oder „versteinerten Werten der Gesellschaft" werden können.

Eine geschichtliche Theorie sich wandelnder Rezipientenwertungen hat im Anschluß an Tynjanovs Evolutionstheorie Vodička (1964) entworfen. Vodička unterscheidet drei Bereiche der literaturhistorischen Forschung: den der Genesis, den der literarischen Reihe und den der Rezeption literarischer Werke. Die Theorie über den letzten Bereich ist geeignet, die Aussagen der Parodieforschung in einen generellen Rahmen zu stellen „The literary work is in terms of structural esthetics conveived of as an esthetic sign directed to an audience. We must thus constantly keep in mind not only its existence but also its reception, we must remember that it is esthetically perceived, interpreted and evaluated by the readership ... *Evaluation* is then closely linked to esthetic perception. Evaluation presupposes evaluative criteria which, however, are not constant, so that the value of the work in the light of the historical sources is not a constant and unchanging magnitude. Precisely because the criteria for valuation and the literary values are constantly changing in their historical development, it is the natural task of an historical science to describe these changes."[83] Speziell: „Within the range of interest and knowledge of the literary public of a certain nation or a certain social class, there exists at any given time a certain number of works classed into a certain hierarchy of values. Every new work is in some way included in this literature and is quite instinctively evaluated by its readers. This valuation becomes significant for the stability of the scale of literary values only if it has become public. Hence the important function of the critic."[84] Diese Hypothesen von Vodička werden von den Wertungen und Normierungen in der Parodieforschung reichlich bestätigt.[85] Wenn aber die Hypothese, daß die Rezeption von Parodien von solchen Wertungen abhängt, stimmt, dann wird Vodičkas Programm der Rezeptionsforschung auch für die Parodieforschung aktuell.[86]

Es ist hier nicht der Platz auf Spezifizierungen dieses Programms einzugehen,[87] aber die bisherige Diskussion zeigt wohl deutlich genug, wie wichtig es ist, statt nur Wertungen weiterzutragen, diese zum Gegenstand einer historisch-systematischen Untersuchung zu machen.

Was für die literarischen Wertungen und Einstellungen gilt, gilt auch für die Einstellungen und Wertungen gesellschaftlicher Art. Ja, wenn unsere Hypothese zutrifft, daß literarische Hierarchien nach „hoch" und „niedrig" Übertragungen gesellschaftlicher Hierarchien von Gruppen und Klassen sind, lassen sich jene auf diese zurückführen. Ob die Einstellung des Parodie-Rezipienten antiautoritär oder konservativ ist, wird im Rahmen bestimmter geschichtlicher Gruppen und Klassen zu bestimmen sein. Piddington (1933), der am klarsten die Abhängigkeit des Lachens von sozialen Wertungen und Einstellungen herausgearbeitet hat, generalisiert folgendermaßen: „Now it is socially desirable that the existing scheme of social evaluations should remain as far as possible as it is, and if change, which occurs in all societes, takes place, it must do so along certain definite, socially recognised lines; but the ludicrous is always anti-social, a sudden blow to social sentiments centred about objects and traditions of humor." Aber: „by laughing we adopt an attitude which from our infancy has expressed an attitude of complete satisfaction with things as they are; by adopting this attitude we inhibit any tendency to change in our system of social evaluations." Diese letztlich stabilisierende Wirkung des Lachens auf soziale Einstellungen nehmen auch andere Autoren an.[88]

Auch hier ist die Zeit gekommen, zur empirischen Untersuchung des Zusammenhangs zwischen Einstellung und Lachen überzugehen. Ansätze dazu sind in der Psychologie vorhanden. So beschreiben z. B. Miller und Bacon (1971) folgendes Experiment. Versuchspersonen, deren Einstellungen durch Befragung festgestellt wurden, wurden mit einer Parodie eines Playboy-Faltbildes konfrontiert, in der die Verteilung der Sonnenbräune auf dem Körper des Modells umgekehrt erschien, d. h. die sonst vom Bikini bedeckten Flächen gebräunt, der Rest weiß. Das Erkennen dieses Fotos als Parodie korrelierte signifikant mit den Einstellungen der Versuchspersonen zu solchen und anderen Gegenständen.[89] So vorläufig solche Ergebnisse auch sein mögen, zeigen sie doch Möglichkeiten, generelle Rezipientenhypothesen der Parodieforschung nachzuprüfen.

5.3.2 Zur Travestie liegen wieder nur historisch oder gesellschaftlich unrelativierte Aussagen über die Einstellung ihrer Rezipienten vor. Die Einstellung zum Travestie-Autor ist negativ (Verachtung), die zum Original positiv, sogar die zur Travestie kann negativ sein usw.[90] Zugrundeliegt dem Lachen die Schadenfreude: „Zwei Momente trennen also das Burleske vom rein Komischen: 1. Daß der Gegenstand unserer Erwartung *unbedingten* Anspruch auf Erhabenheit machen kann, daß das, was wir erwarten, nicht bloß ein relativ erhabenes und eindrucksvolles ist, nicht bloß ein weniger nichtiges als das sich einstellende nichtige; 2. daß zu dem Gefühl der Komik sich das an ihm fremde Gefühl der *Schadenfreude,* der boshaften Lust an der Erniedrigung einer Größe gesellt."[91] Die Travestieforschung hat für die Epentravestie die Normen und Wertungen der zeitgenössischen Rezipienten erstellt und nachgewiesen, daß es möglich ist, die Verfahren der Travestie als Verletzungen der klassizistischen Regeln zu verstehen.[92] Diese Ergebnisse müßten im Sinne von Vodička auf ander Zeiten und Gruppen ausgedehnt werden.

5.3.3 Über die Einstellungen von Pastiche-Rezipienten liegt nichts vor.

5.3.4 In Zusammenfassung:

1. Die Einstellungen der Rezipienten von Parodien und Travestien sind variabel (Hutcheson, Yunck, Riewald, Wellek).
2. Rezipienten von Parodien und Travestien haben bestimmte Erwartungen (Lipps, Freud, Cicero).
3. Rezipienten von Parodien und Travestien haben bestimmte literarische und gesellschaftliche Werthierarchien internalisiert (Vodička, Verweyen, Piddington).

3.1. Diese Werthierarchien sind an bestimmte Gruppen, Klassen oder Gesellschaften gebunden (Vodička, Piddington, Verweyen).

3.2. Diese Werthierarchien unterliegen dem historischen Wandel (Vodička, Piddington, Duncan).

4. Diese Einstellungen, Wertungen, Erwartungen bestimmen die Art der Rezeption (Vodička, Piddington, Paul, Miller und Bacon).

5.4. *Rezeption*

Wären die Effekte von Parodie, Travestie und Pastiche gleich den Zielsetzungen der Autoren, erübrigte sich eine eingehende Diskussion. Bei der Parodie riefe Mechanisierung im Rezipienten Lachen, Kritik oder Verlachen, hervor, und Inkongruenz außerdem noch einen satirischen Effekt. Dem ist aber nicht so, wie manche Parodieforscher festgestellt haben. Parodien können ebensogut Ekel, Langeweile, Aggression oder andere Reaktionen im Rezipienten hervorrufen. Es wird also unumgänglich, auf die psychischen Prozesse im Rezipienten einzugehen. Statt einer einfachen Stimulus — Respons-Theorie (Inkongruenz → Lachen) müssen vermittelnde Faktoren benannt und kombiniert werden, um die Verschiedenheit der Reaktionen zu erklären. Kurz, man braucht eine psychologische Theorie der Rezeption.[93] Die Parodieforschung hat eine solche nicht zustande gebracht und auch nicht versucht, sich bei der Psychologie Hilfe zu holen. Sie hat vermittelnde Faktoren meist als Hindernisse betrachtet, vor denen man den Autor zu warnen habe. Die den Zielsetzungen der Autoren entsprechenden Reaktionen sind die „richtigen", alle anderen zu vermeidende Abweichungen, ein Mißlingen der Kommunikation. Wir werden im folgenden zunächst diese hindernden Faktoren, dann psychologische Theorien, die von der Parodieforschung nicht rezipiert worden sind, behandeln.

5.4.1 Unter den hindernden Faktoren bei der Rezeption von Parodien lassen sich solche als Rezipientenbewußtsein und solche des Textes unterscheiden. Zunächst zu den ersteren. Es dürfte bereits klargeworden sein, daß Kenntnisse und Einstellungen zu diesen Faktoren gehören. Fehlende Kenntnis des Originals kann das Lachen des Rezipienten, sein Verständnis der Kritik oder Satire beeinträchtigen oder verhindern.[94] Da diese Aussagen aber keinen Versuch machen, eine Beziehung zwischen Lachen und Kenntnissen in genereller Form herzustellen, führen sie psychologisch nicht weiter.

Etwas weiter gehen Aussagen über Rezipienten-Einstellungen, die Reaktionen im Sinne der Autoren verhindern. Beattie hebt folgende Faktoren hervor: Inkongruenz ist nicht lächerlich („ludicrous" = reines Lachen), wenn sie traditionell und allgemein verbreitet ist und wenn sie eine der folgenden vier Gefühle im Rezipienten hervorruft: moralische Ablehnung, Entrüstung oder Ekel, Mitleid oder Furcht.[95] In der Theorie der Mischung von Emotionen heißt das, wenn diese Emotionen stark genug sind, verdrängen sie das Gefühl des Lächerlichen.[96] Parodieforscher, als Rezipienten verstanden, bestätigen diese Aussage nicht nur häufig durch ihre eigenen Reaktionen,[97] sondern benutzen dieses Argument auch häufig, um den Parodisten vor Vulgarität, Obszönität oder direkter Attacke zu warnen und Regeln für die Parodie aufzustellen.[98] Auch hier liegen keine weiterführenden Hypothesen vor, obwohl Dupréels, Martineaus und Sullys Gruppentheorien hierfür Erklärungsrahmen bereitstellen.

Auch der Text selbst kann Rezipienten-Reaktionen im Sinne des Parodisten verhindern. Mit der Kenntnis von Originalen und Parodien ist nach der Parodieforschung noch nicht sichergestellt, daß der Rezipient diese in einem gegebenen Text erkennt. Das Erkennen des Originals hängt an den beibehaltenen Wörtern des Originals in der Parodie. „Sie [die Grenze der Eigenständigkeit des Parodisten] liegt ebenfalls im Zwang zur Beibehaltung von Fügungen und einzelnen Gliedern des parodierten Gegenstandes. Bei der Zerstörung der Form gerät der Hinweischarakter in Verlust, wenn hingegen die eigene Grundhaltung nicht offenbar wird, so ist die Parodie nicht anders denn als bloße Nachahmung erfaßbar."[99] Oder wie Ruttkowski (1966) schreibt: „Je mehr nun der neue Text dem alten noch ähnelt (in seiner Stimmung aber völlig von ihm abweicht) umso stärker ist die oben beschriebene Erinnerungswirkung."[100] Häufig genügt es durch enge Parallelen am Anfang eines Textes, die Erinnerung an ein Original wachzurufen.[101] Neben der Enge zum Original wird auch dessen Umfang als ein bedingender Faktor des Erkennens genannt. Wo die Textklasse der Originale zu weit gewählt wird, wird die Parodie nicht mehr „spürbar".[102] Ähnliches gilt für den Grad der Inkongruenz und der Mechanisierung. „Das Gespanntsein [der Parodie] ist ohne Zweifel vom ersten Augenblick an vorhanden, es wird nur nicht auch vom ersten Augenblick an offenbar. Wir können vielmehr die tatsächliche Haltung des Autors erst in dem Moment erkennen, wenn innerhalb des Werkes die bereits erwähnte Spannung auftritt, die in den meisten Fällen zum Zerreißen, zum Stilbruch führt. Der entscheidende Punkt liegt jedoch zweifelsohne darin, daß diese Spannung primär nur innerhalb des Werkes wirksam wird. Die Spannung wirkt vorerst nur als Spannung, im Extremfall als Stilbruch an sich, erst sekundär wird daraus die Grundhaltung erfaßbar, ein Gespanntsein bzw. Gerichtetsein gegen die Vorlage oder deren Verfasser."[103] Das gleiche wird von der Mechanisierung behauptet.[104] Schließlich wird noch die Metaierung als bedingender Faktor der Erkenntnis genannt. Rezipienten orientieren sich an direkten Kommentierungen des Originals oder der Parodie durch Charaktere im Text.[105] Sie orientieren sich weiter an Titel, Kontext, auftauchenden Namen und am Medium der Parodie. Am deutlichsten tritt dies in Schmieders (1972) Kommentar zu einem Urteil des Bundesgerichtshofes über eine Walt Disney-Parodie in der Zeischrift *Pardon* hervor. Der Bundesgerichtshof geht bei seinem Urteil davon aus, daß die parodistische Wirkung von der Enge zum Original abhängt: „Bildet der Gegenstand einer Parodie ein unter Urheberschutz stehendes Werk, so darf die Parodie nur dann ohne Genehmigung des Urhebers des parodierten Werkes vervielfältigt und verbreitet werden, wenn sie ein selbständiges Werk darstellt, das in *freier* Benutzung des parodierten Werkes geschaffen worden ist. Ob und inwieweit urheberrechtlich geschützte Teile des parodierten Werkes unverändert oder mit unwesentlichen Änderungen in die Parodie übernommen werden dürfen, hängt u. a. davon ab, inwieweit die Entlehnung erforderlich ist, um die parodistische Wirkung zu erreichen."[106] Schmieder hält dagegen, daß auch deutliche Inkongruenzen, das Auftreten des Original-Autors in der Parodie, der aktuelle Anlaß (Tod des Original-Autors), und der metaierende Titel weitere erkenntnissteuernde Elemente der Parodie seien. „Schließlich war auch der bekannte satirische Charakter der Zeitschrift zu berücksichtigen, deren Leserschaft an derartig frech-frivole Verfremdung gewöhnt ist und sicherlich im Rahmen dieses Blattes nicht den Abdruck normaler Comic-strips für Kinder erwartet."[107] Offensichtlich hängen diese Faktoren im Bewußtsein des Rezipienten zusammen, und es geht nicht an, einen dieser Faktoren allein zur Urteilsbegründung heranzuziehen.

Andere Textfaktoren wirken auf die Einstellungen des Rezipienten und können die angestrebte Rezeption verhindern. Vor allem die Länge der Parodie hängt mit dem Ermüden zusammen. Z. B. die durchgehaltene Inkongruenz ermüdet oder ruft im Rezipienten den Eindruck der Verkrampfung, eine negative Einstellung zur Parodie hervor.[108] Eine durchgehaltene Attacke auf das Original kann auf den Rezipienten unfair wirken, ebenfalls eine Umkehrung der beabsichtigten Wirkung. Treten Enge zum Original und Länge der Parodie zusammen, stellt sich der gleiche Effekt ein.[109] Die Möglichkeit der Anteilnahme erwächst bei der Parodie gerade aus der Distanz vom

Original.[110] Ein weiterer Faktor ist die Wertstufe, die in der Inkongruenz eingesetzt wird. Kollidiert sie mit dem Wertsystem der Rezipienten als zu „niedrig", bleibt der angestrebte Effekt aus.[111] Umgekehrt kann die Parodie Rezipienten amüsieren, „weil das nicht so recht zugängliche Kunstwerk so auf ihr Niveau gebracht wird."[112] Schließlich kann die Parodie durch Selbstverspottung sich in ihrer Wirkung gegen seelische Widerstände im Rezipienten abschirmen.[113] Greig (1926) faßt einige der vorhergehenden Argumente weiterführend zusammen: „It is obvious that caricature and parody lose the greater part of their effect unless the original, or object of attack, is known, and unless the spectator already take, or can be persuaded by the artist to take, an interest in this original ... If it [the interest] is affection, the attack of the successful caricaturist or parodist merely ruffles the surface, leaving the interest essentially unchanged; provided always the attack is not too fierce ... If the interest in the original is often affection, and the caricature or parody only a mock attack or easily interpreted as such, the same effect for laughter may be achieved when the interest is chiefly hostility. But in this event, if a laugh is to be provoked, hostility must be limited by real or pretended affection."[114] Greigs Aussagen machen klar — als einzige in der Parodieforschung — daß nicht nur Einstellungen die Rezeption von Parodien modifizieren, sondern daß auch das umgekehrte Verhältnis gilt: die Rezeption von Parodien modifiziert Kenntnisse und Einstellungen des Rezipienten.

Hier einige Aussagen zu den beiden letzteren Funktionen. Wenn die Parodie Verfahren im Original „erleuchtet" oder „bloßlegt", dann sind dies nur metaphorische Umschreibungen für eine Veränderung der Kenntnisse oder Erkenntnisfähigkeiten der Rezipienten.[115] Insbesondere werden folgende Erkenntnisse des Rezipienten als mögliche Wirkungen von Parodien genannt: das Erkennen einzelner Verfahren im Original,[116] eine verstärkte Reflexion auf die Sprache selbst,[117] das Erkennen des Originals als archaisch[118] — ein Original wird erst durch die Parodierung archaisch — oder als klassengebunden, d. h. durch Inkongruenz wird ein bestimmter Wertbereich, etwa des Heroischen, als klassengebunden durchschaubar.[119] Beerbohm bringt eine wichtige Korrektur an: „we can, whilst we laugh at a grotesque superficial effect, gain sharper insight into the subject's soul, or, more strictly, behold that soul as it appears to the performer [parodist] himself."[120] Parodien können auch dem Rezipienten zu einer neuen Sicht der Wirklichkeit verhelfen.[121]

Parodien verändern Einstellungen von Rezipienten. Unter Umständen die zu Original-Autor oder Parodist, aber vor allem die zum Original. Marmontel scheint das als erster beobachtet zu haben: „Une excellente *parodie* serait celle qui porterait avec elle une saine critique ... Mais celle qui ne fait que travestir les beautés sérieuses d'un ouvrage dispose et accoutume les esprits à plaisanter de tout, ce que fait pis que de les rendre faux; elle altère aussi le plaisir du spectacle sérieux et noble; car au moment de la situation *parodiée*, on ne manque pas de se rappeler la parodie, et ce souvenir altére l'illusion et l'impression du pathétique."[122] Daß die Rezeption einer Parodie nachfolgende Rezeptionen des Originals modifiziere, was oft behauptet wird,[123] läßt sich auch so generalisieren: „parody disrealizes and dethrones literary norms."[124] Andere Autoren bestreiten diese Wirkung.[125] Inwieweit Parodien auch die Einstellung zur Gesellschaft verändern können, bleibt offen, wenn man nicht Verweyens Aussage, Parodie könne „handlungsorientierend" wirken, in dieser Richtung verstehen will.[126]

Alle diese behandelten Aussagen bleiben vereinzelte *ad hoc* Generalisierungen, die in kein erkennbares psychologisches Modell integriert werden. Die Selbstverständlichkeit der Aussagen scheint ihre Systematisierung oder empirische Überprüfung überflüssig zu machen. Die meisten der gemachten Generalisierungen lassen sich, wie sich zeigen wird, im Rahmen der Komik-Theorie von Freud erklären, eine Theorie, die trotz einzelner Hinweise bis heute von der Parodieforschung nicht beachtet worden ist.

Lipps (1898), auf dessen Arbeit Freud z. T. aufbaut, versucht, Kants Theorie über die Komik als Erwartungsauflösung psychologisch zu begründen.[127] Lipps definiert: „Wir sprechen von einer solchen [Erwartung], und sind berechtigt davon zu sprechen, wenn die Bereitschaft zum Vollzug einer Wahrnehmung oder zur Erfassung einer Tatsache eine aktive ist, d. h. wenn in uns *lebendige* Wahrnehmungen oder Vorstellungen vermöge ihrer Beziehung zu der Wahrnehmung oder Tatsache auf diese hinweisen oder hindrängen".[128] Alle Komik läßt sich nun nach Lipps auf Erwartungsdurchbrechung zurückführen. Unter den witzigen Substitutionen führt Lipps auch die Parodie auf. „Eine doppelte Art derselben läßt sich unterscheiden. Die eine beruht auf dem Vorhandensein verschiedener Sprachen innerhalb einer und derselben Sprache ... Nicht fremd müssen dem Hörer die Worte, die Redewendungen und Redeformen sein, die ich parodierend gebrauche, sondern wohlbekannt, aber bekannt als einer anderen Gedankenwelt angehörig, die derjenigen fremd ist, in der ich sie verpflanze . . ."[129]

Für Freud ist diese Bestimmung der Komik und der Parodie zu eng.[130] Freud unterscheidet Witz, Komik und Humor, seine Analyse gilt vor allem den ersten beiden.[131] Ausgangspunkt für alle Formen des Lachens ist die Energiehypothese: Psychische Energie verteilt sich im Rezipienten auf Bewußtes, Vor- und Unbewußtes. Beim Witz lassen sich nun harmlose und tendenziöse Witze und bei den letzteren solche mit feindseliger oder obszöner Tendenz unterscheiden.[132] Energie verteilt sich auf aggressive oder sexuelle Tendenzen und deren Hemmungen. Hebt ein tendenziöser Witz diese Hemmungen für einen Augenblick auf, wird die Hemmungsenergie frei und kann in Lachen abgeführt werden. Zugrundeliegt die Hypothese von der Erhaltung der Energie. Diese Bindung von Energie an Tendenzen, Hemmungen oder auch Gegenstände nennt Freud „Besetzung". Damit die Energieabfuhr im Lachen eintreten kann, müssen bestimmte Voraussetzungen erfüllt sein: „1) Es muß gesichert sein, daß die dritte Person [Rezipient] diesen Besetzungsaufwand wirklich macht. 2) Es muß verhütet werden, daß derselbe, wenn frei geworden, eine andere psychische Verwendung findet, anstatt sich zur motorischen Abfuhr zu bieten. 3) Es kann nur von Vorteil sein, wenn die freizumachende Besetzung bei der dritten Person zuvor noch verstärkt, in die Höhe getrieben wird."[133]

Auch das Lachen über Komik beruht auf der Abfuhr freigewordener Energie, unterscheidet sich aber vom Lachen über Witz durch die Art des Energiefreimachens. Da dieser Mechanismus nach Freud der Rezeption von Parodien zugrundeliegt, müssen wir hier etwas ausführlicher begründen. Freud entwickelt seine Hypothesen an der komischen Bewegung und der direkten Beobachtung derselben; sprachliche Komik ist aus der ersteren abgeleitet. Grundthese ist, daß der Energieaufwand einer psychischen Vorstellung dem einer physischen Bewegung, des Vorgestellten entspricht.[134] Mit anderen Worten, der Energiebetrag mit dem verschiedene Vorstellungen besetzt sind, hängt ab vom Energiebetrag, der für die Nachahmung des vorgestellten Aktes aufgebracht werden mußte. Durch Stufen der Abstraktion kann dieser Energiebetrag von einer Vorstellung auf eine andere, ein Wort oder ein künstliches Zeichen übertragen werden. Die Energiebesetzung von verschiedenen Wörtern geht letztlich auf die menschliche Praxis zurück.[135]

Damit ist die Grundlage für eine Theorie des Lachens über komische Gegenstände geschaffen. „Ich mache also beim ‚Verstehenwollen', bei der Apperzeption dieser Bewegung einen gewissen Aufwand, verhalte mich bei diesem Stück des seelischen Vorgangs ganz so, als ob ich mich an die Stelle der beobachteten Person versetzte. Wahrscheinlich gleichzeitig fasse ich aber das Ziel dieser Bewegung ins Auge und kann durch frühere Erfahrung das Maß von Aufwand abschätzen, welches zur Erreichung dieses Zieles erforderlich ist. Ich sehe dabei von der beobachteten Person ab und benehme mich so, als ob ich selbst das Ziel der Bewegung erreichen wolle. Diese beiden Vorstellungsmöglichkeiten kommen auf einen Vergleich der beobachteten mit meiner eigenen Bewegung hinaus. Bei einer übermäßigen und unzweckmäßigen Bewegung des anderen wird mein Mehraufwand fürs Verständnis in statu nascendi, gleichsam in der Mobilmachung gehemmt, als überflüssig erklärt und ist für weitere Verwendung, eventuell für die Abfuhr durch Lachen frei. Dieser Art wäre, wenn andere günstige Bedingungen hinzutreten, die Entstehung der Lust an der komischen Bewegung, ein bei der Vergleichung mit der eigenen Bewegung als Überschuß unverwendbar gewordener Innervationsaufwand."[136]

Was für die komische Bewegung eines anderen – jemand schießt mit Kanonen auf Spatzen – postuliert wird, gilt mit umgekehrten Vorzeichen auch für die Komik von geistigen oder seelischen Eigenschaften eines anderen, etwa den Fehlleistungen eines Kandidaten im Examen. Beim letzteren ergibt sich, daß der andere sich einen Aufwand gespart hat, den der Rezipient aus seiner Erfahrung für unerläßlich hält. „Es kommt also scheinbar für die komische Wirkung nur auf die Differenz zwischen den beiden Besetzungsaufwänden – dem der ‚Einfühlung' und dem des Ichs – an und nicht darauf, zu wessen Gunsten diese Differenz aussagt."[137] Die Vergleichung der anderen Person mit dem eigenen Ich ist genetisch die bedeutendste Quelle der Komik, aber nicht die einzige. Die Vergleichung kann zwischen der Einfühlung in einen anderen und dem eigenen Ich erfolgen (Überlegenheit) oder aber ganz innerhalb der Einfühlung in den anderen oder ganz innerhalb des eigenen Ichs.[138] Der zweite Fall ist der der Situationskomik: ein Besetzungsaufwand des anderen wird mit einem zweiten des anderen verglichen, eine Vergleichung mit dem Ich findet nicht statt.[139] Der dritte Fall ist die Komik der Erwartung: die Vergleichung geschieht zwischen einem gemachten und einem antizipierten Besetzungsaufwand des Ichs. „Ich nehme an, daß ein quantitativ bestimmter Aufwand unserer jedesmaligen Erwartungsvorstellung zugrundeliegt, der sich also im Falle der Enttäuschung um eine bestimmte Differenz vermindert ...",[140] die dann wieder im Lachen abgeführt werden kann. Das Lachen in allen drei Fällen resultiert also aus einer Vergleichung von Besetzungsaufwänden, bei der ein bestimmter Teil einer Besetzung sich als überflüssig erweist und als freigewordene Energie im Lachen abgeführt werden kann. Der Unterschied zum Lachen über den Witz liegt also nicht in der Energieabfuhr, sondern darin, wo diese Energie freigesetzt wird: „Die Quelle der Lust des Witzes mußten wir in das Unbewußte verlegen [Tendenz-Hemmung]; keine Veranlassung zur gleichen Lokalisation ist für das Komische erfindlich. Vielmehr deuten alle Analysen, die wir bisher angestellt haben, darauf hin, daß die Quelle der komischen Lust die Vergleichung zweier Aufwände ist, die wir beide dem Vorbewußtsein zuordnen müssen."[141]

Wie das Lachen über den Witz unterliegt das Lachen über Komik gewissen Bedingungen. Günstigste Bedingungen sind eine allgemein heitere Stimmung und die Erwartung des Komischen. Ungünstig wirken sich folgende Faktoren aus: Vorstellungs- und Denkarbeit stört die Abführbarkeit der Besetzungsüberschüsse; die Konzentrierung der Aufmerksamkeit auf die Vergleichung, aus der die Komik hervorgehen kann; eine starke Affektenbindung an den komischen Fall, generell also, wenn eine anderweitige Besetzung Energie vom Vergleich abzieht.[142]

Wie erklärt diese Theorie das Lachen über Parodien? Nach Freud gilt die Theorie für das Naiv-Komische wie für das Komischmachen.[143] Parodie ist ein Sonderfall des letzteren. „Karikatur, Parodie und Travestie, sowie deren praktisches Gegenstück: die Entlarvung, richten sich gegen Personen und Objekte, die Autorität und Respekt beanspruchen, in irgendeinem Sinne *erhaben* sind. Es sind Verfahren zur Herabsetzung, wie der glückliche Ausdruck der deutschen Sprache besagt. Das Erhabene ist ein Großes im übertragenen, im psychischen Sinne, und ich möchte die Annahme machen oder vielmehr erneuern, daß dasselbe wie das somatisch Große durch einen Mehraufwand dargestellt wird. Es gehört wenig Beobachtung dazu, um festzustellen, [1.] daß ich, wenn ich vom Erhabenen rede, meine Stimme anders innerviere, andere Mienen mache und meine ganze Körperhaltung gleichsam in Einklang mit der Würde dessen zu bringen suche, was ich vorstelle. [2.] Ich lege mir einen feierlichen Zwang auf, nicht viel anders, als wenn ich mich in die Gegenwart einer erhabenen Persönlichkeit, eines Monarchen, eines Fürsten der Wissenschaften begeben soll. Ich werde kaum irregehen, wenn ich annehme, daß diese andere Innervation der Vorstellungsmimik einem Mehraufwand entspricht. Den dritten Fall eines solchen Mehraufwands finde ich wohl, wenn ich mich in abstrakten Gedankengängen anstatt in den gewohnten konkreten und plastischen Vorstellungen ergehe. Wenn nun die besprochenen Verfahren zur Herabsetzung des Erhabenen mich dieses wie ein Gewöhnliches vorstellen lassen ..., ersparen sie mir den Mehraufwand des feierlichen Zwanges, und der Vergleich dieser durch die Einfühlung angeregten Vorstellungsweise mit der bisher gewohnten, die sich gleichzeitig herzustellen sucht, schafft wiederum die Aufwanddifferenz, die durch Lachen abgeführt werden kann."[144] Die komische Lust über Parodien und Travestien entsteht also aus dem ersten Typ der Vergleichung zwischen Einfühlung in den anderen und eigenem Ich. Das erhabene Original legt dem Rezipienten bestimmte Zwänge auf, verlangt von ihm einen bestimmten Energieaufwand. Diese Energiebesetzung wird zur gewohnten des Ichs. In Parodie und Travestie stellen sich gleichzeitig die gewohnten Besetzungsaufwände des Ichs und durch Einfühlung in die Parodie oder Travestie neue, niedrigere Besetzungsaufwände ein. Die Vergleichung der beiden Besetzungsaufwände ergibt eine Differenz, die in Lachen abgeführt werden kann. Der Unterschied zum Lachen über den geringen Aufwand des Kandidaten im Examen ist der von Naiv-Komischem und Komischmachen. Das Gefühl der Überlegenheit kommt beim Komischmachen nicht zustande, wenn der Rezipient weiß, daß man sich bloß verstellt hat.

Ordnet auch Freud die Parodie eindeutig dem Komischen zu, gibt er an anderer Stelle zu, daß Witzlust und Lust am Komischen zusammen auftreten können, obwohl der Zusammenhang beider theoretisch offen bleibt. Freud vermutet, daß die Bedingungen der komischen Lust die Entstehung der anderen fördert.[145] Damit wäre das weite Feld der obszönen und aggressiven Parodie mit der Theorie des tendenziösen Witzes zu bearbeiten und der Zusammenhang zwischen Vergleichsdifferenz und erspartem Hemmungsaufwand für diese Texte zu analysieren.

Es ist deutlich, daß Freuds Theorie, die meisten Aussagen zur Rezeption von Parodien, die wir bisher behandelt haben, in einen allgemeinen Erklärungsrahmen stellt. Die Energiehypothese erklärt die Aussagen über hindernde Rezipienteneinstellungen, die Vergleichshypothese präzisiert das Hindernis fehlender Rezipientenkenntnisse. Die

Inkongruenztheorie erhält ein psychisches Korrelat. Die Werthierarchien erscheinen hier psychologisch gesehen als Hierarchien von Besetzungsaufwänden, die zwar an Wörter gebunden sind, aber letztlich auf die soziale Praxis der Rezipienten zurückgehen.[146] Freuds Theorie erlaubt auch, für die Mechanisierung eine entsprechende Hypothese zu generieren; ihr entspräche ein Zuviel an Besetzungsaufwand durch Einfühlung in einen anderen, dessen Differenz mit dem eigenen Besetzungsaufwand des Ichs in Lachen abgeführt werden kann. Die speziellen Aussagen über Entspannung, Vergleichung, Erwartung usw. finden in Freuds Theorie eine systematische Zusammenfassung. Freud eröffnet durch seine sorgfältige Unterscheidung von Perzeption und Apperzeption — wie übrigens auch Lipps — das von der Parodieforschung bisher völlig unbeachtete Gebiet der Wahrnehmung von Parodien der wissenschaftlichen Erforschung.

Die psychoanalytische Forschung hat im folgenden versucht, Freuds Theorie weiterzuentwickeln — Kris (1952) für die Karikatur, Bergler (1956) generell für das Lachen — oder empirisch zu überprüfen.[147] Die meisten Experimente gelten dem Lachen über tendenziöse Texte und überprüfen z. B. den Zusammenhang von Lachen und Angst, Aggression, Bedürfnis nach sozialer Anerkennung, Hemmungen und Wahrnehmung. Bateson (1969) z. B. geht von der Hypothese aus, jedem Kommunikationsakt unterlägen bestimmte Präsuppositionen als Hintergrund, und erklärt das Lachen aus einem Umschlagen von Vordergrund und Hintergrund bei der Wahrnehmung.[148] In unserem Zusammenhang ist vor allem Levines (1969) Bestimmung der sozialen Funktionen des tendenziösen Lachens interessant. „Psychoanalysis has shown that humor as a social institution serves two important functions. First, it permits the release of impulses, mainly sexual and aggressive, which are normally socially taboo and which therefore cannot be permitted direct expression without resultant social disintegration. Second, it expresses and allays those individual fears and anxieties, shared by the group, mainly with respect to sexual and hostile aggressive drives toward parental and authoritative objects that are protected by rigid taboos."[149] Institutionalisiertes Lachen wie in den rituellen Clownerien der Zuni Indianer, dem Karneval oder der Burlesque Show dienen der Aufhebung äußerer Hemmungen im Sinne von Freud, um das Fortbestehen dieser Hemmungen außerhalb dieser Feste zu garantieren. Levines Beschreibung des rituellen Clowns zeigt, wie eng in einer vorschriftlichen Kulturphase sprachliche und nichtsprachliche Parodie verbunden sind.

An einer Weiterentwicklung der Freudschen Theorie zu einer psychologischen Rezeptionstheorie von Texten ist auch Holland (1968) interessiert. Holland geht von der Annahme aus, daß Rezipienten von Texten neben bewußter Konstruktion von Bedeutungen, die zur Erstellung eines Themas führen, auch unbewußte Projektionen und Introjektionen von Phantasien vornehmen.[150] Das Repertoire der Phantasien in Texten und Rezipienten ist durch die Phasen der Kindheitsentwicklung begrenzt, ebenso wie die Techniken der Verdrängung solcher Phantasien.[151] Die Wirkung der Parodie hängt nun nach Holland nicht sosehr von der bewußten Konstruktion von Bedeutung durch den Rezipienten ab, sondern von dem Zusammenhang von Phantasie und Verdrängung im Text. Holland schlägt vor, zwei Arten von Phantasien, tendenzbefriedigende und angsterregende, wie zwei Arten der Verdrängung, starke und schwache zu unterscheiden.[152] Dann fällt die Parodie unter die Kombination tendenzbefriedigende Phantasie und starke Verdrängung: „When the fantasy is drive-gratifying but strongly defended against, affects are blocked, arousals are muted, or the whole experience becomes one of intellectual distance and parody ..."[153] Speziell für den Senryu, die Parodie des Haiku,: „*Senryu*, like *haiku*, asks us to project, but the results are disappointment, and instead of the feeling of reverie, the effect is one of abruptness or wry laughter, somewhat the way mythic stories that disappoint the wish for fusion achieve parody or distance."[154] Hollands Theorie führt vor allem im Bereich der Rezeption von Originalen über Freud hinaus; seine Hypothesen über die „willing supension of disbelief", über „reality testing", über den Zusammenhang von Besetzung und Wertung im Rezipienten[155] und andere wären auch in der Parodieforschung fruchtbar zu machen.

Die psychoanalytischen Theorien des Lachens zeigen im Rückblick wie rationalistisch die Parodieforschung den Parodisten behandelt hat (2). Neben den Aussagen über Kompetenz, Einstellung und Zielsetzung wird es sich wahrscheinlich als fruchtbar erweisen, auch die unbewußten Tendenzen stärker als bisher zu berücksichtigen.

Neben der psychoanalytischen Erforschung des Lachens liegen auch Hypothesenbildungen und Überprüfungen eher behavioristischer Richtung vor. So untersuchen die Beiträge in Goldstein (1972) Lachen im Zusammenhang mit solchen Variablen wie Wirklichkeits-Assimilation, physiologischen Variablen, „Arousal Potential", Vordergrundbildung in der Wahrnehmung, Gruppenzugehörigkeit usw. Suls entwickelt ein kybernetisches Modell des Rezeptionsprozesses für komische Gegenstände, das auch auf Parodierezeption angewendet werden kann.[156] Die umfangreiche Bibliographie zur Theorie des Humors von 1900 bis 1971 zeigt deutlich, wieviele psychologische und soziologische Beiträge die Parodieforschung bisher außer acht gelassen hat.

5.4.2 Die Aussagen zur Rezeption von Travestien bringen wenig Neues. Fehlende Kenntnis des Originals oder gegensätzliche Einstellungen beim Rezipienten können die Rezeption von Travestien beeinträchtigen.[157] Umgekehrt kann die Rezeption der Travestie die Kenntnisse und Einstellungen des Rezipienten modifizieren.[158] Worcester (1940) stellt eine interessante Hypothese auf, die der empirischen Überprüfung wert wäre. Er geht von einer Zeitspanne zwischen Perzeption und Apperzeption, zwischen Wahrnehmung des gesprochenen oder gedruckten Wortes und dem Verständnis des Textes aus. „The greater the time-lag, it appeared, the sharper the sense of the comic and of the author's detachment ... There is a progressive increase in the time-lag as we ascend each of the steps between abuse, invective-satire, low burlesque, and high burlesque. In the last, it is incumbent on the reader to provide his own knowledge of the object of satire and to reverse the burlesque magnification in terms of that knowledge."[159] Die Funktion der Travestie kann ein „wechselseitiges Relativieren und somit eine Tendenz des Ausgleichs zwischen ‚erhaben' und ‚niedrig' " sein.[160]

5.4.3 Für die Rezeption von Pastiches liegen wenige Aussagen vor. Neu ist lediglich das unter Umständen bewußte Spiel mit den Kenntnissen des Rezipienten in der Täuschung. Wie bereits gezeigt (3.3.3), kann sich die Täuschung auf die Zuordnung eines fiktiven Originals zu einem fiktiven Original-Autor oder eines fiktiven Originals zu einem realen Original-Autor beziehen. Über den eigentlichen Rezeptionsvorgang liegt so gut wie gar nichts vor, obwohl die Erweiterung der Komiktheorie von Freud – das Lachen über Mechanisierung entsteht aus der Vergleichsdifferenz zweier Besetzungsaufwände – auch hier ihre Anwendung finden könnte.

5.4.4 Fassen wir die Teilergebnisse zusammen:

1. Einstellungen und Kenntnisse des Rezipienten modifizieren direkt seine Rezeption von Parodien, Travestien und Pastiches (Beattie, Weisstein, Hempel u. a.).
2. Das Erkennen der Zielsetzung des Autoren hängt von bestimmten Textelementen der Parodie ab (Lebègue, Schmieder, Beerbohm).

3. Die Einstellung des Rezipienten zur Parodie hängt von bestimmten Textelementen und deren Relationen ab (Sallier, Rommel, See, Fletcher).
4. Die Rezeption von Parodien kann Kenntnisse und Einstellungen des Rezipienten verändern (Greig, Shlonsky, Sklovskij, Marmontel, Paull).
5. Das Lachen des Rezipienten ist eine Abfuhr ersparter Energie (Freud; auch zu den folgenden).
5.1. Tendenziöse (aggressive oder obszöne) Texte heben im Rezipienten für einen Moment eine Hemmung eben dieser Tendenzen auf.
5.2. Die freigewordene Hemmungsenergie wird in Lachen abgeführt, wenn bestimmte soziale Voraussetzungen gegeben sind.
5.3. Parodie und Travestie führen im Rezipienten zu einem Vergleich zweier Besetzungsaufwände.
5.3.1. Der Vergleich kann zwischen zwei Besetzungsaufwänden des Ichs, zwischen zwei des anderen (durch Einfühlung) oder zwischen denen des Ich und des anderen stattfinden.
5.3.2. Erweist sich einer der Besetzungsaufwände als zu hoch, stellt sich je nach Relation Erwartungsdurchbrechung, Situationskomik oder Überlegenheit ein.
5.3.3. Das Lachen über Parodien und Travestien resultiert aus der dritten Vergleichsdifferenz: ein gewohnt hoher Besetzungsaufwand des Ichs wird mit einem niedrigeren des anderen verglichen.
5.3.4. Überlegenheit über den anderen stellt sich bei der Parodie oder Travestie nicht ein, wenn dem Rezipienten bewußt ist, daß der geringe Besetzungsaufwand des anderen beabsichtigt ist.
5.4. Die freigewordene Energie kann in Lachen abgeführt werden, wenn bestimmte situative Faktoren gegeben sind.
5.5. Das Lachen aus Hemmungsaufhebung und Vergleichsdifferenz kann zusammen auftreten und von einem Text ausgelöst sein.
6. Die Hemmungsaufhebung und das resultierende Lachen kann gesellschaftlich institutionalisiert werden, um diese Hemmungen außerhalb dieser Situation aufrechtzuerhalten (Levine).
7. Parodien lösen im Rezipienten triebbefriedigende Phantasien aus, blockieren aber dessen Projektion (Holland).
8. Lachen resultiert aus dem Umsprung von Vordergrund und Hintergrund bei der Perzeption (Bateson).

9. Die Zeitspanne zwischen Apperzeption und Perzeption bei Parodie und Travestie hängt von dem Einsatz der Rezipientenkenntnisse ab (Worcester).

Freuds Theorie ist die einzige, die Aussagen der Parodieforschung zur Rezeption systematisch zusammenfaßt oder generalisiert. Statt bei der Theorie der einfachen und gemischten Emotionen stehenzubleiben — so wie sie das 18. Jahrhundert entwickelt hatte — wird es in der Zukunft darauf ankommen, die zeitgenössischen psychologischen Theorien des Lachens zu berücksichtigen, um festzustellen, inwieweit sich die traditionellen Vorstellungen vom Lachen, der Kritik, dem Verlachen in diese überführen lassen.

6. PARODIE, TRAVESTIE, PASTICHE ALS KOMMUNIKATIONSPROZESSE

Die Zielsetzung dieser Untersuchung war eine vierfache: Kritik der Beschreibungsadäquanz der Parodieforschung, Systematisierung ihrer Aussagen, Generalisierung derselben in literaturtheoretischer Hinsicht und Verbindung dieser Aussagen mit Problemen der Psychologie und Soziologie. Die Anwendung auf neues Material muß dem Anhang und einer gesonderten Untersuchung vorbehalten bleiben.[1] Die Kritik der Beschreibungsadäquanz kann im einzelnen als geleistet betrachtet werden (2. bis 5.). Die Verbindung zur zeitgenössischen Forschung in Psychologie, Soziologie und Linguistik ist ebenfalls teilweise erfolgt, muß aber hier noch weitergetrieben werden. Anstatt die einzelnen Hypothesen, die als Zusammenfassungen der einzelnen Abschnitte fungierten, zu wiederholen und zu systematisieren – das sich ergebende Hypothesensystem wäre zu schwach, um als Theorie von Parodie, Travestie und Pastiche gelten zu können –, werden wir zunächst die generellen systematischen Zusammenhänge im Kommunikationsprozeß von Parodie, Travestie und Pastiche zusammenfassen und Unterscheidungsmöglichkeiten der drei Begriffe voneinander sowie dieser von anderen Begriffen aufweisen (6.1.). Im zweiten Schritt (6.2.) gehen wir auf Forschungsperspektiven ein, die sich vor allem mit einer verbesserten Beschreibungsadäquanz und einem engeren Anschluß an die soziologische und psychologische Forschung, hier vor allem die Kommunikationsforschung, beschäftigen. Dabei werden auch die Lücken in der bisherigen Hypothesenbildung noch einmal hervortreten.

6.1. *Ergebnisse*

Die Ergebnisse vor allem der modernen Parodieforschung sind nicht gerade überwältigend. Wie im einzelnen gezeigt werden konnte, arbeitet die heutige Parodieforschung mit meist impliziten Voraussetzungen und Begriffen, die in das 18. und 19. Jahrhundert und z. T. darüber hinaus bis auf die Antike zurückgehen, was eine kohärente theoretische Fundierung ihrer Untersuchungen verhindert hat. Die Gründe dafür scheinen weitgehend pragmatischer Art.

Es ist hier nicht der Platz, ausführlich auf die gesellschaftliche Funktion der Parodieforschung einzugehen. Immerhin drängen sich einige Beobachtungen auf, die in eine Geschichte der literaturwissenschaftlichen Forschung gehören. Die Parodieforschung hat seit der Antike ein vorwiegend praktisches gesellschaftliches Interesse an ihren Gegenständen gehabt, was sich vor allem in den zahlreichen Wertungen, Normen oder Regeln ausdrückt. Für Rhetoriker und Humanisten hatte die Parodie vor allem einen praktischen Wert in der Ausbildung von mündlichen und schriftlichen Kommunikationskompetenzen. Parodierung war Teil der rhetorischen oder humanistischen Ausbildung. Im 17. und 18. Jahrhundert wurden Travestie und Parodie zum Gegenstand einer gesellschaftlichen Auseinandersetzung, die in den weiteren Rahmen des Streits von den „Alten" und „Modernen" gehört. In Frankreich und England waren es vor allem Autoren, die dem Hof und der Kirche nahestanden, die der parodischen und travestischen Praxis durch Regeln und Normen zu steuern versuchten. Daß gerade Autoren wie Sallier und Boileau einen so nachhaltigen Einfluß auf die Parodieforschung gehabt haben, scheint nicht zufällig.[2] Die Auflösung des klassizistischen Regelsystems durch psychologische Ansätze im 18. Jahrhundert wird vor allem von bürgerlichen Autoren getragen. Seitdem folgt die Parodieforschung weitgehend bürgerlichen Interessen. Im 19. Jahrhundert teilen sich Universität und Presse die gesellschaftlichen Funktionen von Datensammeln und deren Vermittlung an ein breiteres Bildungsbürgertum. Durchgehend ist der Zug der Eingrenzung und Absetzung von „vulgären" Parodien der „Masse" zu beobachten. Diese Tendenz setzt sich z. T. bis in das 20. Jahrhundert fort. Wo sich die Parodieforschung der neueren Zeit der „volkstümlichen" Parodie zuwendet, geschieht das häufig mit deutlichen gesellschaftspolitischen Tendenzen. Die Hauptrichtung, von der sich die akademische Forschung absetzt, gilt den Naturwissenschaften. Diese Auseinandersetzung wird entweder explizit in den methodischen Handbüchern der Literaturwissenschaft geführt oder kommt implizit in der Parodieforschung durch die Ignorierung von einschlägigen Theorien in der Soziologie, Psychologie oder Linguistik zum Ausdruck. So sind die älteren Theorien von Freud oder Sully und in neuerer Zeit Arbeiten der strukturellen oder generativen Linguistik weitgehend unberücksichtigt geblieben. Hinzu kommt eine weitreichende Spezialisierung der Forschung, die außerdem zu einem Abreißen der internationalen Diskussion zu führen droht. So sind die Arbeiten des russischen Formalismus auch heute noch — Jahre nach ihrer Übersetzung – in den westlichen Arbeiten zur Parodie nicht rezipiert. Will die Parodieforschung aus ihrer großenteils defensiven Haltung gegen Naturwissenschaften, Linguistik und Theoriebildung herauskommen, muß sie ihre spezialisierten Untersuchungen als Beiträge zu einer auch andernorts stattfindenden Diskussion gesellschaftlicher Prozesse gestalten und Parodieforschung als Spezialisierung allgemeiner kommunikationstheoretischer Fragestellungen begreifen. Der so häufig abgerissene Zusammenhang zwischen Einzeluntersuchung und generellen Fragestellungen muß wiederhergestellt und die wissenschaftstheoretische Verengung auf Definieren und Beschreiben aufgehoben werden.

Bei der Systematisierung der Ergebnisse ist davon auszugehen, daß die Parodieforschung nur in Ausnahmefällen von einer zweistelligen Relation Original und modifizierende Imitation gehandelt hat. Parodie, Travestie und Pastiche sind fast immer in einem weiteren Zusammenhang mit Autor, Rezipient, gesellschaftlichen Verhältnissen und manchmal mit dem Medium gesehen worden. Gelangen auch nur die generellen Theorien zu einer dialektischen Vorstellung dieser Zusammenhänge – Tynjanov, Dupréel, Sully – so weisen die vielen vereinzelten Generalisierungen der Parodieforschung insgesamt darauf hin, daß diese Zusammenhänge alles andere als einfach, d. h. häufig vermittelt und wechselseitig sind. Das eingangs vorgestellte Kommunikationsmodell muß also aufgrund vieler Aussagen der Parodieforschung als dialektisch und historisch interpretiert werden. Wir systematisieren zunächst die Ergebnisse zur Relation Gesellschaft und Kommunikationsprozeß, dann die Relationen zwischen den Komponenten des Kommunikationsprozesses. Beide Schritte hängen natürlich eng zusammen.

Gesellschaftliche Verhältnisse bedingen den Kommunikationsprozeß von Parodie, Travestie und Pastiche in vielfacher Weise. Insbesondere lassen sich gesellschaftliche Bedingungen des Autors, der Rezipienten und des Mediums unterscheiden. Die Kompetenz, Einstellung und Zielsetzung bzw. Rezeption von Autoren und Rezipienten scheint im bestimmter Weise an die Bildung von Gruppen und Klassen innerhalb der Gesellschaft gebunden. Speziell bildet das Vorhandensein verschiedener Gruppen- und Klassensprachen („Stilebenen") sowie verschiedener Gruppen- und Klassennormen oder Werthierarchien („kultureller Kodes") eine wichtige Voraussetzung der Parodierung, Travestierung oder Pastichierung. Autoren und Rezipienten können diese Sprachen und Werte teilen oder nicht, in beiden Fällen hängt das Gelingen der Kommunikation vom Vorhandensein dieser Faktoren ab. Auch durch die Medien nimmt die Gesellschaft einen direkten Einfluß auf den Kommunikationsprozeß. Medien der nichtmündlichen indirekten Kommunikation wie Zeitschrift, Buch, Schallplatte usw. werden von gesellschaftlichen Organisationen produziert, die den Bedingungen der gesellschaftlichen und speziell ökonomischen Verhältnisse unterliegen. Bestimmte gesellschaftliche Organisationen wie der Staat können überdies direkt oder indirekt regelnd in den Kommunikationsprozeß eingreifen. Zensur, Institutionalisierung von Kommunikationssituationen, rechtliche Regelungen der Verhältnisse zwischen Medienproduzent und Autor und Rezipient sind hierfür Beispiele. Hier liegt auch eine der gesellschaftlichen Funktionen der Parodieforschung, die von ihren Anfängen an durch Wertungen und Regeln versucht hat, die von ihr analysierten Kommunikationsprozesse normierend zu steuern.

Auf der anderen Seite wirken die Kommunikationsprozesse von Parodie, Travestie und Pastiche zurück auf gesellschaftliche Verhältnisse. Autoren und Rezipienten sind in ihren Kenntnissen und Einstellungen nicht einfach passive Opfer gesellschaftlicher Regelungen, sondern sie nehmen durch ihre Zielsetzungen und Rezeptionen an deren Veränderung teil. Beziehen sich die gesellschaftlichen Funktionen von Parodie, Travestie und Pastiche auch in erster Linie auf Sprache und Wertsysteme – Innovation und Konsolidierung gelten zunächst Gruppensprachen und -normen –, so können sie auch unter bestimmten Umständen handlungsorientierend wirken. Ebenso gelten die Wertkonflikte, die in diesen Kommunikationsprozessen ausgetragen werden, nicht nur den Texten, sondern auch den Gegenständen, die in diesen Texten abgebildet werden. Kurz, Kommunikationsprozesse wie Parodierung, Travestierung und Pastichierung stehen in Wechselwirkung mit der Gesellschaft.

Die Verhältnisse komplizieren sich weiter dadurch, daß Gesellschaft und Kommunikationsprozesse der geschichtlichen Veränderung unterliegen. Die Parodieforschung kann deshalb nicht von festen Gruppen oder Einstellungen von Autoren oder Rezipienten ausgehen, sondern muß sich auf die theoretische Bestimmung allgemeiner Relationen zwischen diesen beschränken, die dann mit der jeweiligen konkreten historischen Situation vermittelt werden. Zwar sind diese Entwicklungen z. T. gesetzmäßig, aber literarische und soziale Reihe gehorchen jeweils eigenen Gesetzen, die (wie Tynjanov und Sklowskij zeigen) miteinander interferieren können und einseitige kausale Verbindungen unwahrscheinlich machen. Damit unterliegt auch das generelle Prinzip der Wechselwirkung zwischen Gesellschaft und den hier betrachteten Kommunikationsprozessen der historischen Veränderung und bedarf der Interpretation durch die jeweilige historische Situation. Tynjanov folgend, dürfte es am fruchtbarsten sein, Gesellschaft und Literatur als Systeme und deren Evolution als Veränderung ihrer Elemente und Funktionen zu begreifen. Dabei kann nicht die gleichberechtigte Wechselwirkung aller Elemente gelten, sondern eine Wechselwirkung, die durch die Dominanz einiger Elemente modifiziert ist. Der Vorrang der sozialen Reihe vor der literarischen heißt jedoch nicht, daß diese auf jene reduziert werden kann.

Den makrosoziologischen Relationen zwischen Gesellschaft und Kommunikationsprozeß entsprechen auf der anderen Seite die mikrosoziologischen Relationen zwischen den Komponenten des Kommunikationsprozesses selbst. Wie die einzelnen Aussagen der Parodieforschung immer wieder zeigen, stehen Autor, Text und Rezipient in engem systematischem Zusammenhang miteinander. So gehen Kompetenz, Einstellung und Zielsetzung in noch näher zu bestimmender Weise in die Texte von Parodien, Travestien und Pastiches ein, und die Semantik der Texte hängt bis zu einem gewissen Grad von der Kompetenz und der Einstellung der Rezipienten ab. Nur in der Abstraktion von diesen pragmatischen Beziehungen läßt sich die syntaktische, semantische oder sigmatische Relation zwischen Original und Parodie, Travestie oder Pastiche absondern. Wenn man diese Abstraktion vollzieht, zeigt sich, daß sich diese Relationen auf ein begrenztes Regelsystem von Transformationen auf den verschiedenen Ebenen des Textes reduzieren lassen. Die Formalisierung dieses Regelmechanismus steht allerdings noch in ihren Anfängen.

Den Texten unterliegen gewisse Sprach- und Wertsysteme, die über Autor und Rezipient auf gesellschaftliche Gruppen und Klassen zurückgehen. Auf der anderen Seite wird der Text nicht nur als Träger verschiedener Besetzungen durch Autor und Rezipient verstanden, sondern auch als Auslöser von Veränderungen von Kompetenz und Einstellung, hier vor allem des Rezipienten. Daß der Text auch auf den eigenen Autor zurückwirken kann, deutet Tynjanov zumindest an. Für das Medium stehen solche Überlegungen noch in den Anfängen, aber wie die wenigen Aussagen andeuten, liegt es auch hier nahe, ähnliche Wechselwirkungen zwischen Autor, Medium und Rezepient sowie zwischen Medium und Text anzunehmen.

Diese Wechselwirkungen zwischen den Komponenten des Kommunikationsprozesses müssen wiederum historisch umgedacht werden. Parodien, Travestien und Pastiches können als Elemente von Reihen vorgestellt werden, die sowohl in Relation zur eigenen Reihe wie auch zu anderen Reihen (Originalen, anderen Texten) stehen. Die Evolution dieser Reihen beruht auf der Dialektik der Autofunktionen von Automatisierung und Abweichung der Textelemente. Die Synfunktionen dieser Elemente (Dominanz oder Deformation) beruhen auf deren Autofunktionen und tragen ihrerseits die Autofunktionen dieser Elemente in der zukünftigen Reihe. Die Eigengesetzlichkeiten der Reihen beschränken in gewissem Grade deren Determinierung durch die sozialen Reihen.

Diese Ergebnisse sind natürlich so allgemein formuliert, daß ihr Geltungsbereich weiter als der von Parodien, Travestien oder Pastiches ist. Für die formulierten speziellen Hypothesen bedeuten diese allgemeinen systematischen – historischen und dialektischen – Zusammenhänge, daß Hypothesen über Autor, Rezipient und Medium mit solchen des Textes und alle zusammen mit solchen über die Gesellschaft vermittelt und in ihren historischen Zusammenhang gestellt werden müssen. Insbesondere bedeutet das, daß Aussagen über Kompetenz, Einstellung, Zielsetzung bzw. Rezeption mit solchen über Umfang, Syntax und Semantik des Textes vermittelt werden müssen. Gelten z. B. Aussagen über die Zielsetzung eines Autors oder Rezeption eines Rezipienten gleichermaßen für die Zitatparodie wie für die Parodie einer Textklasse oder für die Parodie durch Inkongruenz wie für die durch Mechanisierung? Oder werden die Werthierarchien von „hoch" und „niedrig" im 18. und 20. Jahrhundert von den gleichen Gruppen oder Klassen getragen und beziehen sie sich auf die gleichen Signifikantsstrukturen, Signifikate oder gesellschaftlichen Gruppen oder Klassen? Eine weiterführende Theoriekonstruktion wird die Hypothesenlisten in 2. bis 5. in systematischen Zusammenhang setzen, durch Kombinatorik neue Aussagen generieren und vorhandene in ihrem Geltungsbereich einschränken. Gleichzeitig wird eine empirische Überprüfung an einzelnen Kommunikationsprozessen zu einer weiteren Einschränkung der universaleren Hypothesen führen. Diese Fragen werden wir im nächsten Abschnitt behandeln.

Bleiben das Problem, inwieweit die bisher gemachten Generalisierungen eine theoretische Unterscheidung zwischen Parodie, Travestie und Pastiche erlauben, und die Aufgabe, diese von anderen Textsorten abzusetzen. Zum ersten hat die Parodieforschung vier verschiedene Begriffe – „Parodie“, „Travestie“, „Pastiche“ und „Burleske“ – und fünf Klassifikationskriterien entwickelt. Der älteste Klassifikationsansatz – von Scaliger an bis ins 18. Jahrhundert – versucht, diese Texte im Gattungssystem zu bestimmen. Zwei Ansätze lassen sich unterscheiden. Der ältere begreift Parodie und Travestie als Untertypen der Gattung des Originals: Parodie ist eine besondere Form des Gedichts, Travestie eine Sonderform des Epos. Die literarische Praxis jedoch zeigte sehr bald, daß die Verfahren in diesen Texten auch auf andere Gattungen übertragbar waren, im Falle der Parodie etwa auf das Drama oder auf die Prosaerzählung. Auch die Entwicklung des Pastiche legte nahe, daß die Gattung des Originals von bloß vordergründigem Belang für die verwendeten Verfahren war und nur eine Abstraktion der historisch invarianten Verfahren zu einer theoretischen Bestimmung der drei Textsorten führen kann. Vollzog man diese Abstraktion nicht, gelangte man zu einer Verdopplung des jeweils geltenden Gattungssystems, also Odenparodie, Epentravestie, Essaypastiche usw., und verlor jede Unterscheidungsmöglichkeit zwischen Parodie, Travestie und Pastiche. Bestritt man die Möglichkeit einer solchen Abstraktion, mußte man an der älteren Auffassung des Subtyps eines Genres festhalten und diesen als eine historisch begrenzte Erscheinung bestimmen.[3] Zumindest für Parodie und Pastiche hat die neuere Parodieforschung den Weg der Abstraktion von invarianten Verfahren gewählt, obwohl die ältere Unterscheidung im Gebrauch solcher Komposita wie „Messeparodie“, „Mythentravestie“ usw. weiterläuft. Wieder lassen sich zwei Möglichkeiten unterscheiden: man sucht die Invarianten in der Zielsetzung des Autors oder in den Strukturen der Texte. (Die Rezeption der Texte wurde offensichtlich als zu variabel betrachtet, um für eine Unterscheidung der Texte zu dienen.) Das erste Klassifikationskriterium der Zielsetzung – vor allem in der deutschen Parodieforschung verbreitet – dient sowohl der Unterscheidung verschiedener Typen innerhalb von Parodie, Travestie und Pastiche als auch der Unterscheidung zwischen ihnen. Auf der einen Seite erhalten wir Aussagen wie: es gäbe eine bloß unterhaltsame, literaturkritische oder eine politisch-satirische Parodie,[4] auf der anderen Seite solche wie: Travestie oder Pastiche seien weniger satirisch bzw. kritisch als die Parodie.[5] Da diese Zielsetzungen aber nie empirisch festgestellt, sondern aus den Texten erschlossen wurden, und zudem die Zielsetzungen offensichtlich variabel und zum Teil nur graduell voneinander verschieden sind, treten solche Klassifikationen häufig mit solchen nach Textstrukturen zusammen und fallen hinter diese an Beschreibungsadäquanz zurück. Die Klassifikation nach Textstrukturen war für die Parodieforschung lange Zeit relativ problemlos und ist es zum Teil heute noch: in Parodie und Travestie herrscht Inkongruenz zwischen Signifikant und Signifikat, im Pastiche fehlt eine solche Inkongruenz. Die ersten beiden Textklassen unterscheiden sich durch umgekehrte Wertstufen: in der Parodie gilt die Signifikantebene als „hoch", die Signifikatebene als „niedrig", in der Travestie gilt das Umgekehrte. Statt mit Wertstufen lassen sich die beiden letzteren auch operational vom Autor her bestimmen: für „hoch" ist dann „beibehalten" einzusetzen und für „niedrig" „verändert". Eine andere Variante ist, die Inkongruenz als innertextlich oder (meist über den Rezipienten) intertextuell aufzufassen, was aber nichts an der grundsätzlichen Unterscheidung von Parodie und Travestie ändert.

Nun weisen aber alle eingehenderen Untersuchungen der letzten Zeit in mehr oder weniger deutlicher Form auf die unzureichende Beschreibungsadäquanz solch vereinfachter Textmodelle hin. Jede genauere Betrachtung einer Parodie z. B. zeigt doch deutlich, daß eben nicht alle Signifikate „niedrig" oder „verändert" sind und daß nicht alle Signifikanten „beibehalten" oder „hoch" sind. Da ein zweistelliges Textmodell offensichtlich zu grob ist, tendiert die neuere Parodieforschung dahin, Texte als komplexe Zeichensysteme zu verstehen, die sich in verschiedene Ebenen von überlagernden Strukturen gliedern, und zwei allgemeine Änderungsverfahren, Inkongruenz und Mechanisierung, zu unterscheiden. Allerdings bleiben die Fragen, inwieweit sich diese Verfahren auf die rhetorischen Änderungskategorien von Adjektion, Detraktion, Substitution und Permutation reduzieren lassen und inwieweit die Kombination dieser Verfahren mit den einzelnen Textebenen präzisere Unterscheidungskriterien für Parodie, Travestie und Pastiche abwerfen, weitgehend ungelöst. Die fünfte Möglichkeit der Absetzung liegt im Umfang des Originals. Man kann sich z. B. entschließen, zwischen der Imitation eines Einzeltextes und einer Textklasse eine Grenze zu ziehen, wobei allerdings zu klären wäre, warum der Unterschied nicht nur ein quantitativer, sondern auch ein qualitativer ist. So hat man versucht, Parodie auf die Imitation eines Einzeltextes zu begrenzen. Inkongruente Imitation einer Textklasse heißt dann „Burleske" oder „Komisch-Heroisches". Oder man nennt „Pastiche" die mechanisierende Imitation einer Textklasse und schließt die mechanisierende Imitation eines Einzeltextes als unmöglich aus. Auch hier fehlen alle theoretischen Begründungen. Für die Travestie ist ähnliches versucht worden: Travestie bezieht sich immer auf einen Einzeltext, der ensprechende Gegenbegriff ist „Hudibrastisch". Es wird deutlich, daß diese Begriffsbelegung nicht nur unvollständig ist, sondern auch nichts zur Absetzung von Parodie, Travestie und Pastiche beiträgt. Außerdem legt die Parodieforschung nahe, daß der Umfang ein recht oberflächliches Kriterium zur Bestimmung dieser Texte ist, d. h. daß die Verfahren von Parodie, Travestie und Pastiche davon unberührt bleiben, ob sie auf ein Wort, einen Satz, eine Passage, einen Text oder eine Textklasse des Originals angewendet werden. Zwar erlaubt das Kriterium des Umfangs eine exakte Bestimmung verschiedener Inklusionsverhältnisse — Zitatparodie als Elemente einer Travestie eines Textes, Passagenpastiche als Elemente einer Textparodie usw. —, aber es scheint nur indirekt die verschiedenen Verfahren von Parodie, Travestie oder Pastiche zu bestimmen. Es wird sich als fruchtbarer erweisen, Parodie, Travestie und Pastiche als bestimmte syntaktische, semantische und pragmatische Verfahren zu verstehen und eine kontinuierliche Skala vom Einzelwort bis zur Textklasse anzunehmen.

Fassen wir einige neuere Klassifikationsversuche zusammen, um die Möglichkeiten der Begriffszuordnung zu verdeutlichen:

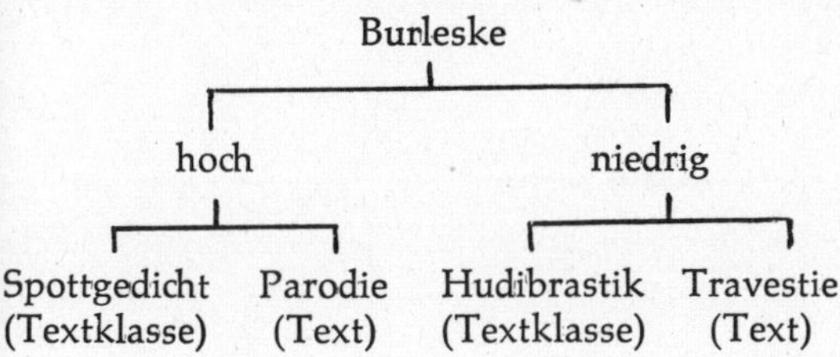

[Bond (1932)[6]]

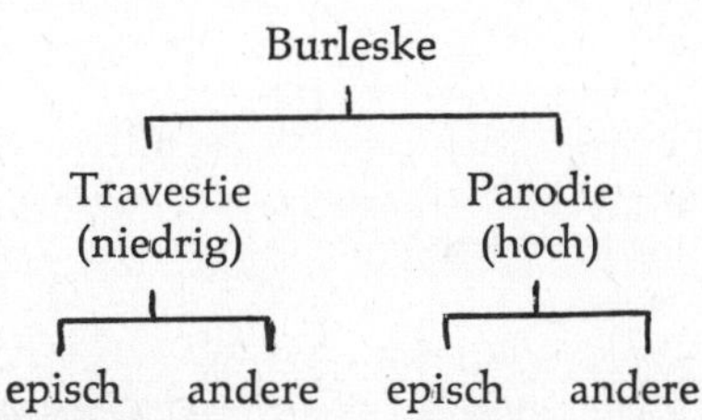

[Broich (1968)[7]]

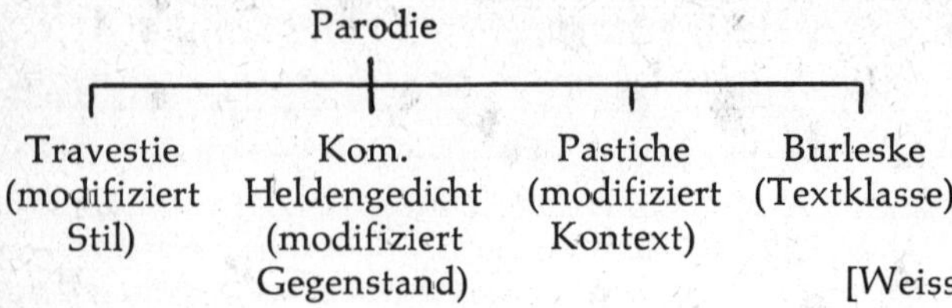

[Weisstein (1966)[8]]

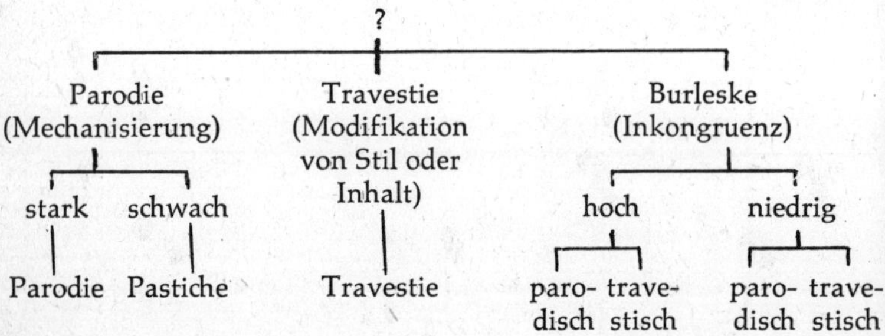

[Markiewicz (1967)[9]]

Die Klassifizierungen enthüllen ihre Unzulänglichkeiten nur allzu deutlich. Alle Autoren mischen ihre Klassifikationskriterien: Bond Inkongruenz und Umfang, Broich Inkongruenz und Original-Genre, Weisstein Operationen und Umfang, Markiewicz Inkongruenz, Mechanisierung und Operationen. Bei Weisstein und Markiewicz überschneiden sich zudem die gebildeten Unterklassen.[10] In allen Klassifikationen gehen die Ungenauigkeiten auf unzureichende theoretische Reflexion der benutzten Kriterien zurück. Bonds Einteilung ist die in der englischen und deutschen Parodieforschung am meisten verbreitete, häufig in der Verkürzung, daß Parodie und Travestie Untertypen der Burleske bilden.[11] Burleske ist danach ein Begriff, der Klassen, nicht einzelne Texte bezeichnet. Im Französischen hat sich die gleiche Trennung nicht ausgebildet, vielleicht weil kein euphonisches Begriffspaar wie „Parodie" und „Travestie" zur Verfügung stand. Das vorwiegende Interesse der Parodieforschung an der Parodie hat in letzter Zeit dazu geführt, „Parodie" als Oberbegriff für Burleske und Travestie zu wählen, deutlich bei Weisstein, weniger deutlich bei Markiewicz, der „parody sensu largo" und „parody sensu stricto" unterscheidet.[12] Es besteht jedoch kein Anlaß, die traditionelle Zuordnung der Begriffe umzukehren. Solange keine theoretisch fundierten Kriterien angegeben werden können, die die Verfahren der Parodie als genereller denn die von Travestie oder Pastiche ausweisen, sollte man an der traditionellen Klassifikation festhalten, und auch die französische Literaturkritik sollte sich ihr der internationalen Verständigung willen anschließen.[13] Um auch den Pastiche in diese Zuordnung einzubeziehen, schlage ich vor, bis bessere, fundierte Kriterien vorliegen, folgende Klassifikation zu verwenden:

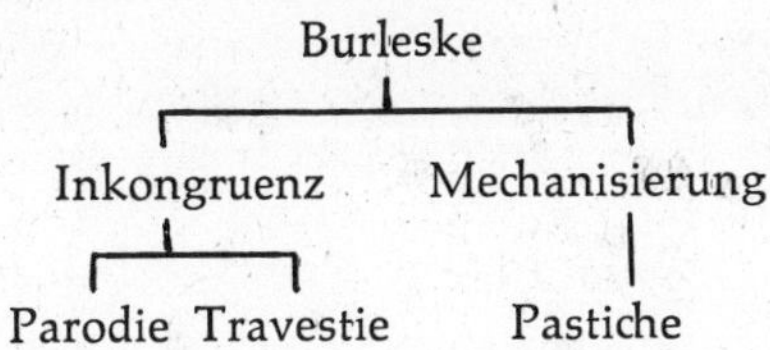

Ein größerer Teil der modernen Literatur müßte dann als Pastiche statt als Parodie behandelt werden.[14]

Bleibt die Frage nach der Kombinierbarkeit von Inkongruenz und Mechanisierung. Wenn Texte in verschiedene Ebenen gegliederte Zeichensysteme sind, ist es doch durchaus denkbar, daß eine Ebene der Mechanisierung, eine andere der Inkongruenz unterworfen wird. Hier nur ein Hinweis. Travestie ließe sich mit der Doppelparodie identifizieren, d. h. als auf zwei Originale bezogen. In der einen Relation läge Mechanisierung eines Originals vor, in der anderen die Erzeugung von Inkongruenz. Drei Beispiele sollen dies illustrieren. Scarron mechanisiert in *Le Virgile travesti* bestimmte Gruppensprachen (Textklasse) und erzeugt Inkongruenz mit Vergils Epos (Einzeltext). In *The House that Jack built*[15] mechanisiert Coleridge seine eigene Sprache (Textklasse) und erzeugt Inkongruenz mit der Vorlage eines Kinderlieds (Einzeltext). In einer Rotkäppchenversion auf existentialistisch[16] mechanisiert der Verfasser einen Gruppenjargon (Textklasse) und schafft Inkongruenz mit dem vorliegenden Märchen. In jedem der drei Fälle wird die Mechanisierung einer Textklasse, eines „Stils" mit der Inkongruenz zu einem Einzeltext kombiniert. In jedem der drei Fälle beruht der Wertkonflikt auf der Konfrontierung einer mündlichen mit einer schriftlichen Reihe, was wiederum auf die Wichtigkeit der pragmatischen Voraussetzungen, hier des Mediums, verweist.

Entschließt man sich zu dieser Generalisierung des Begriffes „Travestie" — und theoretisch wie etymologisch spricht alles dafür —, müßte vieles, was heute als Parodie bezeichnet wird, als Travestie betrachtet werden.

So vorläufig und unvollständig diese theoretischen Bestimmungen von Parodie, Travestie und Pastiche auch sein mögen, erlauben sie doch erste Absetzungen von anderen Textsorten, ein Problem, das die Parodieforschung immer im Auge gehabt hat. Wir können hierzu drei der erarbeiteten Kriterien benutzen: das Vorhandensein einer zweiten semantischen Ebene, die Autofunktionen von Inkongruenz oder Mechanisierung (bezogen auf eine andere als die eigene Reihe) und schließlich gewisse pragmatische Voraussetzungen, wie Wertungen und Zielsetzungen. Eine Reihe von Texten hat eine zweite semantische Ebene, aber es fehlt ihnen im allgemeinen die Beziehung auf eine andere literarische Reihe, ein Original: Fabel, Allegorie, Satire, Karikatur und Persiflage.[17] Die Inkongruenz in diesen Textsorten beruht auf der sigmatischen Relation zur Wirklichkeit und ihrem Widerspruch mit allgemeinen gesellschaftlichen Normen. Erst dann, wenn eine der beteiligten Wertstufen einer spezifischen literarischen oder außerliterarischen Reihe entstammt, wie im Beispiel der *Betrachomyomachia,* kann der Wertkonflikt parodisch werden. Eine andere Reihe von Texten hat diesen Bezug auf ein Original, aber es fehlt ihnen die Autofunktion der Inkongruenz oder bestimmte pragmatische Voraussetzungen: Übersetzung, Fälschung, Accomodation, Plagiat, „Hoax".[18] Die Absetzung von Parodie und Travestie ist einfach, wenn keine Inkongruenz zugrunde liegt. Vom Pastiche mit seiner Autofunktion der Mechanisierung unterscheiden sich diese Texte manchmal nur durch pragmatische Voraussetzungen, wie Zielsetzung des Autors und Erwartungen der Rezipienten. Ironische oder stilisierte Texte, wie z. B. das paradoxe Enkomium oder die ironische deliberative Rede, nähern sich der Parodie, unterscheiden sich aber von ihr durch das Fehlen einer spezifischen Textklasse von Originalen.[19] Sie gehen in diese über, sobald eine bestimmte historische Textklasse als Original benennbar wird. Dieselben Kriterien lassen sich auf andere öfters mit der Parodie, Travestie oder dem Pastiche genannte Texte, wie der Maccaronidichtung, der Posse, Farce, Tragikomödie u. a., anwenden.[20] Diese Abgrenzungen rufen sicherlich mehr Fragen hervor, als sie beantworten, aber sie spiegeln den Stand der theoretischen Reflexion über diese Texte wider. Die Parodieforschung ist heute noch nicht in der Lage, in einer präzisen und systematischen Weise über ihren Gegenstand Auskunft zu geben bzw. diesen von anderen Gegenständen abzugrenzen, obwohl Ansätze dazu vorhanden sind.

Schließlich werfen Parodie, Travestie und Pastiche interessante Probleme der Gattungstheorie auf. Nimmt man an, daß „Gattungen" Klassenbildungen von Rezipienten und Autoren sind, denen bestimmte Merkmale in den Texten entsprechen, dann hängen diese Klassifikationen von den gewählten Merkmalen der Texte ab. Gattungen sind nach den unterschiedlichsten Merkmalen gebildet worden: phonologischen (Sonett), syntaktischen (Sentenz), semantisch-sigmatischen (Detektivroman), medialen (Epitaph) oder pragmatischen (Horrorroman). Parodie, Travestie und Pastiche gehören nun zu der Klasse von Texten, die wie Übersetzung, Plagiat, Imitation usw. durch ihre Autofunktion für eine andere Reihe als die eigene definiert wird. Insofern sind syntaktische, semantische oder mediale Merkmale für ihre Bestimmung irrelevant. Dennoch stehen Parodie, Travestie und Pastiche auch in Beziehung zu ihrer eigenen Reihe und bilden dadurch bestimmte feste Autofunktionen aus. Auf der anderen Seite verhält es sich ja auch mit den anderen Gattungen, wie Tynjanov gezeigt hat, nicht einfach so, daß sie sich durch die Autofunktionen der eigenen Reihen bestimmen ließen: ihre Spezifität hängt ebensosehr von ihren Beziehungen zu anderen Reihen ab. Rezeptionspsychologisch gesprochen: *jeder* Text wird auf dem Hintergrund von anderen Texten, und nicht nur den ähnlichen, wahrgenommen. Bevor man also die Frage, ob Parodie, Travestie oder Pastiche Gattungen seien oder nicht, beantwortet, muß man sich der Dialektik der Autofunktionen und Synfunktionen in Texten im Sinne von Tynjanov bewußt werden. Die Lösung dieser Probleme scheint in der Annahme einer historisch sich wandelnden Dominanz bestimmter Merkmale zu liegen.

6.2. *Perspektiven*

Die Ergebnisse dieser Untersuchung zeigen, daß die Parodieforschung seit jeher, wenn auch mit wechselnder Emphase, von Kommunikationsprozessen, vor allem den Beziehungen Autor, Text und Rezipient, ausgegangen ist. Was ihren Aussagen fehlt, ist vor allem der systematische Zusammenhang: die Falsifizierung einer bestimmten Aussage zieht keinerlei Konsequenzen für andere Aussagen nach sich. Lücken in der Hypothesenbildung treten nicht hervor. Akzeptiert man jedoch die Grundthese dieser Untersuchung, daß die rückständige Forschungslage in diesen Bereichen vor allem darauf zurückzuführen ist, daß die Parodieforschung ihre theoretische Reflexion weitgehend auf Definitionen und beiläufig eingeflochtene Generalisierungen eingeschränkt hat, dann können die Forschungsperspektiven nicht darin bestehen, Generalisierungen nachzutragen. Den Zielen einer höheren Beschreibungs- und Erklärungsadäquanz entsprechend werden wir im folgenden von den Lücken in der Hypothesenbildung ausgehen, um einige Möglichkeiten der Systematisierung und des Anschlusses an weiterführende Theorien zu demonstrieren. Für beides bieten sich Kommunikationstheorie und Linguistik an, aber auch speziellere Theorien der Soziologie, Psychologie und Mathematik können unter Umständen neue Anstöße liefern. Nicht alle Anstöße werden in der künftigen Parodieforschung gleiches Gewicht haben, aber hier kommt es zunächst einmal darauf an, die vorhandenen Möglichkeiten zu eröffnen. Je nach Aspektwahl — syntaktisch, semantisch oder pragmatisch — werden einzelne Arbeitsfelder deutlicher hervortreten.

Wenn Kommunikationsprozeße wie Parodierung, Travestierung und Pastichierung gesellschaftliche Bedingungen und Wirkungen haben, dann liegt hier ein noch weitgehend unbearbeitetes Feld für die Parodieforschung. Es fehlen nicht nur Untersuchungen über gesellschaftliche Eingriffe in diese Kommunikationsprozesse — etwa Zensur und Unterdrückung — oder deren gesellschaftliche Wirkungen, sondern vor allem Untersuchungen der Funktion von Parodie, Travestie und Pastiche im gesellschaftlichen Wandel. Wenn „Gesellschaft" nicht lediglich eine Residualkategorie für die Parodieforschung bleiben soll, müssen die entsprechenden Gesellschaftsmodelle und Theorien des sozialen Handels hinzugezogen werden. Es nutzt nichts, diese Reflexion ausklammern zu wollen, gesellschaftstheoretische Voraussetzungen schleichen sich, wie gezeigt, durchweg in die Parodieforschung ein. So unterliegen der neueren Parodieforschung nicht nur die konkurrierenden soziologischen Homöostase- und Konflikttheorien der Gesellschaft, wie sie zusammenfassend Kiss (1972f.)[21] referiert, sondern auch bestimmte Theorien des sozialen Wandels, etwa die Evolutionstheorie, die Fortschritts- oder Zyklentheorie. Statt diese Theorien als undiskutierte Voraussetzungen im Hintergrund der Diskussion zu belassen, käme es darauf an, diese explizit zu machen und auf ihre Fruchtbarkeit zu überprüfen. Historische Überblicke über solche Theorien des sozialen Wandels geben La Piere (1965), Nisbet (1969) und Allen (1971).[22] Eine besonders klare theoretische Analyse der häufig gemachten Voraussetzungen bei der Beschreibung gesellschaftlicher Prozesse findet sich bei Sorokin (1937).[23] Die Theorien von Hegel, Sully, Tynjanov u. a. wären ihrerseits forschungsgeschichtlich zu reflektieren und mit neueren soziologischen Theorien zu konfrontieren. Ein fruchtbares Beispiel scheint mir Barnetts (1953) Theorie *Innovation: The Basis of Cultural Change.* Barnett behandelt Innovationen, darunter auch die Parodie, mit einem Regelsystem von Transformationen und setzt deren Produktion und Rezeption in systematischen Zusammenhang mit den gesellschaftlichen Verhältnissen. Seine Hypothesen vor allem über die gesellschaftlichen Bedingungen der Produktion und Rezeption von Innovationen sind weiterreichend als alles, was zur Parodie, Travestie oder zum Pastiche vorgebracht worden ist, und wären fruchtbar auf diese anzuwenden. Sein Regelsystem erinnert in vielem an die vier Änderungskategorien der Rhetorik.[24] Sicherlich werfen auch andere soziologische Theorien der Innovation wie allgemein die Kommunikationstheorie neue Anstöße für die Parodieforschung ab.[25]

Die vorausgehenden Überlegungen implizieren, daß die literatursoziologische Erforschung von Parodie, Travestie und Pastiche sich nicht auf Autoren-, Medien- oder Rezipientensoziologie beschränken kann.[26] Sie vermag allerdings auch nicht ohne sie auszukommen.[27] So fehlen in der Parodieforschung empirische Untersuchungen über die soziale Stellung der Autoren fast völlig, und sei es nur in Form von einfachen sozialen Variablen wie Alter, Geschlecht, Beruf, Gruppenzugehörigkeit usw.[28] Nun weisen aber die Hypothesen in 2. und 5. auf die Wichtigkeit dieser Faktoren hin. Akzeptiert man z. B. die Gruppenhypothesen von Rühmkorf, Sully oder Martineau als überprüfenswert, dann werden folgende Untersuchungen denkbar: Man analysiert die Gruppenzugehörigkeit von Parodisten, Travestisten und Pasticheuren sowie deren geschichtliche Veränderung, tut das gleiche für die Original-Autoren und untersucht dann die sich wandelnden Mengenverhältnisse zwischen beiden. Die gleiche mengentheoretische Untersuchung ist natürlich auch für andere Variablen möglich. Von der Beantwortung solcher Fragen hängt nach den Hypothesen der Parodieforschung die Bestimmung der Normen, der Einstellung, Zielsetzung oder Kompetenz des Autors ab. Die Kommunikationstheorie bietet nicht nur verschiedene Theorien, sondern auch empirische Untersuchungen über den Zusammenhang von Gruppen und Einstellungen, Normen usw. ihrer Mitglieder an. Fruchtbare Anstöße liefern die Arbeiten von Müller (1970), Cathcart (1970), Tunstall (1970); eine Zusammenfassung von Hypothesen gibt Berelson (1964), und Maletzke (1963) wie Bessler (1967) versuchen eine Systematisierung der Faktoren, die auf den Autor Einfluß haben. Zu diesen Faktoren gehört neben den genannten auch die raum-zeitliche Situation des Autors, vor allem in der mündlichen Kommunikation. Auch hierzu liegen in der Kommunikationsforschung theoretische Überlegungen vor.[29]

Die Aussagen zur Psyche des Autors, seiner Kompetenz, Einstellung und Zielsetzung sind, wie gezeigt, nicht nur lückenhaft, sondern beruhen auch auf einer zweifelhaften und veralteten Psychologie. Die Parodieforschung muß hier versuchen, Anschluß an neuere Entwicklungen in der Psychologie zu finden. Vor allem die Aussagen zur „Intention" des Autors beruhen auf umstrittenen Voraussetzungen, wie die Arbeiten von Anscombe (1957), Ryan (1970) und Newton-De Molina (1974) zeigen. Im allgemeinen ist das planvolle rationale Vorgehen der Autoren zu sehr betont auf die irrationalen Motivierungen der Autoren zu wenig beachtet worden. Die neueren Arbeiten von Piaget (1962), Goldstein (1972) und Levine (1969) bieten hier ein wertvolles Korrektiv. Groeben (1972) gibt einen Überblick zur Psychologie der Textproduktion und erarbeitet Wege der fruchtbaren Zusammenarbeit von Literaturforschung und Psychologie. Eine andere Frage ist die der Kompetenz. Die Parodieforschung könnte versuchen, im Sinne der Chomskyschen Unterscheidung von Kompetenz und Performanz Modelle zu entwerfen,[30] die dem Produzieren von Parodien, Travestien oder Pastiches zugrundeliegen, anstatt allgemein von Kenntnissen und Fähigkeiten zu sprechen. Wir gehen auf solche Möglichkeiten weiter unten ein. Zur Einstellung schließlich liegt die umfangreiche sozialpsychologische Forschung der letzten Jahrzehnte vor.[31] Statt sich wie bisher auf Rückschlüsse aus dem Text zu verlassen,[32] sollte sich die Parodieforschung mehr um die empirische Erforschung von Einstellungen in der Psychologie kümmern und den Stand der theoretischen Reflexion aufarbeiten. Die empirische Erforschung dieser Einstellungen wird der Parodieforschung nur in Ausnahmefällen möglich sein, aber eine engere Kooperation psychologischer und literaturwissenschaftlicher Analyse böte sich hier an, etwa im Sinne einer Kombination von Textanalyse und Autorenbefragung durch kooperierende Forscher. Ausführlicheres hierzu weiter unten.

Wenn die Tendenz der Parodieforschung der letzten Jahre nicht wechselt, deutet alles darauf hin, daß die Untersuchung von Texten der Parodie, Travestie oder des Pastiches in der Zukunft mehr in den Vordergrund treten wird. Die bisherigen Textmodelle sind zu vage und simpel, um eine ädaquate Beschreibung zu erzielen. Die Parodieforschung wird von Begriffen wie „Form" und „Inhalt", „Stil" und „Gegenstand" oder „Erhabenes" und „Niedriges" Abschied nehmen und sich mehr als bisher auf linguistische Versuche einlassen müssen, Texte als komplexe Zeichensysteme zu verstehen. Die Begriffe „System", „Element", „Relation" und „Ebene" erlauben eine adäquatere Abbildung von Texten und können die alten Begriffe ersetzen. Sie unterliegen ohnehin seit Tynjanov einem großen Teil der literaturtheoretischen Diskussion: der Strukturalismus ist weitgehend eine vereinseitigende Abstraktion der Systemtheorie.[33] In einer ersten Reduktion können Parodie, Travestie und Pastiche als Zeichenmengen (nicht Zeichensysteme) verstanden werden, die mit den Zeichenmengen der Originale in bestimmten Verhältnissen stehen.[34] Die bisher nur unzureichend bestimmten Umfangsverhältnisse bei Parodie, Travestie und Pastiche können dann in mathematisch präzise Mengenverhältnisse und Typen der Abbildung von Definitions- auf Zielmenge überführt werden. So ist z. B. das Verhältnis einer Parodie zu einem Originaltext als eine Schnittbildung zweier Mengen darstellbar, bei der die Differenzmengen die Erstellung eines parodischen bzw. „poetischen" Lexikons und der Durchschnitt die exakte Bestimmung der gemeinsamen Elemente erlauben. Daran ließen sich weiterführende Untersuchungen der syntaktischen und semantischen Merkmale der Elemente in den einzelnen Mengen anschließen, die, auf ein größeres Korpus ausgedehnt, Generalisierungen über die Verteilung der Wortarten (syntaktischen Kategorien) zwischen Differenzmengen und Durchschnitt[35] oder die Unterscheidung verschiedener Lexika für eine Zeit und eine Gesellschaft erlauben.[36] Die Verhältnisse liegen komplizierter bei der Parodie von Textklassen, aber auch sie lassen sich als Schnittbildungen mehrerer Zeichenmengen beschreiben. Alle seit Sallier versuchten Umfangbestimmungen von Original und Parodie, Travestie oder Pastiche können in präzise Mengenbestimmungen überführt werden, und neue Fragestellungen entstehen durch die Kombinatorik der verschiedenen Mengen.[37] Eine zweite Anwendungsmöglichkeit der Mengentheorie liegt in der Bestimmung der Abbildungen oder Funktionen zwischen den Differenzmengen. Die Autofunktionen von Elementen der Parodie, Travestie oder des Pastiches wären im Rahmen bestimmter Abbildungstypen der Definitionsmenge auf die Zielmenge zu lokalisieren.[38] Die Mengentheorie ist ein äußerst fruchtbares Instrument für die Klärung gewisser Grundbegriffe in der Parodieforschung.

Texte wie Parodie, Travestie oder Pastiche sind nun nicht nur Zeichenmengen, sondern strukturierte Zeichensysteme. Auf einer ersten Ebene müßten die Phonem- und Graphemstrukturen und ihre Transformationen zwischen Original und Imitation mit Hilfe linguistischer Theorien analysiert werden. „Schiller auf sächsisch" oder die bewußte Wahl und Verzerrung bestimmter Typographien bleiben völlig unerforschte Gebiete, obwowhl diese Verfahren eng mit semantischen und pragmatischen Problemen zusammenhängen.[39] Am aussichtsreichsten scheint zur Zeit eine Untersuchung des syntaktischen Aspekts bei Parodie und Pastiche zu sein. So wären Arbeiten denkbar, die die Syntagma-Paradigma Unterscheidung der strukturalen Linguistik[40] auf diese Texte anwenden. Behalten bestimmte Parodien das Syntagma des Originals bei und bilden neue Paradigmen? Wie unterscheidet sich die Paradigmabildung bei Parodie und Travestie? Noch fruchtbarer scheint die Anwendung der generativen Syntax auf Parodie, Travestie und Pastiche. Die Parodieforschung ist durch die Änderungskategorien der Rhetorik auf Transformationsgesetze gestoßen, die universeller Art zu sein scheinen. Die Kybernetik — z. B. Ashby (1961) und Flechtner (1970)[41] — bietet eine allgemeine mathematische Formulierung solcher Transformationen an. Chomskys syntaktische Transformationsregeln lassen sich auf die Typen von Tilgung, Insertion, Substitution und Permutation reduzieren.[42] Der Unterschied liegt allerdings darin, daß bei Chomsky Tiefenstrukturen in Oberflächenstrukturen transformiert werden, während in der Parodieforschung vor allem die Transformierung *einer* Oberflächenstruktur in eine andere interessiert. Es liegt nahe, die parodische Kompetenz im Sinne der generativen Poetik[43] als ein zweites Regelsystem zu konstruieren, das sich an das erste Kompetenzmodell von Chomsky anschließt. Die Autofunktion der Abweichung wäre dann im Rahmen der generativen Grammatik und Poetik genauer zu bestimmen: als Verletzung bestimmter Konstituentenstruktur-, Subkategorisierungs-, Lexikon- oder Transformationsregeln. Greifen Parodie, Travestie oder Pastiche vorwiegend in die Tiefen- oder Oberflächenstruktur des Originals ein und lassen sie sich durch ihre syntaktischen Transformationen unterscheiden? Diese Fragen erhalten eine besondere Wichtigkeit, wenn man wie Tynjanov annimmt, daß die Parodie als Modell für die allgemeine Theorie der Abweichung dienen kann. Die Aussichten sind nicht schlecht, hier in näherer Zukunft zu brauchbaren Ergebnissen zu kommen.

Auch zum semantischen Aspekt bietet die Linguistik einige weiterführende Hilfen an. Die bisher nur grob umrissene Theorie der semantischen Überlagerung oder Interferenz in Parodie, Travestie und Pastiche ließe sich mit Hilfe strukturalistischer Theorien der Textsemantik präzisieren. So kann man z. B. das Problem der zweiten Ebene mit der Isotopietheorie von Greimas (1971) beschreiben. Nach dieser Theorie[44] bildet sich die Isotopie eines Textes durch die Rekurrenz bestimmter hierarchisierter kontextueller Seme (Klasseme) in den einzelnen Wörtern (Lexemen) des Textes. Die Paradigmenbildung von Klassemen erlaubt eine Analyse von komplexen Texten mit mehreren sich überlagernden Isotopieebenen. Parodien, Travestien und Pastiches würden dann als Interferenzen verschiedener Isotopieebenen des Textes beschreibbar.[45] Eine andere Möglichkeit eröffnet die generative Semantik von Katz (1972). Nach Katz interpretiert die semantische Komponente die Tiefenstruktur eines Satzes, die durch die Basis der syntaktischen Komponente (im Sinne von Chomsky) generiert wurde. Die semantische Komponente ordnet den Elementen der Tiefenstruktur eines Satzes lexikalische Lesearten zu (semantische Merkmale + Selektionsbeschränkungen) und integriert diese durch Projektionsregeln in die semantische Struktur des Satzes. Mit Hilfe der semantischen Merkmale lassen sich nun so grundlegende Relationen wie semantische Ähnlichkeit, Synonymie, Inklusion, Ambiguität, Redundanz, Antinomie, Inkompatibilität usw. exakt bestimmen.[46] Katz schlägt vor, eine zweite Komponente einzurichten, die die Oberflächenstruktur von Sätzen, also bereits transformierte Sätze, interpretiert und Unterschiede des rhetorischen oder stilistischen Gebrauchs erfaßt.[47] Die semantische Struktur von Parodien, Travestien oder Pastiches ließe sich dann als Verletzung bestimmter Selektionsbeschränkungen und Projektionsregeln erklären, die von semantischen Relationen, wie Antinomie, Inkompatibilität oder Redundanz, abhängen. Natürlich stehen auch andere Semantiktheorien zur Verfügung,[48] aber die von Katz scheint im Augenblick die expliziteste. Auch die neueren Theorien zu narrativen Texten liefern fruchtbare Anstöße für die Parodieforschung, hier vor allem für die Analysen von Travestien. Die Terminologie von Charakteren und Handlungen, Handlungsträgern und Prädikaten kann in die Theorie von narrativen Texten übertragen werden.[49] So wäre es den Versuch wert, die Handlung eines Originals etwa in den primären und sekundären Kategorien der Handlungstheorie von Todorov (1969) zu formalisieren.[50] Agenten (X, Y), Attribute (A, B) und Handlungen (a, b, c) treten zu Propositionen zusammen, die durch sekundäre Kategorien modifiziert (Negation, Komparativ, Modus, Vision) und verkettet (logisch, räumlich, zeitlich) werden. Wendet man die gleiche Formalisierung auf die Travestie an, wird es möglich, generelle Transformationsregeln für narrative Travestien zu erstellen und diese von narrativen Parodien zu unterscheiden.[51] Ein Ansatz eines generativen Modells findet sich bei Dolezel (1972).[52] Diese Theorien würden nicht nur vorhandene Ansätze in der Parodieforschung fortsetzen, sondern ihre Anwendung auf Parodie und Travestie oder Pastiche wäre auch ein geeigneter Testfall für die Beschreibungsadäquatheit solcher Theorien.

Auch zur Sigmatik liegen neuere Ansätze vor, etwa im Sinne der Instruktionssemantik, Ansätze, wie sie bei Schmidt (1973) und Kallmeyer (1974) referiert werden. Ausgangspunkt ist folgende Hypothese: „In der Kommunikation gibt der Sprecher dem Hörer Anweisungen, bestimmte Operationen auszuführen (nämlich Bezüge herzustellen)."[53] Eine dieser Anweisungen ist die Referenzanweisung, die Aufforderung an den Hörer, sich auf bestimmte Ausschnitte seines Wirklichkeitsmodells zu beziehen. In Texten mit komplexer Isotopie — genannt werden Witz, Kalauer, Wortspiel, Komödie, Satire[54] — sind diese Anweisungen mehrdeutig, weil sie auf sehr heterogene Ausschnitte des Wirklichkeitsmodells bezogen werden können. Parodien, Travestien und Pastiches wären dann als spezielle Fälle solcher mehrdeutigen Referenzanweisungen zu analysieren, wobei allerdings diese „Wirklichkeitsmodelle" noch näher bestimmt werden müßten. Fruchtbar scheint mir in diesem Zusammenhang Klaus' (1972)[55] Theorie des Spiels als einer Funktion von Erkenntnis. Nach Klaus stehen Homo sapiens, Homo ludens und Homo faber in einem Regelkreis mit ihrer Umgebung. Homo ludens ist der Spieler, „der schlechthin mit idealen oder materiellen Modellen der Außenwelt spielt."[56] Klaus stellt sich den Regelkreis wie folgt vor: „Es werden Informationen aus der Umgebung *U* gesammelt, in die Form von Aussagen gebracht, vom Homo sapiens klassifiziert, in ein System eingefügt usw. Es erfolgt dann die Abbildung des so gewonnenen Bereichs auf einen Bereich von Zeichen. Ausgehend von dieser Kodierung, die also den Übergang vom Homo sapiens zum Homo ludens darstellt, erfolgt nun ein Spiel mit den Zeichen, und dieses Spiel bringt neue Zeichen und Zeichenkombinationen hervor. Diese neugewonnenen Zeichen bzw. Zeichenkombinationen werden nach einer weiteren Umkodierung zur Überprüfung an der Außenwelt *U* dem Homo faber übergeben, der in unserem Schema als Repräsentant der Praxis (Experiment, Beobachtung, Technik usw.) auftritt."[57] Wendet man diese Überlegungen nicht nur auf Utopie, fantastischen Roman, Parabel, sondern auf Literatur generell an, so bildet diese die Wirklichkeit nicht direkt ab, sondern spielt mit verschiedenen Modellen bereits gegebener Wirklichkeitsabbildungen. Parodie und Travestie wären dann als Kombination heterogener Wirklichkeitsmodelle oder als Überprüfung eines Wirklichkeitsmodells an der Außenwelt beschreibbar.[58] Beispiele empirischer Untersuchungen solcher Wirklichkeitsmodelle liegen vor in der Kommunikationsforschung.[59]

Die Funktion der Medien im Kommunikationsprozeß von Parodieren, Travestieren oder Pastichieren bleibt zu untersuchen. Auch hier können nach einer empirischen Untersuchung der Geschichte der Medien mengentheoretische Überlegungen weiterhelfen, das Verhältnis von Original-Medium und seiner Imitation zu reflektieren. Wurden Original und Parodie in derselben Weise gespeichert und verbreitet? Wie verändert sich die Parodierung mit Entstehen neuer Medien? Wenn Medien sich im Bewußtsein der Rezipienten nach Wertstufen hierarchisieren, wird die Parodierung bei allem Wandel der Medien über die jeweils geringer prestigehaltigen Medien abgewickelt? Die gleichen Fragestellungen lassen sich auch auf die Medienproduzenten anwenden. Inwieweit sind Parodierungen, Travestierungen und Pastichierungen auf Konflikte zwischen Medienproduzenten zurückführbar? Die Konflikte zwischen Monopoltheater und Vorstadttheater, Presse und Buchverlagen und in neuerer Zeit Film und Fernsehen bieten zu solchen Untersuchungen ein reiches Material. Das setzt voraus, daß man sich auf die innere Struktur dieser Organisationen, ihrer wirtschaftlichen und sozialen Verflechtungen, einläßt. Die Kommunikationsforschung bietet hierzu Modelle und empirische Untersuchungen in großer Zahl an.[60] Besonders interessieren natürlich die Beziehungen der Medienproduzenten zum Autor und zu den Rezipienten und die Zwänge, denen beide durch den Medienproduzenten oder das Medium selbst unterworfen sind.[61] Wieviele Parodien sind auf Veranlassung von Medienproduzenten entstanden (Preisausschreiben in der Presse, Auftrag eines Theaters, Film- oder Fernsehstudios)? Wieviele Parodien werden nicht veröffentlicht und warum? Was sind die rechtlichen und finanziellen Regelungen zwischen Autor, Medienproduzent und Rezipient? Wie differenzieren sich Medien soziologisch nach Rezipienten- und Autorengruppen? Wie hängt die Geschichte der kulturellen Kodes, der Wertsysteme von Rezipienten und Autoren mit der Geschichte der Medien zusammen? Diese und andere Fragestellungen sind in der Kommunikationsforschung, auf andere Texte bezogen, Gegenstand eingehender Untersuchungen geworden. Zusammenfassungen der Fragestellungen und Überblick über die reiche Literatur finden sich bei Maletzke (1963), Klapper (1960), Tunstall (1970). Schließlich bleibt als wichtige Frage zu berücksichtigen, daß Texte, Originale wie Parodien, im Verlaufe der Geschichte einer Textverarbeitung und damit häufig Transmedialisierungen (etwa Vortrag, Zeitschrift, Buch) unterworfen sind.[62] Wie Verweyens Beispiel zeigt, enthüllen solche Transmedialisierungen oft interessante soziale und geschichtliche Prozesse. Die Medienforschung ist sicher eine der vorrangigen Aufgaben der heutigen Parodieforschung.

Wenn die Rezeptionsforschung über geistesgeschichtliche Allgemeinheiten hinauskommen will, muß sie sich — das zeigen die Arbeiten von Verweyen und Hüttner — auf empirische Untersuchungen von Verbreitung und Rezeption einlassen. Stehen die Rezipientengruppen oder -klassen für Parodie, Travestie oder Pastiche in einem gegebenen Zeitraum fest, lassen sich wiederum mengentheoretische Überlegungen über das Verhältnis von Original-Rezipienten und Parodie-Rezipienten vornehmen. Die Kommunikationsforschung hat eine Unmenge solcher rezeptionssoziologischen Untersuchungen angestellt,[63] und es käme darauf an, sich ihrer Methoden und Einsichten zu bedienen. Rezeption ist, wie die Kommunikationsforschung der letzten Jahre nachgewiesen hat, kein einstufiger, sondern häufig ein zwei- oder mehrstufiger Vorgang, in dem bestimmte Rezipienten Rollen des „opinion leader" übernehmen.[64] Von hier aus hätte die Parodieforschung ihre eigene Rolle neu zu reflektieren, denn Parodieforscher sind immer gerne durch Normierungen und Wertungen als Meinungsbildner oder „opinion leader" aufgetreten. Parodieforschung beschreibt nicht nur Rezeption von Parodien, Travestien oder Pastiches, sie beeinflußt diese auch und übernimmt damit gewisse gesellschaftliche Funktionen. Die vorliegende Untersuchung hat gezeigt, wie häufig diese Rolle eine konservative war und auch heute noch ist. Statt in den Spuren „des unterdrückten Dialogs das Unterdrückte" zu rekonstruieren,[65] hat die Parodieforschung oft an eben dieser Unterdrückung von Kommunikationsprozessen aktiv teilgenommen.

Damit sind wir bei der Frage der Wertsysteme, die den Kommunikationsprozessen von Parodierung, Travestierung oder Pastichierung unterliegen. Wenn, wie die Generalisierungen der Parodieforschung behaupten, diese Wertsysteme nicht nur historisch veränderlich, sondern auch an bestimmte gesellschaftliche Gruppen und Klassen gebunden sind, dann wird Vodičkas Programm aktuell, Rezipientenwertungen empirisch und historisch zu untersuchen. Wie gezeigt, bietet die Parodieforschung hierzu ausgezeichnetes Material. Neben den traditionellen literaturtheoretischen Vorstellungen über Werte sollte jedoch auch stärker als bisher die soziologische Theoriebildung zur Wertung berücksichtigt werden.[66] Rezipienten hierarchisieren ja nicht nur Gattungen, Formen, Stile, Autoren usw. in Wertstufen, sondern auch Gegenstände, Berufe, Klassen, Nationen usw., und literarische Wertungen können nicht länger von sozialen Wertungen getrennt bleiben.[67]

Ein besonders enger Zusammenhang zwischen sozialen und literarischen Wertungen stellt sich in der traditionellen Theorie der Stilebenen her. Statt die Theorie als veraltet über Bord zu werfen, bietet sich von der Soziolinguistik her zum erstenmal ein präziseres Instrumentarium zur Beschreibung verschiedener Gruppen- und Klassensprachen an.[68] Travestie und auch Parodie und Pastiche von Textklassen lassen sich nicht ohne solche Annahmen über gruppen- oder klassenspezifische Sprachen analysieren. Statt wie bisher „Stile" einfach in „hohe", „mittlere" und „niedrige" zu hierarchisieren, wäre es angebracht, sich der soziolinguistischen Forschung, wie sie etwa in Dittmar (1973) referiert wird, zu bedienen, um den phonologischen, syntaktischen, semantischen und sigmatischen Merkmalen solcher Register oder Dialekte auf den Grund zu kommen. Natürlich werden sich solche Untersuchungen nicht von ihren pragmatischen Voraussetzungen lösen lassen: Register und Dialekte sind nicht nur strukturell verschieden, sondern auch im Bewußtsein der Kommunikatoren mit bestimmten sozialen Wertungen und Einstufungen verbunden, und diese Wertungen hängen wiederum davon ab, welchen Gruppen und Klassen die Kommunikatoren selbst angehören. Hier liegt ein literatursoziologisch höchst interessantes Arbeitsgebiet.

Zum eigentlichen Rezeptionsvorgang wird sich die Parodieforschung mehr als bisher der Hilfe der Psychologie versichern müssen. Freuds nun 70 Jahre altes Modell der Parodierezeption überragt alles, was in der Parodieforschung seitdem zustande gebracht worden ist. Wie neuere Zusammenfassungen des Forschungsstands in der Kommunikationswissenschaft jedoch zeigen, hat die Psychologie inzwischen auch andere Modell entwickelt, die fruchtbar auf die Parodieforschung angewendet werden können. Hier sind nur einige besonders vielversprechende Möglichkeiten anzuführen, umfassende Darstellungen finden sich bei Klapper (1960), Berelson (1964) und Dröge (1969). Zum einen wären die gestaltpsychologischen Theorien der

Wahrnehmung für die Rezeption von Parodien, Travestien oder Pastiches fruchtbar zu machen. Hypothesen zur Wahrnehmungsschwelle und zur Organisation des Wahrgenommenen (z. B. Vordergrund- und Hintergrundbildung) könnten helfen, bereits vorhandene Aussagen zur Parodie oder Pastiche-Rezeption zu präzisieren.[69] Schon Sklovskij wies auf fruchtbare Verbindungen zwischen der Theorie der Abweichung und der Psychologie der Differenzempfindungen hin. Die Aussagen zur Kompetenz der Rezipienten ließen sich in die Theorie der generativen Grammatik überführen. Die Diskussion der Einstellungen der Rezipienten kann nicht mehr ohne Berücksichtigung der umfangreichen Forschung zur Einstellung und zum Einstellungswandel stattfinden. Folgende Hypothesen und Modelle der Kommunikationsforschung bieten sich an.[70] Die Prädispositionen der Rezipienten führen zu selektivem Kontakt, selektiver Wahrnehmung und selektiver Speicherung von Texten.[71] Im Rahmen dieser Hypothesen wäre z. B. zu untersuchen, warum Rezipienten denn aktiv die Rezeption von Parodien, Travestien oder Pastiches suchen oder verweigern, was sie an ihnen wahrnehmen und was sie davon behalten. Für die Erforschung von Einstellungsänderungen in den Rezipienten hilft die kommunikationstheoretische Unterscheidung von präkommunikativen und postkommunikativen Einstellungen und die Vielzahl der daraus entspringenden Dissonanzmodelle.[72] Unterscheidet man z. B. die präkommunikative Einstellung des Rezipienten, seine Bewertung des Autors und die im Text manifestierte Einstellung, kann man – wie in den kognitiven Dissonanztheorien – verschiedene Hypothesen über den eintretenden oder ausbleibenden Einstellungswandel ableiten. Aussagen über Wertkonflikte oder Einstellungswandel im Rezipienten von Parodie, Travestie oder Pastiche fänden in solchen Modellen einen allgemeinen Erklärungsrahmen. Schließlich wären die psychoanalytischen Beiträge zur Theorie des Lachens, wie sie in Levine (1969) und Groeben (1972) zusammengefaßt sind,[73] zu berücksichtigen. Die in diesen Beiträgen häufig gemachte Voraussetzung, diese psychischen Vorgänge seien invariabel, sind mit den geschichtlichen und gesellschaftlichen Hypothesen über den Rezipienten zu vermitteln.

Daß die vorliegende Arbeit mehr Forschungsperspektiven eröffnet, als sie Ergebnisse referiert, ist in der forschungsgeschichtlichen Lage begründet. Die Parodieforschung kann sich nicht länger damit begnügen, ihren Gegenstand in einer Terminologie abzuhandeln, die auf die Textmodelle der antiken Rhetorik zurückgeht. Der Gang der Untersuchung zeigt, daß die Parodieforschung immer wieder auf grundlegende literaturtheoretische Probleme stößt, die zu wichtig sind, um am Rande behandelt zu werden. Die Parodieforschung ist in vorzüglicher Weise dazu geeignet, bestimmte literaturtheoretische Fragen, wie die nach der Textbeschreibung, der Brauchbarkeit von Begriffen wie „Form" und „Stil", der Widerspiegelungsproblematik, Wertung, Rezeption, literarischen Evolution oder dem Zusammenhang von Gesellschaft und Kommunikation, in fruchtbarer Weise neu zu stellen. Es gilt hier, den Ansatz und das wissenschaftstheoretische Verständnis des russischen Formalismus wiederzugewinnen, der die Parodie als einen zentralen Ausgangspunkt für die Konstruktion genereller Theorien über Texte nahm. Nicht nur deckt die Untersuchung von Parodien einer Tragödie vieles auf, was in einer Theorie der Tragödie unberücksichtigt bleibt, sondern die Parodieforschung insgesamt wird durch ihren Gegenstand in bestimmte Fragestellungen geführt, die als notwendiges Korrektiv der sonstigen literaturwissenschaftlichen Forschung gelten können. Wenn sich bestimmte neuere literaturtheoretische Modelle, etwa die generative Poetik oder Narrotologie, auf Parodien, Travestien und Pastiches anwenden lassen, so können diese auch dazu benutzt werden, die Fruchtbarkeit und den Geltungsbereich solcher Theorien zu überprüfen.

Die Forschungsperspektiven wie die Ergebnisse der Arbeit zeigen deutlich, daß es nicht möglich ist, die Kommunikationsprozesse von Parodierung, Travestierung oder Pastichierung in dem Sinne arbeitsteilig zu behandeln, daß die Parodieforschung sich auf die Analyse von Texten beschränkt und die Untersuchung von Autor, Rezipient, Medium und gesellschaftlichen Verhältnissen der Psychologie oder Soziologie überläßt. Der systematische Zusammenhang des Kommunikationsprozesses, des syntaktischen, semantischen und pragmatischen Aspekts macht die enge Kooperation zwischen diesen Disziplinen notwendig. Gewiß wird die Parodieforschung bestimmte Probleme als Fragen an Psychologen oder Soziologen stellen müssen, weil sie außerhalb ihrer Untersuchungsmöglichkeiten liegen. Andere Probleme werden sich kooperativ in Zusammenarbeit von Literaturwissenschaftlern und Psychologen oder Soziologen lösen lassen. Es sollte aber nicht mehr möglich sein, daß Parodieforscher Aussagen über psychische oder gesellschaftliche Sachverhalte machen, ohne auf die zeitgenössische Forschung zu diesen Gebieten Bezug zu nehmen. Die Vernachlässigung solcher Forschung führt zu leicht in das Zurückfallen auf umgangssprachliche oder forschungsgeschichtlich veraltete

Vorstellungen, die die Beschreibungs- und Erklärungsadäquanz der Parodieforschung beeinträchtigen.

Abschließend sei auf eine weitere Forschungsperspektive hingewiesen, deren Entfaltung zwar zukünftigen Arbeiten vorbehalten bleiben muß, die aber weiter die Fruchtbarkeit der Parodieforschung in forschungsgeschichtlicher Hinsicht unterstreicht. „Parodie", Travestie" und „Pastiche" weisen in ihren Ursprungsbedeutungen über Texte hinaus auf allgemeine semiotische Fragestellungen: auf Musik, Kleidung, Essen und Malerei. In der Tat hat die Parodieforschung immer wieder darauf hingewiesen, daß Parodie auch in der Musik, der Malerei, im Film, im Verhalten und anderen Bereichen vorkommt, ohne sich allerdings die Frage in allgemeiner semiotischer Hinsicht zu stellen. So läuft in der Musik- und Kunstwissenschaft eine Diskussion der Parodie, ohne daß es zu Vermittlungen mit der Literaturwissenschaft käme. Wenn aber Parodie, und vielleicht auch Travestie und Pastiche, gar nicht an ein bestimmtes Zeichensystem, nämlich Sprache, gebunden ist, wäre es den Versuch wert, die vorläufigen Ergebnisse der Parodieforschung für nichtsprachliche Zeichensysteme zu analogisieren, um ihren Geltungsbereich zu überprüfen. Diese Aufgabe ist um so verlockender, als in der gegenwärtigen Semiotikdiskussion diese Fragen unbehandelt bleiben und ein großer Teil der heutigen parodischen Praxis sich in Zeitschriften, Fernsehen, Film, Comics usw. abspielt. Die heutigen Medien machen die Aufzeichnung und Speicherung von parodischem Verhalten in Alltagssituationen und damit deren Analyse möglich. Solche Analysen würden zeigen, wie sprachliche Parodierung in komplexe Situationen eingebettet ist, in denen sprachliche mit nichtsprachlichen Zeichensystemen interferieren. Von hier gesehen erscheint die schriftliche Parodierung, die fast ausschließlich Gegenstand der Parodieforschung ist, als die Vereinzelung eines einzigen Zeichensystems, als Sonderfall eines allgemeineren Zusammenhangs, der nicht nur häufiger, sondern auch direkter auf die Lebenspraxis der Beteiligten bezogen ist. Eine solche Arbeit müßte zeigen, daß die bisherige Parodieforschung, die diese Zusammenhänge überhaupt nicht oder nur am Rande behandelt hat, wieder vom Kopf auf die Beine zu stellen ist: Parodie, Travestie und Pastiche in der Literatur sind spezialisierte und vereinseitigte Verfahren der alltäglichen umgangssprachlichen Lebenspraxis von Kommunikatoren.

ANMERKUNGEN

Anmerkungen zu Kapitel 1

[1] Jaeggi (1972), 72.

[2] Habermas (1968), 163 f.

[3] Hinzu kommen Texte in Spanisch, Italienisch und Latein. Russische und tschechische Texte konnten nur herangezogen werden, wenn Übersetzungen vorlagen. Zur Bibliographie der weitgehend unberücksichtigt gebliebenen Diskussion in Russisch vgl. Ischtschenko (1973), 113-177 und die russischen Einträge in meiner Bibliographie.

[4] Als besonders häufig rezipierte Texte lassen sich Cicero (1948), Quintilian (1966), Sallier (1733) und Flögel (1794) nennen. Zur Rolle der ersten beiden vgl. Beck (1969), 51 ff.

[5] Zur Geschichte der Parodieforschung — meist als Begriffsgeschichte verengt — vgl. Householder (1944); Koller (1956); Rotermund (1963), 9 ff.; Weisstein (1966), 802 ff.; Markiewicz (1967), 1264 ff.; Hempel (1965), 150 ff. (zur Parodie). Hempel (1965), 158 ff.; Weisstein (1966), 808 ff. (zur Travestie). Hempel (1965), 165 ff.; Albertsen (1971) (zum Pastiche). Bond (1932), 18 ff.; Werner (1966) (zum Burlesken). Vgl. weiter Barasch (1971), 121 f.

[6] Dieses verengte Wissenschaftsverständnis — meist in Absetzung von den Naturwissenschaften — ist nicht nur auf die Parodieforschung beschränkt; vgl. Pollmann (1973), 65; Hermand (1969), 182. Dagegen vgl. Krauss (1969), 18; Eichenbaum (1965), 7 f.; Skreb (1973), 32 ff. Die zugrundeliegenden Mißverständnisse über die Funktion von Definitionen, Hypothesen und Theorien hat Bunge (1967), I ausführlich behandelt.

[7] Folgende Überblicke und Zusammenfassungen waren für meine Untersuchung nützlich: zur Literatursoziologie Fügen (1964); Strelka (1971); Glaser (1971); zur Literaturpsychologie Groeben (1972) und (1973); zur Mathematik in der Literaturwissenschaft Fischer (1973); Gunzenhäuser (1969); Wunderlich (1971); Maser (1971); zur Linguistik Ihwe (1971); Schmidt (1973); Kallmeyer (1974); zur Semiotik Eco (1972) und Wienold (1972).

[8] „Travestie" als literaturkritischer Terminus fehlt im Italienischen und Spanischen, „Pastiche" im Spanischen. Französische Kritiker ziehen den Ausdruck „burlesque" dem von „travestissement" vor, und im Deutschen hat das Wort die (das) „Burleske" eine von den anderen Sprachen abweichende Bedeutungsverschiebung durchgemacht. (Wir nennen in dieser Arbeit Werke wie Scarrons *Virgile travesti* „Travestie". Wo in der Diskussion terminologisch mehrdeutige Zitate verwendet werden, fügen wir Erläuterungen oder Übersetzung bei.) Hinzu kommt, daß die übersetzten Beiträge des Russischen Formalismus auch in den

letzten Jahren von der westlichen Parodieforschung unberücksichtigt geblieben sind.

9 Vgl. die Klagen bei Felstiner (1972), 156; Rau (1967), 11; Martin (1972), 14; Wagenhofer (1968), 21 ff.; Stackelberg (1972), 159 ff.; Verweyen (1973), 79 ff. u. ö.

10 Chomsky (1969), 18 ff.; Chomsky (1972), 27 f.

11 Die wissenschaftstheoretische Grundlage dieser Arbeit geht vor allem auf Bunge (1967), Klaus (1972 b), Korch (1972) und Kosing (1968) zurück. Zur Funktion von Modellen im Forschungsprozeß vgl. Böhnisch in Laitko (1969), 214 ff.; Klaus (1969), II, 414 ff.; Kaplan (1964), 266 ff.; Willer (1971), 250 ff. Das Kommunikationsmodell ist ein SMCR-Modell mit Rückkopplung, wie es heute weit verbreitet ist. Vgl. hierzu Bettinghaus in Ball (1960), 29 ff.; Dröge (1967), 86; Maletzke (1963), 41; Reimann (1968), 88 u. ö. Zu Kommunikationsmodellen in der Rhetorik vgl. Breuer (1974) und Anderson in Martin (1968), 2 ff.

12 Klaus (1972a), 57 ff. Ähnliche semiotische Theorien bei Morris (1972); Reznikov (1970); abweichend Barthes (1969), von dem wir die Ausdrücke „Signifikant" für das sprachliche Zeichen und „Signifikat" für das gedankliche Abbild übernehmen.

13 Präzise bei Klaus die Zeichengestalt, d. h. die Abstraktionsklasse aller äquivalenten Zeichen.

14 Zur methodischen Grundlegung vgl. meine Darstellung in Schulte-Sasse (1973), 391 ff. Hier kann nur eine grobe Charakterisierung des vielschrittigen Arbeitsprozesses gegeben werden.

Anmerkungen zu Kapitel 2

1 Mit „Original-Autor" bezeichnen wir in dieser Arbeit den Verfasser eines Textes, der zur Vorlage einer Parodie, Travestie oder Pastiche gemacht wird. „Original" in dieser Arbeit ist immer ein relationaler Begriff, der auf Parodie, Travestie oder Pastiche bezogen ist, d. h. ein Original kann sehr wohl eine Übersetzung, Fälschung, Plagiat o. a. in bezug auf andere Texte sein.

2 Beerbohm (1970), 66.

3 Quiller-Couch (1912), XV; Rühmkorf (1969), 111; Liede (1956 ff.), 14; Röhrich (1967), 218; Schenda (1970), 425; Sengle (1972), 190.

4 Beerbohm (1970), 66 f. Vgl. Rogers (1960), 12.

5 Hierzu siehe weiter unten 2.2.

6 Meyer (1913), XIII. Zur Generationentheorie vgl. Krauss (1969), 127 ff.; Escarpit (1961), 33 ff. Einen guten Überblick gibt Barck in Buhr (1972), I, 396 ff.

7 Ischreyt (1961), 314.

8 Escarpit (1961), 43 ff.; Fügen (1964), 192; Goldmann (1964), 41 ff.

9 Rühmkorf (1969), 111.
10 Vgl. Hertzler (1970); Martineau (1972) u. a.
11 Stackelberg (1972), 167.
12 Zu spezielleren Aussagen vgl. Liede (1956 ff.), 26; Grellmann (1926 ff.), 632. Für das Mittelalter vgl. Ilvonen (1914), 39.
13 Röhrich (1967), 218.
14 Rühmkorf (1967), 111.
15 Vgl. Sengle (1972), 732 und 190. Schenda (1970), 425 generalisiert, die Parodie protestiere „gegen die frommen und abgeleierten Sprüche der Kirche und der Schule, kurzum sie rebelliert gegen das ‚Oben', gegen das Zeremoniell, das Höfische, das Schicke und Schickliche."
16 Ilvonen (1914), 10 ff. Für Bakhtin (1968), 13 sind Parodien „expression of the popular carnival spirit".
17 Ischreyt (1961), 314; Grellmann (1926 ff.), 632.
18 Flögel (1887) beschreibt im Detail christliche, weltliche und gemischte Feste und hat ein langes Kapitel über „Komische Gesellschaften" und ihre Feste (319 ff.). Zum Mittelalter vgl. Schaller (1959), 183 ff. Eine interessante Analyse von „Regression in Primitive Clowning" gibt Levine (1969), 168 ff.
19 Esar (1952), 233 f.
20 Rommel (1952), 531.
21 Bakhtin (1968), 13; Ischreyt (1961), 315 u. a.
22 Röhrich (1967), 218.
23 Eine Ausnahme bildet Broichs (1968), 159 ff. Versuch, das komische Heldengedicht des 18. Jahrhunderts soziologisch einzuordnen. Broich weist nach, daß die meisten Verfasser von Epenparodien der bürgerlichen Oberschicht angehörten, aber die Einstellungen des Adels in ihren Texten zum Ausdruck brachten. Der Widerspruch ist nach Broich aus dem Patronat und dem adligen Einfluß durch die Poetiken zu erklären.
24 Ischreyt (1961), 315.
25 Röhrich (1967), 216.
26 Schenda (1970), 436; Rühmkorf (1969), 112.
27 Stackelberg (1972), 167.
28 Röhrich (1967), 172.
29 Verweyen (1973), 72.
30 Scaliger (1581), 113; Eckstein (1839), 267; Ilvonen (1914), 5 und 27; Schaller (1959), 183 ff.; Mallarmé (1897), 268 f.; Quiller-Couch (1912), VI.
31 Delepierre (1870), 180 f.
32 Smith (1936), 238; Pélisson (1858) zitiert in Genthe (1836), 54 f.; Boileau (1928), 190 f.
33 Vgl. Bond (1932), 31 und 33 für Dennis' und Motteux Forderung, Travestien sollten nur von Gentlemen geschrieben werden. Vgl. Paul (1963), 162; Moore (1935), 360.

[34] Schlötke-Schröer (1942), 505 f. Vgl. auch Liede (1956 ff.), 20.

[35] Loos (1960), 150; Grannis (1931), 84. Vgl. auch Hempel (1965), 163 und 171. Diese völkerpsychologischen Generalisierungen gehen auf das 18. Jahrhundert zurück; vgl. Dryden (1808), 108 ff.; Marmontel (1846), I, 234; Schneegans (1894), 33 f.

[36] Zu diesem Fragenkomplex vgl. Delepierre (1870), 54; Wright (1856), 115; Heiss (1905), 471; Paull (1928), 139; Grannis (1931), 190 und 217 f.; Highet (1962), 140; Schmieder (1972), 30 f. u. ö.

[37] Zur Black-box-Methode, bei der Input und Output beobachtet werden, vgl. Klaus (1969), I, 107 ff.

[38] Poirier (1968), 339.

[39] Stone (1914), 29; ähnlich Liede (1956 ff.), 14; Eastman (1936), 157.

[40] Vor allem kennt der Parodist häufig andere Parodien, d. h. Parodien stehen oft nicht nur in einer Beziehung zum Original, sondern auch zu anderen Parodien. Auf diesen Sachverhalt wird meist nur beiläufig hingewiesen; vgl. Liede (1956 ff.), 14; Kristeva (1972), 354 f. Für das komische Heldengedicht gilt ähnliches; vgl. Topazio (1956), 208 ff.; Eddy (1971), 404 f.

[41] Rommel (1952), 482; Bührmann (1933), 12; Quiller-Couch (1912), VIII.

[42] Verweyen (1973), 68.

[43] Wir nehmen hier einige Rezeptionsfragen voraus, die ausführlicher in 5. behandelt werden.

[44] Schenda (1970), 425.

[45] Rühmkorf (1961), 130 f.

[46] Rühmkorf (1961), 120.

[47] Highet (1962), 109.

[48] Beattie (1779), 475.

[49] Nietzsche (1886) zitiert nach Rotermund (1963), 22.

[50] Dürrenmatt (1966), 127 f.

[51] Verweyen (1973), 27 weist darauf hin, wie vorläufig diese bisherigen Bestimmungen sind: „Indes bleibt der Parameter der ‚Verfügbarkeit' des Sujets als Voraussetzung seiner Parodierung — in allen Parodiearbeiten behauptet, ohne selbst in der äußerlichsten Art der Aufreihung rezeptionsgeschichtlicher Zeugnisse je eingelöst worden zu sein — der Bestimmung der eigentlichen Parodieproblematik solange äußerlich [...] als nicht ausgemacht ist, in welcher Weise Literatur in den lebensweltlichen Kontext eingeht, ob sie kommunikative Verhaltensmuster (mit) ausbilde, konditioniere, abbaue." Kapitel 5 wird hier weiterführen.

[52] Vgl. Muschg (1953), 425 f.

[53] Bond (1932), 17.

[54] Beerbohm (1970), 67.

[55] Grellmanns (1926 ff.), 633 Einschätzung gilt weitgehend auch heute noch: „Eine eingehende Arbeit über die psychologischen Grundlagen

des Parodierens fehlt. Insbesondere eine Untersuchung des parodisti-Triebes bei Jugendlichen, der sich als eine Äußerung des Unterlegenheitsgefühls, des Nachahmungstriebes und des Spieltriebes wird erschließen lassen können, dürfte manche wichtige Gesichtspunkte ergeben." Zur Annahme eines „parodistischen Triebes" vgl. Disraeli (1881), II, 455; Liede (1956 ff.), 13. Eine Zusammenfassung psychologischer Theorien über Imitation bei Kindern gibt Piaget (1962), 78 ff.

56 Mathews (1874), 696.

57 Highet (1962), 131.

58 Stone (1914), 20 ff.

59 Poirier (1968), 339; Richardson (1935), 5.

60 Weisstein (1970 f.), 286.

61 Beerbohm (1970), 66; Riewald (1953), 122 f.; Lucka (1928), 130. Vgl. Bond (1932), 15.

62 Riewald (1966), 129 ff.; Richardson (1935), 9.

63 Weisstein (1966), 811.

64 Nietzsche (1886) zitiert nach Rotermund (1963), 22. Dürrenmatt (1966), 128. Andere: Rotermund (1963), 8; Nündel (1972), 123; Wagenhofer (1968), 39.

65 Vgl. 2.1.3.

66 Vgl. Liede (1956 ff.), 14: „Ihre vollste Blüte erreicht die artist. P. aber dort, wo die Dichtkunst zur Hauptsache als Wissen und Kunsthandwerk betrachtet und vom Künstler keine künstlerische Originalität und keine Rücksichtnahme auf das geistige Eigentumsrecht anderer erwartet wird." Die Ausarbeitung solcher Erwartungshorizonte für einzelne Epochen fehlt jedoch ganz. Vgl. Neuschäfer (1963) als eine der wenigen Ausnahmen.

67 Dürrenmatt (1966), 127.

68 Wir gehen darauf ausführlich in 3.2. ein.

69 Beattie (1779), 365; Adams (1881), 304; L'Estrange (1878), 192; anon. (1854), 105; Stone (1914), 16 f.; Paull (1928), 136 und 139; Vischer (1967), 163 ff.; Jungmann (1884), 273 ff.; Goethe (1902 ff.), 291; anon. (1854), 115; Waddington (1876), 314.

70 Sallier (1733), 409 f.

71 Vgl. Pablé (1969), 13; Stone (1914), 22 f.

72 Liede (1956 ff.), 12.

73 Boileau (1928), 190 f.; Belege in Brunot (1966), 78 f.; Smith (1936), 7. Meist sind diese Aussagen negative Wertungen.

74 Wagenhofer (1968), 39 versucht folgende Absetzung: „Demnach liegen die Möglichkeiten zur eigenschöpferischen Gestaltung in der Parodie im Spiel mit den Worten, in der Travestie im Spiel mit sprachlich vorgeprägten Seinsbereichen."

75 Wagenhofer (1968), 41.

[76] Heiss (1905), 457. Belege zu ähnlichen Aussagen im 17. und 18. Jahrhundert finden sich bei Brunot (1966), 76 ff. und Bond (1932), 18 ff.

[77] Deffoux (1932), 139; Albalat (1929), 59; Malraux in Robert (1962), 118.

[78] Albalat (1929), 56.

[79] Yunck (1963), 36.

[80] Sallier (1733), 409.

[81] Pablé (1969), 11.

[82] Lehnert (1968), 130.

[83] Yunck (1963), 31 und 36.

[84] Lausberg (1960), II, 929. Als weitere Motivationen für die negative Einstellung des Parodisten zum Original-Autor werden Neid, Bosheit oder Aggressionslust genannt. Vgl. Paul (1963), 130; Lucka (1928), 130; Kris (1967), 175.

[85] Riewald (1953), 127; Quiller-Couch (1912), VI. Eine Zusammenfassung solcher Argumente und ihre Ablehnung findet sich Stone (1914), 13 f.

[86] Röhrich (1967), 215.

[87] Eine rein negative Einstellung nimmt Helmers (1971), 101 an.

[88] Richardson (1935), 9; Nietzsche (1922 ff.), XVII, 345.

[89] Rotermund (1963), 27. Vgl. Baumgart (1964), 66.

[90] Allemann (1956), 24 nennt die Parodie eine „Stilform, welche Ironie sozusagen auf den sprachlichen Bereich als solchen reduziert zur Geltung bringt". Vgl. Baumgart (1964), 65 f.; Muecke (1969), 77 f.

[91] Rühmkorf (1961), 119.

[92] Yunck (1963), 36 f.

[93] Vgl. Rotermund (1963), 9; Neumann (1928), 439; Paulson (1967), 6; Ahrens (1972), 16 f.; Liede (1956 ff.), 14.

[94] Macdonald (1964), 560.

[95] Schenda (1970), 425; vgl. Helmers (1971), 101. In der Parodieforschung der letzten Jahre scheint der Eindruck zu dominieren, die Parodie sei progressiv, innovativ oder antiautoritär. Vgl. auch Verweyen (1973).

[96] Wagenhofer (1968), 29.

[97] Schenda (1970), 425.

[98] Helmers (1971), 101.

[99] Helmers (1971), 11 reduziert die Freudsche Theorie des Lachens auf: „die im Lachen erkennbare Freude am Komischen resultiert aus dem (angeborenen) Drang zur Auflehnung gegen die jeweils etablierte Gesellschaft."

[100] Nietzsche (1888) zitiert nach Rotermund (1963), 22. Eine Zusammenstellung der verstreuten Belege zur Parodie bei Thomas Mann findet sich in Nündel (1972), 148 ff. Wir gehen auf das zugrundeliegende Geschichtsmodell ausführlich in 3.3. ein.

[101] Rühmkorf (1962), 120.
[102] Broich (1964), 172.
[103] Tynjanov (1971a), 302.
[104] Das allerdings nur sehr spärlich. So wird Tynjanov in Verweyens (1973) Rezeptionstheorie nicht einmal erwähnt. Das gleiche gilt von den Veröffentlichungen von Gilman (1973), Riha (1973), Bruhn (1974), Harper (1974), Battenhouse (1975).
[105] Tynjanov (1971c), 457. Vgl. Sklovskij (1974), 74 f.
[106] Z. B. Zmegač (1971), 8; Braak (1965), 111.
[107] Ahrens (1972), 9.
[108] Stone (1914), 16.
[109] Röhrich (1967), 115.
[110] Schmidt (1953), 7.
[111] Schlötke-Schroer (1942), 501; Broich (1968), 52; Symonds (1967), 271; Burke (1961), 52 ff.
[112] Schlötke-Schroer (1942), 343. Vgl. Liede (1956 ff.), 21.
[113] Heiss (1905), 457.
[114] Schlötke-Schroer (1942), 478; Worcester (1940), 69.
[115] Hempel (1965), 175.
[116] Albertsen (1971), 5 f. und 2.
[117] Hempel (1965), 175 hebt das Gefühl der Distanz zwischen Pastiche und Original hervor.
[118] Vgl. Jahoda (1966); Rosenberg (1966); Dröge (1969).
[119] Vgl. Wimsatt (1970), 3 ff.; Beardsley (1958), 17 ff.; beide zusammen in Shipley (1968), 229 ff. In Deutschland ist der Begriff durch die Phänomenologie vorbelastet. Zu einem Versuch, den Begriff „Intention" in die Psychologie einzuführen, vgl. Ryan (1970), 9 ff.
[120] Vgl. Kröber in Buhr (1969), III, 1176 ff. und 1183 f. Demnach gehört „Ziel" zur zweistelligen Relation „Mensch"-„Ziel", während „Zweck" zur dreistelligen Relation „Mensch"-„Mittel"-„Zweck" gehört. Beim Ziel wird von dem Mittel (in unserem Falle dem Text) abstrahiert.
[121] Liede (1956 ff.), 13 f.
[122] Highet (1962), 69.
[123] Vgl. Grellmann (1926 ff.), 632 f. mit Nündel (1972), 123.
[124] Z. B. Beattie (1779), 302 f.
[125] Dusch (1758), 135 ff. Das Heldengedicht ist ironisch, wenn der Autor sich ernsthaft stellt.
[126] Während „und" meist im Sinne der logischen Konjunktion verstanden wird, kann „oder" als logische Alternative, Kontravalenz und Exklusion interpretiert werden. Vgl. Segeth (1971), 50 ff.
[127] Z. B. Stackelberg (1972), 162; Sallier (1733), 402.
[128] Lehmann (1963), 3; Spendul (1965), 22; Tucker (1908), 20; Langosch (1963), 279; Grellmann (1956 ff.), 631. Während alle diese Aussagen auf die beabsichtigte komische Wirkung abheben, generalisiert Liede

(1956 ff.), 12 das Prinzip der Bewußtheit: Die Einschränkung auf bewußte Komik befriedigt nicht, „denn allen P.n ist bloß *das bewußte Spiel mit einem (möglicherweise auch nur fingierten) literar. Werk* gemeinsam." Verweyen (1973), 8 f. ist diese Formulierung zu weit, und er fordert vom Parodisten zumindest den „Gestus der Distanzierung von den am Medium [Original] arretierten Normvorstellungen".

129 Freud (1969), 207 ff. unterscheidet sorgfältig das Naiv-Komische vom Komischmachen. Hertzler (1970), 178 ff. erarbeitet in seinem Kapitel „Sociolinguistic Aspects of Humor and Laughter" die bisher vollständigste Klassifizierung mit diesem Kriterium: A. Sprachspiel mit bewußtem komischem Effekt, B. Sprachgebrauch mit unbeabsichtigtem komischem Effekt (Versprecher, idiomatischer Mißbrauch usw.), C. Sprachschöpfungen mit beabsichtigtem komischem Effekt und D. Imitation von Sprachgebrauch mit unbeabsichtigter Komik zur beabsichtigten Komik. Die Parodieforschung hat diesen wichtigen Gedankengang nicht aufgegriffen.

130 Genthe (1836), 33; Eckstein (1839), 267; Rosenkranz (1853), 461 u. ö. Eine umfangreiche Liste solcher Belege findet sich in Bührmann (1933), 168 f.

131 Ebeling (1869), III, 465. Vgl. die ähnliche Festlegung bei Eckstein (1839), 267.

132 Rotermund (1963), 9.

133 Curtius (1961), 419 ff. Vgl. Gilman (1973), 21.

134 Grellmann (1926 ff.), 630; Wilpert (1961), 431.

135 Neumann (1928), 441.

136 Pablé (1969), 10.

137 Bührmann (1933), 21; Grannis (1931), 146; Rommel (1952), 777; Mayoux (1964), 197; Walter (1952), 265; Flögel (1784), 349 ff.

138 Als allgemeine Formulierung wird man zunächst Johnsons (1758), zitiert nach Broich (1968), 134, hinnehmen müssen: Parodie ist „a kind of writing, in which the words of an author or his thoughts are taken, and by a slight change adapted to some new purpose."

139 Richardson (1935), 6; Eidson (1968), 299.

140 Roemer (1908), 247.

141 Ein Urteil des Bundesgerichtshofes, abgedruckt bei Schmieder (1972), 31, setzt voraus, daß die komische Zielsetzung an den Umfang der Übernahme gebunden ist.

142 Replogle (1969 f.), 152 zu einer Passage in Hamlet: „These ‚signals' of intention can be discovered in several sources: explicit judgments made by discerning, respectable charactes before, during, and after the style's introduction, manifest comic characterization of those who speak such lines; and, most important, an immediate context clearly compatible with the comic element."

143 Shlonsky (1966), 798 f.; Bond (1932), 13.

144 Neumann (1928), 439.
145 Quiller-Couch (1912), XI; Thrall (1960), 341.
146 Schlegel (1957), Nr. 508.
147 Sallier (1733), 402.
148 Neumann (1928), 439 f.
149 Ischreyt (1961), 314.
150 Stone (1914), 50: „Parody of the dead is static [...]", sie kann nur die Rezipienten, nicht den Original-Autor beeinflussen.
151 Yunck (1963), 29 ff.; Rühmkorf (1961), 119.
152 Marmontel (1846), III, 80; L'Estrange (1878), 2 (nicht beim Cento); Disraeli (1881), II, 455; Lelièvre (1954), 71; Rommel (1952), 529 f. und 779; Lebègue (1973), 155 u. a.
153 Eidson (1968), 299.
154 Stackelberg (1972), 162; Davidson (1907), XVI. Vgl. auch Paull (1928), 138; Poirier (1968), 339; Karrer (1971), 116 ff.
155 Borges (1970), 274.
156 Poirier (1968), 339.
157 Fuzelier (1738), XXXI; Thrall (1960), 341; Rau (1966), 17.
158 Grellmann (1926 ff.), 631 f.; so wird der Begriff „polemisch" in der Parodieforschung meist auf die direkte kritische Nennung des Originalautors festgelegt. Vgl. Wagenhofer (1968), 28 ff. Die Polemik gegen andere als den Original-Autor „ist ihrem Wesen nach nicht mehr Parodie." Liede (1956 ff.), 13 legt für diesen zweiten Fall den Begriff „agitatorische Parodie" fest.
159 Poirier (1968), 339. Gegenbelege: Lehmann (1963), 4; Yunck (1963), 36 f. u. a.
160 Riccoboni (1746) zitiert nach Grannis (1931), 6; Lazarowicz (1963), 44.
161 Kagan (1971), 124. Ähnlich Neumann (1928), 441. Historisch wäre die Kennzeichnung als „Fehler" mit Hilfe von Normen und deren Durchbrechung aufzulösen, und eine dialektische Betrachtungsweise würde sich auf die Wechselwirkung von Parodierung und Wahrnehmung als „Fehler" konzentrieren: mancher „Fehler" wird erst durch Parodierung konstituiert.
162 Böckmann (1967), 180; Richardson (1935), 5 f.; Grellmann (1926 ff.), 632; Neumann (1928), 441 u. a.
163 Paul (1963), 117.
164 Meyer (1913), XI; Ischreyt (1961), 314.
165 Travers (1946), 302 f.; Rommel (1952), 531; Farell (1966), 216 ff.; Sühnel (1965), 511; generell Shlonsky (1966), 797: „the method of parody is [...] to reduce what is of normative status in the original to a convention or a mere device."
166 Grannis (1931), 405.
167 Meyer (1913), XIII.

[168] Z. B. Nündel (1972), 124 ff.
[169] Kleinknecht (1937), 6; Rau (1966), 17.
[170] Rommel (1952), 481; Spendul (1965), 209; Neumann (1928), 441. Rotermund (1963), 169 und Wirth (1957), 128 gebrauchen den Ausdruck „Ideologie".
[171] Ronge (1967), 205; Croce (1945), 78. Ähnlich Frye (1964), 149; Neumann (1928), 441.
[172] Röhrich (1967), 215; Rommel (1952), 481 f. Vgl. Liede (1956 ff.), 60: „Der bedeutendste Beitrag der krit. P. an die Dichtung des 20. Jh.s besteht jedoch in der Benutzung des Spiels mit der Bildung zur *Zerstörung der Tradition.* Nicht mehr eine sich überlebende oder feindliche literar. Richtung wird bekämpft, sondern das ganze literar. Erbe soll als verlogener, steriler Selbstgenuß des gesättigten Bürgertums vernichtet oder zumindest in Frage gestellt werden."
[173] Verweyen (1973), 67 f.
[174] Vgl. hierzu Verweyen (1973), 27 ff. und Wienold (1972), 140 ff.
[175] Zitiert nach Rotermund (1963), 149.
[176] Schulte-Sasse (1973), 399.
[177] Liede (1956 ff.), 61.
[178] Rühmkorf (1969), 111.
[179] Neumann (1928), 439; Grellmann (1926 ff.), 633.
[180] Stackelberg (1972), 212.
[181] Grellmann (1926 ff.), 632 f.; Jack (1952), 51; Gilbert (1952), 296 u. a.
[182] Ahrens (1972), 16 f.; Rotermund (1963), 12 ff.; Monro (1963), 64; Paulson (1967), 6 u. a.
[183] Stackelberg (1972), 162.
[184] Lucka (1928), 129. Zur Karikatur in der Literatur vgl. Lefort (1932).
[185] Bührmann (1933), 12.
[186] Vgl. z. B. Ischreyt (1961), 311; Rotermund (1963), 25 f.; trotz der immer wieder gemachten Unterscheidung gehen die Begriffe in der Gegenwart noch durcheinander, vgl. Sera (1969), 4; Hodgart (1969), 17.
[187] Shlonsky (1966), 797.
[188] Zur „Res"-„verba" Vorstellung siehe 3.1. Zum Gebrauch und der Geschichte der Begriffe „Imitation" und „Mimesis" sowie ihrer Unterscheidung vgl. McKeon (1957), 117 ff. und Boyd (1968).
[189] Die Semiotik hat sich mit der Beziehung zwischen Texten, die nicht in der Metaierung, sondern der Imitation besteht, noch nicht befaßt.
[190] Cicero (1948), 384 ff.; Flögel (1794), 4.
[191] Shlonsky (1966), 798.
[192] Grannis (1931), 403 ff.; Weisstein (1966), 804.
[193] Sallier (1733), 407. Bereits Demetrius (1927), 397 verweist auf diese doppelte Beziehung.
[194] Ahrens (1972), 19. Vgl. Grannis (1931), 17 zur „double-edged parody".
[195] Flögel (1784), 84.

196 Rotermund (1963), 9.

197 Schönert (1969), 19. Liede (1956 ff.), 14 spricht von der agitatorischen Parodie als einem „wirksamen Werkzeug der Propaganda".

198 Eschenburg (1783) zitiert nach Rotermund (1963), 14; vgl. Diderot (1778), 795 f.; Bond (1932), 13; Kutscher (1947) zitiert nach Rotermund (1963), 16 f.; Wagenhofer (1968), 44.

199 Häufiger wird auch der didaktische Zweck des Parodierens hervorgehoben; vgl. Röhrich (1967), 219; Lazarowicz (1963), 44; Freeman (1963), 307 u. a. Zur Geschichtlichkeit der Zielsetzung vgl. Yunck (1963), 30 ff.; Lebègue (1973), 155; Lehmann (1963), 3 f.; Ilvonen (1914), 34.

200 Kurak (1963); Mathews (1874), 694.

201 Tucker (1908), 21 f.; Rotermund (1963), 25 f.

202 Ahrens (1972), 14.

203 L'Estrange (1878), 194.

204 Grillparzer (1909 ff.), 24. Vgl. Beattie (1779), 302 f.; Home (1824), 127 ff.

205 Grillparzer (1909 ff.), 24.

206 Monro (1963), 118; Grillparzer (1909 ff.), 24.

207 Householder (1944), 2. Vgl. Thrall (1960), 341 zur kritischen Zielsetzung.

208 Jack (1952), 51; Hodgart (1969), 129; Meyer (1912), XII; Tucker (1908), 20.

209 Tucker (1908), 21; Rotermund (1963), 52. Markiewicz (1967), 1269.

210 Quiller-Couch (1912), XV; Auden (1968), 77; Kiremidjian (1969 f.), 241.

211 Albertsen (1971), 2. Vgl. Highet (1962), 109; Baumgart (1964), 70; Stackelberg (1972), 162.

212 Zmegač (1971), 11; Shlonsky (1966), 801; Verweyen (1973), 67 f.; Tynjanov (1969), 439; weiter Rotermund (1963), 8 ff. und 21 ff.

213 Liede (1956 ff.), 12.

214 Dembo (1967), 30. Vgl. Martini (1968), 245.

215 Liede (1956 ff.), 13; Ischreyt (1961), 314.

216 Zmegač (1971), 8.

217 Feinberg (1967), 176 ff. über „censor evasion"; Gray (1966), 162.

218 Wickwar (1928), 59.

219 Zu den Gründen der Anonymität vgl. Roosbroeck (1924), 872 ff.

220 Waddington (1876), 314; Schmieder (1972), 30 f.

221 Z. B. Ahrens (1972), 14.

222 Schlegel (1964), 187; Neumann (1928), 439; Tucker (1908), 20; Freud (1969), 229 u. a. gegen Liede (1956 ff.), 12; Marmontel (1846), III, 80; Weisstein (1966), 811 u. a.

223 Einteilungen der Parodie nach der Zielsetzung sind vor allem eine deutsche Tradition; vgl. Dusch (1758), 135 ff.; Grillparzer (1909 ff.), 24; Grellmann (1926 ff.), 632 f.; Liede (1956 ff.), 12 f.; Wagenhofer (1968), 26 ff.; Nündel (1972), 123 u. a. Französische und englische Kritiker neigen eher dazu, Parodien nach dem Umfang des Originals oder der Modifikation zu unterscheiden.

224 Grillparzer (1909 ff.), 24.

225 Der geschichtliche Zusammenhang der einzelnen Zielsetzungen wird im allgemeinen so gedacht, daß die Zielsetzungen sich in der dominanten Rolle für eine Zeit ablösen; vgl. z. B. Broich (1968), 7 f. und 198 ff.; Bond (1932), 4.

226 Muecke (1969), 79; Worcester (1940), 44.

227 Wagenhofer (1968), 44; Wilpert (1961), 653.

228 Muecke (1969), 79; Previtera in Schmidt (1953), 5. Vgl. Richards (1937), 122 f.

229 Bond (1932), 12.

230 Liede (1956 ff.), 20.

231 Bond (1932), 12; Deloffre (1967), 119.

232 Clinton-Baddeley (1952), 2; Seidler (1959), 294; Heiss (1905), 455; Smith (1936), 30 ff.

233 Macdonald (1964), 558. Vgl. Dusch in Werner (1966), 49 f.

234 Verweyen (1973), 65.

235 Sühnel (1965), 511; Schlötke-Schroer (1942), 478; Worcester (1940), 69.

236 Lalli (1651) zitiert nach Broich (1968), 48; Görschen (1937), 10.

237 Morillot (1888), 139; Heiss (1905), 456; Wagenhofer (1968), 44.

238 Householder (1944), 2.

239 Hegel (1955), 966 f. Zur eingehenden Analyse dieser Konventionen des Epos vgl. Schmidt (1953), 25 ff. und Broich (1968), 117 ff. Zu Verstößen gegen die Grammatik siehe Brunot (1966), 75 ff.

240 Schlötke-Schroer (1942), 501; Verweyen (1973), 65.

241 Aussagen über die Möglichkeit von Selbsttravestie sowie zu Lernen oder Spiel fehlen.

242 Clinton-Baddeley (1952), 1.

243 Anon. in Bond (1932), 34.

244 Worcester (1940), 69.

245 Wagenhofer (1968), 44.

246 Z. B. Stackelberg (1972), 163 f.

247 Deffoux (1932), 6; Deffoux (1926), 187; Mortier (1971), 203. Vgl. Gilbert (1952), 296.

248 Verweyen (1973), 86.

249 Verweyen (1973), 90.

250 Albertsen (1971), 2.

251 Hempel (1965), 175.

252 Es handelt sich hier um die Vorstellung eines möglicherweise nur fiktiven Originals der Parodie; vgl. Grellmann (1926 ff.), 631; Liede (1956 ff.), 12; Rotermund (1963), 9; Wagenhofer (1968), 27.

253 Frenzel (1956 ff.), 444 und Rosenfeld (1956 ff.), 114 f. Vgl. Diderot (1767) zitiert nach Hempel (1965), 168.

254 Hempel (1965), 169 ff.

255 Marmontel (1846), III, 88 f.; Delepierre (1872); Hempel (1965), 174; Deffoux (1932), 12.

256 Albertsen (1971), 5.

257 Grootaers (1954), 13. „Umweltbezogen" meint offensichtlich ‚auf den Rezipienten, dessen Kenntnisse und Einstellungen, bezogen.'

258 Highet (1962), 92.

259 Marmontel (1846), III, 89; Albalat (1929), 57 ff.

260 Mortier (1971), 205.

261 Verweyen (1973), 90; Albertsen (1971), 2.

262 Albertsen (1971), 4.

263 Proust (1927), 204.

264 Petronino (1967), IV, 289; Liede (1956 ff.), 14; Robert (1962), V, 180. Vgl. Hempel (1965), 172.

265 Petronino (1967), IV, 289; Robert (1962), V, 180; Broich (1968), 135.

266 Für den Pastiche wird auch unbewußtes Verfahren angenommen (Proust, Deffoux, Stackelberg).

267 Vgl. Grellmann (1926 ff.), 633; Verweyen (1973), 72.

268 Meyer (1967), 43 geht sicher zu weit mit seiner Reduzierung „Aber sollte Parodie nicht auch eine Form spezifisch *dichterischer* Betätigung sein können, und wird man dem Dichter gerecht, wenn man seine parodistischen Kapriolen ideologisch für bare Münze nimmt und als gültige (auch außerhalb des spezifisch erzählerischen Zusammenhangs gültige) Meinungsäußerung auffaßt?" Statt einer werkimmanenten Reduktion wäre eine rechte Problematisierung der verwendeten Begriffe angebracht.

269 So fehlen z. B. Untersuchungen darüber, welchen Gruppen oder Klassen denn die Parodisten und Original-Autoren angehören und wie sich deren Zugehörigkeit mit Einstellungen und Zielsetzungen im Laufe der Geschichte verändert. Sully (1902) gäbe für eine solche Untersuchung einen ausgezeichneten Rahmen ab. Vgl. auch Baum (1959), 131 f.: „Die Anerkennung der Historizität der Komik kann sich nicht darin äußern, daß die zeitliche und räumliche Verschiedenheit der einzelnen Formen des Komischen zugegeben wird [. . .] Eine historische Untersuchung muß viel tiefer gehen. Die Besonderheit der komischen Charaktere und des komischen Konflikts grundsätzlich erfassen zu können setzt voraus, daß die Komik in ihren konkret historischen und gesellschaftlichen Beziehungen in der Vergangenheit und in der Gegenwart untersucht wird."

1 Aristoteles (1927), 24.
2 Vgl. Aristoteles (1926), 128 und 466. Man kann sich des Eindrucks nicht erwehren, daß, wenn Aristoteles' Theorie des Komischen sich erhalten hätte, besonders seine Typologie der komischen Techniken, die Parodieforschung ganz anders verlaufen wäre. So wurden Cicero und Quintilian zu den einflußreichsten Texten.
3 Cicero (1948), 386.
4 Quintilian (1966), II, 456 ff.
5 Scaliger (1581), 113.
6 Scudéry (1658) zitiert nach Bar (1960), XXVII.
7 Motteux (1693) zitiert nach Bond (1932), 33. Zu „terms" und „things" vgl. Harte (1730) in Bond (1932), 47 und Beattie (1779), 346.
8 Smith (1905) zitiert in Bond (1932), 39; vgl. Beattie (1779), 346.
9 Quincy (1714) in Bond (1932), 42.
10 Beattie (1779), 345; Marmontel (1846), I, 234; Flögel (1794), 5; Eschenburg (1783) in Rotermund (1963), 14.
11 *Grand Dictionnaire des Arts et des Sciences* (1695) zitiert in Rotermund (1963), 13; Hutcheson (1971), 114; anon. (1715) zitiert in Bond (1932), 42; Johnson (1905) zitiert in Bond (1932), 62. Damit ist die Skala der Kombinationen noch nicht erschöpft.
12 Home (1824), 167 f.
13 Jump (1972), 2.
14 Bénac (1961), 40.
15 Schlegel (1964), 187.
16 Genthe (1836), 34.
17 Wilpert (1961), 431.
18 Zur Kleidermetaphorik — Sprache als Kleid des Gedanken —, die natürlich dem Begriff „Travestie" zugrunde liegt, vgl. Weinbrot (1966), 436 ff. Auch hier können nur einige Beispiele gegeben werden, die die Kontinuität der heutigen Parodieforschung mit dem 19. Jahrhundert belegen.
19 Rosenkranz (1853), 461; vgl. Broich (1968), 41; Vischer (1922), VI, 190; Görschen (1937), 10; Theater-Lexikon (1841) zitiert nach Spendul (1965), 23 f.; Braak (1965), 110; anon. (1832) zitiert nach Bührmann (1933), 52; Wilpert (1961), 431.
20 Vgl. Nündel (1972), 123 und Schenk (1900), 45 f.
21 Markiewicz (1967), 1267 klassifiziert nach „subject" und „style", Weisstein (1966), 811 schlägt abschließend Definitionen mit diesen Begriffen vor. Hempel (1965), 175 operiert mit „Stil" und „Stoff", Albertsen (1971), 4 mit „Gehalt" und „Gestalt".
22 Neumann (1928), 441; Highet (1962), 80; Freund (1972), 178.
23 Broich (1968), 48.

24 Vgl. hierzu auch Ingarden (1938), 51 ff.
25 Boileau (1928), 223.
26 Houdard de la Motte (1730), I, 126 f.; Addison (1965), II, 467 f.
27 Riccoboni (1746) zitiert nach Grannis (1931), 6.
28 Markiewicz (1967), 1271 f.; Macdonald (1964), 557; Mayer (1950), 199.
29 Lausberg (1960), I, 567 ff.
30 Boileau (1928), 300 f. macht diesen Satz zum Ausgangspunkt einer Diskussion der Travestie.
31 Horaz (1966), 454 ff.
32 Horaz (1966), 456.
33 Horaz (1966), 458.
34 Erasmus (1906), 461.
35 Zitiert nach Broich (1968), 43.
36 Boileau (1928), 300 f.
37 Z. B. Wilpert (1961), 653.
38 Stackelberg (1972), 159.
39 Die Unterscheidung zwischen Zustand und Prozeß dient hier der Abstrahierung der zweistelligen Relation Parodie — Original (Zustand) von der dreistelligen Parodist — Original — Parodie (Prozeß). In der Parodieforschung gehen beide Aspekte häufig durcheinander.
40 Ursprünglich sogar ein gesungener Text in Versen. Zum Zusammenhang von Parodie und Musik im Griechischen vgl. Koller (1956), 18 ff. Vgl. auch Schroeter (1967), 23.
41 Quintilian (1966), II, 492; Scaliger (1581), 113; Prévité-Orton (1910), 183.
42 Householder (1944), 6.
43 Addison (1965), II, 467.
44 Ilvonen (1914), 33 f.; Flögel (1794), 32; Genthe (1836), 62 f.; Novati (1889), 196.
45 Quiller-Couch (1912), VI; Stone (1914), 15; Görschen (1937), 110.
46 Weinbrot (1966), 434 ff.; Broich (1968), 129 ff.
47 Wilpert (1961), 431. Viele andere Autoren definieren „Parodie" so, daß ihr maximal ein Werk als Original entspricht: Thrall (1960), 341; Braak (1965), 110; Rotermund (1963), 9; Bénac (1961), 247; Kiremidjian (1969 f.), 232.
48 Householder (1944), 3 f. Cicero (1948), 384 ff. zählt unter Wortkomik auf: Ambiguität, Erwartungsdurchbrechung, Wortmodifikation, Zitat- und Sprichwortmodifikation, Umdeutung einer Aussage, Allegorie, Metapher, Ironie und Antithese. Quintilian (1966), II, 490 ff. unterscheidet: unmodifiziertes Zitat ohne Bedeutungsveränderung, unmodifiziertes Zitat mit Bedeutungsveränderung, modifiziertes Zitat und neu erfundene Verse nach einem Vorbild.
49 Sallier (1733), 398 ff. Verbreitet durch Marmontel (1846), III, 80 ff.
50 Rau (1966), 14 ff.

51 Jantz (1966), 53 ff.

52 Davidson (1907), XV f.; Lelièvre (1954), 66 ff.; Rotermund (1963), 17; Waldberg (1888), 222.

53 Schramm (1973), 361.

54 Tynjanov (1971a), 327.

55 Meist handelt es sich hier um Namens- und Titelparodien; vgl. Quintilian (1966), II, 466; spezielle Aussagen bei Josipovici (1964), 47; Liede (1956 ff.), 14.

56 Es gibt keine Versuche, den Umfang des Originals einzuschränken. Dagegen wird häufig, unter Berufung auf Rezeptionsbedingungen, gefordert, die Parodie müsse kurz sein; vgl. z. B. Clinton-Baddeley (1952), 7.

57 Mercier (1962), 211 fordert von der Textparodie „a very close metrical, verbal, and syntactical resemblance to the original".

58 Sallier (1733), 408; Wells (1967), XXI; Clinton-Baddeley (1952), 7.

59 Je enger desto besser: anon. (1854), 113; L'Estrange (1878), 2; je enger desto schlechter: Adams (1881), 305; Fletcher (1964), 309.

60 Paull (1928), 136 ff.; Schmieder (1972), 30 f.

61 OED (1971), II, 489.

62 Stone (1914), 48.

63 Vgl. die Definitionen in Fußnote 3.45.

64 Riewald (1966), 126. Hier liegt eine Konfusion der Klassifikation von Bond (1932), 3 ff. vor. „Burlesque" ist dort der oberste Begriff der Klassifikation und bezeichnet deshalb nicht eine bestimmte Textsorte, sondern eine Klasse von Klassenbegriffen.

65 Vgl. Matthews (1874), 694.

66 Mercier (1962), 211. Vgl. Verweyen (1973), 64: „Gegenstand der Parodie ist eine ‚Textbildung' (T): ein Werk, ein Individualstil, ein Gruppenstil, ein Epochenstil, ein Genre."

67 Bond (1932), 4.

68 Jump (1972), 51.

69 Stackelberg (1972), 161.

70 Degener (1960), 97.

71 Das Beispiel ist Ahrens (1972), 12 entnommen.

72 Wagenhofer (1968), 29; Pabié (1969), 18; Ahrens (1972), 12; Deyermond (1970), 61.

73 Klaus (1972a), 64 ff. Wir verwenden „Syntax" im weiteren semiotischen Sinne.

74 Nündel (1972), 123 und Klöpfer (1970), 72.

75 Omeis (1704) zitiert nach Rotermund (1963), 12; Kersey (1706) zitiert nach Bond (1932), 19.

76 Ahrens (1972), 15. Vgl. Verweyen (1973), 58.

77 Die folgenden Bemerkungen systematisieren Rotermund (1963), 35 ff.

78 Zum folgenden Revzin (1971), 587 ff. Bierwischs (1969), 62 Einschränkungen werden durch Revzin entkräftet.
79 Einen Überblick über solche Versuche gibt Schmidt (1973), 129 ff.
80 Chomsky (1966), 140 ff.
81 Weisstein (1966), 811; Mayer (1950), 199; Muecke (1969), 78; Highet (1962), 69.
82 Cicero (1945), 390.
83 „Immutatio" ist der lateinische Terminus für Metalepse, bei Quintilian ist „Immutatio" der generellere Begriff; vgl. Lausberg (1960), II, 747 f.
84 Für Estienne (1575), 16 ist das die einzige Technik der Parodie. Peignot in Canel (1887), II, 277 unterscheidet bereits Adjektion und Detraktion.
85 Vgl. Lelièvre (1954), 66 ff.
86 Stone (1914), 26 ff.
87 Rotermund (1963), 18. Zum folgenden vgl. Lausberg (1960), I, 250 ff.
88 Lausberg weist ausdrücklich darauf hin, daß diese Kategorien nicht auf die Sprache begrenzt sind.
89 Rotermund (1963), 25, 47, 49, 50.
90 Rotermund (1963), 47.
91 Die allerdings die systematische Zuordnung bei Quintilian wieder aufhebt.
92 Rotermund (1963), 18.
93 Rotermund (1963), 44 f., 47, 49.
94 Pablé (1969), 19; Helmers (1971), 90 ff.
95 Verweyen (1973), 65 und 73.
96 Ein Vergleich der Quintilianschen Änderungskategorien mit Revzins Regelmechanismus zeigt, daß der letztere die ersteren enthält. Für die Detraktion müßten Leerstellen im Lexikon eingerichtet werden, Adjektion kann durch die Rekursivität des Mechanismus erzeugt werden, Substitution und Transmutation sind normale Routinen des Revzinschen Mechanismus. Vgl. Ashby (1961), 9 ff.
97 Lelièvre (1954), 66 ff.
98 Zmegač (1971), 6; Liede (1956 ff.), 13.
99 Also „Form", „Stil", „Schreibart", „Ausdrücke" usw.
100 Furetière (1649) zitiert nach Bar (1960), XXIV. Vgl. auch die frühen Belege bei Bond (1932), 18 ff.; Dryden (1808), 107 f.; Werner (1966), 23 ff. Zur heutigen Diskussion vgl. Liede (1956 ff.), 20; Craig (1970), 8.
101 Cuperus (1670) zitiert in Werner (1966), 30; de la Motte (1730), I, 126 f.; Riccoboni (1746) zitiert in Grannis (1931), 6. Sorel (1672) zitiert in Werner (1966), 33 versucht sogar bereits, den Begriff auf die Prosa auszudehnen.
102 Vgl. Werner (1966), 35 ff.
103 Wilpert (1961), 653.
104 Hempel (1965), 164.
105 Sühnel (1965), 511; Liede (1956 ff.), 40.

106 Hempel (1965), 164; Zmegač (1971), 6.
107 Hempel (1965), 164; Watson (1968), 43.
108 Novalis (1956), 78; Stackelberg (1972), 176 ff.
109 Werner (1966), 222 f.
110 Werner (1966), 221.
111 Werner (1966), 28.
112 Broich (1968), 63. Vgl. Schmidt (1953), 3 und Bond (1932), 5 f. Leavitt (1919), 109; Clinton-Baddeley (1952), 7.
113 Bond (1932), 4.
114 Jump (1972), 2; Broich (1968), 42; vgl. Schmidt (1953), 6 f.
115 Householder (1944), 2; Clinton-Baddeley (1952), 7; Moore (1935), 62; Esar (1952), 239.
116 Bond (1932), 4 identifiziert die Nähe mit der Zahl der Originale. Wilpert (1961), 653; Weisstein (1966), 811; Jump (1972), 2.
117 Die Anfänge einer analytischeren Beschreibung liegen bei Scarron selbst, zitiert bei Bar (1960), XXXII f., und Vavasseur (1658), zitiert in Bar (1960), 393.
118 Highet (1962), 104.
119 Highet (1962), 104.
120 Schlötke-Schroer (1944), 347 ff.
121 Bar (1960), 302 ff.
122 Bar (1960), 328 ff.
123 Rau (1967), 18; Grellmann (1926 ff.), 630.
124 Heiss (1905), 538 und 457. Vgl. Broich (1968), 41; Rau (1967), 18.
125 Watson (1968), 43; Wilpert (1961), 653.
126 Zur Geschichte dieser Übertragung von der Malerei und Musik auf Texte vgl. Hempel (1965).
127 Deffoux (1928), der dieses Problem nicht generell reflektiert, schließt in seiner Anthologie des Pastiche solche Beispiele mit ein.
128 Deffoux (1932), 19, 24. Vgl. auch Hempel (1965), 170 f.
129 Deffoux (1932), 6. Die Definition stammt aus Littré.
130 Hempel (1965), 175.
131 Fordyce (1964), 649; Deffoux (1932), 5, 29 und Albertsen (1971), 5 f. schließen ebenso den Pastiche eines einzelnen Textes mit ein.
132 Deffoux (1932), 16; Petronino (1967), IV, 289. Vgl. Broich (1968), 135.
133 Broich (1968), 135.
134 Hempel (1965), 175.
135 Wilpert (1961), 436.
136 Deffoux (1932), 6. Sainte-Beuve (und nach ihm Deffoux) greift zu dem Bild vom Waffeleisen, um die Mechanisierung der Verfahren auszudrücken.
137 Revzin (1971), 587.
138 Deffoux (1932), 8.

139 Zum Cento vgl. Delepierre (1875); Bombaugh (1961), 73; Eckstein (1839), 267.
140 Lehmann (1963), 2.
141 Rotermund (1963), 23 f.
142 Eckstein (1839), 267.
143 Eine ausdrückliche Ausweitung auch auf nichtliterarische Texte macht Röhrich (1967), 216 ff. Damit stellt sich natürlich die Frage nach der Grenze zwischen „Literarischem" und dem „vorliterarischen und außerliterarischen Bereich".
144 Eine explizite Eingrenzung auf einen Text vertreten Bond, Riewald, Rotermund.
145 Hendrickson (1905), 125 ff. und 249 ff.
146 Guirard (1961), 16 ff. beschreibt und modelliert diese Stilebenentheorie.
147 Vgl. Curtius (1961), 206.
148 Sallier (1733), 409.
149 Addison (1965), 467.
150 Vgl. Wirth (1957), 128.
151 Fielding (1960), VI.
152 Beattie (1779), 358 ff.
153 Daneben hält Beattie (1779), 374 f. aber noch an einer Theorie der Stilebenen fest.
154 Vgl. Monk (1960); Home (1824), 111; Monro (1963), 242: „The high heroic attitude of life usually depends on the suppression of inconvenient details."
155 Vgl. Bouterwek (1807), 51; Krause (1882), 198; Jungmann (1884), 272 f.
156 Markiewicz (1967), 1268 und Stackelberg (1972), 160 f.
157 Kutscher in Rotermund (1963), 16 f.; Seidler (1959), 277 und 285 ff.; Kagan (1971), 119; Jump (1972), 2.
158 Frye (1964), 149 und 149 ff.
159 Bakhtin (1968), 20 f. Zu einer linguistischen Bestimmung vgl. Leech (1969), 177; Freeman (1970), 67, 95.
160 Krauss (1969), 50 f. Dieses Problem müßte in der Gattungstheorie stärker als bisher berücksichtigt werden; vgl. Hempfer (1973).
161 Grisebach (1887), 178; Grellmann (1926 ff.), 633; Bond (1932), 15 f.; Wagenhofer (1968), 1.
162 Shlonsky (1966), 798; Kristeva (1972), 363 f.; Lotman (1972b), 415.
163 Quintilian (1966), II, 466.
164 Shepperson (1967), 22.
165 Gerber (1885), 373.
166 Quiller-Couch (1912), VIII; Stone (1914), 20; Fordyce (1964), 649; Schneider (1970), 48.
167 Meyer (1967), 44 f.

168 Ebeling (1869), 448; Bührmann (1933), 7; Wagenhofer (1968), 44.

169 Goodman (1954), 117; Ebeling (1869), 448; Bührmann (1933), 7.

170 Wagenhofer (1968), 39.

171 Revzin (1971), 958 f.

172 Vgl. Lipps (1898), 183 f. Eine weitere Umfangsklasse besonderer Art bildet die Parodiesequenz, ein Text, der Parodien verschiedener Originale (Einzeltexte oder Textklassen) als Teile (Strophen, Paragraphen usw.) enthält. Stone (1914), 35; Grannis (1931), 187 f.; Tindall (1950), 44 und Iser (1972), 298 heben hervor, daß die Parodiesequenz erlaubt, denselben Gegenstand unter verschiedenen Aspekten zu betrachten. Neben der Parodiesequenz sind der Parodieforschung auch noch andere Typen des Enthaltenseins verschiedener Umfänge aufgefallen, vor allem das der Zitatparodie in umfangreichen Texten, die nicht notwendigerweise auch Parodien sein müssen. Vgl. Beattie (1779), 366; Bénac (1961), 40; Lelièvre (1954), 77; Broich (1968), 43; Nykrog (1957), 74; Highet (1962), 109.

173 Curtius (1962), 103; Weinreich (1937); Sühnel (1965), 509; Martin (1972), 14; Rommel (1952), 779; Isopovici (1964), 47. Zur Parodie des „Sujetschemas" vgl. Eichenbaum (1965), 97 und Foster (1956).

174 Stempel (1972), 182.

175 Baumgart (1964), 65.

176 Tynjanov (1971a), 335.

177 Z. B. die Berührungspunkte mit dem paradoxen Encomium; vgl. Miller (1956), 166 ff.

178 In Stackelberg (1972), 206.

179 Z. B. Wright (1865), 49; Fournel (1862), 279; Grannis (1931), 147; Brun (1901), 53.

180 Überblick bei Scholes (1974), 59 ff.

181 Spendul (1965), 23; Bührmann (1933), 7; Rau (1967), 18.

182 Das gleiche gilt von der Annahme, daß „hohe" Signifikate durch „niedrige" ersetzt werden.

183 Rühmkorf (1969), 116; Rommel (1952), 482; Hodgart (1969), 35.

184 Vgl. Holland (1968), 60 ff.

185 Freud (1969), 131 f.

186 Home (1824), 111.

187 Röhrich (1967), 220 f.; Rühmkorf (1969), 83; Schenda (1970), 425; Helmers (1971), 101.

188 Die folgenden Aussagen müssen in unserem Kommunikationsmodell so interpretiert werden, daß der Text seine Kommunikationssituation abbildet: den Autor als „Sprecher" oder „Erzähler", den Rezipienten als „impliziten Leser" oder „Zuhörer" und das Medium als „Manuskript", „Brief", „Rede" usw. Der letzte Aspekt bleibt noch zu erarbeiten.

189 Neuschäfer (1963), 42.

190 Schneider (1970), 50. Vgl. Catholy (1961), 83 und Barasch (1967), 40 f.
191 Baumgart (1964), 73.
192 Easson (1970), 77.
193 Baxtin (1971), 176 ff. ist vielleicht der entschiedenste Schritt zur Systematisierung dieser semantischen Verhältnisse. Baxtin unterscheidet drei Typen des Diskurs: „1. Direct unmediated discourse, focused solely on its referential object, as expression of the speaker's ultimate conceptual authority [. . .] 2. Objectified discourse (the speech of a person represented) [. . .] 3. Discourse with emphasis on another speech act (doublevoiced discourse)." Bei dem dritten Typ lassen sich drei Untertypen unterscheiden: uni-direktionale, vari-direktionale und aktive. Parodie gehört zu den varidirektionalen: „a. Parody with all its shadings. b. Parodic narration. c. Parodic *Ich-Erzählung*. d. Speech of a character who is parodically represented. e. Any reportage of someone else's speech with an altered accent." (192). Fehlt bei Baxtin auch der parodierende Charakter in einem Diskurs, so bildet seine Typologie doch bis heute die einzige Ausgangsbasis für eine systematische Erfassung dieser Verhältnisse in erzählenden Texten.
194 Bruhn (1974), 209.
195 Goodman (1954), 117.
196 Muecke (1969), 61.
197 Muecke (1969), 78. Vgl. Booth (1974), 123 ff.
198 Rau (1967), 16.
199 Zur Theorie der Inkongruenz vgl. Monro (1963), 147 ff. Zur Parodie: Seidler (1959), 277; Wilpert (1961), 431; Grimm (1954), 442; Meyer (1967), 44.
200 Hutcheson (1971), 114.
201 Beattie (1779), 318 ff.
202 Beattie (1779), 396 f. Vgl. Leech (1969), 178: „In Gray's time, the mock-heroic manner had become a dominant convention, and because incongruity no longer surprised, its satirical power was weakened." Vgl. auch Home (1824), 154.
203 Bergler (1956), 9.
204 Goethe (1902 ff.), 292; Sklovskij (1971b), 51; Vischer (1967), 175.
205 L'Estrange (1878), II, 294.
206 Stone (1914), 26.
207 Neumann (1928), 441.
208 Dubois (1970), 49.
209 Dubois (1970), 52, 72, 102, 139 f.
210 Schopenhauer (1919), 116.
211 Wright (1865), 173.
212 Wagenhofer (1968), 18.
213 Grimm (1954), 442.
214 Piddington (1933), 23.

[215] Piddington (1933), 89 ff.
[216] Piddington (1933), 97. Vgl. z. B. Fromm (1962), 330.
[217] Piddington (1933), 128 ff. Vgl. auch Stackelberg (1972), 160 f.
[218] Wells (1967), XXI. Die Unterscheidung übernehmen u. a. Stone (1914), 20 ff. und Eidson (1968), 299.
[219] Z. B. Riewald (1966), 132.
[220] Liede (1956 ff.), 12; Stackelberg (1972), 163.
[221] Bergson (1948), 74.
[222] Die Numerierung der Hypothesen stammt von mir. Bergsons deduktiver Theorieaufbau wird durch eine essayartige Argumentation überdeckt.
[223] Bergson (1948), 23.
[224] Bergson (1948), 43 und 51.
[225] Bergson (1948), 55 und 57.
[226] Bergson (1948), 63.
[227] Bergson (1948), 69.
[228] Sklovskij (1971b), 109.
[229] Lotman (1972b), 144.
[230] Sklovskij (1971b), 61, 73, 91 f., 92 und 121.
[231] Sklovskij (1971b), 91.
[232] Sklovskij (1971c), 247, 251, 269, 273, 283 und 295.
[233] Sklovskij (1971c), 267.
[234] Sklovskij (1971c), 251.
[235] Sklovskij (1971c), 299.
[236] Sklovskij (1974), 74 ff.
[237] Tynjanov (1971a), 335.
[238] Tynjanov (1971a), 331.
[239] Tynjanov (1971a), 371.
[240] Lotman (1972b), 122.
[241] Lotman (1972b), 123, 75 ff.
[242] Lotman (1972b), 125.
[243] Lotman (1972b), 132.
[244] Milner (1972), 14 ff. Vgl. Revzin (1971), 972 und Revzin (1966), 10 ff.
[245] Lehmann (1963), 3.
[246] Replogle (1969 f.), 152; Degener (1960), 98; Stackelberg (1972), 214.
[247] Grannis (1931), 187 ff.
[248] Markiewicz (1967), 1272.
[249] Kiremidjian (1969 f.), 241 f.
[250] Empson (1950), 29 oder Battenhouse (1975), 32 ff.
[251] Vischer (1967), 180.
[252] Karrer (1971), 96.
[253] Klöpfer (1970), 71 f.
[254] So müßten Reimspiele, Anakoluthe oder Stilbruch ebenfalls zur Parodie gerechnet werden.

255 Tetel (1964), 35.
256 Tetel (1964), 41 f.
257 Rau (1967), 15.
258 Poirier (1968), 339 ff.
259 Rotermund (1963), 46.
260 Lotman (1972), 311.
261 Deyermond (1970), 54.
262 Z. B. Morhof (1700) in Werner (1966), 23 f.
263 Perrault (1964), 359.
264 Schlegel (1964), 15.
265 Heiss (1905); Hempel (1965), 156; Siciliano (1934), 186 ff. Vgl. die Belege bei Nündel (1972), 148 ff.
266 Hempel (1965), 157. Eine andere Variante sind die Stammbäume des komischen Epos bei Broich (1968), 201 ff.
267 Zum Begriff „Einfluß" vgl. Weisstein (1968), 88 ff.
268 Havens (1961), 316. Vgl. Wild (1918); West (1931); Kreissmann (1960), 2; Wells (1964), 25 f.
269 Wienold (1972), 153 f.
270 Bond (1932), 64 ff.; Grannis (1931); Görschen (1937); Scherer (1891), 406 u. a.
271 Z. B. Weisstein (1970 f.); Harper (1974); Gilman (1973); Craig (1970).
272 Wright (1861), 230.
273 Stackelberg (1972), 162.
274 Paul (1965), 115.
275 Hegel (1955), 309 ff.
276 Hegel (1955), 203 ff.
277 Hegel (1955), 221 ff.
278 Hegel (1955), 235 ff.
279 Hegel (1955), 567 f.
280 Hegel (1955), 494.
281 Hegel (1955), 966 f. und 995.
282 Marx (1960), 115 f.
283 Ansätze hierzu in Baum (1959) und Giese (1974).
284 Z. B. Schmidt (1953); Broich (1968); Grannis (1931); Stackelberg (1972); Rotermund (1963); Helmers (1971); Baumgart (1964); Shepperson (1936).
285 Broich (1968); Nykrog (1957); Bakhtin (1968) u. a.
286 Stackelberg (1970), 208; Broich (1964), 172; Zmegač (1971), 11; Ischreyt (1961), 314.
287 Vgl. Wellek (1955 ff.), IV, 65 ff. und 400 ff. Zu Evolutionsmodellen in der Gattungstheorie vgl. Hempfer (1973), 192 ff.
288 Brunetière (1917), VIII, 61 ff. Vgl. Hempfer (1973), 58 ff.
289 Symonds (1967), 269 f.

[290] Baum (1959), 30 ff. analysiert den Zusammenhang zwischen Homöostase-Modellen und konservativer Einstellung in den bürgerlichen Ästhetiken des 19. Jahrhunderts.

[291] Loos (1960), 150.

[292] Shlonsky (1966), 998.

[293] Ischreyt (1961), 315.

[294] Vgl. auch Zmegač (1971), 11.

[295] Sklovskij (1971b), 51 und 121.

[296] Tynjanov (1971a), 303.

[297] Tynjanov (1971a), 335.

[298] Vgl. Ihwe (1972), 361 f. Liede (1956 ff.), 42, der Tynjanov nicht berücksichtigt, kommt zu folgendem Gesetz: „In der Geschichte der kritischen P. wiederholen sich regelmäßig die gleichen Zielsetzungen; parodiert werden eine noch herrschende, aber absterbende, zu überwindende literar. Strömung, dann der persönliche Gegner im Kampf zwischen den Generationen und zwischen Vertretern derselben Richtung, und schließlich wird die errungene literar. Macht gegen Trivialisierungen und gegen neue literar. Strömungen verteidigt."

[299] Tynjanov (1971b), 405.

[300] Tynjanov (1971b), 411. Vgl. Sklovskij (1971a), 15.

[301] Tynjanov (1971b), 387 und 421.

[302] Vgl. Striedter (1971), XLIII und Erlich (1964), 277.

[303] Der sich an Tynjanov anschließende Strukturalismus stellt in gewisser Weise einen Rückschritt dar. Stellt Tynjanov auch die Relationen in den Vordergrund, bleibt das System, nicht dessen Struktur die letzte Bezugsgröße.

[304] Tynjanov (1971c), 449, 453, 455. Im strengen Sinne sind die außerliterarischen Reihen als sprachliche von anderen kulturellen Reihen als nichtsprachlichen abzusetzen.

[305] Tynjanov (1971c), 449 und zum folgenden Tynjanov (1971c), 459, 437, 439, 453.

[306] Vgl. Wellek (1971), 275 ff.; Cervenka (1973), 137 ff.; Ihwe (1972).

[307] Sklovskij (1974), 78.

[308] Lotman (1972b), 151.

[309] Zum folgenden Lotman (1972a), 85 ff.

[310] Vgl. Kiss (1972 f.), II, 164 ff.

[311] Richardson (1935), 6 gegen Borew (1960), 394.

[312] Bierwisch (1969), 63 f. gegen Wells (1967), XXI.

[313] Gerber (1885), II, 373 gegen Striedter (1971), XLII.

[314] Tetel (1964), 35 gegen Bührmann (1933), 7. Beispiele solcher einseitigen Aussagen sind außerordentlich zahlreich.

[315] Paul (1965), 125; Bakhtin (1968), 21; Baumgart (1964), 66; Neuschäfer (1963), 10; Röhrich (1967), 220 f.

[316] Shlonsky (1966), 801; diese Formulierung geht letztlich auf Tynjanovs Aussagen zur Destruktion und Rekonstruktion in der Parodie zurück; vgl. Striedter (1971), XLII f.
[317] Dryden (1808), 107 f.
[318] Addison (1965), 467 f.; Sorel in Werner (1966), 31 f.; Philippi in Werner (1966), 40 f.
[319] Broich (1968), 62; Wilpert (1961), 293.
[320] Wagenhofer (1968), 12.
[321] Vgl. Lausberg (1960), I, 581.
[322] Wilpert (1961), 653; Jump (1972), 2.
[323] Vgl. Wellek (1955 ff.), I, 38 und Fournel (1862), 278 f. Jolles (1932 f.), 294.
[324] Bührmann (1933), 8; Rau (1967), 18.
[325] Vgl. Houdard de la Motte (1730), 126 f.
[326] Im Sinne von „Register"; vgl. Freeman (1970), 67 f.
[327] Flögel (1794), 10 ff.
[328] Heiss (1905), 457. Hinzu tritt das Element des Obszönen in der Travestie als Bestandteil der Inkongruenz; vgl. Heiss (1905), 469.
[329] Beattie (1779), 361.
[330] Z. B. Wagenhofer (1968), 91 ff. und Bar (1960), 213 ff.
[331] Schlötke-Schroer (1942 ff.), 501.
[332] Zur Wertdialektik bei der Travestie vgl. Géruzez (1863), 98; Mendelssohn in Lessing (1904), 29 f.; Heiss (1905), 457.
[333] Home (1824), 167; Worcester (1940), 54; Bénac (1961), 40. Vgl. Gilot (1970), 197.
[334] Vgl. Di Lorenzo (1972), XI f.
[335] Nykrog (1957), 95.
[336] Muecke (1969), 79.
[337] Moore (1935), 17.
[338] Zitiert nach Bar (1960), XXIV.
[339] Broich (1968), 37.
[340] Brunot (1966), 75 ff.
[341] Bar (1960). Eine andere vieldiskutierte Abweichung ist die von der preziösen Schule; vgl. Brunetière (1917), 67; Heiss (1905), 487; Schlötke-Schroer (1942 ff.), 330 f.).
[342] Brunot (1966), 80.
[343] Stackelberg (1970), 208.
[344] Schlötke-Schroer (1942 ff.), 327.
[345] Worcester (1940), 44.
[346] Wagenhofer (1968), 53 ff.; Smith (1936), 12 ff.
[347] Bond (1932), 14.
[348] Broich (1968), 135.
[349] Deffoux (1932), 6.
[350] Deffoux (1932), 6.

[351] Hempel (1965), 175.
[352] Hempel (1965), 170.
[353] Deffoux (1928), 14 f., 23, 123 f., 134.
[354] Albertsen (1971), 8.
[355] Painter (1965), 101 f.
[356] Albertsen (1971), 2 ff.; vgl. Verweyen (1973), 86 ff. Über die Operationen des Pastiche-Autors liegt nichts vor.
[357] Boyd (1968) gibt einen Überblick über Mimesistheorien. Zur marxistischen Widerspiegelungstheorie vgl. Klaus (1972b).
[358] Abrams (1971).
[359] Gerber (1885), II, 221 ff. verwendet „Mimesis" für die spöttische Nachahmung eines Dialogpartners.
[360] „Imitation" bezieht sich unserem Sprachgebrauch noch immer auf eine Relation zwischen Texten.
[361] Vgl. Pomorska (1968), 22.
[362] Aristoteles (1927), 10.
[363] Bakhtin (1968), 67.
[364] Z. B. Broich (1968), 81; Shlonsky (1966), 799.
[365] Zitiert nach Bond (1932), 43.
[366] Bond (1932), 200 ff.
[367] Lübker (1914), 768.
[368] Flögel (1794), 5. Vgl. West (1931), 14.
[369] Broich (1968), 158. Vgl. Coleman (1971), 92.
[370] Rotermund (1963), 37 und 179.
[371] Paulson (1967), 6.
[372] Monro (1963), 142.
[373] Die Behauptung, Parodierung hebe Klassenschranken auf, weist darauf hin; vgl. Waddington (1876), 314 und Sully (1902), 272.
[374] Dubois (1970), 123 ff.
[375] Bond (1932), 12.
[376] Toldo (1901), 71 f.; Clinton-Baddeley (1952), 5.
[377] Dixon (1912), 261.
[378] Stackelberg (1972), 163.
[379] Hempel (1965), 175.
[380] Ebeling (1869), III, 465.

Anmerkungen zu Kapitel 4

[1] MacLuhan (1969), 151.
[2] Cicero, (1948), 386 f.; Quintilian (1966), II, 490 f.; Scaliger (1581), 113.
[3] Sallier (1733), 398.
[4] Addison (1965), II, 467.
[5] Z. B. Riewald (1966), 126; Liede (1956 f.), 12; Thrall (1960), 341; Eidson (1968), 299.

6 Verweyen (1973), 64.
7 Vgl. Pomorska (1968), 17 f.
8 Vgl. Maletzke (1963), 184 ff.
9 Wiesand (1972), 18 und 69.
10 Vgl. Ahrens (1972), 12 („Medium der Vorlage") und 13 („Medium der Unterhaltung").
11 Einen ausführlichen Bericht zur Medienforschung und zum wechselnden Gebrauch des Begriffes legt Schanze (1974) vor.
12 Eine vorzügliche Analyse der Technologie der Medien findet sich bei Crowley (1967).
13 Cicero (1948), 376 ff.; Quintilian (1966), II, 458 ff.
14 Quintilian (1966), II, 144.
15 Sera (1969), 13.
16 Dubois (1970), 52.
17 Pablé (1969), 13.
18 Highet (1962), 68.
19 Zum folgenden vgl. Wardhaugh (1970), 18 ff.
20 Pike (1971) bildet eine stimulierende Ausnahme.
21 Hier wären die Modelle in Brooks (1967) gewinnbringend anzuwenden.
22 Vgl. Pulgram in Smith (1966), 130 ff.
23 Zur Speicherung vgl. Steinbuch (1971), 64 ff.
24 Maletzke (1963), 171 ff.
25 Röhrich (1967), 217 f.
26 Ilvonen (1914), 5. Vgl. Meyer (1913), XII.
27 Hinweise hierzu bei Eckstein (1839), 267; Yunck (1963), 33; Hüttner (1972), 110.
28 Koskimies (1935), 235 f. Vgl. Kinsley (1971), 29.
29 Zitiert in Bar (1960), 393.
30 Flögel (1794), 11 ff.
31 Beispiele in Wagenhofer (1968), 10; Röhrich (1967), 133 ff.
32 Deffoux (1932), 6.
33 Vgl. Deffoux (1932), 9.
34 Dubois (1970), 54.
35 Dubois (1970), 58.
36 Vgl. die Beiträge zur Mediengeschichte in Schramm (1966), 3 ff.
37 Zu diesen Kategorien Maletzke (1963), 21 ff.
38 Vgl. den Überblick bei Aufermann (1973), I, 237 ff. und Holzer (1973).
39 MacLuhan (1969), 119.
40 Rommel (1952), 483 f.
41 Ahrens (1972), 12 f.
42 Vgl. Maletzke (1963), 171 ff.
43 Röhrich (1967), 217.
44 Röhrich (1967), 217.
45 Schmieder (1972), 30.

[46] L'Estrange (1878), I, 206.
[47] Stone (1914), 18 f.
[48] Stone (1914), 19.
[49] Grannis (1931), 403 f.; Mayer (1969), 191 ff.; Hempel (1965), 157; Stackelberg (1972), 195 ff.
[50] Mallarmé (1897), 268 f.
[51] Voigt (1929), 28 ff.; Mayer (1969), 238 ff.
[52] Vgl. z. B. Wickwar (1928), 18 ff.; Delepierre (1870), 54; Schmieder (1972), 30 f.; Wright (1865), 115; Grannis (1931), 190 und 217 f.; Heiss (1905), 471; Highet (1962), 140 u. a. Hertzler (1970), 166 ff. hat ein gutes Kapitel über „The Social Control of Laughter".

Anmerkungen zu Kapitel 5

[1] Verweyen (1973), 54.
[2] Hertzler (1970), 28.
[3] Dobson (1882), 9; Bakhtin (1968), 271.
[4] Balzac (1665) zitiert nach Brunot (1966), 79.
[5] Hertzler (1970), 49 ff.
[6] Vgl. Flögel (1887).
[7] Zum folgenden Voigt (1929), 35 ff.
[8] Z. B. Hall (1969). Forschungsüberblick bei Knapp (1972), 25 ff.
[9] Sully (1902), 293.
[10] Bergson (1948), 9.
[11] Dupréel (1928), 231 und 228. Zum folgenden 231 ff.
[12] Dupréel (1928), 234.
[13] Zum folgenden Dupréel (1928), 241 ff. Überblicke über die Theorien des Lachens sind zahlreich: z. B. Milner (1972), 3 ff.; Monro (1963), 83 ff.; Piddington (1933), 18 ff.; Rommel (1943).
[14] Dupréel (1928), 242 f.
[15] Dupréel (1928), 259.
[16] Brecht (1967), XVIII, 164.
[17] Rühmkorf (1969), 109. Vgl. Verweyen (1973), 52.
[18] In Goldstein (1972), 114 ff.
[19] Goldstein (1972), 115.
[20] Ebd. Unklarheit entsteht durch die fehlende Abgrenzung oder Identifizierung von H. („source of humor") und Gegenstand des Humors.
[21] Zur Systematisierung der Hypothesen Goldstein (1972), 116 ff.
[22] Rommel (1952), 777.
[23] Winick (1962), 266; zum folgenden Winick (1962), 269 ff.
[24] Winick (1962), 278.
[25] Nykrog (1957), 93; Ilvonen (1914), 27; Günther (1931), 25; Broich (1968), 164.

[26] Bouterwek (1806), 153 f.; Krause (1834), 198.
[27] Jungmann (1884), 272.
[28] Ischreyt (1961), 315; Röhrich (1967), 216 f.; Liede (1956 ff.), 43.
[29] Liede (1956 ff.), 14.
[30] Liede (1956 ff.), 26.
[31] Liede (1956 ff.), 43.
[32] Sully (1902) enthält auch ausgezeichnete Generalisierungen zur Psychologie des Lachens. Wir konzentrieren uns im folgenden auf Kapitel IX (Sully (1902), 254 ff.).
[33] Sully (1902), 258.
[34] Sully (1902), 258.
[35] Sully (1902), 263.
[36] Sully (1902), 273.
[37] Sully (1902), 277 und 279.
[38] Diderot (1778), XXIV, 797.
[39] Bar (1960), 392. Vgl. Broich (1968), 53.
[40] Zu diesem Zusammenhang vgl. Heiss (1905), 488 f.
[41] Hempel (1965), 172.
[42] Z. B. Zmegač (1971), 8; Shlonsky (1966), 797; Stackelberg (1972), 161; Ahrens (1972), 9 f.
[43] Grisebach (1887), 178. Vgl. auch Riewald (1966), 128: „Parody is by nature ephemeral. It ages quickly. The only exception to this rule is the really superior parody, which can be read with joy apart from its model.“
[44] Beattie (1779), 364.
[45] Worcester (1940), 42.
[46] Röhrich (1967), 217.
[47] Tynjanov (1971), 335.
[48] Ebeling (1869), III, 448; Shlonsky (1966), 797; Hüttner (1972), 132.
[49] Hüttner (1972), 132.
[50] Paul (1963), 114.
[51] Liede (1956 ff.), 12. Vgl. Booth (1974), 53 f.
[52] Bond (1932), 13.
[53] Röhrich (1967), 217.
[54] Vgl. Bührmann (1933), 14.
[55] Schönert (1969), 46; vgl. auch Broich (1964), 172 und Iser (1972), 298.
[56] Ahrens (1972), 14; Verweyen (1973), 5 ff.
[57] Verweyen (1973), 48.
[58] Verweyen (1973), 43 ff.
[59] Verweyen (1973), 58.
[60] Verweyen (1973), 58 ff.
[61] Verweyen (1973), 68 f.
[62] Tynjanov (1971a), 335.

[63] Tynjanov (1971a), 371.
[64] Sklovskij (1971b), 51.
[65] Lotman (1972b), 408.
[66] Lotman (1972b), 410.
[67] Lotman (1972b), 412.
[68] Lotman (1972b), 415. Damit scheint Lotman eine Einengung auf die Parodie der Inkongruenz vorzunehmen. Bei Tynjanov würde die Parodie auch unter der „Ästhetik der Identität" auftauchen.
[69] Lotman (1972b), 115 f.
[70] Marmontel (1846), I, 235; Worcester (1940), 42; Wilpert (1961), 653 u. a.
[71] Bond (1932), 12; Trussler (1969), VII.
[72] Smith in Bond (1932), 39,
[73] Hempel (1965), 175; Liede (1956 ff.), 12.
[74] Hutcheson (1971), 114.
[75] Yunck (1963), 30.
[76] Shepperson (1936), 61; Fuzelier (1970), XXVIII nimmt an, der Parodist sei Sprecher der Rezipienten: „Ordinairement le Parodiste n'est que l'écho du Parterre [...]"
[77] Householder (1944), 4. Vgl. Liede (1956 ff.), 13; Schmidt (1953), 24; Shlonsky (1966), 798. Dagagen vgl. Bond (1932), 17.
[78] Beattie (1779), 358 ff.
[79] Zum ersten: Riewald (1953), 127; Furetière (1970), XXII; Sallier (1733), 402. Zum zweiten: Zmegač (1971), 8.
[80] Hutcheson (1971), 114; Sallier (1733), 409.
[81] Adams (1881), 304; Wellek (1949), 174.
[82] Gewey in Hüttner (1972), 112; Genthe (1836), 34; Freud (1969), 229 f.; Bergson (1948), 69; Koskinnies (1935), 236.
[83] Vodička (1964), 71.
[84] Vodička (1964), 73.
[85] Vgl. Liede (1956 ff.), 42; Reives (1880), 8 ff.; Matthews (1874), 694.
[86] Vodička (1964), 73 ff. Vgl. auch Verweyen (1973), 69 f.
[87] Vodička (1964), 74 ff.
[88] Piddington (1933), 128 f.; Duncan (1970), 376 ff.; Hertzler (1970), 116 ff.
[89] Miller (1971), 150 ff.
[90] Z. B. Vavasseur in Bar (1960), 393 oder Scudéry in Bar (1960), XXVII; Heiss (1905), 454; Marmontel (1848), I, 235.
[91] Heiss (1905), 454.
[92] Vgl. Bar (1960), XXXIII; Brunot (1966), 75 ff.; Broich (1968), 40 ff.
[93] Vgl. Piddington (1933), 23.
[94] Vgl. Beattie (1779), 364; Liede (1956 ff.), 12; Lelièvre (1954), 70; Zmegač (1971), 8. Diese Einsicht geht auf Aristoteles zurück, vgl. Krug (1810), 212.

[95] Beattie (1779), 377 ff.
[96] Wellek (1949), 174. Zur Sättigung mit dem Original vgl. Jantz (1966), 59.
[97] Vgl. Stone (1914), 23.
[98] Sallier (1733), 409 f.; L'Estrange (1878), II, 192; Neumann (1928), 439.
[99] Wagenhofer (1968), 40.
[100] Ruttkowski (1966), 144.
[101] Yunck (1963), 33; Stackelberg (1972), 193.
[102] Baumgart (1964), 65.
[103] Wagenhofer (1968), 18.
[104] Lelièvre (1954), 68.
[105] Grellmann (1926 ff.), 633; Liede (1956 ff.), 12; Replogle (1969 f.), 152; Nestle (1948), 5.
[106] Schmieder (1972), 31.
[107] Schmieder (1972), 30.
[108] Beattie (1779), 369; Fletcher (1964), 309; Rühmkorf (1969), 109; Seidler (1959), 294.
[109] Fletcher (1964), 309.
[110] Zmegač (1971), 8.
[111] Vgl. Stone (1914), 22 f.
[112] Lucka (1928), 130.
[113] Rommel (1952), 483.
[114] Greig (1926), 182 f.
[115] Sallier (1733), 402 und Shlonsky (1966), 800. Eine andere bekannte Verbildlichung ist die „touchstone"-Theorie des Lachens oder „test of ridicule" von Shaftesbury; vgl. Schmidt-Hidding (1963), 108 ff. und Paul (1963), 131.
[116] Sklovskij (1971), 251; Shlonsky (1966), 800; Bergson (1948), 23.
[117] Markiewicz (1967), 1272; Kiremidjian (1969 f.), 233.
[118] Allemann (1956), 24; Zmegač (1971), 8; Iser (1972), 298; Schönert (1969), 46.
[119] Wirth (1957), 128.
[120] Beerbohm (1970), 67.
[121] Rühmkorf (1961), 119.
[122] Marmontel (1846), III, 81.
[123] Enciclopedia Universal (1920), XLII, 237 [eine Übersetzung der entsprechenden Stelle aus dem Larousse]; Paull (1928), 136; Shlonsky (1966).
[124] Shlonsky (1966), 799.
[125] Vischer (1967), 180; Grellmann (1926 ff.), 633; Rommel (1952), 482; Ahrens (1972), 17.
[126] Verweyen (1973), 69.
[127] Lipps (1898), 50 ff. Vgl. bereits Cicero (1948), 388.

[128] Lipps (1898), 54.
[129] Lipps (1898), 183. Der Rezipient kann auch von der falschen Erwartung einer Parodie ausgehen; vgl. Davies (1878), 45.
[130] Freud (1969), 227. Erwartung ist nur eine der Grundlagen des Lachens.
[131] Freud (1969), 206; Freud unterscheidet nach der Kommunikationssituation: Witz erfordert drei Personen (Erzähler, Zuhörer und Gegenstand des Witzes) Komik zwei (Gegenstand der Komik und Perzipient) und Humor eine.
[132] Freud (1969), 97 ff. und 131 ff.
[133] Freud (1969), 168.
[134] Freud (1969), 218.
[135] Hier läge also ein psychologisches Korrelat zum soziologischen Begriff des Wertes oder dem linguistischen Begriff der Konnotation vor.
[136] Freud (1969), 221.
[137] Freud (1969), 222.
[138] Freud (1969), 233 f. Hier liegt ein psychologisches Korrelat zur Theorie der Inkongruenz oder des Wertkonfliktes vor.
[139] Freud (1969), 224.
[140] Freud (1969), 225. Dieses Verhältnis entspricht der Theorie von Lipps.
[141] Freud (1969), 237.
[142] Freud (1969), 250 f.
[143] Freud (1969), 227.
[144] Freud (1969), 228 f.
[145] Freud (1969), 241.
[146] Die in der Parodieforschung häufig gemachten Aussagen über die Beanspruchung und die Zwänge des Originals sowie des Erhabenen finden hier eine psychologische Erklärung; vgl. Heiss (1905), 454; Paul (1965), 130; Schneegans (1894), 37; Rommel (1952), 472; Loos (1960), 150.
[147] Vgl. die Beiträge in Levine (1969).
[148] In Levine (1969), 159 ff.
[149] In Levine (1969), 168.
[150] Holland (1968), 89 ff.
[151] Holland (1968), 31 ff. und 52 ff.
[152] Holland (1968), 289 ff.
[153] Holland (1968), 293.
[154] Holland (1968), 288.
[155] Holland (1968), 63 ff. und 193 ff.
[156] In Goldstein (1972), 85 ff.
[157] Marmontel (1846), I, 235; Weisstein (1966), 803; Worcester (1940), 42. Zu den Einstellungen Marmontel (1846), I, 235; Heiss (1905), 456 f.
[158] Harte (1730) in Bond (1932), 47; Beattie (1779), 358 ff.
[159] Worcester (1940), 48 f.
[160] Werner (1966), 218; Marmontel (1848), I, 235.

Anmerkungen zu Kapitel 6

[1] Ich hoffe, in der nächsten Zeit eine Untersuchung vorlegen zu können, die, ausgehend von der Semiotik, Grundlagen für die Analyse der komplexen Wechselverhältnisse von sprachlichen und nichtsprachlichen Zeichensystemen schafft.

[2] Salliers Vortrag vor der Académie Française wirkte durch die Aufnahme in verschiedene Nachschlagwerke bis in das 19. Jahrhundert nach.

[3] Hempel (1965), 164. Vgl. Gosse (1928), 181.

[4] Vgl. Stackelberg (1972), 208.

[5] Vgl. Hempel (1965), 175.

[6] Bond (1932), 3 ff.

[7] Broich (1968), 42.

[8] Weisstein (1966), 811.

[9] Markiewicz (1967), 1271.

[10] Markiewicz (1967), 1271 ist sich der Überschneidungen bewußt; Weisstein (1966), 811 nennt seine Unterscheidungen „clearcut".

[11] Vgl. Genthe (1836), 33; Schneegans (1894), 35 f.; Heiss (1905), 458; Allodoli (1925), VII; Worcester (1940), 44 f.; Schmidt (1953), 3; Addison (1965), 467 f.; Watson (1968), 43; Jump (1972), 2 u. a. Das komische Heldengedicht gilt in diesen Klassifikationen meist als Parodie.

[12] Dieser Gebrauch ist seltener; vgl. Sühnel (1965), 511; Trussler (1969), VII und IX.

[13] Zur Verfügung stehen „le travestissement" oder eine Nominalisierung von „travestie". Im Spanischen und Italienischen müßte die entsprechende Terminologie erst ausgebildet werden.

[14] Entscheidungskriterium wäre, ob im Text ein komischer Wertkonflikt im Sinne der Inkongruenz vorliegt oder nicht. Daß Prousts *Pastiches et Mélanges* dann als Parodien bezeichnet werden müssen, bereitet keine Schwierigkeiten, werden doch „pastiche" und „parodie" im Französischen zur Zeit noch weitgehend synonym verwendet.

[15] Wells (1967), 31; eigentlich „On a Ruined House in a Romantic Country", die letzten beiden Verse fehlen bei Wells.

[16] In Röhrich (1967), 143 f.

[17] Einen Zusammenhang behaupten z. B. Wright (1865), 49; Leyburn (1956), 56 ff.; Feinberg (1967), 176 ff.; Watson (1968), 43; Weisstein (1966), 802 f. Meist beschränken sich die Aussagen auf die Behauptung, Parodie sei eine „Form", „Art" oder „Technik" des anderen. Zur Karikatur vgl. Refort (1932), zur Persiflage Krauss (1965). Quodlibet und Kontrafraktur gehören in den Bereich der Musik; vgl. Steinecke (1934), 20 und Finscher (1967), 815 ff.

[18] Vgl. Weinbrot (1966); Hempel (1965); Ebeling (1869), III, 465; Rosenfeld (1956 ff.), 115 ff.; MacDougall (1968).

[19] Miller (1956), 145 ff. Vgl. Disraeli (1821), I, 39 f.; Toldo (1901), 73 ff.; Pariset (1915), 10 ff.; Sorrentino (1933), 63 ff.

[20] Genthe (1836); Hughes (1956); Mayer (1969); Krause (1882), 194 ff.

[21] Kiss (1972 f.), II, 164 ff. Vgl. auch Habermas (1971).

[22] Vgl. außerdem Ponsioen (1969).

[23] Sorokin (1937), I, 153 ff.

[24] Barnett (1953), 181 ff.

[25] Vgl. die Beiträge in Schramm (1972), 755 ff.

[26] Vgl. Zmegač (1973), 253 ff.

[27] Vgl. Jaeggi (1972), 20 ff.

[28] Wie sie z. B. Altick (1962), 389 ff. für Autoren des 19. und 20. Jahrhunderts angestellt hat. Es wäre interessant, seine Liste, vorwiegend Original-Autoren, mit einer Untersuchung von Parodisten desselben Zeitraums zu konfrontieren.

[29] Z. B. Deutschmann (1957), 63 ff.; Gerbner in Ball (1960), 4 ff.; Bettinghaus in Ball (1960), 16 ff.

[30] Auch ein Anschluß an psychologische Theorien der Kreativität und des Lernens wäre denkbar; vgl. Berelson (1964), 133 ff.

[31] Einführung und Überblick bei Jahoda (1966).

[32] Vgl. Holstis (1969), 32 Warnung „Owing to possible differences in the ways people may express their feelings, intentions, and other traits, inferences about the antecedent causes of messages drawn solely from content data cannot be considered self-validating. Thus, however precise our measures of communication content, it is hazardous indeed to assume, without corroborating evidence from independent, non content data, that inferences about the author may be drawn directly from content data."

[33] D. h. er neigt dazu, von den Elementen zu abstrahieren und sich auf die Relationen eines Systems zu konzentrieren.

[34] Eine Einführung in mengentheoretische Begriffe findet sich in Heuser (1971).

[35] D. h. die Frage, welche syntaktischen Kategorien beibehalten oder verändert werden, läßt sich exakt bestimmen.

[36] Ähnlich wie bei der Travestie des 17. Jahrhunderts würde ein Wortschatz beschreibbar, der von den Originalen ausgeschlossen bleibt. Vgl. Walzel (1929), 45.

[37] Es ist einleuchtend, daß ein parodisches Wort ein Original-Wort, ein Satz einen Satz, ein Text einen Text parodieren kann. Wie die Parodie einer Textklasse jedoch zeigt, müssen Umfang der Parodie und Umfang des Originals nicht immer übereinstimmen. Damit stellt sich die Frage, inwieweit ein Satz einen Text oder sogar eine Textklasse parodieren kann, ein Wort einen Satz usw., und inwieweit hier dieselben Verfahren der Abstraktion und Implikation gelten wie bei der Textklassen-Parodie.

[38] Also nach Heuser (1971), 148 surjektive, injektive, bijektive oder weder surjektive noch injektive Abbildung. Die Mengentheorie erlaubt auch eine Formalisierung des Tynjanovschen Begriffs der „Funktion".
[39] Typographien sind offensichtlich ebenso wertig wie Dialekte und Register. Gotische Typen, Fettdruck oder randloser Satzspiegel sind im Rezipientenbewußtsein mit altem Text, Zeitung oder freien Versen der modernen Lyrik verbunden.
[40] Vgl. z. B. Revzin (1966), 78 ff. und Lyons (1969), 70 ff.
[41] Ashby (1961), 9 ff.; Flechtner (1970), 353 ff.
[42] Bechert (1973), 130 ff.
[43] Vgl. Bierwisch (1969), 49 ff.; Schmidt (1973), 43 ff. Vgl. auch Habermas' Entwurf einer Theorie der „kommunikativen Kompetenz" in Habermas (1971), 160 ff.
[44] Greimas (1971), 60 ff.
[45] Greimas (1971), 87 ff. Zu weiterführenden Ansätzen in der Isotopie-Theorie vgl. Kallmeyer (1974), 143 ff.
[46] Vgl. Katz (1972), 47 ff.
[47] Katz (1972), 417 ff.
[48] Überblick in Kallmeyer (1974), 97 ff.
[49] Überblick über Handlungstheorien seit Propp bei Scholes (1974), 59 ff.
[50] Zum folgenden Todorov (1969), 20 ff.
[51] D. h. man könnte die Transformationen als solche der Agenten, Attribute oder Handlungen oder der sekundären Kategorien bestimmen.
[52] Doležel (1972), 55 ff.
[53] Kallmeyer (1974), 142.
[54] Kallmeyer (1974), 158 f.
[55] Klaus (1972b), 93 ff.
[56] Klaus (1972b), 94.
[57] Klaus (1972b), 95.
[58] Die Inkongruenz solcher Wirklichkeitsmodelle wäre dann geschichtlich (Antike gegen 17. Jahrhundert) und/oder gesellschaftlich (Aristokratie gegen Bürger) zu beschreiben.
[59] Vgl. z. B. Martel in Dexter (1964), 283 ff.; Berelson (1964), 168 ff.; Breed in Dexter (1964), 183 ff.
[60] Vgl. die Beiträge in Tunstall (1970), und Aufermann (1973), I, 237 ff.
[61] Vgl. Maletzke (1963), 98 ff. und 171 ff.
[62] Vgl. Breuer (1974), 22 f.
[63] Einige Überblicke sind z. B. Klapper (1960); Dröge (1969); Schramm (1972); Prokop (1972 f.), 9 ff.; Aufermann (1973), II, 423 ff.
[64] Vgl. die Beiträge in Prokop (1972 f.), II, 152 ff.
[65] Habermas (1968), 163 f.
[66] Überblick und weiterführende Bibliographie in Blake (1966), 456 ff.
[67] Einen vielversprechenden Versuch solcher Verbindung macht Mukarovsky (1970), 7 ff. In der Kommunikationsforschung liegen eine Reihe

empirischer Wertuntersuchungen vor, die an methodischer Konsequenz der literaturwissenschaftlichen Forschung überlegen sind; vgl. White (1947); Johns-Heine (1949); Gordon (1952); Osgood (1957); de Charms (1962).

68 Einen Überblick über die umfangreiche Literatur zur Soziolinguistik gibt Dittmar (1973).

69 Arnheim (1965) und (1972) wendet die Gestaltpsychologie auf die Rezeption von Kunst und das Denken an. Singer (1969) diskutiert verschiedene Modelle des Lesens, die für die Parodieforschung fruchtbar gemacht werden könnten.

70 Überblicke in Klapper (1960); Dröge (1969); Simons in Barker (1971), 227 ff.

71 Klapper (1960), 18 ff.; Berelson (1964), 162 ff. und 529 ff.; Sears in Schramm (1972), 209 ff.

72 Überblick in Dröge (1969), 53 ff. Die Dissonanz in den meisten Modellen, z. B. denen von Festinger und Heider, ist nicht nur kognitiv, sondern auch evaluativ.

73 Weiter wären Arbeiten über die raum-zeitliche Situation der Rezipienten als Faktor der Rezeption zu berücksichtigen, wie sie für Vortrag oder Theateraufführung relevant wird. Brauchbare Ansätze finden sich in Brooks (1967), besonders 297 ff.

BIBLIOGRAPHIE

I *Zur Theorie von Parodie, Travestie und Pastiche*

Adams, W. D. (1881): „The Poetry of Parody", *The Gentleman's Magazine*, September 1881, 303-329.

Addison, J. (1965): *The Spectator*, hg. D. F. Bond, 5 Bde., Oxford 1965.

Ahrens, R. (1972): „Einleitung" in: *Englische Parodien*, Heidelberg 1972.

Albalat, A. (1929): „Du Pastiche" in: *La Formation du Style par l'Assimilation des Auteurs*, Paris 1929, 57-66.

Albertsen, L. L. (1971): „Der Begriff Pastiche", *Orbis Litterarum* 26 (1971), 1-8.

Allemann, B. (1956): *Ironie und Dichtung*, Pfullingen 1956.

Allodoli, E. (1925) hg.: *Le Piu belle Pagine dei Poeti burleschi del Seicento*, Mailand 1925.

Ames, K. J. (1972): „Elements of Mock-Heroic in Virginia Woolf's *Mrs. Dalloway*", *Modern Fiction Studies* 18 (1972), 363-374.

Anger, A. (1962): *Literarisches Rokoko*, Stuttgart 1962.

anon. (1854): „Parody", *Westminster Review* (July 1854), 95-115.

Aristoteles (1926): *The „Art" of Rhetoric*, übs. J. H. Freese, London 1926 [The Loeb Classical Library, 193].

Aristoteles (1927): *The Poetics*, übs. W. H. Fyfe, London 1927 [The Loeb Classical Library, 199].

Auden, W. H. (1968): *The Dyer's Hand and other essays*, New York 1968.

Bakhtin, M. (1968): *Rabelais and His World*, Cambridge, Mass. 1968.

Bar, F. (1960): *Le Genre burlesque en France au XVIIe siècle. Étude de Style*, Paris 1960.

Barasch, F. K. (1971): *The Grotesque. A Study in Meanings*, The Hague, Paris 1971.

Barthes, R. (1964): „Zazie et la Littérature" in: *Essais Critiques*, Paris 1964, 125-131.

Bateson, G. (1969): „The position of humor in human communication" in: Levine (1969), 159-166.

Battenhouse, R. (1975): „Falstaff as Parodist and Perhaps Holy Fool", *Publications of the Modern Language Association of America* 90 (1975), 32-52.

Bauerle, R. (1967): „A Sober Drunken Speech: Stephen's Parodies in ‚The Oxen of the Sun' ", *James Joyce Quarterly* 5 (1967), 40-46.

Baum, G. (1959): *Humor und Satire in der bürgerlichen Ästhetik. Zur Kritik ihres apologetischen Charakters*, Berlin 1959.

Baumgart, R. (1964): *Das Ironische und die Ironie in den Werken Thomas Manns*, München 1964.

Baxtin, M. (1971): „Discourse Typology in Prose" in: Mateijka/Pomorska (1971), 176-196.
Beard, H. N. und D. C. Kenney (1969): *Bored of the Rings. A Parody of J. R. R. Tolkien's The Lord of the Rings*, New York 1969.
Beattie, J. (1779): „Essay on Laughter and Ludicrous Composition" in: *Essays*, London 1779, 297-450.
Beerbohm, M. (1970): „A Play and a Mimic" in: *Last Theatres 1904-1910*, London 1970, 64-68.
Begac, B. (1930): *Parodija i ee priemi. Russkaja literaturnaja odija*, Moskau, Leningrad 1930.]mit Bibliographie[.
Bénac, H. (1961): *Guide pour la Recherche des Idées dans les dissertations et les études littéraires*, Paris 1961.
Bergler, E. (1956): *Laughter and the Sense of Humor*, New York 1956.
Bergson, H. (1948): *Das Lachen*, Meisenheim am Glan 1948.
Bierwisch, M. (1969): „Poetik und Linguistik" in: Gunzenhäuser/Kreuzer (1969), 49-65.
Bleiberg, G. (1964): „Burlesco" in: *Diccionario de la Literatura Española*, hg. G. Bleiberg und J. Marian, Madrid 1964, 109-110.
Böckmann, P. (1967): *Formgeschichte der deutschen Dichtung. Von der Sinnbildsprache zur Ausdruckssprache*, Hamburg 1967.
Boileau Despreaux, N. (1928): *Œuvres*, hg. A. Thérive, Paris o. J. [1928].
Bombaugh, C. C. (1961): *Oddities and Curiosities of Words and Literature*, hg. M. Gardner, New York 1961.
Bond, R. P. (1932): *English Burlesque Poetry 1700-1750*, New York 1932.
Booth, W. (1974): *A Rhetoric of Irony*, Chicago 1974.
Boothe, W. W. (1965): *A Study of the Major Burlesque Works of Charles Cotton (1630-1687)*, Diss. (Masch.) Nashville, Tenn. 1965.
Borew, J. (1960): *Über das Komische*, übs. H. Plavius, Berlin 1960.
Borges, J. L. (1970): *The Aleph and other Stories 1933-1969*, hg. und übs. N. T. di Giovanni, New York 1970.
Bossuat, R. (1957): „La Parodie et la Satire" in: *Le Roman de Renard*, Paris 1957, 109-138.
Bouterwek, F. (1807): *Ästhetik*, Wien 1807.
Boyle, R. (1970): „Swiftian Allegory and Dantean Parody in Joyce's ‚Grace' ", *James Joyce Quarterly* 7 (1970), 11-21.
Braak, I. (1965): *Poetik in Stichwörtern*, Kiel 1965.
Brecht, B. (1967): *Gesammelte Werke*, Frankfurt 1967, XVIII, 164.
Broich, U. (1964): „Fielding's Shamela und Pamela or, the Fair Impostor. Zwei Parodien von Richardsons Pamela", *Anglia* 82 (1964), 172-190.
Broich, U. (1968): *Studien zum Komischen Epos. Typologie und Geschichte des Komischen Epos im englischen Klassizismus 1680-1800*, Tübingen 1968. [Buchreihe d. Anglia, 13]
Brück, M. v. (1955): „Über das Parodische", *Die Gegenwart* 10 (Juni 1955), 379 f.

Bruhn, G. (1974): „Parodistischer Konservatismus. Zur Funktion des Selbstzitats in Thomas Manns Zauberberg" *Neophilologus* 58 (1974), 208-224.

Brun, P. A. (1901): „Masque de Burlesque, Charles Coippeau, Sieur Dassoucy, et son ‚Ovide en belle humeur'" in: *Autour du Dix-Septième Siècle*, Grenoble 1901, 51-72.

Brunetière, F. (1917): „La Maladie burlesque" in: *Études critiques sur l'histoire de la littérature française*, 8 Bde., Paris 1917, VIII, 57-94.

Brunot, F. (1966): „La Formation de la Langue classique" in: *Histoire de la Langue Française des Origines à nos Jours*, 13 Bde., Paris 1966, III. 1, 75-80.

Bührmann, M. (1933): *Johann Nepomuk Nestroys Parodien*, Kiel 1933.

Burke, K. (1961): „Burlesque" in: *Attitudes toward History*, Boston 1961, 52-56.

Campo, L. (1940): „Il dramma ‚parodico' in Grecia e nell'Italia meridionale" in: *I Drammi Satireschi de la Grecia antica*, Mailand 1940, 241-261.

Cahiers de l'Association Internationale des Études Françaises 12 (1960).

Calderwood, J. L. (1964): „Parody in the ‚Pardoner's Tale'" *English Studies* 45 (1964), 302-309.

Canel, A. (1887): *Recherches sur les Jeux d'Esprit, les Singularités et les Bizarreries littéraires principalement en France*, 2 Bde., Evreux 1887.

Castello, G. C. (1960): „Parodia" in: *Enciclopedia dello Spectacolo*, Rom 1960, VII, 1689-1700.

Catholy, E. (1961): *Das Fastnachtspiel des Spätmittelalters*, Tübingen 1961 [Hermaea N. F, 8]

Cèbe, J.-P. (1966): *La Caricature et la Parodie dans le Monde Romain Antique des Origines à Juvenal*, Paris 1966 [Bibliothèque des Ecoles françaises d'Athène et de Rome, 206]

Cicero, M. T. (1948): *De Oratore*, übs. E. W. Sutton und W. Rackham, 2 Bde., London 1948 [The Loeb Classical Library, 348 und 349]

Clark, A. F. B. (1925): *Boileau and the French Classical Critics in England (1660-1830)*, Paris 1925.

Clinton-Baddeley, V. C. (1952): *The burlesque tradition in the English Theatre after 1660*, London 1952.

Coleman, D. G. (1971): *Rabelais. A Critical Study in Prose Fiction*, Cambridge 1971.

Craig, C. (1970): *Christoph Martin Wieland As the Originator of the Modern Travesty in German Literature*, Chapel Hill, N. C. 1970.

Croce, B. (1945): „Poesia giocosa ossia la poesia tolta in gioco", in: *Poeti escrittori del pieno e del tardo Rinascimento*, 2 Bde., Bari 1945, I, 77-86.

Curtius, E. R. (1961): *Europäische Literatur und Lateinisches Mittelalter*, Bern, München 1961.

Daiches, D. (1964): „Some Potentialities of Verse" in: *A Study of Literature for Readers and Critics*, New York 1964, 196-211.
Davidson, I. (1907): *Parody in Jewish Literature*, New York 1907.
Davies, M. (1878): *Fun, Ancient and Modern*, 2 Bde., London 1878.
Davis, J. L. (1951): „Criticism and Parody", *Thought* 26 (1951), 180-204.
Deffoux L. und P. Dufay (1926): *Anthologie du Pastiche*, 2 Bde., Paris 1926.
Deffoux, L. (1932): *Le pastiche littéraire des origines à nos jours*, Paris 1932.
Degener, F. (1960): *Formtypen der deutschen Ballade im 20. Jahrhundert*, Diss. (Masch.) Göttingen 1960.
Delepierre, O. (1870): *La Parodie chez les Grecs, chez les Romains, et chez les Modernes*, London 1870.
Delepierre, O. (1875): *Tableau de la Littérature du Cento*, 2 Bde., London 1875.
Deloffre, F. (1967): *Une préciosité nouvelle. Marivaux et le Marivaudage*, Paris 1967.
Demetrius (1927): *On Style*, übs. W. R. Roberts, London 1927 [The Loeb Classical Library, 199]
Dembo, L. S. (1967) hg.: *Nabokov: the man and his work*, Madison, Wisc. 1967.
Deyermond, A. D. (1970): „Some Aspects of Parody in the ‚Libro de buen amor' " in: *‚Libro de buen amor' Studies*, hg. G. B. Gybbon-Monypenny, London 1970, 53-78.
DiLorenzo, R. E. (1972): „Introduction" in: *Three Burlesque Plays of Thomas Duffett*, hg. R. E. DiLorenzo, Iowa City 1972, XI-XXIX.
Disraeli, I. (1881): *Curiosities of Literature*, 3 Bde., London 1881.
Dixon, W. M. (1912): „The Mock-Heroic in English Poetry" in: *English Epic and Heroic Poetry*, London 1912, 235-277.
Dobson, W. T. (1882) hg.: *Poetical Ingenuities and Eccentricities*, London 1882.
Dryden, J. (1808): „Essay on the Original and Progress of Satire" in: *The Works of John Dryden*, hg. W. Scott, 18 Bde., London 1808, XIII, 3-118.
Dubois, J., F. Edeline u. a. (1970): *rhétorique générale*, Paris 1970.
Dürrenmatt, F. (1966): „Theaterprobleme" in: *Theater-Schriften und Reden*, hg. E. Brock-Sulzer, Zürich 1966, 92-131.
Dumfart, A. (1945): *Die Horaz-Travestien des 19. Jahrhunderts*, Diss. (Masch.) Wien 1945.
Dupréel, E. (1928): „Le problème sociologique du rire", *Revue philosophique* 106 (1928), 213-260.
Dusch, J. J. (1758): „Von der komischen Heldenpoesie" in: *Vermischte kritische und satyrische Schriften*, Altona 1758, 103-154.
Easson, A. (1970): „Parody as Comment in James Joyce's ‚Clay' ", *James Joyce Quarterly* 7 (1970), 175-181.

Eastman, M. (1936): „Exaggeration as Weapon: Caricature, Burlesque, and Parody“ in: *Enjoyment of Laughter*, New York 1936, 156-162.
Ebeling, F. W. (1869): *Geschichte der Komischen Literatur in Deutschland seit der Mitte des 18. Jahrhunderts*, 3 Bde., Leipzig 1869.
Eberhard, J. A. (1803 ff.): *Handbuch der Ästhetik für gebildete Leser aus allen Ständen*, 2 Bde., Halle 1803-1805.
Eckstein, F. A. (1839): „Parodie“ in: *Allgemeine Enzyklopädie der Wissenschaft und Künste*, hg. J. S. Ersch und J. G. Gruber, Leipzig 1839, III. 12, 266-272.
Eddy, E. R. (1971): „Sir Thopas and Sir Thomas Norny: Romance Parody in Chaucer and Dunbar“, *Review of English Studies* 22 (1971), 401-409.
Eichenbaum, B. (1965): *Aufsätze zur Theorie und Geschichte der Literatur*, Frankfurt 1965 [edition suhrkamp, 119].
Eichenbaum, B. M. (1971): „O. Henry and the Theory of the Short Story“ in: Mateijka/Pomorska (1971), 227-270.
Eichner, H. (1952): „Aspects of Parody in the Works of Thomas Mann“, *Modern Language Review* 47 (1952), 30-48.
Eidson, J. O. (1968): „Parody“ in: *Dictionary of World Literature. Criticism. Forms. Technique*, hg. J. T. Shipley, Paterson, N. J. 1968, 298-299.
Empson, W. (1950): *Some Versions of Pastoral*, London 1950.
Erasmus, D. (1906): *Opus Epistolarum Des. Erasmi Roterdami*, hg. P. S. Allen u. a., 12 Bde., Oxford 1906-1958, I, 461.
Enciclopedia Universal Ilustrada Europeo-Americana, 70 Bde., Madrid 1920, XLII, 237 f.
Erlich, V. (1952): *Russischer Formalismus*, München 1964.
Esar, E. (1952): *The Humor of Humor*, New York 1952.
Eventow, I. (1968): *Lirika i satira*, Leningrad 1968.
Fabian, B. (1967): „Notizen zu didaktischen Burlesken des achtzehnten Jahrhunderts“ in: *Lebende Antike*, hg. H. Meller und H. J. Zimmermann, Berlin 1967, 13-25.
Farell, W. J. (1966): „The Mock-Heroic Form of Jonathan Wild“, *Modern Philology* 63 (1966), 216-226.
Feinberg, L. (1967): *Introduction to Satire*, Ames, Iowa 1967.
Felstiner, J. (1972): *The Lies of Art. Max Beerbohm's Parody and Caricature*, New York 1972.
Fielding, H. (1960): „Preface“ in: *The History of the Adventures of Joseph Andrews and his Friend Mr. Abrahams Adams*, New York 1960, V-XI.
Finscher, L. und G. v. Dadelsen (1949 ff.): „Parodie und Kontrafaktur“ in: *Die Musik in Geschichte und Gegenwart. Allgemeine Enzyklopädie der Musik*, hg. F. Blume, 14 Bde., Basel 1949-1960, X, 815-834 [mit Bibliographie].
Fletcher, A. (1964): *Allegory. The Theory of a Symbolic Mode*, Ithaca, N. Y. 1964.

Flögel, C. F. (1784 ff.): *Geschichte der Komischen Literatur*, 4 Bde., Liegnietz und Leipzig 1784-1787.
Flögel, C. F. (1794): *Geschichte des Burlesken*, hg. F. Schmit, Leipzig 1794.
Flögel, C. F. (1887): *Geschichte des Grotesk-Komischen*, hg. F. W. Ebeling, Leipzig 1887.
Fordyce, C. J. (1964): „Latin Parody" in: *The Oxford Classical Dictionary*, hg. M. Cary u. a., Oxford 1964, 649.
Foster, R. (1956): „Wilde as Parodist: A Second Look at The Importance of Being Earnest", *College English* 18 (1956), 18-23.
Fournel, V. (1862): „Du Burlesque en France et en Particulier du Virgil Travesti du Scarron" in: *La Littérature indépendent et les Ecrivains oubliées*, Paris 1862, 277-329.
Freeman, R. (1963): „Parody as Literary Form. George Herbert and Wilfred Owen", *Essays in Criticism* 13 (1963), 307-322.
Frenzel, E. (1956 ff.): „Fälschungen, literarische" in: *Reallexikon der deutschen Literaturgeschichte*, hg. P. Merker und W. Stammler, 3 Bde., Berlin 1956- , I, 444-450.
Freud, S. (1969): *Der Witz und seine Beziehung zum Unbewußten*, Stuttgart 1969 [Gesammelte Werke, 6].
Freund, W. (1972): *Die deutsche Verssatire im Zeitalter des Barock*, Düsseldorf 1972 [Literatur und Gesellschaft, 8].
Fromm, H. (1962): „Komik und Humor in der Dichtung des deutschen Mittelalters", *DVLG* 36 (1962), 321-339.
Frye, N. (1964): *Analyse der Literaturkritik*, übs. R. Lohner und H. Clewing, Stuttgart 1964 [Sprache und Literatur, 15].
Fuzelier, L. (1738): „Discours à l'occasion D'un discours de M. D. L. M. sur les Parodies" in: *Les Parodies du Nouveau Théâtre Italien* . . . Genf 1970, XIX-XXXV.
Gäng, P. (1785): *Ästhetik oder allgemeine Theorie der schönen Künste und Wissenschaften*, Salzburg 1785.
Gardner, T. (1962): „A Parodie! A Parodie!" in: *Lebende Antike*, hg. H. Meller und H. J. Zimmermann Berlin 1962, 197-205.
Gautier, T. (1897): *Les Grotesques*, Paris 1897.
Genthe, F. M. (1836): *Geschichte der maccaronischen Poesie*, Leipzig 1836.
Gerber, G. (1885): *Die Sprache als Kunst*, 2 Bde., Berlin 1885.
Géruzez, E. (1863): *Essais de la littérature française*, 2e serie, Paris 1863.
Giese, P. C. (1974): *Das „Gesellschaftlich-Komische". Zur Komik und Komödie am Beispiel der Stücke und Bearbeitungen Brechts*, Stuttgart 1974.
Gilbert, S. (1952): *James Joyce's Ulysses*, New York 1952.
Gilman, S. L. (1973): „ ,Very Little Faust . . .' Parodies of German Drama on the Mid-Nineteenth Century British Stage" *Arcadia* 8 (1973), 18-44.
Gilot, M. (1970): „Un étrange divertissement. l' Iliade travestie" in: *La Régence. Colloque d'Aix-en-Provence*, Paris 1970, 186-205.
Görschen, F. (1937): *Die Vergiltravestien in Frankreich*, Diss. Leipzig 1937.

Goethe, J. W. (1902 ff.): „Über die Parodie bei den Alten" in: Goethes *Sämtliche Werke* [Jubiläumsausgabe], hg. E. v. d. Hellen, 40 Bde., Berlin o. J. [1902-1912], XXXVII, 290-293.

Goldstein, J. N. und P. E. McGhee (1972) hg.: *The Psychology of Humor. Theoretical Perspectives and Empirical Issues*, New York, London 1972.

Goodman, P. (1954): *The Structure of Literature*, Chicago 1954.

Gosse, E. (1928): „Burlesque" in: *Selected Essays. First Series*, London 1928, 181-190.

Grannis, V. B. (1931): *Dramatic Parody in Eighteenth Century France*, New York 1931.

Gray, D. J. (1966 f.): „The Uses of Victorian Laughter", *Victorian Studies* 10 (1966/67), 145-176.

Greig, J. Y. T. (1926): *The Psychology of Laughter and Comedy*, New York 1926.

Grellmann, H. (1926 ff.): „Parodie" in: *Reallexikon der deutschen Literaturgeschichte*, hg. P. Merker und W. Stammler, 3 Bde., Berlin 1926-1928, II, 630-653.

Grillparzer, F. (1909 ff.): „Zerstreute Gedanken über das Wesen der Parodie" in: *Sämtliche Werke*, hg. A. Sauer, 42 Bde., Wien 1909-1949, II. 6, 22-29.

Grimm, R. (1954): „Parodie und Groteske im Werk Friedrich Dürrenmatts", *Germanisch-Romanische Monatsschrift* 42 (1954), 431-450.

Grisebach, E. (1887): „Die Parodie in Österreich" in: *Die deutsche Literatur seit 1770*, Berlin 1887, 175-213.

Groot, D. J. (1941): „Seventeenth-Century Parodies of French Opera", *Musical Quarterly* 27 (1941), 211-219, 514-526.

Grootaers, J. (1954): *Maskerade der muze. Vervalsing, namaak en letterdifstal in eigen en vreemde letterkunde*, Amsterdam 1954.

Gruber, J. G. (1825): „Burlesk" in: *Allgemeine Encyklopädie der Wissenschaft und Künste*, hg. J. S. Ersch und J. G. Gruber, Leipzig 1825, I. 14, 114-118.

Günther, J. (1931): *Die Minneparodie bei Neidhart*, Diss. Jena, Halle 1931.

Hampe, R. (1957): *Prousts Saint-Simon Parodie*, Diss. (Masch.) Hamburg 1957.

Hanslik, R. (1965): „Parodie" in: *Lexikon der Alten Welt*, Zürich 1965, 2224-2226.

Harden, R. (1966): „Aucassin et Nicolette as Parody", *Studies in Philology* 63 (1966), 1-9.

Harper, A. J. (1974): „In the Nürnberg Manner? Reflections on a 17th. Century Parody", *Neophilologus* 58 (1974), 52-65.

Hasselblatt, D. (1963): *Lyrik heute: Kritische Abenteuer mit Gedichten*, Gütersloh o. J. [1963].

Havens, R. D. (1961): „Epic and Burlesque Poetry" in: *The Influence of Milton on English Poetry*, New York 1961, 315-322.

Havránek, B. (1964): „The Functional Differentiation of the Standard Language" in: *A Prague School Reader on Esthetics, Literary Structure, and Style*, hg. und übs. P. L. Garvin, Washington D. C. 1964, 3-16.

Hazelton, R. (1963): „The Manciple's Tale: Parody and Critique", *Journal of English and Germanic Philology* 62 (1963), 1-31.

Hegel, G. W. F. (1955): *Ästhetik*, Berlin 1955.

Heiss, H. (1905): *Blüte und Niedergang der Französischen Burlesken Modedichtung des XVII. Jahrhunderts*, Diss. München 1905.

Helmers, H. (1971): *Lyrischer Humor. Strukturanalyse und Didaktik der komischen Versliteratur*, Stuttgart 1971.

Heller, E. (1958): „Parody, Tragic and Comic. Mann's Doctor Faustus and Felix Krull", *Sewanee Review* 66 (1958), 519-546.

Hempel, W. (1965): „Parodie, Travestie und Pastiche. Zur Geschichte von Wort und Sache", *Germanisch Romanische Monatsschrift* 46 (1965), 150-176.

Hertzler, J. O. (1970): *Laughter. A Socio-Scientific Analysis*, Jericho, N. Y. 1970.

Highet, G. (1962): *Anatomy of Satire*, Princeton 1962.

Hodgart, M. (1968): *Die Satire*, übs. P. Fischer, München 1969.

Holland, N. N. (1968): *The Dynamics of Literary Response*, New York 1968.

Home, H. [Lord Kames] (1824): *Elements of Criticism*, London 1824.

Horaz (1966): *Satires, Epistles, Ars Poetica*, übs. H. R. Fairclough, London 1966 [The Loeb Classical Library, 194].

Houdart de la Motte, A. (1730): „Discours à l'occasion de la Tragédie d'Ines" in: *Les Œuvres de Théâtre de M. de la Motte ... Avec plusieur discours sur la Tragédie*, 2 Bde., Paris 1730.

Householder, F. W. (1944): „Parodia", *Classical Philology* 39 (1944), 1-9.

Hüttner, J. (1972): „Literarische Parodie und Wiener Vorstadtpublikum vor Nestroy", *Maske und Kothurn* 18 (1972), 99-139.

Hughes, L. (1956): *A Century of English Farce*, Princeton 1956.

Hutcheson, F. (1971): „Hibernicus's Letters" in: *Collected Works of Francis Hutcheson*, hg. B. Fabian, 7 Bde., Hildesheim 1971, VII, 101-169.

Ilvonen, E. (1914): *Parodies des thèmes pieux dans la poésie française du moyen age*, Helsingfors 1914.

Ischreyt, H. (1961): *Welt der Literatur. Einführung in Gesetze und Formen der Dichtung*, Gütersloh 1961.

Ischtschenko, I. T. (1973): *Parodii Saltykova-Schtschedrina*, Minsk 1973 [mit Bibliographie].

Iser, W. (1972): „Historische Stilformen in Joyce's Ulysses: Zur Interpretation des Kapitels ‚Oxen of the Sun' " in: *Der implizite Leser. Kom-*

munikationsformen des Romans von Bunyan bis Beckett, München 1972, 276-299 [Uni Taschenbücher, 163].
Jack, I. (1952): *Augustan Satire. Intention and Idiom in English Poetry 1660-1750*, Oxford 1952.
Jantz, H. (1966): „Kontrafaktur, Montage, Parodie: Tradition und symbolische Erweiterung" in: *Tradition und Ursprünglichkeit*, hg. W. Kohlschmidt und H. Meyer, Bern 1966, 53-65.
Jolles, A. (1933): „Die Literarischen Travestien", *Bulletin für deutsche Philosophie* 6 (1933), 281-294.
Josipovici, G. D. (1964): „Lolita. Parody and the Pursuit of Beauty", *Critical Quarterly* 6 (1964), 35-48.
Jump, J. D. (1972): *Burlesque*, London 1972 [The Critical Idiom, 22].
Jungmann, J. (1884): *Ästhetik*, Freiburg 1884.
Kagan, M. (1971): *Vorlesungen zur marxistisch-leninistischen Ästhetik*, Berlin 1971.
Karrer, W. (1971): *Die Metaphorik in den ‚Collected Poems' von Dylan Thomas. Eine syntaktische Untersuchung*. Diss. Bonn 1971.
Kinney, A. F. (1972): „Parody and Its Implications in Sidney's Defense of Poesie", *Studies in English Literature* 12 (1972), 1-19.
Kinsley, W. (1971): „The Dunciad as a Mock Book", *Huntington Library Quarterly* 35 (1971), 29-47.
Kiremidjian, G. D. (1969 f.): „The Aesthetics of Parody", *Journal of Aesthetics and Art Criticism* 28 (1969/70), 231-242.
Kitchin, G. (1931): *Burlesque and Parody in English*, New York 1931.
Kleinknecht, H. (1937): *Die Gebetsparodie in der Antike*, Stuttgart 1937.
Klopfer, R. und U. Oomen (1970): *Sprachliche Konstituenten moderner Dichtung. Entwurf einer deskriptiven Poetik*, Bad Homburg 1970.
Koller, H. (1956): „Die Parodie", *Glotta* 35 (1956), 17-32.
Koskimies, R. (1935): *Theorie des Romans*, Helsinki 1935 [Annales Academiae Scientiarium Fennicae, 35, 1].
Kott, J. (1967): „Les travestis dans l'œuvre de Shakespeare" in: *Littérature et societé*, Brüssel 1967, 183-190.
Krause, K. C. P. (1882): *Vorlesungen über Ästhetik*, hg. Hohlfeld und Wünsche, Leipzig 1882.
Krauss, W. (1965): „Zur Wortgeschichte von Persiflage", *Archiv für neuere Sprachen* 201 (1965), 1-28.
Krawzow, N. K. (1930): *Kistorii russkoi parodii. Russkaja literaturnaja parodija*, Moskau, Leningrad 1930.
Kreissmann, B. (1960): *Pamela-Shamela. A study of the criticisms, burlesques, parodies, and adaptations of Richardson's „Pamela"*, University of Nebraska 1960 [University of Nebraska Studies, N. S., 22].
Kris, E. (1952): *Psychoanalytic Explorations in Art*, New York 1952.
Kristeva, J. (1972): „Bachtin, das Wort, der Dialog und der Roman" in: Ihwe (1972 f.), I, 345-375.

Krug, W. T. (1810): *Geschmackslehre oder Ästhetik*, Königsberg 1810.

Kurak, A. (1963): *Imitation, Burlesque Poetry, and Parody. A Study of Some Augustan Critical Distinctions*, Diss. (Masch.) Minneapolis 1963.

Langosch, K. (1963): „Nachwort" in: *Vagantendichtung*, Frankfurt 1963, 274-292.

Lanson, G. (1895): „La parodie dramatique au 18e siècle" in: *Hommes et Livres*, Paris 1895, 261-293.

Lausberg, H. (1960): *Handbuch der literarischen Rhetorik*, 2 Bde., München 1960.

Lazarowicz, K. (1963): *Verkehrte Welt. Vorstudien zu einer Geschichte der deutschen Satire*, Tübingen 1963.

Leavitt, S. E. (1919): „Paul Scarron and English Travesty", *Studies in Philology* 16 (1919), 108-120.

Lebègue, R. (1973): „Rabelais et la Parodie", in: *Rabelais*, hg. A. Duck, Darmstatt 1973.

Lee, G. (1971): *Allusion, parody and imitation*, Hull 1971 [The St. John College Cambridge Lecture 1970-71 delivered at the University of Hull, March 11th, 1971].

Leech, G. N. (1969): *A Linguistic Guide to English Poetry*, London 1969.

Lehmann, P. (1963): *Die Parodie im Mittelalter*, 2 Bde., Stuttgart 1963.

Lehnert, H. (1968): *Thomas Mann — Fiktion, Mythos, Religion*, Stuttgart 1968.

Lelièvre, F. G. (1954): „The Basis of Ancient Parody", *Greece and Rome* 1 (1954), 66-81.

Lessing, G. E. (1886 ff.): *Sämtliche Schriften*, hg. K. Lachmann, 23 Bde., Leipzig 1886-1924, XIX, 29 f.

L'Estrange, A. G. (1878): *History of English Humor*, 2 Bde., London 1878.

Levine, J. (1969) hg.: *Motivation in Humor*, New York 1969.

Leyburn, E. D. (1956): *Satiric Allegory: Mirror of Man*, New Haven 1956.

Liede, A. (1956 ff.): „Parodie" in: *Reallexikon der deutschen Literaturgeschichte*, hg. P. Merker und W. Stammler, 3 Bde., Berlin 1956-   , III, 12-71. [mit Bibliographie].

Liede, A. (1963): *Dichtung als Spiel. Studien zur Unsinnspoesie an den Grenzen der Sprache*, 2 Bde., Berlin 1963.

Lipps, T. (1898): *Komik und Humor*, Hamburg 1898.

Loos, E. (1960): „Die italienischen Dichtungen Francesco Bernis", *Romanisches Jahrbuch* 11 (1960), 143-150.

Lotman, J. (1972a): „El problema de una tipologia de la cultura", in: *Teoria y Practica del Estructuralismo Sovietico*, Madrid 1972, [Comunication, 13].

Lotman, J. (1972b): *Die Struktur literarischer Texte*, übs. R. D. Keil, München 1972.

Lucka, E. (1928): „Karikatur und Parodie", *Die Literatur* 30 (1927/28), 128-129.

Lübkers, F. (1914): *Friedrich Lübkers Reallexikon des Klassischen Altertums*, hg. J. Geffcken u. a., Berlin 1914.
Lunin, V. (1954): *Kleid und Verkleidung*, Diss. Bern 1954.
Maas, P. (1949): „Parodós" in: *Paulys Realencyclopädie der classischen Altertumswissenschaften*, hg. K. Ziegler, Stuttgart 1949, XVIII, 2, 1684-1686.
Macdonald, D. (1964): „Appendix" in: *Parodies*, hg. D. Macdonald, London 1964.
MacDougall, C. D. (1958): *Hoaxes*, New York 1958.
Makarjan, A. (1967): *O satire*, Moskau 1967.
Mallarmé, S. (1897): „Étalages", in: *Divagations*, Paris 1897, 263-272.
Markiewicz, H. (1967): „On the Definitions of Literary Parody" in: *To Honour Roman Jacobson. Essays on the Occasion of his 70th Birthday*, 3 Bde., The Hague, Paris 1967, 1267-1272.
Marmontel, F. (1846): *Elements de Littérature*, 3 Bde., Paris 1846.
Martin, A. S. (1896): *On Parody*, New York 1896.
Martin, J. H. (1972): *Love's Fools: Aucassin, Troilus, Calisto and the parody of the courtly lover*, London 1972.
Martini, F. (1968): „Parodie und Regeneration der Idylle. Zu Wilhelm Raabes *Horacker*" in: *Literatur und Geistesgeschichte. Festgabe für Heinz Otto Burger*, hg. R. Grimm, Berlin 1968, 233-266.
Marx, K. (1960): „Der 18te Brumaire des Louis Napoleon" in: *Karl Marx, Friedrich Engels. Werke*, Berlin 1960, VIII, 111-207.
Mateijka, L. und K. Pomorska (1971) hg.: *Readings in Russian Poetics: Formalist and Structuralist Views*, Cambridge, Mass. 1971.
Mathec, C. K. (1972): „Parody and Burlesque of Heroic Ideals in Wycherley's Comedies: A Critical Reinterpretation", *Papers on Language and Literature* 8 (1972), 273-283.
Matthews, B. (1874): „Parody of the Period", *Galaxy* (Mai 1874), 694-696.
Mayer, H. (1950): *Thomas Mann. Werk und Entwicklung*, Berlin 1950.
Mayer III, D. (1969): *Harlequin in His Element. The English Pantomime, 1806-1900*, Cambridge, Mass. 1969.
Mayoux, J. J. (1964): „Parody and Self-Mockery in the Work of James Joyce", *English Studies Today*, Edinburgh 1964, 187-198.
McLuhan, M. und W. Watson (1971): „Parody" in: *From Cliché to Archetype*, New York 1971, 167-170.
Mercier, V. (1962): *The Irish Comic Tradition*, Oxford 1962.
Meyer, H. (1967): *Das Zitat in der Erzählkunst. Zur Geschichte und Poetik des europäischen Romans*, Stuttgart 1967.
Meyer, R. (1913): „Vorwort" in: *Deutsche Parodien. Deutsches Lied im Spottlied von Gottsched bis auf unsere Zeit*, München 1913.
Miller, H. K. (1956): „The Paradoxial Enconium with special References to its Vogue in England 1600-1800", *Modern Philology* 53 (1956), 145-178.

Miller, G. R. und P. Bacon (1971): „Open and Closed-Mindedness and Recognition of Visual Humor", *Journal of Communication* 21 (1971), 150-159.

Milner, G. B. (1972): „Towards a Semiotic Theory of Humor and Laughter", *Semiotika* 5 (1972), 1-30.

Monro, D. H. (1963): *Argument of Laughter*, University of Notre Dame, Ind. 1963.

Moore, A. P. (1935): *The ‚genre poissard' and the French Stage of the Eighteenth Century*, Diss. New York 1935.

Morillot, P. (1888): *Scarron et le genre burlesque*, Paris 1888.

Morosow, A. A. (1930): *Literaturnaja rol parodii. Russkaja literaturnaja parodija*, Moskau, Leningrad 1930.

Morosow, A. A. (1960): „Parodija kak literaturnij genre (k teorii parodii)", *Russkaja Literatura* 1 (1960).

Mortier, R. (1971): „Pour une histoire du Pastiche au 18e siècle" in: *Beiträge zur französischen Aufklärung ... Festgabe für Werner Krauss*, Berlin 1971, 203-217.

Muecke, D. C. (1969): *The Compass of Irony*, London 1969.

Mukarovsky, J. (1964): „The Connection between the Prosodic Line and Word Order in Czech Verse" in: *A Prague Reader on Esthetics, Literary Structure, and Style*, hg. und übs. P. L. Garvin, Washington D. C. 1964, 113-132.

Mukarovsky, J. (1970): *Kapitel aus der Ästhetik*, Frankfurt 1970 [edition suhrkamp, 428].

Muschg, W. (1953): *Tragische Literaturgeschichte*, Bern 1953.

Nestle, W. (1948): „Anfänge einer Götterburleske bei Homer" in: *Griechische Studien. Untersuchungen zur Religion, Dichtung und Philosophie der Griechen*, Stuttgart 1948, 1-31.

Neumann, R. (1928): „Zur Ästhetik der Parodie", *Die Literatur* 30 (1927/28), 439-441.

Neuschäfer, H. J. (1963): *Der Sinn der Parodie im Don Quijote*, Heidelberg 1963.

Novalis [F. L. v. Hardenberg] (1956): *Novalis*, hg. W. Rehm, Frankfurt 1956.

Novak, M. E. (1966): „Defoe's Shortest Way with the Dissenters: Hoax, Parody, Paradox, Fiction, Irony, and Satire", *Modern Language Quarterly* 27 (1966), 402-417.

Novati, F. (1889): „La parodia sacra nelle letterature moderne" in: *Studi Critici e letterari*, Turin 1889, 177-310.

Nündel, E. (1972): *Die Kunsttheorie Thomas Manns*, Bonn 1972.

Nykrog, P. (1957): „La parodie dans les fabliaux" in: *Les Fabliaux. Etude d'Histoire Littéraire et de Stylistique Médiéval*, Kopenhagen 1957, 72-104.

Pablé, E. (1969): „Parodie und Literatur“ in: *Ad Absurdum. Parodien dieses Jahrhunderts*, München 1969, 9-22.
Painter, G. (1956): „Purification through Parody“ in: *Proust. The Later Years*, Boston, Toronto 1965, 98-117.
Pariset, C. (1915): *Vita e opere di Francesco Berni*. Livorno 1915.
Paul, J. [F. Richter] (1963): *Vorschule der Ästhetik*, München 1963 [Werke, 5].
Paull, H. M. (1928): *Literary Ethics. A Study in the Growth of the Literary Conscience*, London 1928.
Paulson, R. (1967): *The Fictions of Satire*. Baltimore 1967.
Perrault, C. (1964): *Parallèle des Anciens et des Modernes* ... München 1964.
Petronino, G. (1967) hg.: *Dizionario Enciclopedico della Letteratura Italiana*, 6 Bde., Bari, Rom 1967, IV, 266 und 289.
Pfrimmer, E. (1971): „Brecht et la parodie *Arturo Ui*“, *Études Germaniques* 26 (1971), 73-88.
Pianko, G. (1947): „Co to jest parodia?“ *Meander* 2 (1947).
Piddington, R. (1933): *The Psychology of Laughter. A Study in Social Adaptation*, London 1933.
Pike, K. L. (1971): „Implications of the Patterning of an Oral Reading of a Set of Poems“, *Poetics* 1 (1971), 38-45.
Pörschke, K. L. (1794 ff.): *Gedanken über einige Gegenstande des Schönen*, 2 Bde., Liebau 1794-1796.
Poirier, R. (1968): „The Politics of Self-Parody“, *Partisan Review* 35 (1968), 339-353.
Postma, J. (1926): *Tennyson as Seen by His Parodists*, Amsterdam 1926.
Prévite-Orton, C. W. (1966): *Political Satire in English Poetry*, New York 1966.
Proust, M. (1927): *Chroniques*, Paris 1927.
Quiller-Couch, A. (1912): „Foreword on the Gentle Art“ in: *Parodies and Imitations. Old and New*, hg. J. A. S. Adams und B. C. White, London 1912, V-XVI.
Quintilian, M. F. (1966): *Institutio Oratoria*, übs. H. E. Butler, 4 Bde., London 1966 [The Loeb Classical Library, 124-127].
Rau, P. (1967): *Paratragoedia. Untersuchungen einer komischen Form des Aristophanes*, Diss. München 1967.
Refort, L. (1932): *La Caricature Littéraire*, Paris 1932.
Reives, B. (1880): *Is Burlesque Art?*, London 1880 [A paper read at the Monthly Meeting of the Church and State Guild].
Replogle, C. (1969 f.): „Not Parody, Not Burlesque: The Play within the Play in Hamlet“, *Modern Philology* 67 (1969/70), 150-159.
Revzin, I. (1971): „Das Schema einer Sprache mit endlich vielen Zuständen und die Möglichkeiten, es in der Poetik anzuwenden (Zum Mechanismus der Parodie)“ in: Ihwe (1971 f.), II, 2, 587-602.

Richards, E. A. (1937): *Hudibras in the Burlesque Tradition*, New York 1937.

Richardson, H. (1935): *Parody*, London 1935 [English Association Pamphlets, 92].

Riewald, J. G. (1953): *Sir Max Beerbohm. Man and Writer. A Critical Analysis with a brief Life and a Bibliography*, The Hague 1953.

Riewald, J. G. (1966): „Parody as Criticism", *Neophilologus* 50 (1966), 125-148.

Riha, K. (1973): „Durch diese hohle Gasse muss er kommen, es führt kein andrer Weg nach Küssnacht. Zur deutschen Klassikerparodie", *Germanisch Romanische Monatsschrift* 54 (1973), 320-342.

Riquer, M. de (1961): „La technique parodique du roman médiéval dans le ‚Quichotte' " in: *La Littérature narrative d'Imagination*, Paris 1961, 55-66 [Actes du Colloque de Strasbourg].

Robert, P. (1962): *Dictionnaire alphabétique et analogique de la Langue Française*, Paris 1962, V, 180.

Röhrich, L. (1967): *Gebärde-Metapher-Parodie. Studien zur Sprache und Volksdichtung*, Düsseldorf 1967 [Wirkendes Wort, Schriftenreihe, 4].

Roemer, A. (1908): „Philologie und Afterphilologie im griechischen Altertum. I. Die Parodien und die Lehren der Alexandriner über dieselben" *Philologus* 67 (1908), 238-278.

Rogers, F. R. (1960): *Mark Twain's Burlesque Patterns as seen in the Novels and Narratives 1855-1885*, Diss. Dallas 1960.

Rommel, O. (1943): „Die wissenschaftlichen Bemühungen um die Analyse des Komischen", *Deutsche Vierteljahresschrift* 21 (1943), 161-195.

Rommel, O. (1952): *Die Alt-Wiener Volkskomödie. Ihre Geschichte vom barocken Welttheater bis zum Tode Nestroys*, Wien 1952.

Ronge, P. (1967): *Polemik, Parodie und Satire bei Ionesco. Elemente einer Theatertheorie und Formen des Theaters über das Theater*, Bad Homburg, Berlin, Zürich 1967.

Roosbroeck, G. L. (1924): „Chapelain décoiffé; a Battle of Parodies", *Publications of the Modern Language Association* 39 (1924), 872-896.

Rosenfeld, H. (1956 ff.): „Plagiat" in: *Reallexikon der deutschen Literaturgeschichte*, hg. P. Merker und W. Stammler, Berlin 1956- , 3 Bde., III, 115-126.

Rosenkranz, K. (1835): *Ästhetik des Hässlichen*, Königsberg 1853.

Rotermund, E. (1963): *Die Parodie in der modernen Lyrik*, München 1963.

Rotermund, E. (1964): „Einleitung" in: *Gegengesänge. Lyrische Parodien vom Mittelalter bis zur Gegenwart*, München 1964.

Rubow, P. V. (1923): *Saga og Pastiche, Bitrag til dansk Prosahistorie*, Kopenhagen 1923.

Rühmkorf, P. (1962): *Kunststücke*, Reinbek 1962.

Rühmkorf, P. (1969): *Über das Volksvermögen. Exkurse in den literarischen Untergrund*, Reinbek 1969.

Ruttkowski, W. V. (1966): *Das literarische Chanson in Deutschland*, Bern 1966.
Sallier, A. de (1733): „Discours sur l'origine et sur le Caractère de la Parodie" in: *Mémoires de l'Académie des Inscriptions* 7 (1733), 398-410.
Scaliger, J. C. (1581): *Poetices Libri Septem*, Heidelberg 1581.
Schaller, H. (1959): „Parodie und Satire der Renaissance und Reformation", *Forschungen und Fortschritte* 33 (1959), 183-188, 216-219.
Schenda, R. (1970): *Volk ohne Buch. Studien zur Sozialgeschichte der populären Lesestoffe 1770-1910*. Frankfurt 1970.
Schenk, T. (1900): *Sir Samuel Garth und seine Stellung zum komischen Epos*, Heidelberg 1900 [Anglistische Forschungen, 3].
Scherer, W. (1891): *Geschichte der deutschen Literatur*, Berlin 1891.
Schiffer, E. (1961): *Parody in the late Work of Thomas Mann*, Diss. (Masch.) Cambridge, Mass. 1962.
Schlegel, A. W. (1964): *Geschichte der klassischen Literatur*, Stuttgart 1964 [Kritische Schriften und Briefe, 3].
Schlegel, F. (1957): *Literary Notebooks 1797-1801*, hg. H. Eichner, London 1957.
Schlötke-Schroer (1942): „Die französische burleske Kunst des 17. Jahrhunderts in geistesgeschichtlicher Bedeutung" *Zeitschrift für französische Sprache und Literatur* 64 (1942), 321-347 und 65 (1943/44), 477-511.
Sklovskij, V. (1971a): „Die Kunst als Verfahren" in: Striedter (1971), 3-35.
Sklovskij, V. (1971b): „Der Zusammenhang zwischen den Verfahren der Sujetfügung und den allgemeinen Stil-Verfahren" in: Striedter (1971), 37-121.
Sklovskij, V. (1971c): „Der parodistische Roman. Sternes *Tristram Shandy*" in: Striedter (1971), 245-299.
Sklovskij, V. (1971d): „The Mystery Novel: Dicken's *Little Dorrit*" in: Mateijka (1971), 220-226.
Sklovskij, V. (1974): „Denkmal zur Erinnerung an einen wissenschaftlichen Irrtum" in: *Formalismus, Strukturalismus und Geschichte. Zur Literaturtheorie und Methodologie in der Sowjetunion, CSSR, Polen und Jugoslawien*, hg. A. Flaker und V. Zmegač, Kronberg 1974, 74-80.
Schmidt, K. E. (1953): *Vorstudien zu einer Geschichte des komischen Epos*, Halle 1953.
Schmidt-Hidding, W. (1963): *Humor und Witz*, München 1963 [Europäische Schlüsselwörter, 1].
Schmieder, H. H. (1972): „Anmerkungen zu einem Urteil", *Pardon* (November 1972), 30-31.
Schneegans, H. (1894): *Geschichte der grotesken Satire*, Strassburg 1894.
Schneider, U. (1970): *Die Funktion der Zitate im „Ulysses" von James Joyce*, Diss. Bonn 1970.

Schönert, J. (1969): *Roman und Satire im 18. Jahrhundert. Ein Beitrag zur Poetik*, Stuttgart 1969.

Schott, A. H. (1789 ff.): *Theorie der schönen Wissenschaften*, 2 Bde., Tübingen 1789-1790.

Schopenhauer, A. (1919): „Zur Theorie des Lächerlichen“ in: *Die Welt als Wille und Vorstellung*, hg. O. Weiss, 2 Bde., Leipzig 1919, II, 110-129.

Schramm, G. (1973): „Formalismus“ in: *Grundzüge der Literatur- und Sprachwissenschaft*, hg. H. L. Arnold und V. Sinemus, 2 Bde., München 1973-1974, I, 357-367.

Schroeter, R. (1967): „Horazens Satire 1, 7 und die antike Eposparodie“, *Poetica* 1 (1967), 9-23.

Schulz, S. A. (1963): „Die vertauschten Köpfe. Thomas Manns indische Travestie“, *Euphorion* 57 (1963), 245-271.

Seamon, R. G. (1966): „The Rhetorical Pattern of Mock-Heroic Satire“, *Humanities Association Bulletin* 17.2 (1966), 37-41.

Seidler, H. (1959): *Die Dichtung. Wesen. Form. Dasein*, Stuttgart 1959.

Sera, M. (1969): *Utopie und Parodie bei Musil, Broch und Thomas Mann. Der Mann ohne Eigenschaften, Die Schlafwandler, Der Zauberberg*, Diss. Bonn 1969.

Shepperson, A. B. (1967): *The Novel in Motley. A History of the Burlesque Novel in English*, New York 1967.

Shlonsky, T. (1966): „Literary Parody: Remarks on its Method and Function“, in: *Proceedings of the IVth Congress of International Comparative Literature Association*, hg. F. Jost, 2 Bde., The Hague 1966, II, 797-801.

Siciliano, I. (1934): *François Villon et les thèmes poétiques du moyen-age*, Paris 1934.

Smith, D. F. (1936): *Plays about the Theatre from „The Rehearsal“ in 1671 to the Licensing Act in 1732 . . .*, New York, London 1936.

Solger, K. W. F. (1829): *Vorlesungen über Ästhetik*, hg. Heyse, Leipzig 1829.

Sorrentino, A. (1933): *Francesco Berni. Poeta della Scapigliatura del Renascimento*, Florenz 1933.

Spendul, T. (1965): *Ein Beitrag zur Geschichte der Parodie in Wien: Opernparodien 1800-1850*, Diss. (Masch.) Wien 1965.

Stackelberg, J. v. (1970): „Le ‚Télémaque travesti‘ et la Naissance du Réalisme dans le Roman“, *La Régence*, Paris 1970, 206-212.

Stackelberg, J. v. (1972): *Literarische Rezeptionsformen. Übersetzung. Supplement. Parodie*, Frankfurt 1972.

Stackmann, K. (1959): „Der Erwählte: Thomas Manns Mittelalter-Parodie“, *Euphorion* 53 (1959), 61-74.

Steinecke, W. (1934): *Das Parodieverfahren in der Musik*, Kiel 1934.

Stempel, W.-J. (1972): „Gibt es Textsorten?" in: *Textsorten. Differenzierungskriterien aus linguistischer Sicht*, hg. E. Gülich und W. Raible, Frankfurt 1972, 175-182.

Stone, C. (1914): „Parody" in: *The Art and Craft of Letters*, London 1914, 1-62.

Striedter, J. (1971) hg.: *Russischer Formalismus. Texte zur allgemeinen Literaturtheorie und zur Theorie der Prosa*, München 1971 [Uni Taschenbücher, 40].

Sühnel, R. (1965): „Satire/Parodie" in: *Das Fischer Lexikon: Literatur*, 3 Bde., Frankfurt 1965, II.2, 507-519.

Sully, J. (1902): *An Essay on Laughter. Its Forms, Its Causes, Its Development and Its Value*, London 1902.

Symonds, J. A. (1967): *Renaissance in Italy. Italian Literature in two Parts*, 2 Bde., New York 1967.

Tetel, M. (1964): *Etude sur le comique de Rabelais*, Florenz 1964.

Tindall, W. Y. (1950): *James Joyce: His Way of Interpreting the Modern World*, New York 1950.

Thrall, W. H. und A. Hibbard (1960): *A Handbook to Literature*, hg. C. H. Holman, New York 1960.

Toldo, P. (1901): „Etudes sur la poésie burlesque française de la Renaissance", *Zeitschrift für Romanische Philologie* 25 (1901), 71-93, 215-229, 257-277, 385-410, 513-532.

Topazio, V. W. (1956): „Voltaire's Pucelle: a Study in Burlesque", *Studies on Voltaire and the 18th Century* 2 (1956), 207-223.

Travers, S. (1941): *Catalogue of Nineteenth Century French Parodies (1789-1914)*, New York 1941 [mit Bibliographie].

Travers, S. (1946): „The Melodrama Satirized in Theatrical Parody", *Modern Language Notes* 61 (1946), 299-305.

Tronskaja, M. (1969): *Die deutsche Prosasatire der Aufklärung*, Berlin 1969.

Trussler, S. (1969): „Introduction" in: *Burlesque Plays of the Eighteenth Century*, hg. S. Trussler, London 1969, VII-XIV.

Tucker, S. M. (1908): *Verse Satire in England before the Renaissance*, New York 1908.

Tuve, R. (1970): „Sacred ‚Parody' of Love Parody, and Herbert" in: *Essays by Rosamond Tuve. Spenser, Herbert, Milton*, hg. T. P. Roche, Princeton 1970, 206-251.

Tynjanov, J. (1969 f.): „Die Ode als oratorisches Genre" in: *Texte der russischen Formalisten*, 2 Bde., München 1969-1970, II, 272-337.

Tynjanov, J. (1971a): „Dostoevskij und Gogol. (Zur Theorie der Parodie)" in Striedter (1971), 301-371.

Tynjanov, J. (1971b): „Das literarische Faktum" in: Striedter (1971), 393-431.

Tynjanov, J. (1971c): „Über die literarische Evolution" in: Striedter (1971), 433-461.

Varese, C. (1967): „La poesia eroicomica" in: *Storia della Letteratura Italiana*, hg. E. Cecchi und N. Sapegno, Mailand 1967, V, 854-888.

Verweyen, T. (1973): *Eine Theorie der Parodie. Am Beispiel Peter Rühmkorfs*. München 1973 [Kritische Information, 6].

Vischer, F. T. (1922 f.): *Ästhetik oder Wissenschaft des Schönen*, hg. R. Vischer, 6 Bde., München 1922-1923, VI, 190.

Vischer, F. T. (1967): *Über das Erhabene und Komische und andere Texte zur Ästhetik*, Frankfurt 1967 [Theorie, 1].

Vodička, F. (1964): „The History of the Echo of Literary Works" in: *A Prague School Reader on Esthetics, Literary Structure, and Style*, hg. und übs. P. Garvin, Washington D. C. 1964, 71-91.

Voigt, E. (1929): *Die Music-Hall Songs und das öffentliche Leben Englands*, Diss. Greifswald 1929.

Waddington, S. (1876): „Parody", *Tinsley's Magazine* (September 1876), 308-314.

Wagenhofer, P. (1968): *Die Stilmittel in Alois Blumauers Travestie der Aeneis*, Diss. (Masch.) Wien 1968.

Waldberg, M. v. (1888): *Die deutsche Renaissancelyrik*, Berlin 1888.

Walter, H. (1952): „Zur lateinischen Parodie des Mittelalters", *Zeitschrift für deutsche Altertumskunde* 84 (1952/53), 265-273.

Walzel, O. (1957): *Gehalt und Gestalt im Kunstwerk des Dichters*, Darmstatt 1957.

Watson, E. (1968): „Burlesque" in: *Dictionary of World Literature. Criticism. Form. Technique.*, hg. J. T. Shipley, Paterson N. J. 1968, 43-45.

Weinbrot, H. D. (1964): „Parody as Imitation in the Eighteenth Century" *American Notes and Queries* 2 (1964), 133-134.

Weinbrot, H. D. (1966): „Translation and Parody: Towards a Genealogy of the Augustan Imitation", *English Literary History* 33 (1966), 434-447.

Weinreich, O. (1937): *Phöbus, Autora, Kalender und Uhr*, Stuttgart 1937.

Weisstein, U. (1966): „Parody, Travesty, and Burlesque: Imitations with a Vengeance" in: *Proceedings of the IVth Congress of the International Comparative Literature Association*, hg. F. Jost, 2 Bde., The Hague 1966, II, 802-811.

Weisstein, U. (1970): „The Lonely Baal: Brecht's first play as a parody of Hanns Johst's Der Einsame", *Modern Drama* 13 (1970/71), 284-303.

Wellek, A. (1949): „Zur Theorie und Phänomenologie des Witzes", *Studium Generale* 2 (1949), 171-182.

Wells, C. (1967): „Parody as a Fine Art" in: *A Parody Anthology*, hg. C. Wells, New York 1967, XVII-XXVI.

Werner, D. (1966): *Das Burleske. Versuch einer literaturwissenschaftlichen Begriffsbestimmung*, Diss. Berlin 1966.

West, A. H. (1931): *L'Influence française dans la poésie burlesque en Angleterre entre 1660-1700*, Paris 1931.
Wickwar, H. H. (1928): *The Struggle for the Freedom of the Press 1819-1832*, London 1928.
Wiegand, J. (1926 ff.): „Komisches Epos" in: *Reallexikon der deutschen Literaturgeschichte*, hg. P. Merker und W. Stammler, 3 Bde., Berlin 1926-1928, II, 876-879.
Wild, F. (1918): *Die Batrachomyomachia in England*, Diss. Wien 1918 [Wiener Beiträge zur englischen Philologie, 48].
Wilhelm, G. (1961): *Sprachimitation in Thomas Manns Roman ‚Der Erwählte'* " Diss (Masch.) München 1961.
Wilpert, G. v. (1961): *Sachwörterbuch der Literatur*, Stuttgart 1961.
Winick, C. (1964): „Teenagers, Satire, and Mad" in: *People, Society, and Mass Communication*, hg. L. A. Dexter und D. M. White, New York, London 1964, 261-282.
Wirth, A. (1957): „Stufen des kritischen Realismus. Dargestellt an Bertolt Brechts Dreigroschenroman", *Neue Deutsche Literatur* 5 (1957), 121-131.
Worcester, D. (1940): *The Art of Satire*, Cambridge, Mass. 1940.
Wright, T. (1861): „On the history of comic literature during the middle ages" in: *Essays on archeological subjects*, 2 Bde., London 1861, 230-271.
Wright, T. (1865): *History of Caricature and Grotesque in Literature and Art*, London 1865.
Yunck, J. A. (1963): „The Two Faces of Parody", *Iowa English Yearbook* 8 (1963), 29-37.
Zmegač, V. (1971): „Konvention, Modernismus und Parodie. Bemerkungen zum Erzählstil Thomas Manns" in: *Thomas Mann und die Tradition*, hg. P. Pütz, Frankfurt 1971, 1-13.

II *Sonstiges*

Allen, F. R. (1971): *Socio-cultural Dynamics. An Introduction to Social Change*, New York 1971.
Altick, R. D. (1962): „The Sociology of Authorship. The Social Origins, Education, and Occupation of 1100 British Writers, 1800-1935" *Bulletin of the New York Public Library* 66 (1962), 389-404.
Arnheim, R. (1965): *Art and Visual Perception. A Psychology of the Creative Eye*, Berkeley, Los Angeles 1965.
Arnheim, R. (1972): *Visual Thinking*, Berkeley, Los Angeles, London 1972.
Anscombe, G. E. M. (1957): *Intention*, Ithaca, N. Y. 1957.
Ashby, W. R. (1961): *An Introduction to Cybernetics*, New York 1961.
Aufermann, J., H. Bohrmann und R. Sulzer (1973) hg.: *Gesellschaftliche Kommunikation und Information*, 2 Bde., Frankfurt 1973.

Ball, J. und F. C. Byrnes (1960) hg.: *Research, Principles, and Practices in Visual Communication*, Washington D. C. 1960.

Barker, L. L. und R. J. Kibler (1971) hg.: *Speech Communication Behavior. Perspectives and Principles*, Englewood Cliffs, N. J. 1971.

Barnett, H. G. (1953): *Innovation: The Basis of Cultural Change*, New York, Toronto, London 1953.

Barthes, R. (1969): *Elements of Semiology*, übs. A. Lavers and C. Smith, London 1969.

Baumgärtner, K. u. a. (1973) hg.: *Funk-Kolleg Sprache. Eine Einführung in die moderne Linguistik*, 2 Bde., Frankfurt 1973.

Beardsley, M. C. (1958): *Aesthetics. Problems in the Philosophy of Criticism*, New York 1958.

Bechert, J. u. a. (1973): *Einführung in die generative Transformationsgrammatik*, München 1973 [Linguistische Reihe, 2].

Beck, R. H. (1969): *A Social History of Education*, Englewood Cliffs, N. J. 1969 [Foundation of Education Series].

Berelson, B. und G. A. Steiner (1964): *Human Behavior. An Inventory of Scientific Findings*, New York, Burlingame 1964.

Bessler, H. und F. Bledjan (1967): *Systematik der Massenkommunikationsforschung*, München 1967.

Blake, J. und K. Davis (1966): „Norms, Values, and Sanctions" in: *Handbook of Modern Sociology*, hg. R. E. L. Faris, Chicago 1966, 456-484.

Boyd, J. D. (1968): *The Function of Mimesis and its Decline*, Cambridge, Mass. 1968.

Breuer, D. (1974): *Einführung in die pragmatische Texttheorie*, München 1974 [Uni Taschenbücher, 106].

Brooks, K. (1967) hg.: *The Communicative Arts and Sciences of Speech*, Columbus, O. 1967.

Buhr, M. und G. Klaus (1972) hg.: *Marxistisch-Leninistisches Wörterbuch der Philosophie*, 3 Bde., Reinbek 1972.

Bunge, M. (1967): *Scientific Research. The Search for System. The Search for Truth*, 2 Bde., New York, Heidelberg, Berlin 1967.

Cathcart, R. S. und L. A. Samovar (1972) hg.: *Small Group Communication. A Reader*, Dubuque, Iowa 1972.

Chomsky, N. (1966): „Three Models for the Description of Language" in: Smith (1966), 140-152.

Chomsky, N. (1969): *Aspects of the Theory of Syntax*, Cambridge, Mass. 1969.

Chomsky, N. (1972): *Language and Mind. Enlarged Edition*, New York, Chicago, San Francisco, Atlanta 1972.

Crowley, T. H. u. a. (1962): *Modern Communications*, New York 1962.

DeCharms, R. und G. H. Moeller (1962): „Values expressed in American children's readers: 1900-1950" *Journal of Abnormal Social Psychology* 64 (1962), 136-142.

Deutschmann, P. J. (1951): „The Sign-Situation Classification of Human Communication", *Journal of Communication* 7 (1957), 63-73.

Dexter, L. und D. M. White (1964) hg.: *People, Society, and Mass Communications*, Glencoe 1964.

Dittmar, N. (1973): *Soziolinguistik. Exemplarische und kritische Darstellung ihrer Theorie, Empirie und Anwendung*, Frankfurt 1973.

Dolezel, L. (1972): „From Motifeme to Motifs", *Poetics* 4 (1972), 55-90.

Dröge, F., R. Weissenborn und H. Haft (1969): *Wirkungen der Massenkommunikation*, Münster 1969 [Dialog der Gesellschaft, 5].

Duncan, H. D. (1970): *Communication and Social Order*, London, Oxford, New York 1970.

Eco, U. (1972): *Einführung in die Semiotik*, übs. J. Trabant, München 1972.

Escarpit, R. (1961): *Das Buch und der Leser: Entwurf einer Literatursoziologie*, Köln 1961.

Fearing, F. (1953): „Toward a Psychological Theory of Human Communication", *Journal of Personality* 22 (1953), 71-88.

Fischer, W. L. (1973): „Mathematische Texttheorie" in: *Grundzüge der Literatur- und Sprachwissenschaft*, hg. H. L. Arnold und V. Sinemus, 2 Bde., München 1973-1974, I, 44-61.

Flechtner, H.-J. (1970): *Grundbegriffe der Kybernetik. Eine Einführung*, Stuttgart 1970.

Freeman, D. C. (1970) hg.: *Linguistics and Literary Style*, New York u. a. 1970.

Fügen, H. N. (1964): *Die Hauptrichtungen der Literatursoziologie und ihre Methoden. Ein Beitrag zur literatursoziologischen Theorie*, Bonn 1964.

Gilbert, K. E. und H. Kuhn (1972): *A History of Esthetics, revised and enlarged*, New York 1972.

Glaser, H. u. a. (1971): *Literaturwissenschaft und Sozialwissenschaft. Grundlagen und Modellanalysen*, Stuttgart 1971.

Goldmann, L. (1964): *Pour une sociologie du roman*, Paris 1964.

Gordon, D. A. (1952): „Methodology in the study of art evaluation", *Journal of Aesthetics and Art Criticism* 10 (1952), 338-352.

Greimas, A. J. (1971): *Strukturale Semantik. Methodologische Untersuchungen*, übs. J. Ihwe, Braunschweig 1971 [Wissenschaftstheorie Wissenschaft und Philosophie, 4].

Groeben, H. (1972): *Literaturpsychologie. Literaturwissenschaft zwischen Hermeneutik und Empirie*, Stuttgart 1972 [Sprache und Literatur, 80].

Groeben, H. (1973): „Literaturpsychologie" in: *Grundzüge der Literatur- und Sprachwissenschaft*, hg. H. L. Arnold und V. Sinemus, 2 Bde., München 1973-1974, I, 397-412.

Guirard, P. (1961): *La Stylistique*, Paris 1961.

Gunzenhauser, R. und H. Kreuzer (1969) hg.: *Mathematik und Dichtung*, München 1969.

Habermas, J. (1968): „Erkenntnis und Interesse" in: *Technik und Wissenschaft als ‚Ideologie'*, Frankfurt 1968, 146-168 [edition suhrkamp, 287].

Habermas, J. (1971): „Vorbereitende Bemerkungen zu einer Theorie der kommunikativen Kompetenz" in: J. Habermas und N. Luhmann, *Theorie der Gesellschaft oder Sozialtechnologie*, Frankfurt 1971, 101-141.

Habermas, J. (1973): *Erkenntnis und Interesse*, Frankfurt 1973.

Hall, E. T. (1969): *The Hidden Dimension*, New York 1969.

Hauff, J. u. a. (1971): *Methodendiskussion. Arbeitsbuch zur Literaturwisschenschaft*, 2 Bde., Frankfurt 1971.

Hempfer, K. W. (1973): *Gattungstheorie, Information und Synthese*. München 1973 [Uni Taschenbücher, 133].

Hendrickson, G. L. (1905): „The Parapetetic Mean of Style and the Three Stylistic Characters", *American Journal of Philology* 25 (1905), 125-146 und „The Origin and Meaning of the Ancient Characters of Style", *American Journal of Philology* 26 (1905), 249-290.

Heuser, H. u. a. (1971): *Funk-Kolleg Mathematik*, 2 Bde., Frankfurt 1971.

Hermand, J. (1968): *Synthetisches Interpretieren. Zur Methodik der Literaturwissenschaft*, München 1968 [Sammlung Dialog, 27].

Holsti, O. R. (1969): *Content Analysis for the Social Sciences and Humanities*, Reading, Mass., London 1969.

Holzer, H. (1973): *Kommunikationssoziologie*, Reinbek 1973.

Ihwe, J. (1971 f.) hg.: *Literaturwissenschaft und Linguistik. Ergebnisse und Perspektiven*, 4 Bde., Frankfurt 1971-1972.

Ihwe, J. (1972): *Linguistik in der Literaturwissenschaft. Zur Entwicklung einer modernen Theorie der Literaturwissenschaft*, München 1972.

Ingarden, R. (1938): „Das Form-Inhalt-Problem im literarischen Kunstwerk", *Helicon* 1 (1938), 51-67.

Jaeggi, U. (1972): *Literatur und Politik. Ein Essay*, Frankfurt 1972 [edition suhrkamp, 522].

Jahoda, M. und M. Warren (1966) hg.: *Attitudes. Selected Readings*, Baltimore 1966.

Johns-Heine, P. und H. H. Gerth (1949): „Values in Mass Periodical Fiction", 1921-1940", *Public Opinion Quarterly* 13 (1949), 105-113.

Kallmeyer, W. u. a. (1974): *Lektürekolleg zur Textlinguistik. Band 1: Einführung*, Frankfurt 1974.

Kaplan, A. (1964): *The Conduct of Inquiry. Methodology for Behavioral Science*, Scranton, Pa. 1964.

Katz, J. J. (1972): *Semantic Theory*, New York, Evanston, San Francisco, London 1972.

Kiss, G. (1972 f.): *Einführung in die soziologischen Theorien. Vergleichende Analyse soziologischer Hauptrichtungen*, 2 Bde., Opladen 1972-1973.

Klapper, J. (1960): *The Effects of Mass Communication*, Glencoe 1960 [Foundations of Communications Research, 3].

Klaus, G. (1969): *Wörterbuch der Kybernetik*, 2 Bde., Frankfurt 1969.

Klaus, G. (1972a): *Semiotik und Erkenntnistheorie*, Berlin 1972.

Klaus, G. (1972b): *Kybernetik und Erkenntnisthorie*, Berlin 1972.

Knapp, M. L. (1972): *Nonverbal Communication in Human Interaction*, New York u. a. 1972.

Korch, H. u. a. (1972): *Die wissenschaftliche Hypothese*, Berlin 1972.

Kosing, A. u. a. (1968): *Die Wissenschaft von der Wissenschaft. Philosophische Probleme der Wissenschaftstheorie*, Berlin 1968.

Krauss, W. (1969): *Grundprobleme der Literaturwissenschaft, Zur Interpretation literarischer Werke*, Reinbek 1969.

Laitko, H. und R. Bellmann (1969): *Wege des Erkennens. Philosophische Beiträge zur Methodologie der naturwissenschaftlichen Erkenntnis*, Berlin 1969.

LaPiere, R. T. (1965): *Social Change*, New York 1965.

Lyons, J. (1969): *Introduction to Theoretical Linguistics*, Cambridge 1969.

McKeon, R. (1957): „Literary Criticism and the Concept of Imitation in Antiquity" in: *Critics and Criticism. Essays in Method*, hg. R. Crane, Chicago 1957, 117-145.

Maletzke, G. (1963): *Psychologie der Massenkommunikation. Theorie und Systematik*, Hamburg 1963.

Martin, H. H. und K. E. Anderson (1968): *Speech Communication. Analysis and Readings*, Boston 1968.

Maser, S. (1971): *Grundlagen der allgemeinen Kommunikationstheorie. Eine Einführung in ihre Grundbegriffe und Methoden*, Stuttgart, Berlin, Köln 1971.

McLuhan, M. (1969): *McLuhan: Hot and Cool*, hg. G. E. Stearn, New York 1969.

Monk, S. H. (1960): *The Sublime. A Study of Critical Theories in Eighteenth-Century England*, Ann Arbor 1960.

Morris, C. W. (1972): *Grundlagen der Zeichentheorie*, München 1972.

Müller, P. (1970): *Die soziale Gruppe im Prozess der Massenkommunikation*, Stuttgart 1970.

Newton-de Molina, D. (1974) hg.: *Critical Essays on Literary Intention*, Edinburgh 1974.

Nisbet, R. A. (1969): *Social Change and History. Aspects of the Western Theory of Development*, New York 1969.

Osgood, C. E., S. Saporta und J. C. Nunally (1956): „Evaluative assertion analysis" *Litera* 3 (1956), 47-102.

Piaget, J. (1962): *Play, Dreams and Imitation in Childhood*, übs. C. Gattegno und F. M. Hodgson, New York 1962.

Pollmann, L. (1973): *Literaturwissenschaft und Methode*. Frankfurt 1973.

Pomorska, K. (1968): *Russian Formalist Theory and its Poetic Ambiance*, The Hague, Paris 1968 [Slavistic Printings and Reprintings, 82].

Ponsioen, J. A. (1969): *The Analysis of Social Change Reconsidered. A Sociological Study*, The Hague, Paris 1969 [Publications of the Institute of Sociological Studies, Ser. Maj., 4].

Prokop, D. (1972 f.) hg.: *Massenkommunikationsforschung*, 2 Bde., Frankfurt 1972-1973.

Reimann, H. (1968): *Kommunikationssysteme. Umrisse einer Soziologie der Vermittlungs- und Mitteilungsprozesse*, Tübingen 1968.

Revzin, I. I. (1966): *Models of Language*, übs. N. F. C. Owen und A. S. C. Ross, London 1966.

Reznikov, L. O. (1970): *Semiotica y Teoria del Conocimiento*, übs. S. d. l. Iglesia und D. Fonseca, Madrid 1970 [Comunication, 5].

Ryan, T. A. (1970): *Intentional Behavior. An Approach to Human Motivation*, New York 1970.

Schanze, H. (1974): *Medienkunde für Literaturwissenschaftler. Einführung und Bibliographie*, München 1974 [Uni Taschenbücher, 302].

Schramm, W. und D. F. Roberts (1972): hg.: *The Process and Effects of Mass. Communication. Revised Edition*, Urbana, Chicago, London 1972.

Schulte-Sasse, J., W. Karrer und G. Behse (1973): „Theorie literarischer Texte und Methoden des Zugangs" in: *Die Literatur*, Freiburg, Basel, Wien 1973, 9-50.

Skreb, Z. (1973): „Die Wissenschaftlichkeit der Literaturforschung" in: *Zur Kritik literaturwissenschaftlicher Methodologie*, hg. V. Zmegač und Z. Skreb, Frankfurt 1973, 9-50.

Segeth, W. (1971): *Elementare Logik*, Berlin 1971.

Singer, H. (1969): „Theoretical Models of Reading", *Journal of Communication* 19 (1969), 134-156.

Smith, A. G. (1966) hg.: *Communication and Culture. Readings in the Codes of Human Interaction*, New York u. a. 1966.

Sorokin, P. A. (1937): *Social and Cultural Dynamics. Volume 1: Fluctuation of Forms of Art*, New York u. a. 1937.

Stappers, J. G. (1966): *Publicistiek en Communikatiemodellen*, Nijmegen 1966.

Steinbuch, K. (1971): *Automat und Mensch. Auf dem Weg zu einer kybernetischen Anthropologie*, Heidelberg, New York 1971.

Strelka, J. (1971): *Die gelenkten Musen. Dichtung und Gesellschaft*, Wien Frankfurt, Zürich 1971.

Todorov, T. (1969): *Grammaire du Décaméron*, The Hague, Paris 1969.

Tunstall, J. (1970) hg.: *Media Sociology. A Reader*, London 1970.

Wardhaugh, R. (1972): *Introduction to Linguistics*, New York u. a. 1972.

Weisstein, U. (1968): *Einführung in die Vergleichende Literaturwissenschaft*, Stuttgart u. a. 1968 [Sprache und Literatur, 50].

Wellek, R. (1955 ff.): *A History of Modern Criticism 1750-1950*, 5 Bde., New Haven 1955- .
Wellek, R. (1970): *Discriminations. Further Concepts of Criticism*, New Haven und London 1970.
White, R. K. (1951): *Value-analysis: the nature and use of the method*, Glen Gardiner, N. J. 1951.
Wienold, G. (1972): *Semiotik der Literatur*, Frankfurt 1972.
Wiesand, A. J. und K. Fohrbeck (1972): *Der Autorenreport*, Reinbek 1972.
Willer, J. (1971): „Die methodische Funktion von Modellen", *Philosophische Perspektiven* 3 (1971), 250-265.
Wimsatt, W. K. (1970): *The Verbal Icon. Studies in the Meaning of Poetry*, London 1970.
Wunderlich, D. (1971): „Terminologie des Strukturbegriffs" in Ihwe (1971 f.), I, 91-140.
Zmegač, V. (1973): „Probleme der Literatursoziologie" in: *Zur Kritik literaturwissenschaftlicher Methodologie*, hg. V. Zmegač und Z. Skreb, Frankfurt 1973, 253-282.

ANHANG I: ÜBERSETZUNG DER NICHTENGLISCHEN FREMDSPRACHIGEN ZITATE

19 Die Parodie nimmt ihren Charakter aus den geistigen und politischen Verhältnissen der Zeit und des Landes, in denen sie sich entwickelt [. . .] Sie verändert sich folglich und findet am meisten Ansporn im turbulenten Milieu ziviler und religiöser Auseinandersetzungen.

47 freiwilliger Pastiche, unfreiwilliger Pastiche

49 Stilübung

49 Der Pasticheur hat sich die Geheimnisse eines Kodes aneignen müssen [. . .] Solches Unternehmen versteht sich nur in Abhängigkeit von einer spezifisch modernen Neugier, offen für die Verschiedenheiten von Schreibweisen, Epochen und Sprachebenen.

49 man muß einen freiwilligen Pastiche machen, um später Original werden zu können, um nicht sein ganzes Leben lang unfreiwillige Pastiches zu machen.

49 Ich kann Schriftstellern die reinigende austreibende Kraft des Pastiche nicht genug empfehlen.

49 literarisches Spiel.

53 Sache, Wort, Sinn.

53 Es wird solche geben, deren Scherz in den Erfindungen und Gedanken beruht und nicht im Stil. Es wird auch andere geben, die durch nichts als die Ausdrücke burlesk sind.

53 Stil und Sache.

54 literarische Gattung, die im wesentlichen darin besteht, über ernste Dinge in vulgären Wörtern zu reden in Achtsilblern mit komischen Reimen.

56 Sicherlich ist nichts kindischer, als ernste Dinge lächerlich zu behandeln; aber nichts ist eleganter, als leichte Gegenstände so zu behandeln, daß man alles andere, nur nicht lächerlich erscheint.

56 Unser ganzes Kollegium hat erklärt, es sei nicht weniger lobenswert, erhabene Dinge auf niedrige Weise darzustellen als niedrige auf erhabene Weise.

56 Es gibt nichts Kälteres, als eine große Sache im niedrigen Stil zu erzählen, es gibt aber auch nichts Lächerlicheres, als eine komische und absurde Geschichte in würdigen und ernsten Wörtern zu erzählen, es sei denn daß dieser Ernst nur vorgetäuscht ist, um die Sache noch burlesker zu machen.

59 Man kann, sagt er, in den Text elegant einen ganzen Vers eines Dichters oder einen Versteil einfügen, entweder ohne etwas an ihm zu ändern oder mit einer leichten Änderung [. . .] Änderung eines

Wortes in einem Vers [...] eine noch geringere Änderung [...] ist ein einzelner Buchstabe, der einen anderen ersetzt [...] Ganz einfach die Anwendung einiger bekannter Verse oder eines Teils dieser Verse ohne jede Änderung war eine dritte Art der Parodie [...] Verse im Geschmack und im Stil eines Autors, den man parodieren will — [...] Schließlich die letzte und wichtigste Art der Parodie ist ein Werk in Versen, komponiert nach einem ganzen Werk oder einem beträchtlichen Teil einer bekannten Dichtung, die man auf einen anderen Gegenstand wendet oder auf eine andere Bedeutung durch die Änderung einiger Ausdrücke.

74 Werk, in dem man die Ideen und den Stil eines Schriftstellers imitiert hat.

74 einer Epochensprache.

74 diese Schreibweise, die so auf einen Zug und wie auf einen Tick reduziert ist, könnte man einen vervollkommneten Automaten lehren: man würde eine Rhetorik-Maschine machen wie Pascal eine Rechenmaschine gemacht hat.

75 Ich suche zunächst einen Autor mit deutlich gekennzeichneten Merkmalen. Die erste intellektuelle Operation besteht darin, sich vorzustellen, welche komische Geschichte dieser Schriftsteller aufnehmen würde [...] Ist das Szenarium erstellt, lese ich das ganze Werk des Schriftstellers [...] Die Lektüre ist notwendig, um sich seine Gedanken einzuprägen, in seiner Atmosphäre zu leben, eine Art intensiver Strömung intellektueller Sympathie herzustellen. Während der Lektüre unterstreiche ich die typischen Wörter, die charakteristischen Phrasen, die bekannten Themen der Entwicklung, Eigen- oder Ortsnamen, die Modi der Syntax, in einem Wort alles, was die eigentümliche Persönlichkeit des Autors ausmacht.

99 die Parodie transponiert das Feierliche ins Familiäre.

99 Die progressive Transposition des Feierlichen ins Burleske macht das Spiel der Parodie deutlich. Weil der Anfang ernst ist, wird die Transposition nicht unmittelbar offensichtlich, sie operiert langsam und erscheint später im Text. In der progressiven Transposition ist es für den Vergleich nicht notwendig, daß wir uns an eine ähnliche Episode aus einem Epos oder Chanson de Geste erinnern; der Autor selbst macht den Vergleich [...] eine dritte Dimension kommt in die Parodie. Es reproduziert sich eine Imitation einer Imitation, die unablässig herabsinkt bis zu einem Pastiche einer Parodie.

116 Groteske Personen — Bauern, Priester — versuchen höfisch zu sein, aber fallen ohne Unterlaß in Platitüden. Das ist eins der Verfahren der Travestie.

117 spöttischen Autors.

117 f. um den Pastiche von der Parodie abzusetzen, welche unter Verwendung gröberer Kunstgriffe selten versucht, die „Ideen und den Stil"

zu imitieren, sondern eher sie lächerlich zu machen durch die burleske Art. Kurz, der Pastiche scheint nuancierter als die Parodie und schärfer als die *Imitation.*

118 ein alter Autor sagt ... Montaigne würde sagen.

129 wird gesagt ... Diskurs.

135 vgl. 74.

135 Die Detraktion kann ihre Effekte auf der infralinguistischen Ebene erzielen, wenn man an einem Phonem eines seiner Pheme nimmt, ohne die Erzeugung der Einheit zu verhindern. So ändert man die artikulatorische Eigenheit eines Wortes. In einem Satz wie „Fous n'afez pas te feine" erlaubt das Verschwinden des Merkmals der Stimmhaftigkeit, die deutsche Aussprache zu imitieren.

135 f. Wenn diese Phänomene in einer gesprochenen Sequenz alle Laute, die identische Merkmale zeigen, ergreifen, erhalten wir möglicherweise den Pastiche der nuschelnden Aussprache, die man allzugern den Leuten aus der Auvergne zuschreibt.

138 sie die Poesie bliebe immer exklusiv und ihre Schwingen würden nie die Seiten, in denen sie parodiert wird, berühren, noch sind sie erfreut über das Öffnen der Schwingen, in unseren Händen, der flüchtigen oder großen Seite der Zeitung.

143 Das soziologische Problem des Lachens ist das ganze Problem des Lachens.

143 Das Lachen des Einschlusses ist so, im allgemeinen, die Manifestation eines Zusammenkommens in einer Gruppe.

143 Das Lachen eint gleichzeitig die Lacher und setzt ihre Gruppe von der gesellschaftlichen Umgebung ab, in der weitere und dauerhaftere soziale Beziehungen vorherrschen.

143 Es gibt auch ein Verlachen ernster Dinge, eine Parodie, durch die man innerhalb der umfangreichen Gesellschaft eine kleine Gruppe von Lachern zu definieren sucht, die klar von allgemeinen Interessen absieht. Man kann sagen, daß die kleine Gruppe *unterhalb* dieser Interessen bleibt.

169 Eine ausgezeichnete Parodie wäre jene, die eine gesunde Kritik mit sich bringt ... Aber jene, die lediglich die ernsten Schönheiten eines Werkes travestiert, disponiert und gewöhnt den Geist, über alles zu scherzen, was schlimmer ist, als diese Schönheiten zu kritisieren; jene ändert auch das Vergnügen am ernsten und edlen Schauspiel, denn im Augenblick der *parodierten* Situation kann man nicht umhin, sich der Parodie zu erinnern, und diese Erinnerung ändert die Illusion und den Eindruck des Pathetischen.

ANHANG II: KONTROLLFRAGEN

1. Görschen (1937), 11 bestimmt als Ziel seiner Arbeit „das Wesen der Travestie vom Zeitpunkt ihres Entstehens an entwicklungsgeschichtlich zu erfassen, anstatt wie üblich auf Grund einer fertigen Definition ...". Welche zwei Problemstellungen unterliegen der genannten Alternative? Wie lassen sie sich vermitteln? (10 ff.)
2. Nündel (1972), 123 definiert Parodie wie folgt: „so konstituieren folgende Momente die Parodie im hergebrachten Sinne — Komik, Notwendigkeit einer Vorlage und die Verwendung ihrer formalen Elemente." Wie läßt sich diese Aussage auf das eingangs vorgestellte Kommunikationsmodell abbilden? Welche Relationen im Modell werden bestimmt, welche offengelassen und welche der Momente sind als mehrdeutig zu bestimmen? (11 ff.)
3. Nach der Transformationsgrammatik läßt sich ein Satz wie „Der unsichtbare Gott erschuf die sichtbare Erde" (stark vereinfachend) in drei Aussagen zerlegen: „Gott schuf die Erde", „Gott ist unsichtbar", „Die Erde ist sichtbar". In wieviel Aussagen läßt sich der folgende komplexe Satz zerlegen, und welche Beziehungen bestehen zwischen den Aussagen? „Mit Hilfe der Parodie wird ein traditionelles literarisches Muster durch die Gegenüberstellung mit einem durch bestimmte Faktoren verkehrten Text ähnlicher Form ... konfrontiert." (Helmers, 1971, 101). Hinweis: Versuchen Sie, Passiv in Aktiv und Nominalisierungen in Verben umzuformen. Welche Unbestimmtheiten treten jetzt hervor? (11 ff.)
4. Warum können Aussagenkomplexe wie die in 2 und 3 keine Theorie der Parodie ersetzen? (181 ff.)
5. Wie lassen sich Druckfehler oder Stilblüten von der Parodie unterscheiden? Ist der Herausgeber einer Anthologie von Stilblüten ein Parodist? Hinweis: Analysieren Sie die Kommunikationssituation. (15 ff.)
6. Nach Wilpert (1961), 431 ist die Parodie „die verspottende, verzerrende oder übertreibende Nachahmung e. schon vorhandenen ernstgemeinten Werkes oder einzelner Teile daraus unter Beibehaltung der äußeren Form, doch mit anderem, nicht dazu passendem Inhalt". Was wird in folgendem Beispiel (Esar, 1952, 199) beibehalten, was wird geändert, und wie stimmen diese Elemente mit „der äußeren Form" bzw. dem „Inhalt" überein? (52 ff.)

   Original: „Familiarity breeds contempt."
   Parodien: „Familiarity breeds contempt — and children." (1)
   „Familiarity breeds attempt." (2)
   „Familiarity breeds." (3)

7. Wie läßt sich das Beispiel in 6 mit den vier rhetorischen Änderungskategorien analysieren? (63 ff.)
8. Wie würden Sie „Familiarity breeds and breeds and breeds ..." analysieren? (92 ff.)
9. Wie lassen sich die beiden semantischen Ebenen im zitierten Beispiel analysieren, und wie unterscheiden sich die semantischen Interferenzen in 6.1, 6.2 und 6.3? (79 ff.)
10. Welche der Aussagen, die über die Travestie des 17. Jahrhunderts gemacht worden sind, treffen auf die folgende zeitgenössische Erlkönig-Travestie zu?

    Vater, Kind
    reiten g'schwind
    Nacht und Wind.
    Unterwegs
    kommt die Hex,
    schreckt das Kind
    und verschwind't.
    Nur mit Not
    kommen s' z' Haus —
    Kind ist tot —
    Aus.

    (Wagenhofer, 1968, 10)

    Sind die Gemeinsamkeiten zu einem Verfahren der Travestie generalisierbar? (70 ff.) und (113 ff.)
11. Welche Verfahren werden in dem folgenden Agatha Christie-Pastiche mechanisiert? (73 ff.)
    What Poireau liked about an ocean trip was not the ocean, that great waste of space and energy, nor the superabundance of fresh air, nor (*bon dieu!*) the ceaseless swaying and tossing. What he liked was the tidiness of the vessel itself. Everything balanced, port and starboard. Economy. Precision. Names and numbers and labels. Ropes coiled neatly, gleaming brass, daily scrubbings and hosings. An efficient hierarchy, discipline, order. Everything, in fact, shipshape. He rolled the word on his tongue, *Shipshape*. And then — murder!
    (aus Marion Mainwaring, *Murder in Pastiche*, New York 1954, 40).
12. Lassen sich anhand der Beispiele in 6 und 11 semantische Unterschiede zwischen den Verfahren der Inkongruenz und der Mechanisierung machen? (88 ff.)
13. Erstellen Sie für das Beispiel in 10 eine hypothetische Reihe (literarisch, außerliterarisch, sozial) bis zur Vergil-Travestie von Scarron. Wie läßt sich die Verbindung von literarischem Sujet und Umgangssprache als Auto- bzw. Synfunktion dieser Reihe modellieren? (106 ff.)
14. Welche Rolle spielen Medienunterschiede in den drei genannten Beispielen (6, 11, 13)? (129 ff.)

15. Röhrich (1967), 132 berichtet über die Rezeption von Hans Traxlers, *Die Wahrheit über Hänsel und Gretel* (1963), einem Bericht über Ausgrabungen eines fiktiven Archäologen Osseg, die die Wahrheit des Märchens bestätigen. Ausländische Verlage interessierten sich für Lizenzausgaben, Lehrer wollten genauere Ortsangaben für Klassenausflüge, Volkshochschulen luden Osseg zu Vorlesungen ein usw. Als dem Verlag eine Anzeige wegen Betrugs angedroht wurde, erschien die zweite Auflage mit dem Untertitel *Eine glaubwürdige Parodie.* Wie läßt sich dieser Vorgang mit den Hypothesen über Parodie-Rezipienten erklären? Insbesondere wie verhält es sich mit den Aussagen über Einstellung, Gruppenzugehörigkeit und Wirklichkeitssicht der Rezipienten? (141 ff.)
16. Rekonstruieren Sie hypothetisch die Kommunikationssituation einer Schülerparodie wie der folgenden und nehmen Sie die Hypothesen in Kapitel 2 bis 5 zu Hilfe.

Dort drunten an dem Brünnlein
da sitzet eine Maid
die wäscht sich ihre Füßelein
Es war die höchste Zeit.

(Rühmkorf, 1969, 110)

Welche Sachverhalte psychologischer und soziologischer Art müßten untersucht werden, um Ihre Vermutungen zu überprüfen? Erstellen Sie ein Forschungsprojekt kooperativer Art über Schülerparodien. (179 ff.)

PERSONENINDEX

Addison, J., 52, 58, 70, 129.
Ahrendt, H., 40.
Ahrens, R., 63.
Albalat, A., 49.
Albertsen, L. L., 32 f., 44, 48, 118 f.
Allen, F. R., 192.
Anscombe, G., 194.
Aristoteles, 52, 55, 84, 114, 124.
Ashby, W. R., 196.

Bachtin, M., 17, 80 f., 106.
Bar, F., 52, 72.
Barnett, H. G., 193.
Bateson, G., 174.
Baumgart, R., 84, 86.
Beattie, J., 22, 34, 80, 88 f., 152, 165 f.
Beerbohm, M., 16, 23, 168.
Bénac, H., 54.
Berelson, B., 194, 201.
Bergler, E., 174.
Bergson, H., 92-94, 96, 99, 143.
Bessler, H., 194.
Boileau, N., 56.
Bond, R. P., 23, 46, 62, 71, 102, 154, 188.
Borges, J. L., 37 f.
Bouterwek, F., 146.
Bracciolini, P., 56.
Broich, U., 48, 55, 71, 126, 188.
Bruhn, G., 86 f.
Brunetière, F., 105, 106.
Brunot, F., 117.
Bührmann, M., 41, 115.

Cathcart, R. S., 193.
Chomsky, N., 11, 66, 194, 196, 197.
Cicero, M. T., 41, 52 f., 59, 66, 129, 130.
Clinton-Baddeley, V. C., 61.

Deffoux, L., 48, 73, 74, 118, 135.
Delepierre, O., 19, 48.
Deloffre, F., 46.
Deyermond, A. D., 100.
Dolezel, L., 198.
Dröge, F., 201.
Dryden, J., 113.
Dubois, J., 57, 64, 90, 127, 135 f.
Dürrenmatt, F., 22, 23, 25.
Dupréel, E., 143 f., 149, 152, 161, 166.
Dusch, J. J., 34.

Eidson, J. O., 37.
Erasmus, D., 56.

Flechtner, H.-J., 196.
Flögel, C. F., 17, 41, 42, 52, 54, 114 f., 135.
Freud, S., 29, 85, 94, 162, 169-174, 176, 178, 180.
Freund, W., 55.
Frye, N., 80.

Genthe, F. M., 54, 58.
Gerber, G., 82.
Görschen, F., 58, 102.
Goldstein, J. N., 175 f., 194.
Goodman, P., 87.
Grannis, V. B., 39, 98, 102, 138.
Greig, J., 168.
Greimas, A., 197.
Grellmann, H., 17, 36, 38.
Grillparzer, F., 43 f.
Groeben, H., 194, 202.
Grootaers, J., 48.

Havens, R. D., 101.
Hegel, F. W., 102-105, 193.
Heiss, H., 25 f.

Helmers, H., 29.
Hempel, W., 48, 74, 101, 118, 119, 128, 138.
Highet, G., 24, 48 f., 55, 72.
Hobbes, T., 88, 161.
Holland, N., 175.
Horaz, 56.
Householder, F., 44, 46, 58, 161.
Hüttner, J., 154.
Hutcheson, F., 88 f., 91, 161.

Ilvonen, E., 17, 58, 133.
Ischreyt, H., 16, 17.

Jakobson, R., 96.
Jantz, H., 60.
Jump, J. D., 62, 71.

Kallmeyer, W., 198.
Kames, Lord (= H. Home) 34, 53.
Kant, I., 169.
Katz, J. J., 197.
Kiremidjan, G. D., 98.
Klapper, J., 200, 201.
Klaus, G., 12, 124, 198.
Kleinknecht, H., 39 f.
Koskimies, R., 134 f.
Krause, K., 146.
Kris, E., 174.
Kristeva, J., 81, 106.

La Piere, R. T., 192.
Lausberg, H., 67 f.
Lehmann, P., 98.
Lelièvre, F. G., 69.
L'Estrange, A. G., 89.
Levine, J., 174, 194, 202.
Liede, A., 44.
Lipps, T., 162, 169 f.
Lotman, J., 57, 64, 81, 96 f., 98, 100, 111 f., 127, 152, 158 f.
Lucka E., 41.

Maletzke, S., 194, 200.
Mallarmé, S., 138 f.
Markiewicz, H., 188.
Marmontel, F., 48, 49, 169.
Martineau, H., 144 f., 149, 152, 161, 166, 193.
Marx, K., 104, 111, 112.
Mayer, H., 138.
McLuhan, M., 129.
Mendelssohn, M., 34.
Meyer, H., 82 f.
Meyer, R., 16.
Miller, G. R., 163 f.
Monro, D. H., 126 f.
Mortier, R., 49.
Motte, H., de La, 55, 70.
Muecke, D. C., 87 f., 116.
Müller, P., 193.

Nabokov, V., 44 f.
Neumann, R., 37, 55, 89.
Neuschäfer, H. J., 85 f.
Newton-de Molina, 194.
Nietzsche, F., 22.
Nisbet, R. A., 192.
Novalis, 71.
Nykrog, P., 116.

Paul, J. (= F. Richter), 39, 102 f., 154.
Paulson, R., 126.
Piaget, J., 194.
Piddington, R., 91 f., 125, 163.
Poirier, R., 38, 99.
Pope, A., 125.
Proust, M., 49, 127.

Quiller-Couch, A., 58.
Quintilian, 52 f., 59, 66 f., 82, 127, 129, 130 f.

Rau, P., 40, 60, 88.
Revzin, I., 52, 57, 64-66, 74 f., 83 f.
Riccoboni, L., 55, 70, 84 f.
Riewald, J. G., 61 f.
Röhrich, L., 16, 17 f., 28, 31, 133.
Rommel, O., 145.

Rotermund, E., 35, 42, 52, 57, 64, 67-69, 75, 89 f., 99 f., 126.
Rühmkorf, P., 16 f., 18, 22, 29, 40, 144, 193.
Ruttkowski, W. V., 166.
Ryan, T. A., 194.

Sallier, A. de, 27, 37, 42, 59 f., 61, 79, 129, 195.
Scaliger, J. C., 53, 57, 129, 185.
Schaller, H., 17.
Schenda, R., 16, 18.
Sklowskij, V., 57, 94 f., 96, 98, 106, 107, 110 f., 152, 157 f., 182, 202.
Schlegel, A. W., 54, 57, 100 f.
Schlötke-Schröer, 19, 32, 72.
Schmidt, K. E., 32.
Schmidt, S., 198.
Schmieder, H. H., 167.
Schönert, J., 42 f.
Schramm, G., 60.
Schulte-Sasse, J., 40.
Scudéry, M. de, 53.
Sengle, F., 16.
Shepperson, A. B., 82, 85.
Shlonsky, T., 41 f., 44, 81, 113.
Smith, D. F., 117.
Sorokin, P. A., 193.
Stackelberg, J. v., 57, 62, 71, 80, 81, 102, 138.
Stone, C., 21, 24, 58.
Sully, J., 147-149, 150, 152, 161, 166, 180, 193.
Symonds, J. A., 105 f., 112.

Tetel, M., 99.
Todorov, T., 197.
Tunstall, J., 193, 200.
Tynjanov, J., 30 f., 33, 39, 44, 57, 60, 61, 80, 94, 95 f., 106-111, 112, 113, 116, 124, 135, 149, 152, 153, 157 f., 182, 193, 195, 196.

Vavasseur 71, 135.
Verweyen, T., 18, 22, 40, 44, 46, 47, 68 f., 129, 141, 155-157, 159, 169, 200.
Vodička, F., 162 f., 164, 200.
Voigt, E., 142 f.

Wagenhofer, P., 117.
Weisstein, U., 188.
Wells, C., 61, 92.
Werner, D., 71.
Wienold, G., 101 f.
Wilpert, G. v., 36, 54.
Winick, C., 145 f.
Worcester, D., 117, 176.

Yunck, J. A., 28, 127, 161.

Zmegač, V., 44.

SACHINDEX

Abbildung 12, 13, 22, 41, 42, 53, 124-128, 155-157, 198 f.
Accomodation 35, 128, 190.
Autor 15-51, 58, 66, 109 f., 125, 137, 141, 149, 154, 175, 181-183, 185, 191, 193 f.
Burleske 19, 186-189.
Cento 75.
Definition 10, 181, 192.
Erwartung 80, 161, 169-178.
Erzähler 85-88, 116.
Fälschung 48 f., 190.
Gattung 70, 81, 101, 117, 191.
Geschichtsmodell 30 f., 32 f., 39, 58, 62, 100-112, 116 f., 133-135, 147-149, 157-159, 162 f.
Gesellschaft 12, 15-20, 124-128, 137-140, 141-152, 181-183, 192 f.
Gruppe 16, 18, 115, 143-146, 150, 163, 166, 181-184, 201.
Hypothese 13, 179, 184, 203.
Imitation 23 f., 35, 41, 45, 59.
Inkongruenz 88-92, 95, 99 f., 106, 114-116, 117 f., 119, 131, 133, 143, 157, 165, 166 f., 174, 184-190.
Karikatur 41, 190.
Klasse 17 f., 19, 81, 109 f., 114, 125, 135, 145-149, 150, 163, 181-184, 201.
Kommunikationsmodell 11 f., 15, 21, 27, 37, 110, 130, 152, 161, 181-184.
Konflikt 18 f., 91 f., 106 f., 112, 114, 138, 145, 150, 192, 199.
Kritik 24, 36-41, 42, 46, 47, 155-157.
Lachen 35 f., 46, 47, 141-152, 164, 169-176, 201 f.
Mechanisierung 92-97, 99, 114, 118, 119, 127, 131, 157, 165, 166 f., 174, 176, 184-190.
Medium 22, 72, 129-140, 149, 155, 174, 182, 189, 199 f.
Metaierung 98, 116, 118 f., 167.
Modifikation 59 f., 63-69, 71, 72 f., 74 f., 82, 84-88, 89 f., 127, 186, 196.
Norm 16, 24, 25, 38, 47, 55 f., 57, 61, 111 f., 125, 134, 180, 193.
Persiflage 190.
Plagiat 24, 48, 190.
Rezipient 31, 32, 34, 35 f., 40, 46, 47, 58, 79, 80, 88, 94, 110, 113, 125, 138, 141-178, 181-183, 185, 191, 200-202.
Satire 41-43, 46, 47, 126 f., 190.
Situation 17, 142 f., 194.
Spiel 44 f., 49, 198.
Täuschung 47-49, 118, 190.
Terminologie 11, 21, 27, 34, 53 f., 57, 70, 79, 124, 130, 187-191.
Text 36, 40 f., 52-128, 130-137, 153, 166-169, 183 f., 185, 191, 194-199.
Textmodell 39, 52-57, 79-81, 96, 113 f., 117, 123 f., 194 f., 202 f.
Textumfang 59-63, 69, 71 f., 73 f., 81-84, 131, 153, 167, 186 f., 189, 195.
Theorie 9 f., 11-13, 179, 181, 184, 203.
Typologie 28, 34, 38, 43, 46, 47, 49, 51, 59, 62, 64, 87, 88, 126, 156, 184-189.
Übersetzung 59, 190.
Vers 24, 58, 61, 63 f., 70, 73, 113 f.
Wertung 9, 16, 57, 61, 91, 114, 117, 124 f., 133, 145, 149, 161-178, 182, 186, 190, 200 f.
Zeichen 12, 131 f., 204.
Zitat 61, 71, 86 f., 98.